主 编 ◉ 卓永强 邱其清 尹 辉

基本安全

JIBEN ANQUAN

大连海事大学出版社

DALIAN MARITIME UNIVERSITY PRESS

图书在版编目(CIP)数据

基本安全 / 卓永强等主编. — 大连：大连海事大
学出版社，2025.2
　ISBN 978-7-5632-4523-9

　Ⅰ. ①基… Ⅱ. ①卓… Ⅲ. ①船员–安全教育–技术
培训–教材 Ⅳ. ①U676.2

　中国国家版本馆 CIP 数据核字(2024)第 024828 号

大连海事大学出版社出版

地　址：大连市黄浦路523号　邮编：116026　电话：0411-84729665(营销部)　84729480(总编室)
http://press.dlmu.edu.cn　E-mail：dmupress@dlmu.edu.cn

大连天骄彩色印刷有限公司印装　　　　　　　　　大连海事大学出版社发行

2025 年 2 月第 1 版　　　　　　　　　　　　　　2025 年 2 月第 1 次印刷
幅面尺寸：184 mm×260 mm　　　　　　　　　　　　　　　　印张：24.5
字数：606 千　　　　　　　　　　　　　　　　　　　　印数：1～1500 册

出版人：刘明凯

责任编辑：李继凯　　　　　　　　　　　　　　　　责任校对：高　颖
封面设计：解瑶瑶　　　　　　　　　　　　　　　　版式设计：解瑶瑶

ISBN 978-7-5632-4523-9　　　定价：69.00 元

前　言

　　航运在全球贸易中发挥着重要作用,对海员基本安全进行系统的梳理与指导是保障航运业健康稳步发展的基础。在全球航运业发展的过程中,国际海事组织及世界主要的航运国家对船员的个人安全、船舶的运输安全以及海洋环境的保护等方面的重视程度不断提高,国际公约、港口国监督、行业组织的审核等方面的要求也在不断地创新和完善。在船员培养方面,尤其是努力扩展国外劳务市场的中国海员培养中,对于个人安全意识和安全操作水平等基本素质与能力的要求也在不断提高。

　　为全面提升海员的个人安全意识和安全操作水平,同时也为了全面履行《1978年海员培训、发证和值班标准国际公约马尼拉修正案》和交通运输部颁布的《中华人民共和国海船船员适任考试和发证规则》及《海船船员考试大纲(2022版)》,广州航海学院和广东海洋大学组织有丰富教学、培训经验和航海实践经验的老师编写了《基本安全》。

　　本书满足《1978年海员培训、发证和值班标准国际公约马尼拉修正案》和《海船船员考试大纲(2022版)》中关于"基本安全培训合格证"的各项要求,知识点系统完整,叙述简洁明了,有助于学员的学习和理解。本书包括个人安全与社会责任、个人求生、防火与灭火、基本急救四篇。本书适用于航海技术、轮机工程和船舶电子电气工程等海上专业学生以及将从事海船船员工作的培训学员。

　　本书由卓永强统稿并负责第一篇的编写,尹辉负责第二篇的编写,邱其清负责第三篇的编写,庞远婵负责第四篇的编写。

　　航运业在发展,对海船船员基本素质的要求在不断提高,涉及的公约在不断修正,对海船船员的培训内容和方法也必须随之不断完善,但由于编者水平有限,教材肯定存在一些有待商榷的地方,敬请广大读者批评指正。

编　者

2023年12月7日

目 录

第二篇　个人求生

第三篇　防火与灭火

第一篇

个人安全与社会责任

第1章

个人安全与社会责任培训概要

1.1 目的、要求和内容

当下,全球航运业迅猛发展,船舶种类日益繁多,船舶吨位、数量和航速大幅度提升,但随之而来的船舶操纵难度和海上交通事故风险也不断增大,国际社会公认直接或间接的船舶安全和污染事故总量中的80%与人为因素有关,且这一系列事故给船员人身安全、船公司经济效益造成巨大损失,这就要求新船员上船前要接受一定的基本职业培训。

通过专业培训,提高船员的基本素质和专业技术技能,增强船员的社会责任感和使命感,保障水上人命和财产的安全,保护海洋环境;向海员强调个人安全与社会责任在海上安全运输的重要性。根据《1978年海员培训、发证和值班标准国际公约马尼拉修正案》《中华人民共和国船员注册管理办法》《中华人民共和国船员条例》的规定,所有海员在其任职之前均应接受"基本安全"培训并应达到规定的适任标准。

个人安全与社会责任培训的主要内容包括:船员的社会责任、船舶应急应变知识和程序、紧急情况的预防控制、船上安全作业方法、防止海洋环境污染的措施、船上信息交流和语言技能、船员人际关系、防止和消除疲劳的措施等"基本安全"培训。

1.2 船员职业的特殊性及风险性

1.2.1 特殊性

(1)海上自然环境的特殊性,主要包括:水文和气象条件变化多端,常常伴有海上浓雾、狂风、巨浪、浅礁、暗流等。

(2)船舶的流动性大,主要是指船舶航行在不同的海域,或者停靠在不同的港口码头,流动性较大。

(3)船上生活和工作环境比较特殊,船员在海上活动空间狭小且固定,要经常远离家庭和社会,航行时还会不时遇到噪声、振动、颠簸、高温、空气污浊、湿度大等不良条件。

(4)海上生活单调封闭,船员在船获得信息少而迟缓,船上新鲜食品供应受限。

（5）船员在船上的工作呆板机械，紧张度又高，值班时间长且时间安排特殊，船员劳动强度和体力消耗大。

（6）船员来自五湖四海、世界各地，风俗习惯不同，而且每个人的性格特点不一，人员流动性和多样性较突出。

1.2.2 风险性

除特殊的工作和生活环境会严重影响船员的身心健康外，海上作业随时都可能发生的不可预测的各种特殊情况及事故，都会对船员的心理和身体造成影响，因此船员在船上工作会面临多方面的诸多风险。

1.3 船员

关于船员的定义，总体上而言是指经过船员注册取得船员服务簿的人员，其具有广义和狭义两种层面的定义。就广义上来看，船员是指持证的船公司管理人员、航海院校的教师、海事机构的管理人员等。就狭义的概念来讲，船员是指受船舶所有人聘用或雇用，受船长指挥且服务于船上的人员。

我国对于船员的概念是广义的，与《中华人民共和国海商法》的规定一致。

我国船员包括船长、高级船员、普通船员。

船长：按照规定取得船长适任资格的船舶管理和指挥人员。

高级船员：按照规定取得相应适任资格的大副、二副、三副、轮机长、大管轮、二管轮、三管轮、通信人员和其他高级技术或者管理人员。

普通船员：除船长、高级船员外的其他船员。

1.3.1 船员的个人职责与群体职责

船员组织系统如图 1-3-1 所示，它是船舶运营的核心框架，通过明确甲板部、轮机部和事务部等不同部门的群体职责，确保船舶的安全、高效运行。甲板部负责航海、船体保养和货物安全，轮机部负责主机、锅炉和机电设备的稳定运行，而事务部提供伙食和生活服务保障船员的基本生活需求。这些部门的群体职责相互依赖、协作，共同构成了船舶运营的完整体系。在紧急情况下，部门间的协作尤为重要，它们需要迅速响应，共同维护船舶的安全。

（1）管理级

船长：船舶领导人，负责船舶安全运输生产及行政管理工作；

大副：主要负责主持甲板部日常工作，并协助船长进行安全生产和船舶航行工作；

轮机长：全船机械、电力、电气设备的技术总负责人；

大管轮：轮机长的主要助手，在轮机长的领导下开展工作。

（2）操作级

二副：主要履行航行和停泊所规定的值班责任，负责航海仪器的使用和维护，同时负责海图资料、航海通告的管理和更正工作；

三副：主要履行航行和停泊所规定的值班责任，同时负责救生、消防设备的管理和维护；

二管轮：履行值班责任，负责副机及其附属系统、应急发电系统以及燃油柜等设备的使用与维护；

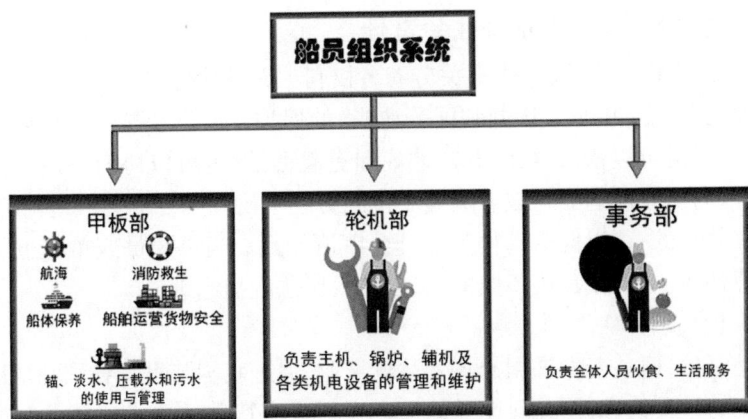

图 1-3-1　船员组织系统

三管轮:履行值班责任,负责辅锅炉及其附属系统、各种水泵及应急等设备的使用与维护;

管事:负责全船的生活服务、进出港手续办理工作;

无线电人员:负责无线电通信、无线电导航仪器设备的技术管理任务;

电子电气员:负责保障船舶电子、电气设备的正常运转。

(3)支持级

值班水手:执行操舵、值班和甲板部日常保养工作;

高级值班水手:要求具有比值班水手更多的技能知识,并通过相应考试,目前没有强制要求配备;

值班机工:在轮机员领导下开展机械设备的维护保养工作;

高级值班机工:要求具有比值班技工更多的技能知识,并通过相应考试,目前没有强制要求配备;

电子技工:协助电气员开展电子设备、自动系统的检查与维护保养工作;

厨工(大厨、二厨):负责船员伙食;

服务生:主要负责生活场所卫生、生活用品保养及接待工作。

(4)其他

政委:负责船舶党务、思想政治和保卫等工作,协助船长做好行政管理、安全生产等其他工作;

水手长:带领水手完成油漆、帆缆、舷外等船艺工作;

木匠:主要负责航次维修和保养、测水以及起锚机的维护保养工作。

1.3.2　船舶配员

SOLAS 1974 要求船舶持有船旗国签发的船舶最低安全配员证书,以保证航行安全和防止污染。配员包括船员适任证书要求和人数要求两个方面,目的是使船员能按一定的组织和分工行使职责。STCW 公约生效后,采取职能发证,船员由船长、高级船员、普通船员组成。只要持有相应的职能证书,高级船员可以跨部门从事与其相适应的职务。

1.3.3　船员的基本权利、义务和社会责任

（1）《中华人民共和国劳动法》中有关劳动者权利和义务的规定

船员作为劳动者，受《中华人民共和国劳动法》的保护。船员和航运公司或雇佣单位发生劳动争议时，当事船员可以依法申请调解、仲裁和提起诉讼，也可以协商解决。劳动争议发生后，当事船员可以向所属航运公司或者雇佣单位的劳动争议调解委员会申请调解。调解不成，当事人一方要求仲裁的，可以向劳动仲裁委员会申请仲裁。当事船员或单位也可直接向劳动仲裁委员会申请仲裁，对仲裁裁决不服的，可以向人民法院提起诉讼。

（2）船员的社会责任

船员特别是海员，肩负着发展国家水上运输事业、促进我国与世界各国和地区的经济贸易关系及文化交流的重要使命，因此对船员的社会责任应有特殊的要求。要求船员必须坚定信念，忠于祖国，热爱人民，立场坚定，爱憎分明；热爱本职工作，发扬团结紧张和务实有效的工作作风；钻研专业技术，勇于开拓，不断提高思想觉悟和业务水平；遵守公约、法律和船公司规章制度，遵守所到国家的法律规定；树立安全第一的思想，增强自我保护和保护他人意识；树立货主至上、旅客为先的敬业精神；发扬艰苦朴素的优良传统，注重礼貌和文明风俗；履行国际义务，发扬人道主义精神。

1.3.4　船员的任职条件

应坚持"德才兼备"的重要原则，保证船员，特别是高级船员具有良好的思想道德水平和合格的技术业务能力。另外，根据公约的要求，船员必须经过认可的适任培训，满足最低年龄要求，同时身体条件符合健康标准，尤其是符合视力、听力以及口语等能力的要求。

根据《中华人民共和国海商法》和《中华人民共和国船员条例》等的规定，所有船员必须持有基本安全培训合格证书，从事国际航线的船舶的船员必须具有中华人民共和国主管机关颁发的海员证和健康证书，同时要求参与值班的人员必须持相应的适任证书，特殊船舶还须进行特殊培训并持相应的特殊培训合格证书。

船员上船任实职前，还应熟悉船舶岗位的具体情况和实际操作要求。新上某类船舶或新上岗的船员，必须经过熟悉培训或在船指定专人帮助其熟悉情况和掌握实际操作。

1.3.5　船员的职业道德

（1）职业道德的基本要求

①诚实劳动，忠于职守

劳动者应忠于个人职业，以高度的责任感来对待所从事的劳动，履行职业义务及责任。

②和睦相处，相互协作

劳动者在工作的同时应相互尊重、平等待人、恪守信用，坚决杜绝以强凌弱、损人利己等行为。

③虚心学习，精益求精

劳动者应具有有效进行劳动活动造福人类的基本能力，要虚心学习，坚持学无止境的态度，不断提升自己的个人知识水平和业务能力。

④我为人人，弘扬奉献

树立高尚的社会服务精神是人类社会进步的价值标准，劳动者应以饱满的热情为大家提供力所能及的服务，同时摒弃那些唯利是图的私欲主义思想。

⑤勤俭节约,艰苦创业

勤俭是我国的传统美德。我国是发展中国家,综合国力还有待提高,应艰苦创业发展国家,勤俭节约办一切事业。因此,勤俭节约,艰苦创业是劳动者的重要道德规范。

(2)船员职业道德的特殊要求

①爱国敬业,为国争光

最重要的船员职业道德是坚决拥护中国共产党的领导,热爱祖国,自觉维护祖国的声誉,热爱航海事业,踏实做好本职工作。

②遵章守法,纪律严明

船员职业的流动性、分散性和国际形势的多样性使得遵纪守法这一职业道德变得尤为重要。船员不仅要遵守国内法律法规,还要遵守国际法以及船舶所到国家和地区的法律法规。同时严格地遵守组织纪律也是对船员的基本要求。

③优质服务,安全运输

优质与安全是相辅相成的,没有安全运输,谈不上优质服务。其一,要求树立为货主和旅客提供方便的思想。其二,要求确保质量:一方面确保安全航行质量,消除安全隐患;另一方面确保货物运输质量,严格遵守装卸货物的操作规程。其三,要求提供优质服务,不仅要求热情周到,而且要求便捷、高效。

④团结互助,同舟共济

团结是力量,共济是必然。当下,船舶自动化程度高,船员人数大为减少,分工明确,配合操作更为重要,船员应当相互支持、相互关心,只有把自己和全体船员的命运联系起来,才能发挥集体的智慧,战胜危难。

1.3.6 船员纪律

(1)组织纪律

船员的组织纪律主要包括:

①严格遵守国家的法律法规;

②严格执行船舶规定的作息制度、交接班制度以及其他有关的规章制度;

③自觉服从公司调动,按规定在船工作,严禁延误船期或者漏船;

④积极参与船上组织的各项学习和会议,不缺席、不早退;

⑤在船工作时团结友爱、相互合作,不得拉帮结派、寻衅滋事;

⑥自觉维护船上工作、生活纪律;

⑦在值班前4小时不饮用含酒精的饮料;

⑧家属和亲友不得登油船和装运危险品的船,家属或亲友来访,一般应在岸上住宿;

⑨严禁吸食、注射、携带及贩运毒品。

(2)劳动纪律

船员的劳动纪律主要包括:

①认真履行在船职责,服从工作分配,可以对分配的工作和任务提出不同建议,但不得顶撞和威胁部门领导人;

②不迟到、不早退、不旷工,按规定执行8小时工作制;

③严格遵守操作规程以及防火防爆守则,不得进行违章作业;

④严格遵守航行、停泊及其他规定,确保船舶安全;

⑤值班时应尽职尽责、坚守岗位,不得做与值班无关的事情,交接班应交接清楚,未经领导同意不得调换值班时间。

(3)涉外纪律

关于船员的涉外纪律主要包括:

①严格按照所到国家的法律法规以及港口规定进行活动,遵守所到国家地区的法律和风俗习惯;

②在进行涉外活动时,要严守党和国家以及船公司的秘密;

③不得私自与任何境外外国机构、人员联系,探望国外亲友要经船公司批准,由船领导酌情处理;

④境外人员来访,由船领导组织有关人员接待,未经领导同意,不得私自接待;

⑤境外商船邀请船员进行参观等娱乐活动,应由船领导决定是否应邀,如参加邀请则应有组织地进行活动,如发现不良内容,应拒绝并表明态度;

⑥不得进入妓院、夜总会、酒吧、按摩院等场所,不得嫖娼和让妓女登船;

⑦登陆购物应到正当贸易场所,不得在国外出售、倒卖烟酒和其他物品;

⑧不得接受和索要贿赂与礼品,正常来往礼品、钱物应由船领导按照有关规定处理;

⑨不得走私和进行违反海关监管规定的行为,不得非法进行货币兑换。

1.4 与船员相关的国际公约

国际海事组织 IMO(International Maritime Organization)成立于 1948 年,总部设在英国伦敦。其宗旨和任务是:解决国际贸易中涉及政府规章和惯例的有关航行技术问题和向各国提供合作;在海上安全、航行效率和防止与控制船舶污染海洋方面促进各国采用统一准则,并处理与之相应的行政和法律问题。IMO 文件按强制力大小分为:公约、议定书、规则、决议和通函。公约一旦生效,即对缔约国具有强制效力。IMO 的主要公约有《1974 年国际海上人命安全公约》(SOLAS 1974)、《国际防止船舶造成污染公约》(MARPOL)、《1978 年海员培训、发证和值班标准国际公约》(STCW 1978)等。

1.4.1 1974 年国际海上人命安全公约

《1974 年国际海上人命安全公约》是保障船舶在海上航行时的人命和财产安全的公约,该公约于 1980 年 5 月 25 日生效,我国政府于 1980 年 1 月 7 日加入该公约。SOLAS 1974 主要由不可分割的三个层次的规定构成:1978 年议定书、1988 年议定书、公约附则,附属于公约附则的单项规则。

公约附则的主要内容有:第 1 章,总则;第 2-1 章,构造——结构、分舱与稳性、机电设备;第 2-2 章,构造——防火、探火和灭火;第 3 章,救生设备及布置;第 4 章,无线电通信设备;第 5 章,航行安全;第 6 章,货物和燃油装运;第 7 章,危险货物的载运;第 8 章,核能船舶;第 9 章,船舶安全营运管理;第 10 章,高速船安全措施;第 11-1 章,加强海上安全的特别措施;第 11-2 章,加强海上保安的特别措施;第 12 章,散货船安全附加措施;附录,证书。

1.4.2 1978 年海员培训、发证和值班标准国际公约

《1978 年海员培训、发证和值班标准国际公约》是用于控制船员职业技术素养和值班行为

的公约。公约包括公约正文、附则和 STCW 规则。规则分为 A 和 B 两部分，其中 A 部分为强制性标准，B 部分为建议和指导，共有 8 章。该公约规定了船员的职能、应掌握的技能水平、培训要求、考试发证及值班要求。

1.4.3 国际防止船舶造成污染公约

《国际防止船舶造成污染公约》是为保护海洋环境，由国际海事组织制定的有关防止和限制船舶排放油类和其他有害物质污染海洋方面的安全规定的国际公约。

1.4.4 2006 年海事劳工公约

国际劳工组织（ILO）成立于 1919 年，国际劳工（海事）大会基本上每 10 年召开一次。2006 年国际劳工组织第 94 届大会暨第 10 届海事大会在日内瓦召开，大会正式通过了《2006 年海事劳工公约》。该公约于 2013 年 8 月 20 日生效。我国于 2016 年 11 月 12 日开始实施。

（1）公约结构

公约由三个不同但相关的部分构成：条款、规则和守则。条款和规则规定了核心权力和原则以及批准本公约国的基本义务，守则主要是规则的实施细节。其中规则和守则涉及五个方面：

a.海员上船工作的最低要求；

b.就业条件；

c.起居舱室、娱乐设施、食品和膳食服务；

d.健康保护、医疗、福利和社会保障；

e.遵守与执行。

（2）海员上船工作的最低要求

为确保在船工作人员均为成年人，规定受雇、受聘工作船员最低年龄为 16 岁，而且规定 16~18 岁只能为见习或服务生。在船工作严格执行夜间时间为 20:00—05:00 的规定，严禁安排 18 岁以下的船员在夜间工作和从事可能损害其健康或安全的工作。为确保海员的健康状况适合履行海上职责，规定海员体检证书有效期为 2 年，若海员低于 18 岁，则体检证书有效期为 1 年。为确保海员具备履行船上职责的能力，海员必须取得基本安全培训合格证，按规定完成个人安全培训。

（3）就业条件

为保障海员合法权益，要签订就业协议（合同）。协议的终止及终止的条件包括：如果协议没有确定期限，船东的预先通知期不得短于海员的预先通知期，最短不得短于 7 天；如果协议有期限，以确定期满日期为准；如果协议是为一次航程而订，其航行之目的港，以及到达目的港后海员被解雇前所须经历的时间。

为确保海员根据其就业协议定期获得全额工作报酬。海员工作报酬主要有基本报酬或工资、合并工资。基本报酬或工资是指正常工作时间的报酬，它不包括加班报酬、奖金、津贴、带薪休假或其他额外酬劳；合并工资主要包括基本工资和与工资有关的其他津贴在内的工资或薪资，海员正常工作时间为每天 8 小时，一周 48 小时，此外为加班，且加班补偿率不应低于每小时基本报酬或工资的 1 倍和 1.25 倍。

工作或休息时间规定，海员的正常工时标准应以每天 8 小时，每周休息 1 天和公共节假日为依据。最长工作时间在任何 24 小时段内不得超过 14 小时,任何 7 天内不得超过 72 小时;最短休息时间在任何 24 小时时段不得少于 10 小时,任何 7 天内不得少于 77 小时;同时规定休息时间最多可分为两段,其中一段至少要有 6 小时,相连两段休息时间间隔不得超过 14 小时。

关于海员休假和遣返的权利,带薪年假的权利应以每服务一个月最低 2.5 日计算,合理的缺勤不应被视作年假;带薪年假应为一段连续的期间。遣返权利包括患病受伤、船舶失事和船公司破产等。另外,船员不同意前往战乱区以及仲裁裁定或协议终止时船员也具有要求遣返的权利,遣返所产生的费用由船东承担,同时等待遣返所用的时间和遣返旅行时间不应从海员积累的带薪年假中扣减。

船舶灭失或沉没造成的失业,船东应向每个海员支付赔偿,向任何一个海员支付的赔偿总额可仅限于 2 个月的工资。

(4)起居舱室、娱乐设施、食品膳食服务

起居室应通风和供暖,在照明上应根据客船可能允许的特殊要求布置,卧室和餐厅有合适的自然采光,航程时间超过 3 天、船上海员 15 人以上的船舶应设有独立的医务室,专供医疗使用;另外,不得雇用或聘用 18 岁以下的海员担任船上厨师工作。

(5)健康、医疗、福利和社会保障保护

为保护海员健康,应确保其能够迅速得到船上和岸上医疗,保证向海员提供用于迅速诊断和治疗所必需的药品、医疗设备和设施以及预防性措施。同时还规定载员 100 人或以上通常从事 3 天以上国际航行的船舶应配备一名医生负责提供医疗。

对于在其船上工作的海员,船东应有责任对海员从开始履行职责之日起到被视为妥善遣返之日期间所发生的或源自这些日期间的就业的疾病和受伤承担费用。船东支付医疗和膳宿费用的责任限制在从受伤或患病之日起不少于 16 周的期限内。

为保护海员健康和安全及防止事故,各成员国应确保悬挂其旗帜的船舶上的海员得到职业健康保护,并且在一个安全和卫生的环境下在船上生活、工作和培训。

应确保在船上工作的海员能够使用岸上设施和服务,以确保其健康和福利,设施主要包括:必要的会议室和娱乐室、运动设施和户外活动设施、教育设施以及适当时举行宗教仪式和个人咨询的设施。

社会保障方面主要是确保采取措施向海员提供社会保障的保护,主要包括医疗津贴、疾病津贴、失业津贴、老年津贴、工伤津贴、家庭津贴、生育津贴、病残津贴和遗嘱津贴。

1.5 中华人民共和国船员条例

2007 年 4 月 14 日,《中华人民共和国船员条例》以中华人民共和国国务院 494 号令公布,并于 2007 年 9 月 1 日起施行。后经七次修订。新条例增加了对服务机构的要求和船员权益维护方面的内容,船员培训、劳动保护和就业环境等问题有了更明确的要求。

(1)相关部门职责介绍

①国务院交通主管部门主管全国船员管理工作。

②国家海事管理机构依照本条例负责统一实施船员管理工作。

③负责管理中央管辖水域的海事管理机构和负责管理其他水域的地方海事管理机构,依

照各自职责具体负责船员管理工作。

（2）船员注册与获取资格

①注册的基本条件

a.年满18周岁（在船实习、见习人员年满16周岁）但不超过60周岁；

b.符合健康要求；

c.持有基本安全证书。

②申请船员适任证书应具备的条件

a.已经取得船员服务簿；

b.符合任职岗位健康要求；

c.经过相应适任培训；

d.具备相应任职资历，记录良好。

（3）法律责任

①《中华人民共和国海上海事行政处罚规定》部分内容

海事行政处罚（船员部分）的种类：警告；罚款；扣留船员职务证书；吊销船员职务证书；吊销海员出境、入境证书；没收违法所得。

②《中华人民共和国船员注册管理办法》部分内容

a.船员注册：海事管理机构签发船员服务簿，准许申请人从事船员职业的行为。

b.申请船员注册时需要提交海船船员培训合格证，其中包括基本安全培训合格证明复印件（Z01）。

c.申请注册国际航线船舶船员的，还应当提交船员专业外语考试合格证明复印件。

d.申请人被依法吊销船员服务簿的，自被吊销之日起5年内不予重新注册。

1.6 船员相关证书

1.6.1 海船船员培训合格证

海船船员培训合格证包括：基本安全培训合格证（Z01）、精通救生艇筏和救助艇培训合格证（Z02）、精通快速救助艇培训合格证（Z03）、高级消防培训合格证（Z04）、精通急救培训合格证（Z05）、船上医护培训合格证（Z06）、保安意识培训合格证（Z07）、负有指定保安职责船员培训合格证（Z08）、船舶保安培训合格证（Z09）。

1.6.2 特种船海船船员培训合格证

特种船海船船员培训合格证包括：油船和化学品船货物操作基本培训合格证（T01）、油船货物操作高级培训合格证（T02）、化学品船货物操作高级培训合格证（T03）、液化气船货物操作基本培训合格证（T04）、液化气船货物操作高级培训合格证（T05）、客船船员特殊培训合格证（T06）、大型船舶操纵特殊培训合格证（T07）、高速船员特殊培训合格证（T08）、船舶装载散装固体危险和有害物质作业船员特殊培训合格证（T09）、船舶装载包装危险和有害物质作业船员特殊培训合格证（T10）。

1.6.3 船员服务簿

适用于在海、河船舶上服务的所有中国籍船员，但在下列船舶上服务的除外：军事船舶、渔船、体育运动船、非机动船,在100总吨或220千瓦以下船舶上服务的船员暂缓办理。

1.6.4 海员证

海员证是由中华人民共和国海事局统一印制并签发给在航行于国际航线的中国籍船舶上工作的中国海员和由国内有关部门派往外国籍船舶上工作的中国海员的有效证件。海员证按有效期可分为:长期(5年)、中期(2年和3年)、短期(18个月、12个月、6个月和3个月)。在海外到期的,可以延长,但延长期限最长不得超过3个月;有效期不足2年的海员证,不得办理延期手续。

1.6.5 海船船员适任证书

(1)船长、驾驶员、轮机长和轮机员适任证书

①无限航区:一等适任证书适用于3000总吨及以上或者主推进动力装置3000千瓦及以上的船舶;二等适任证书适用于500总吨及以上至3000总吨或者主推进动力装置750千瓦及以上至3000千瓦的船舶。

②沿海航区:一等适任证书适用于3000总吨及以上或者主推进动力装置3000千瓦及以上的船舶;二等适任证书适用于500总吨及以上至3000总吨或者主推进动力装置750千瓦及以上至3000千瓦的船舶;三等适任证书适用于未满500总吨或者主推进动力装置未满750千瓦的船舶。

(2)(高级)值班水手、(高级)值班机工适任证书

①无限航区:适任证书适用于500总吨及以上或者主推进动力装置750千瓦及以上的船舶。

②沿海航区:一等适任证书适用于500总吨及以上或者主推进动力装置750千瓦及以上的船舶;二等适任证书适用于未满500总吨或者主推进动力装置未满750千瓦的船舶。

(3)电子电气员和电子技工适任证书

适用于主推进动力装置750千瓦及以上的船舶。在拖船上任职的船长和甲板部船员所持适任证书等级与该拖船的主推进动力装置功率的等级相适应。

1.6.6 海船船员健康证书

(1)海船船员申请健康证书,应当到海事管理机构公布的具备船员职业健康状况鉴定能力的体检机构进行健康体检。

(2)健康证书的有效期不超过2年;申请健康证书的海船船员年龄小于18周岁,则健康证书有效期不超过1年;有效期截止日期不超过持证人65周岁生日。

(3)健康证书在航行中有效期满的,在到达下一个有缔约国认可的从业医生的停靠港之前该健康证书仍然有效,但为期不得超过3个月。

第 2 章

船舶安全营运

2.1 安全科学概论

2.1.1 安全科学的四大要素

安全科学的四大要素为：人、机、环境、控制（管理）。事故是人、机、环境相互作用下发生的出乎人们意料的和不希望发生的破坏性事件。要避免和减少事故的发生，人们就必须能控制"人-机-环境"系统，预知和限制事故的发生。

2.1.2 科学的事故控制观

科学的事故控制观将工作分为预测、预防、监测、应急四个阶段，每个阶段都要考虑安全科学的四大要素——人、机、环境、控制，进行系统化的安全管理。这是一种系统化的方法，用于管理和减少事故发生的风险。这四个阶段相互关联，形成一个连续的循环，以确保安全措施的持续性和有效性。

2.1.3 安全科学的基本要素结构

系统中的船员属于人要素，船舶、货物属于机要素，航道、港口属于环境要素，而船公司属于管理要素，由此构成船舶营运系统的安全四面体结构，如图 2-1-1 和图 2-1-2 所示。

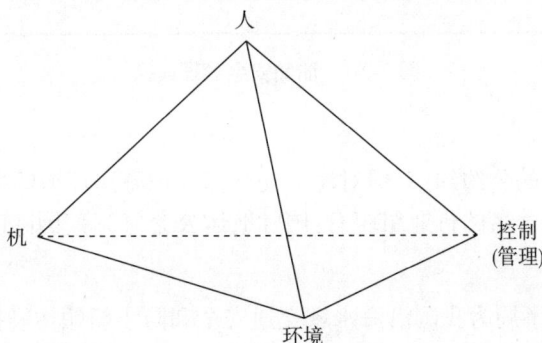

图 2-1-1　安全科学要素结构

13

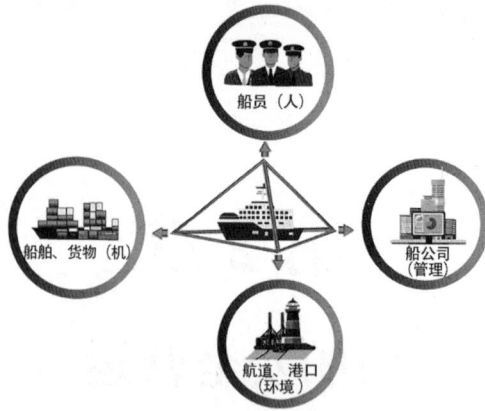

图 2-1-2　船舶营运系统基本结构

2.2　船舶安全管理途径

船舶安全管理途径如图 2-2-1 所示。

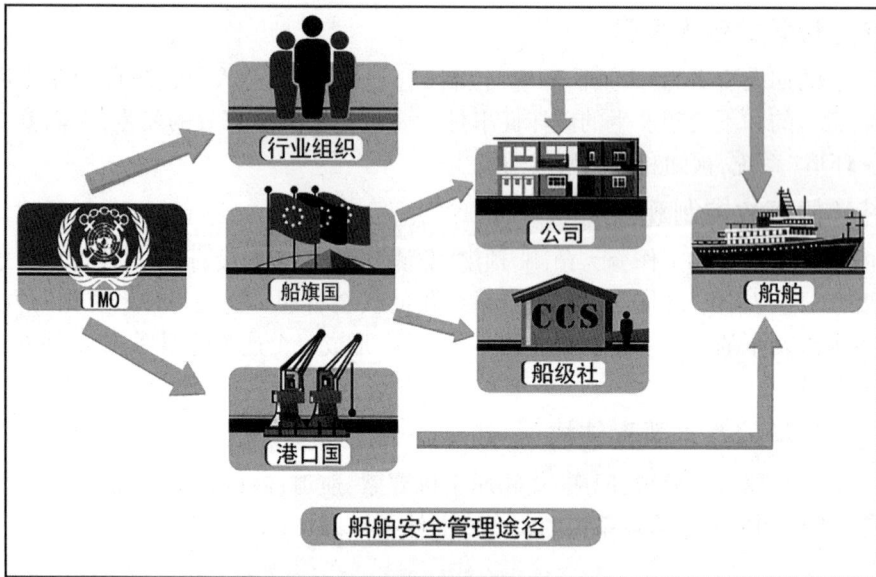

图 2-2-1　船舶安全管理途径

2.2.1　行业组织

行业组织不受 IMO 的公约约束,但对海上安全和保护海洋环境的共识及切身利益要求其与 IMO 良好合作。世界著名的行业组织有:国际航运公会(ICS)、国际船东协会(INSA)等等。

2.2.2　船旗国管理

中华人民共和国海事局为我国沿海水域交通安全和防止船舶污染损害的主管机关。船舶检验局主管中国籍船舶的法定检验,具体的检验事务则授权中国船级社(CCS)执行。船级社从事民间商业性质的船级检验和公证检验等并签发船舶入级证书。

船公司是指船舶所有人、经营人和管理人,属于控制(管理)要素。国际海运界公认的统计分析结论认为:海上事故的80%与人为因素有关;这些事故的主要责任通常可以归咎于船公司的岸上管理和船上管理的不足。

2.3 船旗国的安全检查

船旗国对本国注册的船舶在营运中进行安全检查,以加强船舶技术设备状况和人员配备及适任状况的监督。

2.3.1 安全检查的内容

安全检查的内容较为广泛,主要针对船舶的营运管理状况和人员操作水平等,一般包括:船舶证书及有关文件、资料,船员及其配备,救生设备,消防设备,事故预防,一般安全设施,报警设施,货物积载及其装卸设备,载重线要求,系泊设施,推进和辅助机械,航行设备,无线电设备,防污染设备,液货装载设施,船员对其岗位职责相关的设施、设备的实际操作能力。

2.3.2 安全检查程序

一般于船舶在港口停泊或作业期间进行安全检查。为保证船舶的航行安全,原则上禁止对在航船舶进行安全检查,但法律、行政法规另有规定的除外。检查人员对船舶进行安全检查后,按规定的格式填写船舶安全检查记录并签发安全检查通知书,注明所查项目、发现的缺陷及处理意见。船舶必须按照船舶安全检查通知书的要求,对存在的缺陷予以纠正和改善并申请复查。

2.3.3 安全检查规则

安全检查主要依据有关国际公约和国内法律法规,并按规定的程序进行。我国根据《中华人民共和国海上交通安全法》、《中华人民共和国海洋环境保护法》、《中华人民共和国船舶内河交通安全管理条例》和我国缔结加入的有关国际公约,制定了《中华人民共和国船舶安全检查规则(2009)》。

2.4 港口国监督(PSC)

港口国监督(PSC)是执行国际海事标准的重要外部力量。它通过检查到访港口的外籍船舶,确保国际海事标准得到遵守,从而保障海上安全并防止海洋污染。港口国监督构成了船旗国政府监督之后的第二道防线。

在区域性港口国监督体系的建立方面,欧洲是最早的先行者,其体系被称为"巴黎备忘录"(Paris MOU)。此外,另一个重要的区域性港口国监督组织是"拉丁美洲协议"(Latin America Agreement)。1993年12月2日,亚太地区17个国家和地区共同签署了"亚太地区港口国监督谅解备忘录"(又称"东京备忘录")。这一备忘录的签署,标志着亚太地区港口国监督体系的正式建立。除了上述地区,其他地区也建立了类似的港口国监督组织,例如加勒比海备忘录等,以加强海上安全和环境保护的国际合作。

（1）PSC 的目的及内容

①目的

港口国监督的目的在于确保船舶实际符合国际海上安全和防止污染公约的要求，并保持了与船员的福利、健康和安全相关的可行标准。

②内容

在对船舶进行的初步检查中涉及船舶的各种检定证书，其中包括最低配员证书、人员资格证书；港口国监督检查官在登船之前，一般要观察船舶外观的总体状况，获得对船舶的最初印象，然后巡视各层甲板及有关舱室、设备等，从而获得对船舶的实际总体印象；如果船舶没有有效的船舶证书，或检查官在初次检查中得出结论，有理由相信船舶可能不适航或为非标准船，则应进行详细检查。

（2）PSC 特别关注的检查项目

集中在：

①客船、滚装船、散货船；

②可能产生特别危险的船舶；

③具有明显缺陷的船舶；

④半年内还没有主管机关检查过的船舶；

⑤在以往 3 个月内因船舶缺陷发生过延误或滞留，出现在"事故通报表"中的船舶。

（3）PSC 明确可以滞留的船舶情况

①没有充足的食品和饮用水以航行到下一港口；

②船上太脏；

③在气温过低的海域营运居所无供暖；

④通道、居住处所存放过量的垃圾、设备或货物的阻碍或其他不安全的状况。

（4）降低船舶 PSC 检查滞留率的措施

①了解与准备

船长应基本了解船舶经营航线的港口国监督检查情况，注意及时收集 PSC 检查的动态，认真研究；对抵达港口的港口国监督检查要求、规定、检查尺度等要心中有数；在接受检查前，船上应做好文件资料的准备工作，为后续的现场检验创造良好的基础；注意维持良好的船舶风貌、船员饱满的精神状态、整洁的生活环境，船员积极有序的配合都将会给检查加分。

②接待与交流

国外 PSC 检查官大多做过船长，多数人工作非常认真负责，注重礼节。船长为船舶 PSC 检查工作的第一责任人。在检查过程中，接待工作一定要做到热情、周到、自信，努力营造一种相互尊重、友好的气氛；如果有些设备正处于修理中将不可避免地被发现，建议主动向检查官说明情况，争取其理解，这样会让检查官感觉你诚实可靠，更容易取得信任。

③陪同与解释

在检查中，可由英语水平较好的船员全程陪同，也可由船长亲自全程陪同。陪同人员应熟悉所有设备的技术状况，熟悉公约、规则的技术要求，熟悉应急设备的操作程序，陪同全程可通过对讲机时刻与船舶各部门紧密联系，随时调派人员参与检查。

④结果与处理

检查官在检查完毕提出正式缺陷时，船长应予逐一确认，尽量做好解释和澄清工作，争取在第一时间取得检查官的理解。

（5）安全管理的方针

"安全第一，预防为主"是安全管理最基本的方针。就船舶营运而言，安全始终是一项十分重要的工作。

（6）船舶安全性评估的通常方法

①事故苗头和潜在危害的识别：认真学习各项安全管理的规章制度与安全操作规程；熟练地掌握各项操作的要领；虚心向同行学习，掌握良好的安全操作技能。

②危害性判断和评价：船员根据自己的工作经验识别船舶危害并进行相应的评价；利用检查表把船舶可能存在的危害项目都列出来，逐项进行检查；对船舶各个系统易产生故障的模式及影响进行分析；对船舶各系统的操作过程进行详细的分析，找出可能导致危害的偏差。

③检测危害的方法和途径的选择：定期检查，对船舶的各个系统和设备进行定期的检查和维护，以确保它们处于良好的工作状态；安装和使用各种监测设备，如压力传感器、温度传感器等，实时监控船舶的关键参数；运用风险评估工具，如故障树分析（FTA）、事件树分析（ETA）等，来识别和评估潜在的危害；通过模拟紧急情况，测试船员对潜在危害的响应能力和船舶的安全系统的有效性；定期邀请安全专家对船舶的安全性进行评估，并提供改进建议。

④及时采取有效的控制措施：制定应急预案，为可能发生的各种紧急情况制定详细的应急预案，并确保所有船员都熟悉这些预案；培训和教育，定期对船员进行安全培训和教育，提高他们对潜在危害的认识和应对能力；技术升级，采用先进的技术和设备来提高船舶的安全性能，如自动报警系统、防火系统等；强化维护，加强船舶的日常维护工作，确保所有安全设备和系统都能在需要时正常工作。

2.5 国际船舶安全营运和防止污染管理规则（ISM 规则）

2.5.1 安全管理的目标

根本目标是保证海上安全，防止人员伤亡，避免对环境，特别是对海洋环境造成危害及对财产造成的损失。

2.5.2 安全管理的内容

预防——营造安全营运的环境：提供船舶安全操作和营运的内外部环境；合格的资源配备，其中包括健康、适任和安全意识强的船员、岸上管理人员；高效合理的管理机构和安全管理体系。

预控——有效的防范措施：日常安全管理和操作的规范程序；安全管理体系正常运作的保证，包括日常监控手段、管理体制的更新和规章制度的修订。

预案——完善应急措施：定期的隐患和不符合规定情况的检查和评估；详细而有效的应急方案。

人为因素最关键，人的思想教育和行为管理是企业安全管理的核心。

2.5.3 实施 ISM 规则的关键

实施 ISM 规则的关键是建立船公司的安全管理体系（SMS）。图 2-5-1 所示为国际船舶安全营运途径。

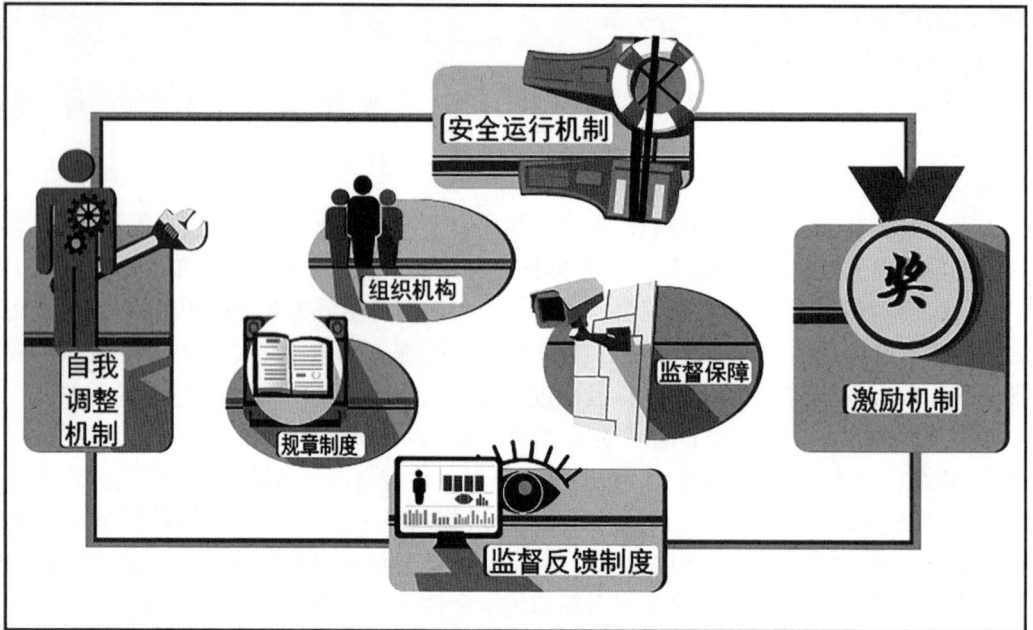

图 2-5-1　国际船舶安全营运途径

2.5.4　ISM 规则对 SMS 规定了六方面的功能

(1)安全和环境保护方针;

(2)确保船舶的安全营运和环境保护符合有关的国际和船旗国立法的指令和程序;

(3)船、岸人员的权限和相互间的联系渠道;

(4)事故和不符合本规则规定情况的报告程序;

(5)对紧急情况的准备和反应程序;

(6)内部评审和管理性复查程序。

2.5.5　安全管理体系文件分为三个层次

(1)安全管理手册(规范性文件):作为公司整个安全管理体系的纲要,它通过正式公布公司的安全和环境保护方针、目标职责、措施等一系列规定明确了各项安全管理活动。

(2)安全管理程序文件(程序性文件):在安全管理手册的基础上,把公司的各项安全管理活动进行分解,通过工作流程及其具体操作要求的规定落实到各部门各工作岗位。

(3)安全工作规范与记录(支持性文件):它是安全管理体系的最基本的支持文件,是各项规章制度、操作手册和安全记录的汇集。

执行安全管理体系的各项规定不仅是每个船员的基本职责,也是船舶营运中安全文化的重要体现。

2.5.6　中华人民共和国船舶安全营运和防止污染管理规则

2001 年 7 月 12 日,交通部发布了《中华人民共和国船舶安全营运和防止污染管理规则》(NSM 规则),NSM 规则是 ISM 规则的国内化,只适用于我国国内航行船舶。

2.6 船上安全作业

2.6.1 遵守安全作业方法的重要性

（1）遵守安全作业方法对船员个人和社会的意义

遵守安全作业方法,船员始终是得益者。从宏观角度看,船员遵守安全作业方法,保护了全船人员的安全,保护了公司利益,保护了人类赖以生存和发展的海洋环境。

（2）安全作业方法

安全作业方法,是在系统考虑作业的各种因素的基础上,能使人、机（物）、环境、管理四大安全要素和谐相处的安全做法的总称。

（3）关键性操作

关键性操作分为关键操作和特殊操作。

①关键操作

关键操作是指其错误会立刻导致危及人员、环境或船舶的事故或情况的操作。例如在充满油气的场所明火作业,会引发爆炸事故,导致人员伤亡和船舶损坏。

船舶关键操作通常包括:在限制水域和交通密集区域的航行,在接近陆地水域或交通密集水域会造成突然失去操纵能力的操作,视线不良条件下的航行,气象恶劣条件下的航行,危险货物和有毒有害物质的装卸和积载,海上加油和驳油,气体运输船、化学品船和油船的货物操作,关键性机器操作等。

进行关键操作时,现场应有人监督,严格按作业规程操作,保存经双方签署的记录或检查表。

②特殊操作

特殊操作是指其错误仅在已造成危险情况或事故已发生时才会明显看出的操作。例如,架设引航员软梯时,甲板端绳结未打好,或用来系绳结的船体构件严重锈蚀,直至有引航员登离船时才发生危险,这才发现是由该操作造成的错误。

船舶特殊操作通常包括:保证水密完整性;航行安全,包括改正海图和有关出版物;影响设备（如舵机）及其有关的备用机器可靠性的操作;维护操作;加油操作及港内驳油操作;保持稳性和防止超载和应力集中;集装箱、货物及其他物品的系固;船舶保安,暴力和海盗行为等。

特殊操作主要采取预防措施和检查。

（4）违章作业行为与事故损害程度的比例关系

①美国的海因里希对330起同种违章作业行为进行统计时发现,致人严重伤害、轻微伤害和有惊无险的事故件数比为1:29:300,这一统计结论被广泛地称为海因里希法则。

②国际损失研究所（International Loss Control Institute）给出了1:10:30:600的事故损害比例统计结论,如图2-6-1所示。该结论综合考虑了违章行为造成的人身伤害和财产损失因素。

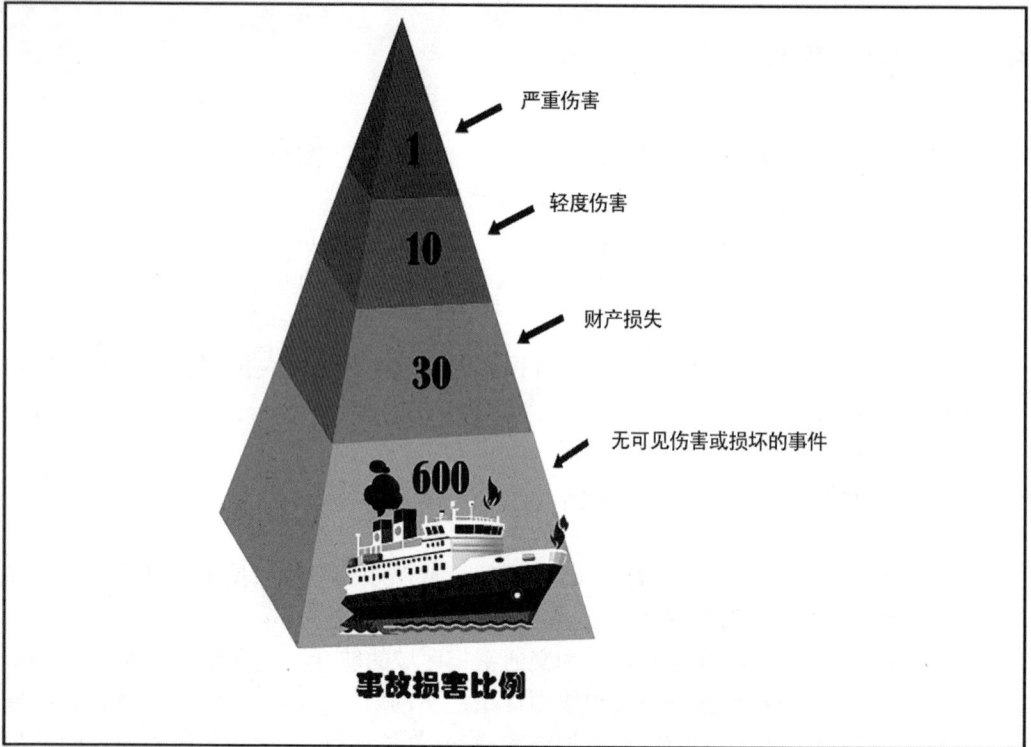

图 2-6-1　事故损害比例

2.6.2　海船船员值班规则

（1）一般要求

《海船船员值班规则》建立的目的是加强海船船员值班管理,防止船员疲劳操作,保障海上人命与财产安全,保护海洋环境。其适用范围是在 100 总吨及以上中国籍海船上服务的值班船员。但下列船舶上的船员值班除外:军用船舶、渔业船舶、非营业性游艇、构造简单的木质船。中华人民共和国海事局是实施本规则的主管机关。

（2）值班安排

①航行值班

值班驾驶员是船长的代表,无论何时,其首要职责是负责船舶的安全航行;值班轮机员是轮机长的代表,在任何时候,主要负责对影响船舶安全航行的机械设备的安全有效的操作和保养。另外,在航行值班时应注意以下事项:

a.瞭望人员和舵工的职责是分开的,舵工在操舵时不应当作为瞭望人员,除非是具有四周无遮挡的视野并且没有夜视障碍或其他保持正规瞭望的妨碍。

b.夜间航行应至少保持一名水手协助驾驶员值班。

c.值班轮机员主要负责对影响船舶安全航行的机电设备的安全有效的操作和保养;积极响应驾驶台的命令。

d.机舱发生重大机电故障,应立即通知驾驶台,再采取应急行动;如在正常航行时,也可以先采取行动再通知驾驶台。

e.当驾驶台通知船舶进入机动航行时,值班轮机员应确保所有涉及船舶操纵的机器立刻转手动操作模式。

②港内值班

正常情况下在港内系泊或锚泊的所有船上,为了安全,船长必须安排适当而有效的值班。对于具有特种形式的推进系统或辅助设备,或其他特种货物的船舶,还应按有关规定的特殊要求安排值班。其值班要求包括:

a.港内值班要保证停泊及货物安全和货物装卸作业;

b.停泊值班应包括一名值班驾驶员和至少一名水手;

c.推进功率为750 kW及以上的船舶,必须安排至少一名机工协助值班轮机员;

d.运载散装危险货物的船舶,即使安全锚泊,甲板部和轮机部也需要安排至少一名高级船员和若干名普通船员组成安全值班。

(3)驾驶、轮机联系制度

①船长应提前24小时将预计开航时间通知轮机长,如停港不足24小时,应在抵港后立即将预计离港时间通知轮机长;轮机长应向船长报告主要机电设备情况、燃油和炉水存量;如开航时间变更,须及时更正。

②开航前1小时,值班驾驶员应会同值班轮机员核对船钟、车钟,试舵等,并分别将情况记入航海日志、轮机日志及车钟记录簿。

③航行中如调换发动机、并车或暂时停电,应事先通知驾驶台。

④抵港后,船长应告知轮机长本船的预计动态,以便轮机长安排工作,动态如有变化应及时联系。

⑤船舶加油前,轮机长应将本船的存油情况和加油计划告知大副,以便大副计算稳性、水尺和调整吃水差。

2.7 船上安全操作规章

2.7.1 船舶日常防火防爆须知

火灾导致的全损率高于碰撞和搁浅事故,因此船舶防火防爆关系到船舶、人命和货物安全。船舶的日常防火防爆须知包括:

(1)船员在航行期间禁止锁门睡觉,风雨或风浪天气应将窗关闭严密。

(2)吸烟时,烟头、火柴杆必须熄灭后投入注了水的烟缸,不能乱丢或向舷外乱扔,也不准扔在垃圾桶内。

(3)不准私自存放易燃易爆物品,禁止任意烧纸或燃放烟花爆竹,严禁玩弄救生信号弹。

(4)使用电炉、电水壶、电熨斗、电烙铁等电热器具时,必须有人看管,离开时必须拔掉插头或切断电源,另外,不准擅自接插电气线路和电器。

(5)废弃的棉纱头、破布应放在指定的金属容器内,不得乱丢乱放;油污的棉毛织物应及时处理,不准堆放在闷热位置,以防自燃。

(6)明火作业须经船长同意,作业前须查清周围及上下邻近各舱有无易燃物;进行气焊作业时,要严防"回火",避免事故。

2.7.2 明火作业规程

明火作业是指电焊、气焊、喷灯或其他有明火的作业。船上进行明火作业须由部门长事先填写书面申请,经轮机长同意后报告船长审批。

（1）审批流程

船上明火作业,须由部门长事先填写书面申请,经轮机长同意后报船长审批;港内明火作业,须事先经主管部门批准,国外港口明火作业,须事先报港口当局批准。

（2）作业要求

①明火作业操作人员须经过培训,持有合格操作证书。

②至少要有2名作业人员,一名负责操作,一名负责监督和防护。

③作业前监督员必须认真进行安全检查,同时作业前应清理作业场地,备妥消防器材。对于有油气场所,要彻底通风,经测爆达到爆炸下限的1%以下才可以动火。

（3）电焊作业

①电焊时,检查确认电焊机完好,应确保接地良好,调节正常;

②操作人员按规定使用劳防用品,使用规定合格工具,电焊防护用品齐全并保持干燥绝缘;

③不应在高峰负荷时开电焊机,开机时应逐步启动,不可过快,电焊线通电情况下禁止在油舱附近拖拉;

④施焊完毕应立即切断电源,收回电缆,清理现场,确认无火灾隐患,将消防器材放回原处。

注意事项:

①禁止利用船体、管道或机械设备作地线;

②严禁对存有压力的容器,未经清洁和通风的油柜、油管施焊;

③焊接过程中飞溅到远处的高温熔渣要扑灭。

（4）气焊作业

①氧气瓶与乙炔瓶必须垂直放置并固定,两瓶间距应大于3 m;瓶与烧焊处距离应大于5 m。

②注意焊枪一端的颜色标志,蓝色或黑色软管接氧气,黄色或红色软管接乙炔,打开氧气瓶总阀,开度不超过1/2,以便紧急关闭。

③点火顺序为先开乙炔阀门,微开氧气阀门,然后点火,再通过调节氧气阀门开度来得到所需火焰。

④熄火顺序为先关掉氧气,后关闭乙炔,最后关掉氧气阀门。

⑤要注意钢瓶内气体不能用空,剩余气压大于100 kPa。

⑥最后确认无隐患后方可离开现场。

2.7.3 上高、舷外作业

（1）定义

上高作业主要是指在工作基面2 m以上的桅杆、吊柱、上层建筑和烟囱等处的作业。舷外作业是指在空载水线以上的船体外部作业。

（2）作业要求

①甲板和机舱操作人员必须遵守有关操作规程。作业部门的值班高级船员对人员作业安全负责,应加强巡查、监督、指导。

②上高、舷外作业应选派身体和技术条件过硬的人员,水手长为现场指挥。

③作业前必须对作业用具如系索、保险带等进行检查,绝对禁止凑合使用,应为专用。

④航行中禁止舷外作业,船身晃动明显时,如无特殊需要,禁止上高作业。

2.7.4　系离泊安全操作

(1)每次系泊前,船长向驾驶员作操作部署。三副会同大副、二副试验对讲机以保证联系畅通。离泊前,值班驾驶员结合看开航水尺,检查首尾系缆使其能顺利解除。

(2)系泊操作时,大副在船首指挥,木匠协助;二副在船尾指挥,水手长协助。操作人员必须规范穿戴工作帽等劳保用品,提前到达现场落实分工,做好准备。禁止无关人员进入现场。

(3)收带缆时动作要正确迅速,缆绳在滚筒上应有足够圈数,持缆者应与滚筒保持安全距离,切勿站在缆圈中。另外,要注意投掷撇缆应先招呼后撇出,防止撇缆头伤人。

(4)靠妥泊位后,应使每根系缆均匀受力,在缆绳和导缆孔接触处垫衬帆布或麻袋以防磨损缆绳,靠泊后应在每根系缆上装妥防鼠挡。

2.7.5　操舵仪安全使用

(1)操舵常规要求

①舵工操舵时应集中精力,复诵和回答口令要响亮、正确、清晰。

②长时间手操舵时,应有两名舵工轮流操舵,值班水手负责监督操舵的正确性并协助瞭望。

③舵工应随时注意操舵仪舵角指示器与驾驶台主舵角指示器的舵角是否一致,如有异常,立即报告船长和值班驾驶员。

④手操舵时若航向未把定或正在避碰,舵工不应换舵。

⑤船舶进出港前或进入复杂航段前,应试验应急操舵装置。

(2)自动舵使用

①权限:船长根据航道、海面、气象等条件决定是否使用自动舵,船长不在驾驶台时,由值班驾驶员决定使用自动舵的时机。

②禁用:机动航行和能见度小于 5 n mile 时禁止使用自动舵,相对航行的船距到 5 n mile 时转手动舵。

③核对:驾驶员应每小时检查自动舵的运转情况,并核对罗经航向是否正确;每班至少试验一次手操舵。

(3)应急操舵

①手操舵失灵时,值班驾驶员应立即(命令)改为应急操舵,使用磁罗经航向操舵;迅速通知电机员、大管轮,并报告船长。

②舵机房应急操舵:

a.将控制箱选择按钮由"驾驶台"切换到"舵机房",即可用手柄进行应急操舵;

b.用对讲机或电话与驾驶台联系,听从驾驶台指挥;

c.舵工应用操舵手柄处的舵角指示器和航向分罗经协助操舵。

若操舵装置全部失灵,应迅速倒车停船,就地抛锚;若在深水区,应即显示失控信号,并警告附近船只。

2.7.6　清洗和油漆作业时的安全注意事项

(1)拆卸油管或滤器时要注意先卸压再全部拆除;

(2)清洗油管或滤器、机械零件时要防止油泄漏,特别防止油飞溅到高温部位;

（3）如有油漏在地板上要及时擦除，以免地滑摔倒；

（4）使用易燃或有刺激性的液体清洗部件时，一般应在船尾甲板等下风处进行，不宜在机舱进行；

（5）在处理酸、碱或其他化学品，或进入有毒气存在的处所时，须相应地戴手套、防护眼镜、口罩、面罩等；

（6）油漆空气瓶内部或其他封闭处所不能同时多人作业，且时间不能太久，应轮流作业并相互照顾，防止油漆中毒。

2.7.7　船舶开关舱、扫舱作业操作注意事项

（1）操作者要集中精力，听从指挥；

（2）操作者要穿着工作服，戴安全帽、工作手套；

（3）开舱前要进行检查，并松开压紧器；

（4）开关舱前，必须检查盖板顶部压紧器，并使全部压紧器处于脱开位置，用铁销插牢，使插销在操作中不能自动脱出。

2.7.8　船舶安全用电

（1）常见用电伤害及预防

①定义

触电是指人体触及带电的物体，受到较高电压或较大电流的伤害，而引起的局部受伤或死亡的现象。按受伤程度分为电伤和电击。电伤是电弧或飞溅物使人体外部发生烧伤、烫伤的外伤；电击是人体触到带电物体，电流通过人体内部器官而造成的伤害。

②预防

a.不带电操作，特别是在危险的场所应禁止带电作业；

b.对电气设备采取保护措施；

c.建立安全检查制度；

d.严格执行安全操作规程。

注意：采取保护措施的时候绝不允许同一电力系统中，一部分设备采用保护接零，另一部分接地。

（2）电气防火

①电气设备起火的原因

a.电气设备及电缆长期过载；

b.通电时发生短路、断路、接地等故障；

c.接触不良引起火花或局部过热。

②防火要求

a.定期检查设备绝缘，发现问题及时处理；

b.不允许长期过载；

c.使用合格的电气设备；

d.防爆场所须用防爆电气设备；

e.电缆及其他导体连接点检查。

注意：电气火灾应先切断电源再使用常规灭火剂灭火，如未断电则采用绝缘性好、腐蚀性

小的灭火剂灭火。

2.7.9 进入封闭舱室

船员贸然进入船上封闭舱室,常会发生人员窒息或中毒死亡事故,因此,未经船长按规定确认批准,任何人不得进入。特别禁止船员在无人照料或无人知道的情况下,单独进入封闭的货舱或其他封闭舱室。

(1)通常缺氧的舱室

①被关闭一段时间后,未经充分通风的舱室;

②载运蔬菜和耗氧制品的舱室;

③最近失过火的舱室;

④使用二氧化碳气体灭火后的舱室;

⑤空气中含有蒸汽的舱室。

船上缺氧/有毒气体存在于货舱、泵房、燃烧舱、隔离舱、压载舱、燃油舱、淡水舱、双层底、空位、污水柜、电缆通道、电池柜、锚链舱、惰气储存间和其他类似舱室。

(2)进入封闭舱室条件

①打开所有舱盖,充分通风;

②测氧:舱室里空气中有毒气体成分=0%,$CO_2<2\%$,$O_2>18\%$;

③进入封闭舱室须有人协助,带好对讲机或约定联系信号;

④进口处须备一套隔绝式呼吸器;

⑤进入人员要携带安全带、安全绳及照明设备。

(3)进入封闭舱室和作业

①未经大副许可,任何人不得进入封闭舱室;未经轮机长许可,任何人不得进入封闭的机械舱室。由一名高级船员制订行动计划。

②人员进入封闭舱室后,守护人员应坚守岗位,按约定保持联系;在舱室作业环境中禁止使用过滤式防毒面具;通风不应间断,若通风系统发生故障,应立即通知舱室内人员撤离。

(4)封闭舱室应急救援

①守护人员应立即报警;

②派人佩戴呼吸器进入封闭舱室救人;

③电机员准备照明;

④医护人员做好救护工作;

⑤必要时切割船体开孔救人。

2.7.10 拆装作业时的安全注意事项

(1)检修主、副机或其他动力设备,在设备操纵处悬挂"禁止动车"的警告牌;检修中主机如需转车,须征得驾驶员同意。

(2)检修发电机、电动机,于相应部位悬挂"禁止合闸"的警告牌。

(3)检修管路及阀门时,必须关掉相关阀门,并悬挂"禁止打开"的警告牌。

(4)在锅炉、油水舱内部工作时,应打开两个通风口给予足够通风;作业期间应保持空气流通并悬挂"有人工作"的警告牌,派人专门守望配合,注意在内部的工作人员的情况。

(5)在锅炉、机器、舱柜等内部工作时,应用可携式低压照明灯;但在油柜内应使用防爆式的,使用前必须认真检查并确保良好状态。

(6)检修压力容器或管道时先要泄压,严禁带压工作。

(7)一切电气设备,除主管人员和电气人员外,任何人不得自行拆修。

(8)一切警告牌均由检修负责人挂、卸,其他任何人不得乱动。

2.7.11　吊运作业时的安全注意事项

(1)检查吊具是否符合要求,有无损伤,严禁超负荷使用起吊工具;

(2)起吊时先低速将吊索绷紧,再慢慢起吊;

(3)在吊运过程中禁止任何人在其下方通过,如需通过则采取有效的防范措施。

2.7.12　金工作业时的安全注意事项

(1)穿紧身工作服,袖口要扎紧,禁止戴手套操作;

(2)使用机床时严格遵守操作规程;

(3)使用磨具或砂轮机时,选好站姿,略偏一角度,同时戴防护眼镜和口罩;

(4)禁止使用手柄不牢的手锤;

(5)工作完毕,切断设备电源,收拾好工具。

2.7.13　船员常见工伤事故

(1)海上事故的分类

海上事故可大致分为船舶海事和人员工伤事故。海事有碰撞、搁浅/触礁、火灾/爆炸、船壳破损、进水、严重横倾、倾覆、污染损害等;人员工伤事故有击伤、坠落、人落水、轧伤/压伤、触电、窒息/中毒等。

①击伤:主要是人与物之间的接触能量超过了人体承受能力所致。主要有缆绳击伤、锚链击伤等常见事故。

②坠落:人员在高处作业时嫌麻烦不用安全带或使用不当而坠落摔伤。主要有高空作业坠落、货舱跌落等常见事故。

③人落水:常见的人落水事故有船员舷外作业不用安全带或使用不当而掉落水中,梯或桥板未使用安全网或使用不当导致人员落水等常见事故。

④轧伤/压伤:在检修转动的机械时,衣服、手指等被卷入而伤害人员,或者收绞缆绳时距卷筒过近发生事故。

⑤触电:常见的有船员乱拉电线和私接电器而触电,违章带电操作而触电,损伤电线、电器而触电。

⑥窒息/中毒:常见的有人员长久进入封闭空间,在无通风的情况下进入存放大量蔬菜的舱室,违反熏舱操作和管理规定中毒等。

(2)原因分析

①违反安全操作规章制度;

②自我防范意识差;

③缺乏团队合作精神;

④安全监督机制不健全;

⑤外界因素引起;

⑥船员自身健康或劳累过度等。

（3）防范工伤事故的措施

①加强对"人-机-环境-管理"体系诸要素的管理,预防常见工伤事故。对"人"重在通过教育和培训,增强船员的安全意识;对"机"重在防止和消除机(物)的不安全状态,消除安全隐患;对"环境"重在创造安全的工作环境、必要的生活环境,营造良好的"船风";在"管理"上重在健全安全管理和规章制度并予以监督,保证切实执行。

②加强安全教育,注意增强船员自我保护意识和能力。所谓安全教育,是指用教育手段认识安全的本质、重要性,获得必要的安全知识和操作技能,以增强安全生产意识、自我保护意识、安全技术水平和安全管理水平的过程。

③规范作业,注意安全。

2.7.14　船员违法记分管理办法

（1）每一公历年为一个记分周期。一个周期期满后,分值累加未达到15分的,该周期内的分值不转入下一个记分周期。在一个记分周期内记分满15分的船员,经培训、考试后,记分分值重新起算。

（2）船员遗失证书、证书记分附页或船员服务簿,海事机构可视为其违法记分已满15分。

（3）船员违法记分分值满15分的,最后记分的海事机构应将船员适任证书滞留,并将滞留船员适任证书通知书送船员本人签收。该通知书为一式三份,执法海事机构、发证海事机构和船员本人各一份。

（4）海船船员必须在收到滞留船员适任证书通知书6个月内到证书的签发机关申请强制培训、考试。培训时间不超过7天,培训考试合格后,海事机构发还被扣证书。

2.8　疲劳对作业安全的影响

疲劳是在工作负荷和生活环境的综合作用下,人的机体功能和工作能力下降表现出来的生理和心理现象,与船员的技术水平无关。

疲劳是动物机体的自我保护,防止损伤,但另一方面疲劳会影响安全,引发事故。

2.8.1　疲劳的表现

（1）大脑不听使唤,晕晕乎乎,体力不支,想休息等;

（2）言语、动作迟钝,记忆失误,判断失误;

（3）注意力不集中,思维迟缓,工作能力和效率下降。

2.8.2　防止疲劳引发事故

消除疲劳最有效的途径是适当的休息、足够的营养和适度的娱乐。要防止疲劳引发事故需要公司、船长和部门长、船员的共同努力。公司有责任提供充足的饮食和营养,适当考虑船员的工作强度;船长和部门长应当公布航次任务,正确估计本航次的工作和工作量,合理安排作业。

2.8.3　船员健康适任要求

（1）不得低于主管机关颁发的最低安全配员证书要求;

（2）合理安排工作和休息时间,船长必须采取有效措施防止疲劳操作;

（3）严禁船员酗酒,值班人员在值班前4小时内禁止喝酒,其值班期间血液中酒精含量不

得超过 0.05%;

(4)严禁船员服用可能导致不能安全值班的药物,严禁船员吸毒和贩毒。

2.8.4　人体生理节律、失效浴盆曲线对疲劳和作业安全的影响

(1)人体生理节律

①23:00—05:00 处于松弛和休眠阶段;

②06:00—09:00 机体活力上升,10:00—11:00 机体活力最强,12:00 体力总动员;

③13:00—14:00 机体反应迟钝;

④15:00—22:00 机体又处于活力期。

(2)失效浴盆曲线

大量研究表明人为失误引发的事故符合失效浴盆曲线规律。即失误常出现在作业的前期和后期。前期是因为不熟悉和不适应;后期是因为疲劳。

结论:尽可能避免安排在人体生理节律的低谷时段作业,并且工作安排要合理,先难后易。

(3)消除疲劳的方法和措施

①保持充足的睡眠时间是消除疲劳的好方式,并且要注意"小睡"的作用,"短暂的小睡"对缓解疲劳有很好的效果;

②合理安排饮食,尽量减少高脂肪食物和精炼糖摄入量;

③摄入足量的维生素和铁质,科学证明,维生素 C 和铁质的缺乏确实对人类的疲劳程度会造成一定的影响;

④适量饮水,如果缺水会造成体能削弱,体力恢复能力下降,疲劳增加;

⑤积极锻炼身体,锻炼会加速氧气在身体和大脑中的流动,能加速循环,使人活跃;

⑥其他方面的调节,如聊天、静坐等。

2.9　滥用药物和酗酒的危害和控制

2.9.1　滥用药物的危害

(1)对身体和精神的危害

毫无节制地服用药物所付出的代价就是药物成瘾;服用鸦片、海洛因、LSD、安非他明、可卡因及某些制剂不仅会上瘾,而且会极大地损害身心健康。

(2)对社会、家庭的危害

严重的成瘾和损害身心健康的危害,会导致使用者丧失工作能力和生活自理能力,最终成为家庭和社会的负担。

2.9.2　酗酒的危害和控制

医学界将酗酒定义为一次喝 5 瓶或以上啤酒,或者血液中的酒精含量达到或高于 0.08%。

(1)酗酒的危害

①对身体造成严重伤害:酗酒会抑制大脑和神经,降低机体免疫力,易患多种疾病。

②妨碍公共安全:饮酒过量会出现醉酒,醉酒后由于中枢神经失去控制,既会扰乱公共秩序,又会妨碍公共安全。

③酿成犯罪:醉酒的人由于大脑及各种神经系统失去控制,极易产生犯罪等行为。

（2）对酗酒的控制

①对于船上饮酒行为，船员应相互监督、提醒，避免人员过度饮酒，船长要认真履行船舶管理职责，严格控制船上人员饮酒，对饮酒后人员应密切关注其安全，必要时应对其行为进行限制，避免发生危险。

②船上应严格控制酒精饮品的消耗，要求值班人员在值班前4小时内禁止饮酒，且值班期间血液酒精浓度（BAC）不高于0.05%或呼吸中酒精浓度不高于0.25 mg/L。必要时可以在船员值班和其他作业前对其进行酒精测试，以确保船员在不受酒精影响的情况下工作。

③船舶应严格按照规范要求设置防护栏、防护板、防滑通道，并做好船舶的维护保养工作，以便能起到有效的保护作用。

④船上应因地制宜，丰富船员的业余生活，尽可能区分船员工作时间和业余时间的角色，组织开展船上娱乐活动，缓解船员压力，避免心理因素导致船员酗酒。

2.10　加强船员安全教育和进行相关培训的重要性

2.10.1　船员安全教育的功能和目的

（1）安全教育的功能

促使公司管理者和船员增强安全生产的责任感和自觉性，增强安全意识、知识和技能水平，掌握安全生产的客观规律，学会预测、预防和消除事故，为保护船员人身安全、保证船舶安全、提高劳动生产率创造良好的条件。

（2）安全教育的目的

提高船员和岸上人员的安全素质，使之积极响应公司的安全管理，最大限度地防止和减少人员伤亡、财产损失和水域环境污染。

2.10.2　船员安全教育须因材施教

对高级船员、水手长和机匠长等的安全教育包括：现场监督者的作用与责任，操作方法的改善及工艺流程，操作人员的合理配置等方面的内容；对新人应突出树立安全意识方面的教育。

2.10.3　日常安全教育的手段灵活多样

日常安全教育按活动形式、组织形式、对象分类应有不同的教育手段。

2.10.4　现场四阶段安全教育法和四阶段安全作业法

通常情况下四阶段安全教育法特别适用于新船员，四阶段安全作业法适用于参加作业的新老船员。

第3章

紧急情况下的应急反应

3.1 应急的相关知识

3.1.1 船舶紧急情况分类

海上、水上危险涉及的范围很大,所对应的应急的概念也很广泛,船舶紧急情况大致可分为4类23种。

(1)火灾和海损类

碰撞、搁浅/触礁、火灾/爆炸、船体破损/进水、严重横倾、恶劣天气损害、弃船。

(2)机损和污染类

主机失灵、舵机失灵、供电故障、机舱事故、船舶溢油、船上海洋污染物的意外排放。

(3)货物损害类

货物移动、海难自救抛货、危险货物事故。

(4)人身安全类

严重伤病、进入封闭场所、人员落水、搜寻/救助、海盗/暴力行为、战区遇险、直升机操作。

3.1.2 应急预案

(1)船舶应急预案包括应变部署表和应急计划(或程序)两部分内容。

(2)SOLAS公约将同时包含弃船和消防的应急计划称为应变部署表(Muster List),为船舶其他紧急情况预先制定的行动方案称为应急计划(或程序)。

3.1.3 应变部署表/应急计划的基本内容

(1)船舶及船公司名称、船长署名及公布日期;

(2)紧急报警信号的应变种类及信号特征、信号发送方式和持续时间;

(3)职务与编号、姓名、艇号、筏号的对照一览表;

(4)航行中驾驶台、机舱、电台固定人员及其任务;

(5)消防应变、弃船求生、施放救生艇筏的详细分工内容和执行人编号;

(6)每项应变具体指挥人员的接替人;

(7)主要救生、消防设备的位置。

将上述项目适当修改,就是其他应急计划的内容框架。

3.1.4　应变部署表/应急计划的编制与公布

船长负总责,大副具体负责,三副根据大副的意图编写。编制应变部署表/应急计划时船员具体职责分配原则是:

(1)关键部位、关键动作派得力人员;

(2)可以一职多人或一人多职;

(3)人员编排应有利于应变任务的完成。

应变部署表/应急计划主要张贴在驾驶台、机舱、餐厅、生活区走廊的主要部位,同时要求每个船员床头应有一张应变任务卡,如图3-1-1所示。

编号	03	执行人	驾驶员		姓名	
弃船	信号	……—重复连放 1 分钟				
	任务	按船长命令,携带航行日志、船舶证书,穿好救生衣离船				
消防	信号	……短声连放 1 分钟				
		—船首　—　—船中　—　—　—船尾　—　—　—　—机舱 —　—　—　—　—甲板				
	任务	现场指挥(水龙带、水枪)				
人员落水	信号	—　—　—重复连放 1 分钟				
	任务	现场指挥,抛救生圈、救生衣、救生绳				
堵漏	信号	·　—　—　·重复连放 1 分钟				
	任务	现场指挥,使用堵漏器材堵漏				
货物泄漏						

图 3-1-1　应变任务卡

3.1.5　各种警报信号及警报系统

(1)消防:警铃或汽笛短声连放 1 分钟,紧接着鸣不同次数长声示位(1 船首、2 船中、3 船尾、4 机舱、5 甲板);

(2)弃船:警铃或汽笛连放 7 短声 1 长声,持续 1 分钟;驾驶台还可借助车钟摇 2 次完成信号的方式通知机舱人员撤离。

(3)堵漏:警铃或汽笛连放 2 长声 1 短声,持续 1 分钟;

(4)人落水:警铃或汽笛连放 3 长声,持续 1 分钟;

(5)溢油:警铃或汽笛连放 1 短声 2 长声 1 短声,持续 1 分钟;

(6)解除警报:警铃或汽笛连放 1 长声,持续 6 秒或以口头宣布。

3.1.6 船上的应急警报

船上的应急警报可分为全船性警报系统和局部性警报系统。

全船性警报系统上通常挂接火灾自动警报系统、烟雾探测自动警报系统、手动火警按钮和驾驶台警报器。

局部性警报系统主要有主机、舵机、供电、锅炉等的故障自动警报系统。

手动火警按钮用途广泛,除主要用作火灾报警外,当人员在遇到任何紧急情况时能方便地使用就近的火警按钮及时发出警报;每一层甲板走廊内其距离最多为 20 米。

除上述的声光警报系统外,船上还使用汽笛和有线广播报警。必要时,船钟、雾锣、口哨等均可用于报警。

3.1.7 逃生路线及集合地点

每位船员都应熟悉船上的逃生路线并保持逃生路线在任何情况下的畅通和无障碍。

逃生路线应事先确定,并在每一段路程的拐角处标记符号。

如果不同的紧急情况有不同的逃生路线,则应当用不同的颜色区别。

集合地点的选择应:

(1)设在容易从起居和工作场所到达的地方;

(2)靠近救生艇筏登乘地点;

(3)能容纳指定在该地点集合的所有人员,并人均至少占地 0.35 平方米;

(4)通往集合与登乘地点的通道、梯道和出口有至少 3 小时的应急照明;

(5)从脱险通道到集合地点,用集合地点的符号引导和指明;

(6)能将病人用担架抬进救生艇筏。

3.1.8 船内应急通信

最有效的船内应急通信是船内有线电话和无线对讲机。在主电源停止供电的情况下,船上的应急电源会向所有船内通信设备持续供电 36 小时,只要船横倾不超过 22.5°和纵倾不超过 10°。

所有的船内通信必须使用工作语言。如果全体船员为中国籍而有多种方言,则使用普通话通信;若船员来自不同国家,一般使用英语。

3.1.9 应急用的个人安全设备

应急用的个人安全设备主要有个人救生设备、消防人员装备、紧急逃生呼吸装置(EEBD)以及劳动防护用品。

(1)个人救生设备

个人救生设备主要包括救生圈、救生衣、救生服和抗暴露服,在主管机关监督下按 SOLAS 公约的规定配备。

(2)消防人员装备

消防人员装备主要包括防护服、消防靴、手套、消防头盔、防爆手电、太平斧及储压式空气呼吸器,同时要求所有船舶至少应有 2 套消防人员装备。另外,在客船每层旅客处所和服务处所甲板,每 80 米或其零数,应有 2 套消防人员装备和 2 套个人装备(防护服、消防靴、手套和消防头盔)。

(3)紧急逃生呼吸装置

所有船舶居住处所至少有 2 套 EEBD,客船每一主竖区至少有 2 套 EEBD,36 人以上的客船增加 2 套。

（4）可用于应急的船员劳动防护用品

其他应急情况下，如果没有法定的个人安全设备，可用船员平时工作用的一些劳动保护用品作为个人安全设备，包括：安全帽、防护手套、防撞防滑工作鞋、防护眼镜、工作服、安全带等。

3.2 听到紧急警报后的行动

3.2.1 确认警报

船员听到紧急警报后，首先应立即弄清属于何种紧急情况，沉着冷静地听完两组警报，如果不是熟悉的消防、弃船、人落水、堵漏信号，应该查布置于床头墙壁上的应变任务卡。

3.2.2 迅速行动

听到警报信号后，船员必须在 2 分钟内到达指定的集合地点。所有的警报确认、任务确认、穿衣服、拿取规定器材和到达集合地点，都必须在 2 分钟内优质完成。

3.2.3 保障旅客和船员安全

海上对象的应急优先权，依次为人命（旅客—船员）—船舶—海洋环境；弃船时，应先旅客，后船员，最后船长；另外，在一切抢救财产的行动中应在不严重危及人身安全的情况下进行。

3.2.4 服从指挥，保持镇静

服从指挥能使全船的应急行动忙而不乱，步调一致；在任何应急情况下，保持镇静是取得成功的必要条件，恐慌只会使事态恶化。

3.2.5 遵循应变部署/应急计划，采取正确的应急行动

应变部署和应急计划是应急的行动规范，是对可能发生的紧急情况确定的应急预案。在应急的初始阶段，应严格遵循应急预案，而后由指挥人员根据事态发展进行适当调整。

3.3 船舶应急反应

3.3.1 火灾（爆炸）事故

（1）应急反应步骤

船舶火灾事故发生数量虽位居碰撞、搁浅/触礁之后，全损率却高于这些事故。船舶一旦发生火灾事故：

①船员发现火灾，应立即发出消防警报，就近使用灭火器材进行灭火，并报告值班驾驶员。总指挥船长闻警应立即上驾驶台指挥。

②全体船员听到警报信号后（除固定值班人员外），应按应变部署表的分工，携带规定的消防器材迅速赶到现场，分编三队（消防队、隔离队和救护队）集合，并做好灭火的一切准备工作。

③现场指挥大副应率领消防队和隔离队，迅速弄清火警部位、火种性质、火情和趋势以及火警部位周围的有关物品等，立即报告船长确定施救方案。

④指挥各队人员按施救方案投入扑救。船长和大副还应根据火情发展,及时组织力量和调整部署。

船舶发生火灾事故的应急反应步骤如图 3-3-1 所示。

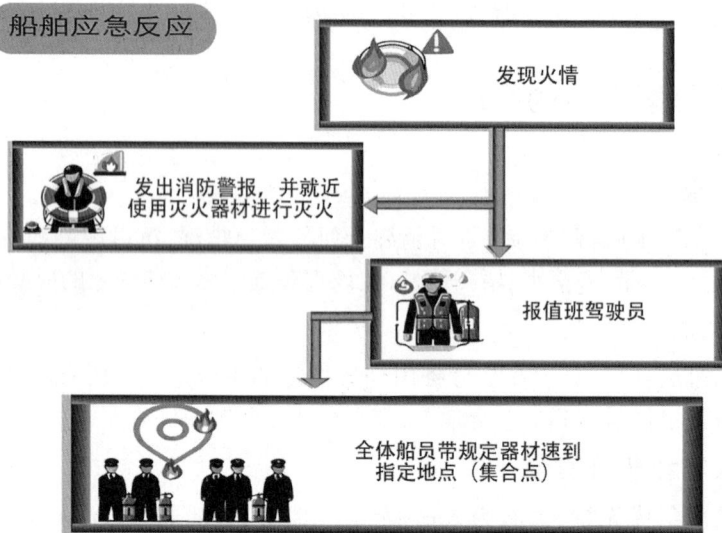

图 3-3-1　船舶发生火灾事故的应急反应步骤

（2）各队职责

①消防队在队长三副和水手长的领导下,直接负责现场灭火,在灭火中若某类器材不适用,可将该组人员充实到其他各组执行任务。

②隔离队在队长木匠和轮助的领导下,根据火情关闭门窗、舱口、风斗、孔道等;在机舱的配合下截断局部电路和油路;隔离燃烧物质;冷却火区边界和检查毗连舱室有无危险货物或易燃、易爆物质,从速隔离,防止火势蔓延。

③救护队在队长的领导下,维持现场秩序和救护伤员。

④机舱值班人员在轮机长的领导下,尽快启动消防水泵以及时供水,并提供其他应急服务,确保主机、副机等机电设备正常运行。

（3）人员分工

船长:总指挥;

大副:现场指挥(甲板和生活区);

轮机长:现场指挥(机舱);

消防队:三副或水手长;

隔离队:木匠或轮助;

救护队:医生或管事;

机舱队:大管轮。

消防应急各领导职责如图 3-3-2 所示。

船长:作为船舶防火责任人,船长的主要职责包括贯彻执行国家消防法规和消防管理规定,落实船舶岗位防火责任制,执行防火制度和安全操作规程,对船员进行消防知识教育,进行防火安全检查,消除火灾隐患,领导专、兼职防火员,制定船舶灭火应急方案,定期组织演练并认真做好记录,带领船员扑救火灾,保护火灾现场,协助调查火灾原因。

大副:在船舶消防安全管理中,大副负责组织消防演习,指导船员正确使用消防器材,确保船员熟悉消防安全知识。

轮机长:负责船舶机舱消防安全管理,确保机舱设备正常运行,防止火灾的发生。

政委(如有):负责思想政治工作,做好船员在应急中的思想认识,鼓舞船员的士气。

其他船员:熟悉消防安全知识,掌握消防器材的使用方法,积极参与消防安全管理。

在应急情况下,船长是船舶消防的总指挥,负责指挥和控制全船的应急工作。大副、轮机长和管事为各自部门的领导人,协助船长做好消防工作并服从船长指挥。船上人员由甲板、轮机及管事三个部门组成,各部门负责人必须协助船长做好消防工作。

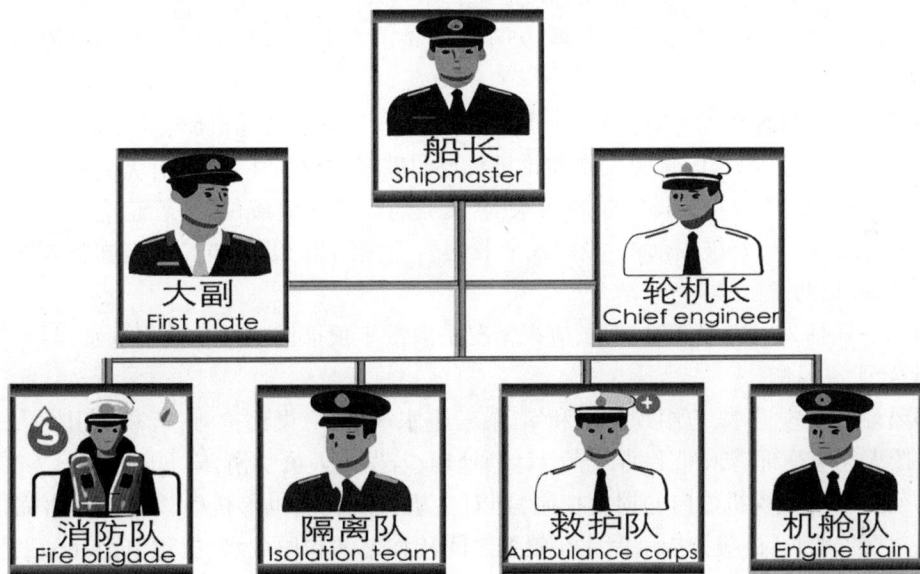

图 3-3-2　消防应急各领导职责

(4)针对不同部位火灾的措施

①甲板以上部位失火时

立即隔离易燃物,封闭货舱各开口;航行中船长还应操纵船舶,使火区处于下风方向,必要时停止前进,以延缓火势蔓延和方便灭火。

②货舱失火时

如果难以进入失火点,使用 CO_2 固定灭火系统是首选手段;应立即停止通风,撤离舱内人员,尽量隔绝空气流通。

③居住舱室失火时

可通过探火装置确定失火系统,关闭防火门,使用合适的灭火剂或消防水扑灭火灾。

④机舱失火时

轮机长为现场指挥,应率领机舱船员确定施救方案,在大副和消防队的积极配合下,首先使用有效灭火剂或消防水灭火;若火情不易控制,应迅速撤离人员和封闭机舱,使用 CO_2 固定灭火系统或蒸汽灭火系统灭火(使用 CO_2 固定灭火系统会导致船舶暂时失去操纵能力)。

⑤船舶在港内失火时

应立即通知当地消防部门,向灭火外援提供防火控制图,详细介绍火场情况,并予以积极配合,共同扑灭火灾;还应立即停止装卸作业,视情做好拖带出港准备,机舱应备妥主机待命。

（5）注意事项

①灭火中应始终限制积水并及时排除,不使其随意流淌和积存,以防止水湿货损,避免船舶因积水减损稳性而翻沉。

②灭火工作完成后,应核查余烬区,只有确认无"死灰复燃"可能后,施救人员方可撤离现场。

③大副应将起火时间、部位、原因,灭火经过、采取措施,火势受控、扑灭时间,货物受损程度,船体及机器设备损伤情况认真记入航海日志。

3.3.2　碰撞事故

船舶碰撞事故是发生率很高的海事,95%以上是由人为因素造成的。船舶碰撞的应急程序通常包括:

（1）船舶临近碰撞和发生碰撞时,应迅速发出警报,通知船长和机舱,召集船员应急。

（2）碰撞发生后,船长应督促大副和轮机长查明破损部位损坏情况,有无进水、人员伤亡、油污染情况及程度,木匠应立即测量各污水沟、压载舱和淡水舱液位,二管轮应立即测量油舱液位,大副应派专人监督破损部位,及时向船长报告监测结果,以便船长确定施救方案和判断是否需要外援救助。

（3）当一船撞入对方船体时,船长应视情况采取慢车顶推措施减少破洞进水,尽力操纵船舶使破洞处于下风侧。

（4）若船体破损进水,应组织排水和堵漏;若进水严重,应设法抢滩;若碰撞引发火灾或油污染,应按火灾应变部署或船上油污应急计划处理;若发生人员受伤,应立即抢救。

（5）轮机长应负责机舱内的损害控制,即对主机、辅机、舵机等机舱设备的损害做出估计和抢修,并报告船长;还应按指示完成在舱柜之间转移燃油和压载水、提供电力和辅助机械等方面的各项服务。

（6）船舶碰撞双方应交换有关船名、呼号、船籍港、船舶登记编号和出发港/目的港等情况。船长应向对方船长送交一份"碰撞责任通知书",要求对方船长签字并盖船章。

（7）值班驾驶员应做好详细记录,保存相关海图,船员应向船长如实汇报有关情况;船长负责指导驾驶员谨慎如实地填写航海日志。

（8）若被撞船处于危急状态,在不严重危及本船安全的情况下,应尽力提供援助,包括救助对方船员或协助被撞船舶抢滩等。

（9）若情况紧急,船长有权请求第三方救助。若碰撞损害严重,确属无力抢救时,船长应宣布弃船。

3.3.3　搁浅/触礁/触损事故

搁浅事故是指船舶搁置在浅滩上。触礁事故是指船舶触碰礁石或者搁置在礁石上造成损害的事故。搁浅/触礁事故的应急程序如下:

（1）航行中发现船舶即将搁浅/触礁时,值班驾驶员应立即停车和尽可能抛双锚;应立即发警报召集船员,报告船长和通知机舱。

（2）在船长的指挥下,现场指挥大副率水手长等了解搁浅/触礁部位,木匠测量淡水舱、压载舱、污水沟等的液位,二管轮测量油舱液位,三副率水手测量和记录船舶四周(尤其是船尾)

水深,二副在驾驶台协助船长测定船位和估算潮水等。所有探测结果必须及时报告船长供判断决策。一水应及时按《1972年国际海上避碰规则》显示号灯号型(夜间垂直2盏红灯,白天垂直3个黑球)。

(3)发现船舶进水,应立即按堵漏应变部署/进水应急计划,组织排水、水密隔离和堵漏,同时判断可否立即动车脱浅。

(4)轮机长指挥机舱人员检查主机、舵机和辅助机械有无损害并告知船长。根据需要换用高位海水吸入阀,以防将被搅起的淤泥和沙子吸入机械设备。根据船长指示备妥主、副机。

(5)船长应根据各方反馈信息,采取合适的行动,使船舶重新起浮或保持安全状况。

(6)若船舶在低潮时搁浅/触礁,应积极采取调整前后吃水、减少压载水或淡水、转移燃油或压载水、转移部分货物或物料等起浮措施,在下一高潮到来前做好一切起浮准备。

(7)若船舶或人员安全受到严重威胁,可以采取抛货措施控制局面,但应尽可能请示公司和报告当局,并及时宣布共同海损。

(8)大型船舶在非低潮时搁浅/触礁,通常难以自行脱浅。若运用本船主机和锚具自力脱浅不成功,船长应立即申请外力脱浅和救援。候援期间,船方应尽力固定船位,包括调整载荷和使用锚具等。必要时应请示船长放下高舷救生艇,以防过度横倾而无法放艇。

(9)二副或值班驾驶员应详细记录船舶搁浅/触礁情况。

(10)搁浅/触礁后发生油污,应按船上油污应急计划处理。

3.3.4 战争应急

(1)船长发现船舶面临战争危险,应立即报告公司,尽可能选择合适的航线避开战区。

(2)如果船舶必须驶入战争海域,应事先做好充分的物质准备、人员准备、医疗准备和其他安全准备,并对应急系统进行全面检查,确保其正常运转。船员和旅客都应遵守船上关于系固物品、保证水密关闭、节约食品和淡水、管制灯火和能量、战区值勤等的临时规定。

(3)船舶抵达战区前,船长应指定专人收听当地战况广播,及时抄收战区航行警告和气象预报,密切注意布雷区等禁航区,了解巡逻线和战争当局对商船的航行规定。船长应设计能快速驶离战区的安全航线并报告公司。

(4)战区航行,应选用能尽快驶过战区的航向和航速。值班驾驶员和水手应加强海空瞭望,谨慎驾驶,认真守听VHF,做到及早发现、及早通知、及早行动,尤其对海面漂雷应及早宽裕地让清。尽量避免与战区各方发生冲突,以减少不必要的损失。

(5)船舶抵离战区,必须向公司发送抵离战区的预报和确报,每天按时向公司报告船位。

(6)若遇军舰采取不友好或敌对行动,应及时采取变向、变速等措施,以减少炮火命中率,并尽可能用无线电报、电话取得联系。遭到军方袭击,不论是否受损,应立即向公司或驻外使领馆报告有关情况。

3.3.5 进水应急

(1)通常的进水应急程序

①对进水的堵漏应急通常分成排水、隔离、堵漏、救护四队,分别由轮机长、三副、水手长(三管轮)、政委(医生、管事)担任队长。

②发现船舶漏损进水,应立即发出堵漏警报(警铃或汽笛二长一短声,连放1分钟)召集船员,报告船长和通知机舱。

③全体船员听到警报信号后(除固定值班人员外),应按应变部署/船舶进水应急计划的分工,携带规定堵漏器材,迅速赶赴现场,做好堵漏准备。

④现场指挥大副率领堵漏队和隔离队的队长,迅速查明漏损部位、损坏情况和进水量等,立即报告船长确定施救方案,指挥各队人员投入扑救。

⑤木匠测量淡水舱、压载舱、污水沟等的液位,二管轮测量油舱液位,大副率人测定破洞的位置、大小及进水情况。

⑥查找漏损部位的方法包括:测量舱柜液位,倾听各空气管内有无水声,观察船旁水面有无气泡和旋涡,在舱内听声和目测漏损部位等。

⑦船舶发生漏损后,船长应通知机舱备车,立即采取停车或减速措施,以减少水流和波浪对船体的冲击;若已知漏损部分,应用车舵配合将漏损部位置于下风侧,以减少进水量。

⑧一经发现进水部位,应立即通知机舱排水。同时由三副率隔离队紧闭进水舱四周的水密门和隔舱阀等,使进水舱与其他舱室隔离,必要时应加固邻近舱壁。

⑨堵漏队在水手长和三管轮的领导下,直接担负堵漏和抢修任务。

⑩轮机长率排水队使用所有水泵(包括便携式水泵)全力排水保持船体平衡。

⑪指派木匠定时量水,并派专人不断观察和记录前后吃水和干舷高度变化,估算进水量和排水量之差,判断险情的发展和大量进水对船舶稳性及浮力的影响。

⑫若进水严重和情况紧急,船长应当请求第三方援助,并尽可能择地抢滩。若船长确认堵漏无效,船舶面临沉没,应宣布弃船。

⑬船长应指示值班驾驶员做好详细记录,向公司和有关当局报告。

⑭常用的堵漏方法是在能控制船位的前提下考虑减速或停车,尽可能将破洞置于下风,以方便应急操作;堵漏后,采用适当航速,经常检查封堵处,以防堵塞物脱落。

(2)常见船体破损的处理方法

①船体裂缝

船体裂缝处不可直接打入木楔,以免扩大裂缝。应先在裂缝两端各钻一小孔,再将橡皮等软物覆于裂缝上,压以木板,用木柱等方式支撑和固定。

②船体小破洞

可于船内用相当大小的木塞用布料包裹,直接塞进破洞。如果一个堵漏塞不够用,可用数个堵漏塞(如图3-3-3所示)。

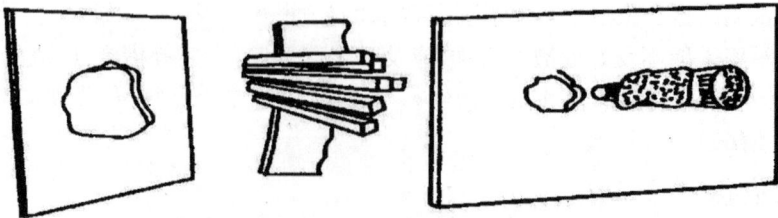

图 3-3-3　用木塞堵漏

③船体大破洞

如果船内可以操作,可用床垫等卧具填塞,再覆以木板,用木柱支撑固定,如图3-3-4所示。

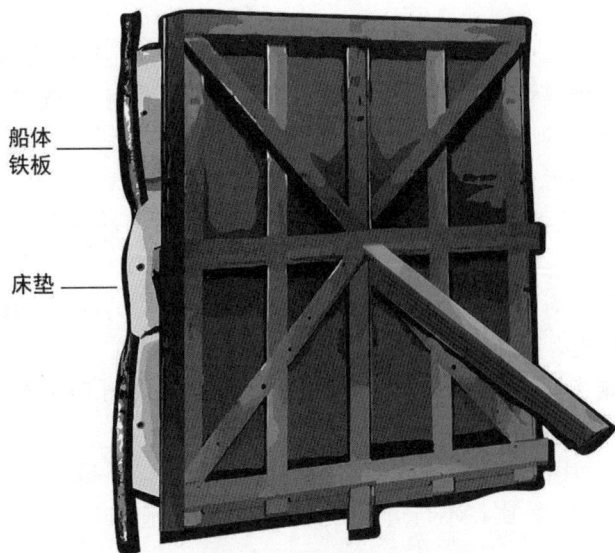

图 3-3-4　使用支架堵漏

如果船内没有操作空间,在船外用堵漏毯能有效地减慢船舶进水和下沉的速度,为机舱排水、加固相邻舱壁、抢滩、等待救援争取时间。堵漏毯使用方法如图 3-3-5 所示。

图 3-3-5　堵漏毯及其使用

3.3.6　防海盗应急

在高风险海域航行的船舶,应采取以下防海盗措施:

(1)经常听广播了解海盗出没的海域;尽量避开海盗出没海域,若不能避开则尽量选择在白天通过。

（2）夜间航行打开甲板照明灯，增派人员在灯光下巡逻，同时还应启动消防泵。

（3）认真执行船舶保安计划的具体预防和实施应急反应措施，加强培训和应急演习。

（4）做好防海盗物品的准备工作：制作一定数量的燃烧瓶，架设高压水枪等。

（5）发现可疑船只靠近，船长应灵活操船防其贴靠，同时拉汽笛示警。

（6）一旦发现海盗，船长上驾驶台指挥，并发出警报以及启动应急反应程序；轮机长下机舱指挥。

（7）向公司和国际反海盗中心报警，启动 SSAS 报警，驾驶员使用 VHF16 频道、卫星通信报警，还可以向空中释放火箭降落伞火焰信号弹。

（8）甲板部由大副指挥，轮机部由大管轮指挥，三管轮负责开启甲板水，水手长带领水手准备消防水枪。

（9）海盗攀登船舷，用消防水枪或其他工具阻止；如海盗已上船，应避免与其搏斗，退守到生活区并封锁要害部位通道，实在不行可退守到最后的安全避难所——安全舱。一般以机舱内的某舱室作为安全舱。

（10）如海盗已上船，万般无奈，船长可与海盗谈判以求保住人员和船舶。

第4章

防止船舶污染海洋环境措施

4.1 船舶对海洋环境的污染损害

4.1.1 概述

(1)"海洋环境污染损害"是指直接或间接地把物质或能量引入海洋环境,产生损害海洋生物资源、危害人身健康、妨碍渔业和海上其他合法活动、损坏海水使用质量和环境质量等有害影响。

(2)船舶对海洋环境的可能污染源有:石油及其制品、生活污水、有毒化学品、船上垃圾、有害排气、带有有害生物和病原体的压载水等。

(3)对于营运船舶,污染主要有操作性污染和海难事故所致污染。而操作性污染远比海难事故所致污染严重,因此应重点控制操作性污染。

4.1.2 操作性污染

船舶营运中造成操作性污染的途径主要有:船舶运输石油(原油、成品油)和船舶使用燃油可能造成的油污染;船舶运输散装液体化学品可能造成的散装有毒液体物质污染;船舶运输包装有害物质可能造成的包装有害物质污染;船舶生活污水造成的污染;船舶垃圾造成的污染;船舶废气造成的污染。为此,IMO 制定了针对性的国际公约——《国际防止船舶造成污染公约》,即 MARPOL 公约。

4.1.3 海难事故所致污染

海难事故引起的海洋环境污染损害危及人类的现在和将来,是难以用金钱估量的。引起污染的海难事故主要有:搁浅、火灾或爆炸、碰撞、船壳破损、严重横倾等,其中严重横倾通常由进水或货物移动引起。国际著名海难导致污染事故的主要案例有:

1967 年 3 月 18 日"托利·坎荣"轮触礁溢油 10 万吨;

1978 年 3 月 6 日"阿莫柯·卡迪兹"轮触礁溢油 22 万吨;

1983 年 11 月"东方大使"轮溢油事件;

1989 年 3 月 24 日"埃克森·瓦尔迪兹"轮触礁溢油 1100 万加仑;

2002 年 11 月"威望"号油船溢油事件;

2004 年 12 月"现代开拓"轮与"地中海伊伦娜"轮碰撞溢油事故。

4.2　MARPOL 公约的基本要求

MARPOL 公约产生的背景:1967 年 3 月 18 日,"托利·坎荣"轮触礁事故促使 MARPOL 公约的制定(1973 年);1978 年 3 月 6 日,"阿莫柯·卡迪兹"轮触礁导致 MARPOL 公约的生效。

MARPOL 公约由公约正文、议定书、六个附则及其修正案组成。这六个附则是:

附则 I:防止油污染规则,1983 年 10 月 2 日生效;

附则 II:控制散装有毒液体物质污染规则,1987 年 4 月 6 日生效;

附则 III:防止海运包装有害物质污染规则,1992 年 7 月 1 日生效;

附则 IV:防止船舶生活污水污染规则,2003 年 9 月 27 日生效;

附则 V:防止船舶垃圾污染规则,1988 年 12 月 31 日生效;

附则 VI:防止船舶造成大气污染规则,2005 年 1 月 19 日生效。

4.2.1　附则 I:防止油污染规则

除另有明文规定外,适用于所有船舶。

(1)定义

①油类——包括原油、燃料油、油泥、油渣和石油炼制品在内的任何形式的石油。

②油性混合物——含有任何油类的混合物。

③燃油——船舶所载并用作其推进和辅助机器的燃料的任何油类。

④油船——建造为或改造为主要在其装货处所装运散装油类的船舶,并包括油类/散货两用船以及全部或部分装运散装货油的化学品液货船。

⑤最近陆地——按国际法划定的领海基线。

⑥特殊区域——由于其海洋学和生态学的情况以及其交通的特殊性质等方面公认的技术原因,需要采取防止海洋油污的特殊强制办法的海域。

本附则的特殊区域有:波罗的海区域、西北欧水域(含北海)、地中海区域、黑海区域、红海区域、亚丁湾区域、"海湾区域"、阿曼海域和南极区域。

⑦油量瞬间排放率——任一瞬间每小时排油量(L/h)除以同一瞬间的船速(n mile/h),其单位为"L/n mile"。

⑧清洁压载——装入已清洗过的货油舱内的压载水,从静态的船舶排入清洁而平静的水中,不会在水面或邻近的岸线上产生明显痕迹,或形成油泥或乳化物沉积于水面以下或邻近的岸线上。

⑨专舱压载——装入与货油或燃油系统完全隔绝并固定用于装载压载水的舱内的水。

⑩船长——量自龙骨板上缘的最小型深 85%处水线总长的 96%,或沿该水线首柱前缘至舵杆中心的长度,取大者。

(2)检验与证书

150 总吨及以上的油船和 400 总吨及以上的非油船,应进行初次检验、定期检验、期间检验、不定期检验或年度检验,以保证船舶的结构、设备、各种系统、附件、布置和材料完全符合本附则的要求。对通过该类检验的船舶,发给或签署国际防止油污证书(IOPP 证书)。

IOPP 证书的有效期最长为 5 年。该证书由主管机关或其授权的个人或组织签发。

(3)排油操作控制

对所有船舶机器处所的要求:

除了因特殊原因而不得不将油类或含油混合物排放入海,其他任何情况不得将油类或含油混合物排放入海。

①在特殊区域外的排油控制

400 总吨及以上船舶不得将油类或含油混合物排放入海,除非符合下列所有条件:

a.船舶正在航行途中;

b.含油混合物已通过本附则规定的滤油设备处理;

c.未经稀释的排出物的含油量不超过 15 ppm;

d.油船的含油混合物不是来自货油泵舱的舱底;

e.油船的含油混合物不混有货油残余物。

②在特殊区域内的排油控制

400 总吨及以上船舶不得将油类或含油混合物排放入海,除非符合下列所有条件:

a.船舶正在航行途中;

b.未经稀释的排出物的含油量不超过 15 ppm;

c.油船的含油混合物不是来自货油泵舱的舱底;

d.油船的含油混合物不混有货油残余物;

e.本附则要求的船上滤油设备,正在运转;

f.当排出物含油量超过 15 ppm 时,该过滤系统备有的报警装置报警,停止装置能确保自动停止排放。

禁止任何船舶在南极区域将油类或含油混合物排放入海。

③对小于 400 总吨的船舶在除南极区域以外所有区域的排放要求

a.船舶正在航行途中;

b.未经稀释的排出物的含油量不超过 15 ppm;

c.油船的含油混合物不是来自货油泵舱的舱底;

d.油船的含油混合物不混有货油残余物。

对油船货油区域的要求:

除了特殊原因不得将货油或残油排放入海。

④在特殊区域外的排油控制

a.油船不在特殊区域之内;

b.油船距最近陆地 50 n mile 以上;

c.油船正在航行途中;

d.油量瞬间排放率不超过 30 L/n mile;

e.排入海中的总油量,现有油船不得超过该项残油所属货油总量的 1/15000,新油船不得超过所属货油总量的 1/30000;

f.本附则要求的船上排油监控系统及污油水舱设施,正在运转。

⑤在特殊区域内的排油控制

a.油船货油区域内的油类或含油混合物禁止在某一特殊区域排放入海；

b.清洁压载水和专舱压载水可以直接排放入海。

⑥对小于150总吨的油船的要求

a.应将残油保持在船上而后将全部的污染清洗液排放至接收设施；

b.用于清洗和回收到集污舱的所有油和水应排至接收设施,除非有适当的布置对其排出物进行有效的监控,以保证其符合本条的规定。

（4）油类记录簿

150总吨及以上的油船、400总吨及以上的非油船,应备有油类记录簿第Ⅰ部分（机舱处所作业）,由轮机部保管（轮机长）；150总吨及以上的油船,还应备有油类记录簿第Ⅱ部分（货油或压载作业）,由大副保管。

油类记录簿由作业的高级船员或负责人记录,每页记满由船长签字,记完最后一项留船保存3年。

4.2.2 附则Ⅱ：防止散装有毒液体物质污染规则

除另有明文规定外,适用于所有运输散装有毒液体物质的船舶。

（1）检验与证书

对于符合该规则的船舶签发国际防止散装运输有毒液体物质证书（NLS证书）,该证书由主管机关或其正式授权的任何个人或组织签发。NLS证书的有效期最长为5年。

（2）定义

①化学品液货船:建造为或改造为用于载运《国际散装化学品规则》中所列明的散装液体物质的船舶。

②有毒液体物质货船:建造为或改造为用于载运散装有毒液体物质货物的船舶。

③清洁压载水:装入这样一个舱内的压载水,该舱自上次用于装载含有X、Y、Z类物质的货物以来,已予彻底清洗。

④专用压载水:装入这样一个舱内的压载水,该舱与货物和燃油系统完全隔离并固定用于装载压载水或固定用于装载各种油类或有毒液体物质以外的压载水或货物。

⑤残余物:未经处理的任何有毒液体物质。

（3）有毒液体物质的分类

①X类:对海洋资源或人类健康产生重大危害,因而应严禁向海洋环境排放该类物质。

②Y类:对海洋资源或人类健康产生危害,或对海上的休憩环境或其他合法利用造成损害,该类物质的质和量在排放入海时应采取限制措施。

③Z类:对海洋环境或人类产生较小危害,采取较为宽松的限制措施排放该类物质入海。

④OS（其他物质）类:目前认为并无危害,排放该类物质不受本附则任何要求约束。

（4）有毒液体物质残余物的排放控制

准予装运X、Y或Z类物质的船舶应备有经主管机关认可的《程序和布置手册》,该手册用工作语言编写,并附上英语、法语或西班牙语中一种的译文。

①允许排放X、Y、Z类物质的标准

a.船舶在海上航行,如果是自航船,速度至少在7 kn;如果是非自航船,其速度至少在4 kn。

b.在水线下通过水下排放口进行排放时不应超过水下排放口的最高设计速率。

c.排放时距离最近陆地不小于 12 n mile,水深不小于 25 m。

②预清洗的免除

a.卸货完毕的舱再装载相同物质或另一种与前者相容的物质,则该舱在装货前可不予清洗或压载。

b.卸货完毕的舱没清洗或压载,可在另一个港口进行预清洗。

c.货物残余物应通过规定的通风程序予以清除。

③清洁剂或添加剂的使用

a.如使用非水清洗介质(如矿物油或氯化溶剂)替代水清洗货舱,其排放应符合附则 I 或附则 II 的规定。

b.如货舱清洗水中加入少量清洁添加剂,则含 X 类污染成分的添加剂不得使用,除非这些防污成分有生物降解功能,并总浓度不超过清洁添加剂的 10%。

④X 类物质残余物的排放

已卸完 X 类物质货物的货舱,在船舶离开卸货港口之前,应予以预清洗,将清洗残余物排入接收设备中;这些作业应在货物记录簿内做相应记录,并由缔约国政府指定的验船师签署。

⑤Y 和 Z 类物质残余物的排放

如果 X 或 Y 类物质没有按《程序和布置手册》的要求进行卸载,在船离开卸货港口之前,应予以预清洗。预清洗后的洗舱水应被排放至卸货港口的接收设备,或排放至有合适接收设备的另一港口,但必须有书面确认该港口的接收设备足以收纳该船的洗舱水。

⑥南极区域排放

南极区域系指南纬 60°以南海域。禁止任何有毒液体物质或含有此类物质的混合物排放入南极海域。

(5)货物记录簿

①凡本附则适用的船舶应备有一本货物记录簿,记录簿应为本附则附录所规定的格式。

②每项记录应由负责该项作业的高级船员签字,每一页还应由船长签字,同时要求货物记录簿的记录应至少使用英文、法文或西班牙文中的一种写成。

③货物记录簿应存放于随时可以取来检查的地方,在完成最后一次记录后应保留 3 年。

(6)船舶海上有毒液体物质污染应急计划

每艘准予载运散装有毒液体物质的 150 总吨及以上的船舶,应备有主管机关认可的船舶海上有毒液体物质污染应急计划,用船上工作语言编写。

4.2.3　附则Ⅲ:防止海运包装有害物质污染规则

"有害物质"是指在《国际海运危险货物规则》中列为海洋污染物的物质。

附则Ⅲ的主要要求有:

①盛装有害物质的包装件,应耐久地标以正确的学名(不应仅用商业名称),并加以耐久的标记或标签,以指明该物质为海洋污染物。

②每艘装运有害物质的船舶,应有一份特别的清单或舱单,列明船上所装的有害物质及其位置。

③禁止将以包装形式装运的有害物质抛弃入海,但为了保障船舶安全或在海上救护人命所必需者除外。

④对于某缔约国政府可能指定的某些有害物质,船方至少应在该船开始装卸这些物质前24 小时告知港口当局。

4.2.4　附则Ⅳ:防止船舶生活污水污染规则

（1）生效日期

2003 年 9 月 27 日。

（2）适用范围

400 总吨及以上的新船;小于 400 总吨且核准载运 15 人以上的新船;400 总吨及以上现有船及 400 总吨以下但载运 15 人以上现有船,2008 年 9 月 27 前符合该规则要求。

（3）检验与证书

①初次检验

在船舶投入营运之前或在首次签发国际防止生活污水污染证书之前应进行初次检验。

②换证检验

其间隔由主管机关规定,但一般不得超过 5 年。

③附加检验

视情况而定的总体或局部检验在规定检验所导致的修理之后或任何重大修理或换新后进行。

④国际防止生活污水污染证书

由主管机关或其正式授权的任何个人或组织签发,还可委托另一缔约国政府签发。

（4）定义

①生活污水

任何形式的厕所和小便池的排出物和其他废弃物,装有活体动物处所的排出物,或混有上述排出物的其他废水等。

②新船

本附则生效之日或以后订立建造合同的船舶,或无建造合同但在本附则生效之日或以后安放龙骨或处于类似建造阶段的船舶。

③现有船舶

非新船的船舶。

（5）一般要求

①除客船外的船舶在所有区域的生活污水排放和客船在特殊区域外的生活污水排放

a.在距最近陆地 3 n mile 以外排放已经粉碎和消毒的生活污水,或在最近陆地 12 n mile 以外排放未经粉碎和消毒的生活污水。

b.任何情况下都不得将集污舱中储存的或来自装有活体动物处所的生活污水即刻排光,须在船舶以不低于 4 kn 的航速航行时以适当的速率排放。

c.生活污水处理装置正在运转,其排出物须不在水中产生可见的漂浮固体或使周围海水变色。

②客船在特殊区域内的生活污水排放

除了为保障船舶及船上人员安全或救助海上人命所需、船舶或其设备损坏,禁止客船在特殊区域内排放生活污水。

4.2.5 附则Ⅴ：防止船舶垃圾污染规则

本附则的规定适用于一切船舶。

（1）定义

①货物残留物

货物装卸后在甲板上或舱内留下的任何货物残余，但不包括清洗后甲板上残留的货物粉尘或船舶外表面的灰尘。

②食用油

任何用于或准备用于食物烹制或烹调的可食用油品或动物油脂。

③生活废弃物

在船上起居处所产生的所有类型的废弃物，不包括灰水。

④食品废弃物

船上产生的任何变质或未变质的食料。

⑤垃圾

产生于船舶正常营运期间并需要连续或定期处理的各种食品废弃物、生活废弃物、操作废弃物、货物残留物、焚烧炉灰、食用油、渔具和动物尸体。

⑥操作废弃物

船舶正常保养或操作期间在船上收集的或是用以储存和装卸货物的所有固体废弃物。

⑦塑料

所有含有或包括任何形式塑料的垃圾。

⑧特殊区域

地中海区域、波罗的海区域、黑海区域、红海区域、"海湾区域"、北海区域、南极区域和大加勒比海区域。

（2）排放要求

除本附则另有规定外，禁止排放任何垃圾入海。

①在特殊区域外

一切塑料制品（包括但不限于合成缆绳、合成渔网及塑料垃圾袋）均不得处理入海；不得在距最近陆地 25 n mile 以内将漂浮的垫舱物料、衬料和包装材料处理入海；不得在距最近陆地 12 n mile 以内将食品废弃物和一切其他的垃圾，包括纸制品、破布、玻璃、金属、瓶子、陶器及类似的废物处理入海；经粉碎，粒径不大于25 mm的，可在距最近陆地 3 n mile 以外处理入海。

②在特殊区域内

一切塑料制品（包括合成缆绳、合成渔网和合成塑料垃圾袋等），一切其他的垃圾（包括纸制品、破布、玻璃、金属、瓶子、陶器、垫舱物料、衬料和包装材料），禁止处理入海；食品废弃物，在距最近陆地 12 n mile 以外可以处理入海。但在泛加勒比海区域内，经粉碎，粒径不大于 25 mm的，可在距最近陆地 3 n mile 以外处理入海。

本附则规定禁止处理入海的船舶垃圾必须移入港口或装卸站的垃圾接收设施。同时规定缔约国的港口和装卸站应设有足够数量的垃圾接收设施。

③垃圾公告牌、垃圾管理计划和垃圾记录保存

a.总长 12 m 及以上的所有船舶，都应张贴垃圾公告牌，向船员和旅客展示有关垃圾处理

的要求。该公告牌使用本船船员工作语言以及英文、法文或西班牙文的一种书写。

b.400 总吨及以上的船舶,经核准载运 15 人或以上的船舶须配备垃圾管理计划,用船员的工作语言记录。

c.所有 400 总吨及以上的船舶和经核准载运 15 人及以上的船舶,应备有一份垃圾管理计划,并备有一份本附则规定格式的垃圾记录簿。

d.垃圾管理计划的内容包括垃圾收集、存放、加工和处理的程序,船上垃圾加工设备的使用程序,以及实施计划的指定责任人。计划应用本船船员工作语言编写,并符合 IMO 的编制指南。

垃圾的每项处理操作和完全焚烧,由负责的高级船员记入垃圾记录簿并签字,每记完一页由船长签字。记完最后一项后留船保存 2 年。船长须从垃圾接收者处得到一份具体说明所转移的垃圾数量的收据或证明,与垃圾记录簿一起留船保存 2 年。

4.2.6　附则Ⅵ:防止船舶造成大气污染规则

(1)适用范围和定义

除本附则另有规定者外,本附则适用于所有船舶。

定义如下:

a.油泥:燃料或润滑油分离器产生的油泥,主、辅机产生的废润滑油和污水分离器、油过滤器或集油盘产生的废油。

b.船上焚烧:在船上焚烧该船正常营运期间产生的废物或其他物质。

c.船上焚烧炉:主要为焚烧而设计的船上设施。

(2)检验与证书

等于或大于 400 总吨的每一船舶均应进行初次检验、换证检验、中间检验、年度检验及附加检验;国际防止空气污染证书(IAPP 证书)由主管机关或其正式授权的任何个人或组织签发,还可委托另一缔约国政府签发,有效期最长为 5 年。

(3)船舶排放控制要求

①关于消耗臭氧物质

a.应禁止消耗臭氧物质的任何故意排放。

b.除 2020 年 1 月 1 日前允许船舶使用含有氢化氯氟烃物质的新装置外,禁止使用含有消耗臭氧物质的装置。

c.消耗臭氧装置从船上卸下时,应送到合适的接收设备中。

②关于硫氧化物(SO_x)

a.输出功率超过 130 kW 的柴油机,但不适用于应急柴油机,安装在救生艇上或只在应急情况下使用的任何设备或装置上的发动机。

b.船上使用的任何燃油的硫含量不应超过 3.5%;2020 年 1 月 1 日后不超过 0.5%。

c.排放控制区:燃油的硫含量不超过 1%;2015 年 1 月 1 日后不超过 0.1%。SO_x 排放控制区域:波罗的海海域、北海海域、北美海域、美国加勒比海区域。

③关于挥发性有机化合物(液货船)

a.船上焚烧

(a)禁止焚烧的物质:附则Ⅰ、Ⅱ、Ⅲ中的货物残余物以及有关的被污染的包装材料、多氯联苯、附则Ⅴ定义的含有超过微量重金属的垃圾、含有氯素化合物的精炼石油产品。

（b）船舶正常操作过程中产生的污泥和油渣可以在船上焚烧，但不能在码头、港口和河口内进行。

b.燃油加装记录

（a）加油记录单，应在燃油供应上船之后保存 3 年。

（b）加油记录单应附有样品。该样品由供应商代表和船长或负责加油操作的船员在完成加油操作后密封并签署，并应由船方控制直到燃油被基本消耗掉，但无论如何其保存期自加油日期算起应不少于 12 个月。

第 5 章

国际船舶压载水和沉积物控制与管理公约

5.1 《国际船舶压载水和沉积物控制与管理公约》的制定背景

（1）制定原因：船舶压载水会传播有害水生物和病原体，另外，船舶活动也会带来病毒和外来生物，破坏生态环境和影响人类健康。

（2）目标：通过控制和管理船舶压载水和沉积物来防止、减少和最终消除有害水生物和病原体的传播。

（3）要求：2009 年 1 月 1 日以后建成的新船，必须安装专门的处理设备；从 2012 年起所有的新船均须装设压载水处理系统；全部现有船舶应在 2016 年年底之前配备此项技术装置。

5.2 《国际船舶压载水和沉积物控制与管理公约》的主要构成

《国际船舶压载水和沉积物控制与管理公约》（简称《压载水管理公约》）共包含 22 条正文、1 个附则和 2 个附录。公约的附则——《船舶压载水和沉积物控制与管理规则》主要由 5 部分组成：A 部分（总则）、B 部分（船舶的管理和控制要求）、C 部分（某些区域的特殊要求）、D 部分（压载水管理标准）、E 部分（检验和发证要求）。

5.3 定义

（1）压载水管理

采用单独或合并的机械、物理、化学和生物处理方法，以清除、无害处置、避免摄入或排放压载水和沉积物中的有害水生物和病原体。

（2）有害水生物和病原体

一旦被引入海洋、河口以及淡水水道，则可能危害人体健康、财产资源、损害生物多样性的水生物或病原体。

（3）沉积物

船内压载水的沉淀物质。

（4）船舶

在水环境中运行的任何类型的船舶,包括潜水器、浮动平台、浮式存储装置（FSUs）等。

（5）压载水容量

船上用于承载、加装或排放压载水的任何液舱、处所或舱室的容量。

5.4　检验和发证

适用于《压载水管理公约》400 总吨以上的船舶应持有有效的国际压载水管理证书;证书有效期不超过 5 年;证书内容应包括船舶信息、压载水管理方法满足的标准和有效期和签署地等内容。

5.5　压载水管理计划

每一船舶均应在船上携带并实施压载水管理计划,持有国际压载水管理证书的船舶必须实施压载水管理计划,该计划以船舶的工作语言写成,且包括英语、法语或西班牙语中的一种,该计划应根据 IMO 的指南来编制,并通过主管机关批准。

5.6　压载水记录簿

（1）船舶都需配备压载水记录簿,可以是电子记录系统或被合并到其他记录簿或系统中。

（2）完成记录后保留在船上至少 2 年,此后应在至少 3 年的期限内由公司控制。

（3）每一记录均应由负责有关作业的高级船员签字,每一页填写完毕均应由船长签字,以船舶的工作语言填写。

（4）压载水记录簿应随船携带,以备在所有合理时间随时可供检查。

5.7　压载水记录簿的记录事项

（1）在船上加装压载水时:应填写加装日期、时间和加装港口的位置及水深;负责该作业的高级船员应在记录簿签字;应填写估计的加装量。

（2）每当以压载水管理为目的对压载水进行循环或处理时:应填写作业的时间和日期;负责该作业的高级船员应在记录簿签字;还应填写估计的循环或处理量。

（3）当将压载水排放到海中时:应填写排放的日期、时间和港口位置;应填写估计的排放量和剩余量;负责该作业的高级船员应在记录簿签字。

（4）当压载水被排放到接收设施中时:应填写加装以及排放的时间、日期和位置;应填写港口或设施;应填写估计的排放或加装量;负责该作业的高级船员应在记录簿签字。

（5）压载水的意外或其他异常加装或排放:应填写发生的日期和时间以及港口或船舶位置;应填写估计的压载水排放量;应填写加装、排放、溢出或流失情况及其原因和一般说明;负责该作业的高级船员应在记录簿签字。

（6）额外的操作程序和一般说明。

5.8　压载水更换条件

（1）条件允许时，距最近陆地至少200 n mile 和水深200 m 以上进行置换；

（2）条件不充分时，距最近陆地至少50 n mile、200 m 水深以上进行置换；

（3）距最近陆地的距离或水深不符合上述要求时，港口国可指定区域置换。

5.9　压载水管理标准

（1）更换标准

压载水更换率应至少为95%；泵入/排出3倍于每一压载水舱容应视为达到上述标准。

（2）压载水性能标准

每立方米中最小尺寸大于等于50 μm 的存活生物少于10个；

每毫升水体中最小尺寸大于等于10 μm 且小于50 μm 的存活生物应少于10个。

另外，注意：

有毒霍乱弧菌少于1 cfu/100 mL；

大肠杆菌少于250 cfu/100 mL；

肠道球菌小于100 cfu/100 mL。

第6章

我国关于保护海洋环境立法概要

6.1　中华人民共和国海洋环境保护法

6.1.1　适用范围

(1)《中华人民共和国海洋环境保护法》适用于中华人民共和国内水、领海、毗邻区、专属经济区、大陆架以及中华人民共和国管辖的其他海域;

(2)在中华人民共和国管辖海域以外,造成中华人民共和国管辖海域污染的,也适用本法。

6.1.2　主管机关

(1)国务院环境保护行政主管部门是对全国环境保护工作统一监督管理的部门;

(2)国家海洋行政主管部门负责海洋环境的监督管理;

(3)国家海事行政主管部门负责所辖港区水域内非军事船舶和港区水域外非渔业、非军事船舶污染海洋环境的监督管理;

(4)国家渔业行政主管部门负责渔港水域内非军事船舶和渔港水域外渔业船舶污染海洋环境的监督管理。

6.1.3　法律责任

对违反《中华人民共和国海洋环境保护法》规定的,相关管理部门可以对其责令限期改正、警告、罚款,对后果严重的可以依法对其追究刑事责任。

属于下列情形之一,经过及时采取合理措施,仍然不能避免对海洋环境造成污染损害的,造成污染损害的有关责任者免于承担责任:

①战争;

②不可抗拒的自然灾害;

③负责灯塔或其他助航设备的主管部门,在履行职责时的疏忽,或其他过失行为。

6.2　防止船舶及有关作业活动对海洋环境的污染损害

载运具有污染危害性货物进出港口的船舶,其承运人、货物所有人或代理人,必须事先向海事行政主管部门申报;经批准后,方可进出港口、过境停留或者装卸作业。

进行下列活动,应事先按照有关规定报经有关部门批准或核准:

(1)船舶在港区水域内使用焚烧炉;

(2)船舶在港区水域内进行洗舱,清舱,驱气,排放压载水、残油,含油污水接收,舷外拷铲、油漆等作业;

(3)船舶、码头、设施使用化学消油剂;

(4)船舶冲洗沾有污染物、有毒有害物质的甲板;

(5)船舶进行散装液体污染危害性货物的过驳作业;

(6)从事船舶水上拆解、打捞、修造和其他水上、水下船舶施工作业。

6.3　防治船舶污染海洋环境管理条例

适用于在中华人民共和国管辖海域和港内的一切中国籍非军事船舶、外国籍船舶及船舶所有人和其他个人。主管机关是中华人民共和国海事局。

使用完毕的船舶垃圾记录簿在船上保留 2 年;将使用完毕的含油污水、含有毒有害物质污水记录簿在船上保留 3 年。

船舶污染事故应急处置,本条例所称船舶污染事故,是指船舶及其有关作业活动发生油类、油性混合物、废弃物和其他有毒害物质泄漏造成的海洋环境污染事故。

船舶污染事故分四个等级:

特别重大(大于 1000 吨或 2 亿元以上直接经济损失);

重大(500~1000 吨或 1 亿~2 亿元);

较大(100~500 吨或 0.5 亿~1 亿元);

一般(小于 100 吨或 5000 万元以下)。

6.4　中华人民共和国水污染防治法

船舶进行下列活动应当编制作业方案,采取有效的安全和防污染措施,并报作业地海事管理机构批准:

(1)进行残油、含油污水、污染危害性货物残留物的接收作业,或者进行装载油类、污染危害性货物船舱的清洗作业;

(2)进行散装液体污染危害性货物的过驳作业;

(3)从事船舶水上拆解、打捞或其他水上、水下船舶施工作业;

(4)交通、渔政等有监督管理权的部门可以委托已取得有关主管部门资质认定的承担机动船舶年检的单位,按照规范对机动船舶排放污染进行年度检测。

6.5　船员应承担的社会责任

6.5.1　海洋环境的多样性

海洋中蕴藏着包含矿产、油气、水和生物等多种形式的资源,并且资源储量极其庞大,已成为人类未来生存和发展的资源库,同时国际海底区域占到世界海洋总面积的 65%,其中广泛分布着各种资源。

6.5.2　海洋对人类的影响

(1)人类的生存和发展离不开海洋,海洋占了地球表面积的 71%,是全球生命支持系统的重要组成部分。

(2)海洋向大气中提供着四分之三的氧气;海洋调节着全球气候,充裕的水汽和适当成分比例的空气通过大气经向环流向两极输送,通过世界风带遍布全球;海洋同时也是人类优良的休闲和旅游场所。

(3)海洋中丰富的鱼类、贝类和藻类能向人类提供充足的食物,另外,海洋还有着巨大的环境净化能力。

(4)随着海洋资源的开发和使用,海洋也受到了严重的污染,保护海洋环境是保护人类的现在和将来。

6.5.3　海洋石油污染的危害

(1)影响海气系统间物质和能量的交换:石油是不溶于水的化合物,进入海洋中的石油会在海面上形成大面积的油膜,影响海气系统物质和能量的交换。

(2)破坏海洋生态系统:石油在海面上的氧化和分解需要大量的氧气,会造成海洋中氧气减少,二氧化碳的相对含量增多,使海洋中的大量藻类和微生物死亡并导致厌氧生物大量繁衍,海洋生态系统的食物链遭到破坏,从而使得整个海洋生态系统失衡。

(3)制约人类社会和环境的可持续发展:海洋作为一个巨大的资源宝库,是人类可持续发展的重要物质基础,海洋石油污染会破坏这一资源宝库,进而制约人类社会和环境的可持续发展。

6.5.4　海洋环境污染的历史教训

在 20 世纪 70 年代前后,日本将大量工业污水排入海域,使东京湾、濑户内海和伊势湾等受到严重污染。沿岸海水透明度下降,呈褐色或黑色。一些水产资源濒临灭绝,而具有油臭味的鱼、带有烂斑的海带大量出现,因食用被污染海产品而得病的人越来越多,濑户内海海底全是发臭的污泥,成了海洋生物的坟墓。日本一度成为"公害列岛"。一些地区的居民由于长期食用受污染的海产品,体内积累了大量的有毒物质和重金属,大批居民患上了痛苦难忍的"骨痛病",一些居民因不堪忍受而自尽。

6.5.5　船员在海洋环境保护中的责任

海洋环境是指人类赖以生存和发展的,包括海洋水体、海底和海水表层上方的大气空间,以及同海洋密切相关,并受到海洋影响的沿岸和河口区域在内的自然环境。

保护人类赖以生存和发展的海洋环境是每个船员应尽的社会责任。船员在工作中应尽力保护海洋环境：

（1）自觉遵守相关防污染公约、法律和法规，严格遵守操作规程，接受港口国当局的作业指挥和指导；

（2）船舶发生污染事故后，全体船员应按应变部署全力应急，及时控制和消除污染，要尽可能把污染影响降到最低；

（3）发现他船违章排污或本船发生污染，要立即向当局报告；

（4）船员对抗污染时应严格服从指挥，认真履行所分配的职责。

船员在海洋环境保护中的责任大致分两类：一类是强制性的。即国际、国内、地方、公司有关防污法律规定是必须要做的。另一类是道德层面上的。即主要靠船员的道德自觉履行。从内涵上主要包括四个方面：

一是宣传学习国内外、地方、公司有关防污公约、法律和规定，使每个船员知法、懂法并自觉守法，提高全员的环保意识和法规意识，让环保理念扎根船员头脑，以环境为己任。严格遵循禁止排放的规定和限制排放的条件。掌握保护海洋的知识和防污应急技能，确保船上防污设备、设施、器材处于良好技术状态，并能按要求正确、有效、迅速使用。为人讲人品，防污重道德、讲良知，不要为了自己贪图方便、省事或为公司省钱，或认为无所谓，存有侥幸心理而故意违章处理和排放船舶污染物。只有思想上引起重视，才是防污染最有效的前提。

二是强化监管力度，健全防污管理机制，落实防污责任制，人人相互提醒、相互监督，从日常点滴小事抓起。船上建立防污染基金奖罚制度，提高船员守法的自觉性、可靠性，形成守法者群体的归属感，培养潜意识法律约束感，对于主动检举、揭发、积极提供证据或采取有效措施阻止减少污染损害有突出成绩的个人应给予表扬并加大奖励力度。做到赏罚分明，违法必究。

三是鉴于除不可抗力外船舶发生污染事故，无论有无过失都要承担法律责任这一事实，船员应时刻保持防污染的警惕性，始终做到警钟长鸣，严格防范可能发生的污染事故。一旦发生或可能发生污染事故，全体船员应能按应急程序全力应急，明确信息联系渠道，职责清晰，分工明确，通过良好指挥及高素质技术队伍将污染损害降低到最低限度。船上除举行溢油演习外，还应加大对船员实际防污工作技能的考核。实际技能考核是提高船员素质的促进措施之一。

四是发现他船违章排污或本船发生污染事故或发现海面严重污染，立即报告船上领导，及时向地方当局报告，并对港口国当局的污染事故调查给予积极配合，提供有关资料证明，如实陈述污染的全过程。多船协同抗污染事故时，船员应严格服从指挥，积极配合群体行为。认真履行所分职责，尽最大努力完成防污染任务。

6.6 船舶油污应急处理指南及设备使用

6.6.1 船舶发生污染海事的程序

当船舶发生污染海事时，应立即向当局报告。先控制住漏油，再物理除油，最后使用消油剂。使用消油剂必须事先向当局申请，经批准后方可使用。

（1）海上溢油的一般处理过程（步骤）

①使用围油栏等围油材料将溢油围挡防止其扩散；

②使用回收船、吸油装置吸油，将大部分溢油回收；

③用吸油材料回收残留的少量溢油；

④喷洒油处理剂将无法回收的油乳化分散在海水中，或使用生物处理方法处理。

（2）油污染处理手段分类

①机械处理：使用围油栏、收油器、吸油材料等进行油污处理；

②生物处理：使用嗜油微生物等进行油污处理，有些微生物能氧化分解75%的原油；

③化学处理：使用消油剂、集油剂、凝油剂等进行油污处理；

④燃烧处理：采用燃烧处理可清除大部分溢油，但使用这种方法要及时并且油膜至少要达到3 mm 厚。

6.6.2　油污应急器材的类型和使用方法

（1）围油栏

①基本结构和种类

围油栏基本由浮体、裙体和配重链组成。船用围油栏大多为固体浮体式、气体浮体式和充气式；轻型围油栏高500～700 mm，中型围油栏高700～800 mm，重型围油栏高900～1000 mm。

②围油栏的使用方法

固体浮体式围油栏使用时需把多节围油栏连接起来。连接方式有卸扣连接、螺钉连接等。围油栏在甲板上连接好后，尽可能用船舶装卸设备吊放入海，或用其他能避免围油栏与船体摩擦的方式投放。如果有足够数量的围油栏且溢油尚未大面积扩散，通常采取围控措施，即把溢油包围在船旁，如果围油栏数量不足以围控，可用两艘小艇拖带围油栏进行扫油。

（2）吸油材料

吸油材料主要有木屑、草袋、吸油毡等。

①木屑、草袋的使用

木屑、草袋属于天然有机吸油材料，具有吸油的表面，能够成功地吸附自重5～10倍的溢油，最适合用于吸着风化原油和重油。木屑和草袋吸水性强，应贮存于干燥通风处，谨防潮湿，严禁雨淋。

用木屑和草袋吸附水中溢油时的注意事项如下：

a.先用围油栏围控溢油，没有围油栏的船舶可用能漂浮的化纤缆绳代替，以控制溢油和吸油材料的漂散，方便吸油作业和回收吸油材料；

b.用小艇向溢油面播撒草袋或木屑；

c.在吸油后应立即捞出木屑和草袋，因其吸水性强，长时间留在水中会因吸水后重量变大而沉入水下；

d.已吸油的木屑不易回收，可用两小艇用拖网方式慢速拖曳少量围油栏聚拢木屑，边拖边捞（也可自制回收装置或请专业船回收）；

e.最后一边收缩围控设施一边用小艇捞起积聚在围控设施处的木屑；

f.从水中捞起的吸油材料应尽快焚烧处理。

②吸油毡的使用

吸油毡通常用聚丙烯等人造聚合物材料制作，也有用棉花纤维的。

吸油毡的性能：吸油量通常为自重的10～20倍；吸水量小于自重的1.5倍；在通常保管情况下性能变化很小；在吸油状态下能长时间保持原来的形状，使用后容易回收；可以燃烧处理，燃烧时产生的有害气体少。

使用吸油材料时,禁止使用消油剂,以免降低吸油能力。吸油毡应及时回收并焚烧,并防止滴出的含油污水二次污染水域。

(3)油处理剂

①油处理剂的种类

目前使用的油处理剂有:集油剂、消油剂、凝油剂。

②消油剂的特点

a.消油剂主要通过分解乳化油来达到除油目的;

b.用于处理物理除油后的残油或大风浪时除油;

c.有毒且对环境有污染,需要在开阔水域中使用,且使用前要得到当局批准,使用后要详细报告当局。

6.7　油污应急计划

150 总吨及以上的油船和 400 总吨以上的非油船均应备有经主管机关批准的船上油污应急计划。编写油污应急计划是为了在船舶发生油污事故时为船长和其船员采取相应的措施提供指导。油污应急计划应该包括 IMO 制定的"船上海洋污染应急计划编制指南"里所要求的资料和程序,内容包括:

①计划的批准;

②计划的修改与审批记录;

③船舶主要参数;

④前言;

⑤绪论;

⑥报告程序;

⑦溢油控制措施;

⑧国家和地方的协作;

⑨其他信息;

⑩附录。

6.7.1　报告程序

(1)报告要求

船舶发生油污事故,船长或代行船长职责的人必须按规定及时向最近的沿岸国海上安全主管部门报告。在港内发生油污事故,根据需要,船长还应将事故概况向港口有关部门通报。回到国内第一个港口 24 小时内,向到港海事机关书面报告。

(2)报告时间

①当出现以下不正常排油时,立即向最近沿岸国海上安全主管部门报告(溢油时报告):

a.加装燃油等操作事故造成的溢油;

b.船体或设备损坏导致的溢油;

c.为保障船舶安全或海上救生目的所进行的排油;

d.舱底污水排放超过 MARPOL 73/78 规定的油分浓度。

②有可能溢油时,考虑以下情况报告:

a.船体、机器设备损坏、故障或破损的程度;

b.船舶位置和就近陆地或其他航行危险物接近程度;

c.天气、潮汐、潮流和海况;

d.船舶通航密度。

(3)报告的内容和程序

①初始报告

发生油污事故或判断可能发生油污事故时应立即报告,对那些不很清楚的信息可在以后做补充报告。

②补充报告

根据需要对初始报告做进一步补充或提供有关油污事态发展信息,报告的格式尽可能和初始报告格式一样。

③附加报告

依据沿岸国的要求提供更详细的信息,报告格式也尽可能和初始报告格式一样。

(4)联络单位及人员

①沿岸国主管机关

在国外沿海,按附录提供的"沿岸国联络单位通信录"向海上安全主管机关报告;在中国沿海,按附录提供的"中国各港海上安全监督机关通信录"向海上安全监督机关报告。

②港口国有关单位

当本船在港内发生油污事故时,根据需要船长可按附录提供的"港口有关单位通信录"向港口有关部门通报事故概况。

③与本船有关的单位

发生油污事故时,船长按附录提供的"与本船有关的单位及人员通信录"向船舶所有人、营运人、经营人报告,并根据情况向与本船有关单位通报事故概况。

6.7.2 溢油控制措施

(1)船舶营运过程中的溢油

①应急反应程序

a.作业过程中发生溢油事故,应立即发出溢油警报,同时全体船员按"溢油应急反应部署表"行动;

b.船长按"报告程序"的规定向海上安全主管机关报告;

c.查明泄漏原因的同时立即采取控制措施,将排泄到船外的溢油量限制在最低程度;

d.如在加油时发生溢油事故,应立即停止该项作业,在溢油原因没有查明前,不允许再进行该项作业;

e.尽快将溢在海面上的油围控住,并采取恰当措施除油,使用消油剂应先报告当局。

②各种情况下的应急控制程序

a.舱底污水超标排放时:立即切断油水分离器供给泵的电源,关闭外排出阀,查 15 ppm 油分浓度报警器工作是否正常,报警设定值是否是 5 ppm;检查重力分离元件是否脏污后堵塞;检查过滤元件是否破损或老化;检查自动排油阀动作是否正常;确定操作是否按规定程序进行。

　　b.管路漏泄时:油管路发生漏泄时,立即降低该管内油压力,依靠重力或用泵将管内残油送到未满油舱内,然后将漏泄部位管路上的有关阀门关闭;压载水管路有油漏泄时,应立即停止作业并关闭所有阀门。

　　c.燃油舱满舱溢油时:应立即停止加油作业,开空舱阀并关闭溢油舱进口阀;用泵将溢油舱内的油驳到有空余舱容的油舱内;船内驳油时发生满舱溢油,应立即停止驳油泵运转,关闭向该舱驳油的有关阀门,将溢油舱内的一部分油驳到有空余舱容的油舱内。

　　d.船体发生漏泄时:漏泄发生在水线以上,应立即采取堵漏和驳油措施,但要充分注意船体应力和稳性;漏泄发生在水线以下船侧,应立即关闭该舱所有开口,使该舱产生负压以减少溢油量;漏泄发生在船底,应立即关闭所有开口,同时迅速将油驳到其他舱,使该舱油位降到水线以下,这时一定要注意船体应力、稳性和吃水。

　　(2)由于海损事故而发生的溢油

　　①发生海损事故时船长必须优先采取的措施:

　　a.首先保证人命安全,检查是否有人员受伤,判断其是否需要救助;

　　b.检查是否有油溢出并立即采取控制溢油措施;

　　c.观察周围环境,若事态进一步恶化则把船舶转移到安全场所;

　　d.对各种海事采取应急措施时都必须考虑船舶的应力和稳性;

　　e.为防控溢油,必要时可以抛货。

　　②在所有的溢油事故中,应采取下列措施防止火灾和爆炸事故的发生:

　　a.调整航向使船舶处于油迹的上风向或上流;

　　b.消除引火源,关闭不必要的进风口;

　　c.严格管制吸烟机明火作业;

　　d.防止油气侵入居住舱室或机舱,并定时检测可燃气体的浓度;

　　e.准备消防设备和器材。

　　(3)发生溢油时的应急反应程序

　　①船长立即向全船发出船舶应急反应部署命令,全体船员迅速按规定的职责进行应急;

　　②按"报告程序"的规定向主管机关和相关部门报告;

　　③为减少溢油量,应按照不同溢油原因采取不同控制措施;

　　④情况允许时及时布设围油栏或其他等效器材,并清除回收溢油,以防止溢油扩散;

　　⑤必要且可行情况下,可将舱内余油调驳到其他船;

　　⑥适当使用消油剂和凝油剂,使用时要考虑周围环境,并要获得主管机关的批准;

　　⑦弃船时应关闭燃油管路的进口阀和旋塞以及连接到燃油舱的透气管口的开口。

6.7.3　国家和地方的协作

　　(1)为清除溢油与沿岸国及地方当局协作。

　　(2)沿岸国清除油污的机构和职责。

　　(3)其他信息:

　　①油污清除设备:主要包括吸油毡、水桶、扫帚、搓子、抹布、沙袋、木塞、木屑、水泥、围油栏等设备;

　　②应急计划修改:当得知通信录中有变更事项时,船长应将这一信息通知给船舶所有人并进行修改;

③教育与演习:组织船员每月进行一次关于溢油反应的演习,关于本计划全部内容的演习(包括与船舶有关的陆上人员)至少 3 年进行一次;

④记录保存:船上油污事故处理记录应保存 3 年,每次进行教育和演习记录保存 3 年。

第 7 章

船员人际关系

7.1 船员人际关系概述

7.1.1 人际关系

人与人之间相互交往与相互联系的关系称为人际关系。人际关系是在人们进行物质交换和精神交往的过程中发展和建立起来的人与人之间的关系。当前社会人际交往更加成为劳动和工作的必要条件,人际关系也随之变得复杂多样。人际关系的复杂性不仅表现在各种关系的数量上,而且表现在人际关系的不同类型和结构上。人际关系对人的行为经常发生积极作用或消极作用。

7.1.2 良好的人际关系对船员的重要意义

(1)良好的人际关系有利于船员形成群体感知,即形成同舟共济、克服困难的共识,以确保水上运输工作安全高效地完成;

(2)良好的人际关系有利于减少船员工作上的内耗;

(3)良好的人际关系有利于船员完成复杂的工作任务和塑造完美的人格;

(4)良好的人际关系有利于船舶内部形成融洽、和睦、友好的工作氛围;

(5)良好的人际关系有利于船员的身心健康,促进个体的健康发展。

7.1.3 船员人际关系的特点

(1)船员人际交往的相对封闭性:在船上,船员的相互交往主要限于同船的同事之间,与社会相对隔离,这种封闭性是船员经常能体验到的;小群体交往的封闭性对船员的心理会产生极大的影响,会影响船员人际关系的建立,它同时也会影响船员平时的谈吐、表情和交往个性。

(2)船员人际交往的开放性:船员人际关系具有船舶内部小群体交往的封闭性,同时又具有面向世界的开放性。人们常把远洋船舶形容为"流动的国土",船员会通过海上运输这一工作媒介与各式各样的人产生联系;船员在国内航行所表现的开放性是对各个港口城市的风土人情的了解。

(3)船员人际交往的频繁流动性:船员不会像在陆地上的工厂、机关那样长期固定在一个工作单位和空间。一般说来大多数船员公休一次就换一条船,这就要求船员有较强的交往能力,善于与各种个性的人交往。

7.1.4 影响人际关系的因素

(1)距离的远近:人与人在地理位置上越接近,越容易形成彼此之间的密切关系。

(2)交往的频率:人们彼此之间的交往频率越高,越容易形成共同的经验,有共同的话题和共同的感受。

(3)态度的相似性:有共同的理想、信念和人生观,对待某个问题的态度相同,思想上和感情上就容易引起共鸣,形成密切的关系。

(4)需要的互补性:需要不同、性格不同,可以满足对方的需要,也是形成人际关系的一个重要因素。

(5)兴趣爱好:兴趣相同的人在一起相互启发、共同探讨,更容易形成密切的人际关系。

7.1.5 交友的技巧

(1)容忍:感情上容忍并不降低自己的理想,是包容对方而不是压抑自己。

(2)承认:和承认相比,接纳是消极的;承认不仅表示包容对方的缺点,更表示以积极的态度努力去发现对方的优点。

(3)重视:重视对方包括为某件事和对方约定后不失约或食言;尽量能怀着感激的心情接待来访的人;必须以特别的态度对待每一个人。

(4)如何获得他人的友谊:

①不要惧怕:几乎每个人都希望别人对自己付出友谊,如果先对他人付出友谊,很大程度上也会收获友谊。

②舒畅的心情:先把心情放松,再从容不迫地了解对方的态度和对方的理解能力。

③微笑创造奇迹:向初次认识的人微笑并赞扬对方,可以获得加倍的效果,这就是微笑创造的奇迹。

7.2 船员群体及其心理特征

7.2.1 船上工作生活的特殊环境对船员心理的影响

船舶噪声强度较大,会引起船员机体的应激反应,同时噪声也会干扰休息与睡眠,可导致自主神经功能失调及各器官系统病变,产生焦躁、烦乱、心神不安等情绪。

航行时船舶长时间地摇晃与振动会加剧对人体感觉器官的刺激,导致船员产生恶心、呕吐、眩晕及注意力不集中等症状。

海上不断变化的地域气候与时差极大地干扰船员机体的生物节律,使神经系统和机体各器官系统的正常工作节奏不断变化,直接影响其身心健康。

船员远航时长期与社会、家庭分离,饱受思念之苦,要比其他人忍受更多的分离之苦。加之航行过程中经常面临许多不确定危险因素的刺激,可能导致船员出现疲劳、寂寞、焦虑、情绪紧张过度等心理应激现象,易引起船员出现心理障碍或患上精神性疾病。

7.2.2 危害安全的不良心理素质

从总体上分析,人为因素导致的海上事故约占80%,而绝大多数人为因素与船员的心理

因素有关,危害船舶航行安全的不良心理素质主要表现为:

①意志力不够坚强,难以正视面临的难题和矛盾。

②自我适应和调节能力差,面对复杂多变的环境难以正确应对。

③自我控制力不强,不够理智,盲目冲动。

④悲观心理,面对困难消极应对,思维判断能力降低。

⑤骄傲自满和麻痹大意极易导致意外事故发生。

⑥虚荣心强,对知识一知半解,在懵懂模糊中发生意外事故。

⑦抱有侥幸心理,做事不遵守规定,极易导致事故发生。

7.2.3 船员非正式群体的作用

船上群体既有正式群体,也存在着非正式群体。对非正式群体的优缺点简单介绍如下:

(1)优点

非正式群体的优点主要是有助于正式群体工作的进行,可分担正式群体的主管领导责任,同时可弥补正式命令的不足,有安定正式群体的作用,还会使员工获得社会满足感,能够使主管改变错误的领导观念。

(2)缺点

在抵制变迁方面,非正式群体主要是有助于人员去完成特定的个人目标,所以非正式群体希望维持现状;在角色冲突方面,人员为寻求个人满足往往忽视正式群体的目标,在这双重角色下往往左右为难;在滋生谣言方面,谣言作为一种非正式的沟通,很难在正式群体中消除。

7.2.4 团队

(1)定义

团队是全体船员发挥自己的知识和技能,为共同完成船舶的安全运输和提供优质服务的目标而形成的共同体。

(2)团队的基本要素

①成员们有着共同的目标;

②成员之间互相合作;

③成员之间相互依赖;

④成员具有团队意识;

⑤成员具有责任心。

(3)良好团队的特征

①团队有着明确的目标;

②每个成员都具有实现这个目标的技术和能力;

③成员之间相互合作和沟通;

④成员忠于团队,愿为团队奉献;

⑤团队能和第三方良好合作;

⑥拥有优秀的领导。

(4)团队的冲突

冲突的类型可以概括为:成员与成员之间的冲突、成员与团队之间的冲突、成员与环境之间的冲突。

解决冲突的原则包括:分清冲突的性质;针对不同类型的冲突采取不同的措施;明白冲突是团队发展的动力。

冲突的解决办法主要有:加强管理、政务公开、加强沟通、机制合理、明确职责和权利、完善制度。

(5)建立良好团队的原则

①改变自己,影响他人:不要试图改变他人的缺点,注意充分发挥每个人的优点。

②关心他人,胜过自己:关心他人是良好人际关系的核心。

③团队利益,高于其他:要明确集体和团队的利益大于个人的利益,重视团队利益,自己也会收获更多。

④宽以待人,严于律己:用爱心、付出、承诺和自律与团队合作,很容易得到尊重和友谊。

⑤推崇忠诚,成为品德:在团队中推崇能给我们力量,忠诚能帮我们赢得信任。

⑥沟通咨询,成为习惯:沟通是人际关系的第一要务,咨询是帮助我们成功的捷径。

⑦负面影响,绝不传递:消极的思想和言论会严重损害团队的动力。

⑧换位思考,善于倾听:应对问题,首先从影响对方的角度考虑,其次考虑问题本身的对与错,最后才考虑自己的认识。

⑨赞美激励,不断造梦:梦想的力量是无穷的,赞美和激励能鼓舞团队向更宽广、更美好的方向发展。

⑩尊重他人,群策群力:让每个人都感到自己非常重要,发挥每个人的价值。

7.3 外派船员的特点和要求

船员劳务输出也就是通常说的船员外派,是指一国的船员到国外从事航运劳动服务以获取劳动报酬的行为。

目前我国外派船员总数居世界之首。

7.3.1 外派船员的职业特点

(1)劳动合同关系的特殊性:从事对外劳务合作的企业对外负责向外方雇主提供劳务服务并进行管理,对内依照对外劳务合作合同有组织地招聘、选拔合适的劳务人员并办理外派手续等活动。

(2)英语交流能力的特殊要求:外派船员来自多个国家,使英语成为必要的沟通工具。不仅在工作方面需要英语,生活上的交往也必须使用英语。

(3)发生人员伤亡事故赔偿的特殊性:船员与船舶所有人没有直接的劳务或雇佣合同关系,其人身损害赔偿请求权应由对外合作企业来行使。

(4)工作关系的服从性:船舶航行要面临极大风险,每个船员都必须具备服从意识,这是对所有船员的共同要求。

(5)船员文化背景多样性导致的人际关系的复杂性:外派船员所在船舶经常是多国船员同船,语言沟通困难,再加上各国船员在信仰、文化背景、道德标准、生活作风、风俗习惯以及福利待遇方面各不相同,这无疑给外派船员带来了复杂的人际关系的困扰。

7.3.2 外派船员的特殊要求

（1）严守劳务合同的规定，增强服从意识：每位船员必须严格服从雇主的指挥，明确劳务合同的责任和义务。

（2）自尊自律，爱国敬业：船员应自觉维护人格和国格，自觉抵制各种腐朽思想的侵蚀。

（3）谦虚谨慎，团结互助：船员要注意在船讲究礼仪、尊重他人并且乐于且善于协作，确保各项任务的顺利完成。

（4）具备过硬的英语交流能力。

（5）具备坚韧不拔的心理素质：船员应能够从容面对复杂的人际关系和艰苦的工作环境。

（6）严守涉外纪律：船员在船时应注意内外有别，严守国家机密。

第 8 章

船上信息交流和语言技能

8.1 信息交流概述

8.1.1 信息交流的含义和特点

信息交流是个人或团体通过操纵符号向其他个人或团体传递信息、观念、态度或情感;是一个系统通过操纵可选择的符号去影响另一个系统,这些符号能够通过连接它们的信道得到传播;通过信息进行社会的相互作用。

8.1.2 信息交流的基本模式

信息交流的基本模式主要有三种,即口头交流模式、书面交流模式和电子交流模式。

8.1.3 信息交流的基本结构

信息交流的基本结构,即信息交流的组成要素,包括:信息、信息环境、信息噪声、信息发送体、信息通道和信息接收体。

(1)信息是信息交流的实体;

(2)信息环境是信息交流各种外部条件的有机组合和互相作用的结果;

(3)信息噪声是信息环境中对信息交流起负面影响的各种因素的集合;

(4)信息发送体即为信息原来的持有者;

(5)信息通道即信息交流的渠道,也就是各种信息得以交流的物理过程和渠道;

(6)信息接收体是接收信息的人或物。

8.1.4 信息交流方式

(1)按信息交流方式区分

按信息交流方式可分为直接信息交流和间接信息交流。其交流各具优势,不能片面强调某一种信息交流方式的作用。两种方式具有较强的互补性,都是以语言或文字作为信息的载体,或者通过解码最终转化为语言或文字的形式。

(2)按信息交流范围区分

按信息交流范围可分为个体信息交流和组织信息交流。个体信息交流随意性比较大,偶发因素比较多且角色互换明显。组织信息交流比较规范,偶发因素少,传播路线比较明确且角色互换不明显。

8.1.5　船上信息交流

及时且正确的信息交流是管理者决策和计划的基础,是操作者进行组织和控制管理过程的依据,是人们建立和改善人际关系必不可少的条件。有效的信息交流,可以使组织内部分工合作协调一致,保证统一指挥和统一行动,实现高效率的管理。

8.1.6　语言技能对信息交流的影响

语言交流分为口头交流和书面交流两种形式。

语言技能提高主要有两个方面:一方面是提高语言的书面交流能力,另一方面是提高语言的口头交流能力。

8.2　IMO 标准航海通信用语

(1)经修订的 STCW 公约要求 500 总吨及以上船舶负责航行值班的人员知晓、理解和具备使用标准海事通信用语的语言能力,应尽可能经常地将这些通信用语优先于其他近义的词汇加以使用,并作为航海教育和培训的一个指导部分。

(2)外部通信用语主要包括:

遇险通信(distress traffic);

紧急通信(urgency traffic);

船上安全(safety on board);

旅客照顾(passenger care)。

第二篇

个人求生

第9章

海上求生概述

9.1 海上求生基本概念

当船舶发生海难事故而被迫弃船时,船上所有人员应该充分利用一切救生设备、海上求生知识和技能,沉着冷静地面对海上的危险和困难,尽量延长遇险人员的生存时间,增加更多的获救机会,直至脱险获救或自救成功。

(1)海难的定义和种类

海难是指船舶在海上遭遇自然灾害或其他意外事故所造成的危难。海难可能给生命、财产造成巨大损失。海难的种类很多,常见的有搁浅、触礁、碰撞、抵碰、火灾、爆炸、灌沉、漏沉、倾覆、失踪、损坏、灭失、冰损等。

①搁浅:故意或者非故意使船舶与海底接触,并由于重力作用使船舶固定在其接触的海底上的事故。

②触礁:船舶在航行中碰上礁石。

③碰撞:两艘或者两艘以上在航船舶之间的相互接触,并伴有严重损坏的事故。

④抵碰:在航船舶与固定物体或不在航船舶之间的相互接触,并伴有严重损坏的事故。

⑤火灾:第一项灾情为失火的事故。

⑥爆炸:第一项灾情为爆炸的事故。

⑦灌沉:水从船舶水线以上部位灌入船内而致的沉没。

⑧漏沉:水从船舶水线以下部位灌入船内而致的沉没。

⑨倾覆:船体翻转,其后沉没或未沉没。

⑩失踪:船舶因不明原因失去音信(通常为60天以上)。

⑪损坏:船体或设备受到损坏,但船舶残骸尚存。

⑫灭失:船舶残骸已经不存在的船损。

⑬冰损:船舶与冰接触而导致的船损。

（2）海上求生的意义及原则

①海上求生的意义

在茫茫无际的大海上，人员留在船上要比漂泊在海上安全得多。但是，如果在遇到海难不得不选择弃船时，船上人员必须使用相关的海上求生知识和技能。因此，这就要求每位在船上工作的人员接受严格的海上求生训练，提高各种求生技能，增强求生意识，提高生存信心，从而增加遇险人员在海上生存获救的机会，减少损失和人员的伤亡。

②海上求生的原则

当船舶发生海难事故并会导致船舶沉没时，人员在万不得已的情况下才能弃船求生。因此，要求遇险人员在进行海上求生时，必须掌握海上求生的原则：

a.保持坚定的求生意志和信念，这是求生者求生最重要的原则。

b.采取各种有效措施保护自己，避免使自己处在不利的环境中而受到伤害。

c.合理分配淡水和食物，积极搜寻淡水和食物。

d.保持救生艇筏在难船附近海面，沉着冷静等待救援。

9.2　海上求生者面临的主要困难和危险

当船舶发生海难时，人员在弃船和随后待救过程中将面临很多的困难和危险，主要有：

9.2.1　溺水

人员落入水中，首先遇到的威胁就是溺水。溺水是指人员落入水中后，气管内吸入大量水分阻碍呼吸，或喉头强烈痉挛，在短时间内引起呼吸道关闭而导致窒息死亡。因此，落水人员如果不能及时获救，就会有溺亡的危险。

9.2.2　暴露

弃船后，求生者丧生的一个主要原因是身体暴露在寒冷中，特别是暴露在低温的水中。由于水中的散热速度比陆地上的散热速度要快很多，人浸泡在水中，特别是低温的水中时，会使体热迅速地散失，致使人在短时间内体温下降甚至昏迷、死亡。另外，寒冷也会降低人的行动能力，使人的思维变得迟缓，并且严重影响人的求生意志。求生者暴露在寒冷的天气中，会很快散失热量，容易造成身体组织冻伤，严重时会因体温下降过快、过低而危及生命。求生者暴露在酷热的天气中，会造成日光性的灼伤，因体内水分丧失过快而引发中暑或衰竭。

9.2.3　晕浪

求生者在救生艇筏上晕浪也是常常碰到的难题。救生艇筏在海上经常遭遇各种海浪袭击，并且救生艇筏体积较小，在海上会剧烈地摇摆，从而导致人员出现头晕、呕吐、疲劳、面色苍白、出冷汗、唾液分泌增多等晕浪症状。晕浪引起的过度呕吐不但会使人大量失水，更重要的是还会使人精神萎靡，导致求生者丧失求生意志和失去海上求生的信心。

9.2.4　缺乏饮水和食物

救生艇筏上配备的淡水和食物是有限的，海水又不可饮用。如果求生者长期待在艇筏上得不到及时的救援，就会面临缺少淡水和食物的危险，出现疲劳、乏力、行动迟缓、嗜睡、昏迷甚至死亡等现象。经验表明，人在有粮缺水时，只能维持数天的生命；而在有水缺粮的时候，可生存数周。因此，水比食物更重要。

9.2.5 受伤和疾病

若人员在海上求生过程中受伤或患病,由于条件受限往往无法得到及时的救治,严重者会因此丧命。同时,受伤和疾病也会严重动摇求生者的求生信心。

9.2.6 悲观与恐惧

在海上求生时,求生者处在一种极其危险的环境当中,经历各种意想不到的困难,会产生各种悲观和恐惧甚至绝望情绪。这种情绪会使人思维混乱,失去为生存而斗争的力量和信心。因此,悲观与恐惧也是使求生者丧生的一个重要原因。

9.2.7 遇难者位置不明

船舶发生海难时,由于设备、人员、环境等原因没有及时、有效地将遇险信息发送给附近的船只、飞机和岸台,救援力量无法明确遇难船舶出事的位置;或者受外部恶劣天气的影响而导致救生艇筏严重漂移,远离出事地点;或者救生艇筏上的人员没有采取合理、有效的手段表明其所在位置而延误或失去获救的机会。

9.3 海上求生要素

当听到船舶发出弃船信号时,船上人员应迅速有序地利用相应的救生设备离开遇难船舶,在海上漂浮待救,直至救援船舶或飞机赶到,脱险获救为止。在这样一个弃船求生过程中,每一位人员必须采取积极、有效的行动,并且具备一定的求生条件即海上求生要素才能获救。海上求生要素包括:救生设备、求生知识和求生意志。

9.3.1 救生设备

救生设备是海上求生人员赖以生存的必要条件。如果没有救生设备,那么在茫茫大海中得救生还的希望是十分渺茫的。据统计,海上具有救生设备的待救人,约有94%的获救机会。因此,救生设备是海上求生的第一要素。

船舶上常见的救生设备主要有:救生艇、救生筏、救助艇、救生衣、保温救生服、抗暴露服、救生圈、求生信号及其他救生设备。

9.3.2 求生知识

求生知识包括求生者如何使用救生设备,发生弃船时每个人的职责、应采取的相应措施和各种脱险方法,弃船后的正确行动和求生要领,被救援时的行动和注意事项等。求生知识是海上求生过程中能否获救的基本条件。

9.3.3 求生意志

在海上求生过程中,求生者会遇到各种恶劣环境和困难。求生者除了具备必要的救生设备和求生知识外,还必须有顽强的求生意志。无数实例可以证明,海上求生的成功者,往往并非是体力上的最强者,但肯定是精神上的最强者。

上述三要素在求生过程中相互依赖,缺一不可,否则难以获救。

随着现代航海科技的发展,救生设备将更为先进,船与岸、船与船之间的通信也将更为便捷,海上搜救更为快速。因此,在拥有完善的救生设备的前提下,海上求生者掌握丰富的海上求生知识,受过专业的海上求生训练,熟悉救生设备及各种属具的使用方法,具有坚强的求生意志,则脱险获救的机会将大大增加。

第 10 章

船舶救生设备

为确保船员和乘客的生命安全,船舶必须根据《国际海上人命安全公约》(SOLAS 公约)、《国际救生设备规则》(LSA 规则)以及其他相关救生设备规定,配置各种救生设备。这些救生设备的配备旨在提供必要的工具和资源,以在紧急情况下(例如需要弃船求生时)确保船上人员的安全。

一旦发生紧急情况,船上的人员可以使用救生设备撤离危险船舶,并在海上等待救援。这些设备包括救生艇、救生筏、救生衣、救生圈、救生浮具等。它们必须符合国际标准和规定,以确保在危险情况下的有效性和可靠性,帮助人们生存并等待救援。这些规定旨在保障船上人员的安全,并确保船舶在应对紧急情况时具备必要的设备和资源。

10.1 船舶救生设备的种类和基本要求

10.1.1 船舶救生设备的种类

(1)救生艇

救生艇是一种具有一定浮力和强度的刚性小船,可以搭载一定数量的人员。它是一种非常有效的紧急逃生工具,如图 10-1-1 所示。救生艇的主要作用是在船舶遇险时,帮助船员和乘客从危险船舶上脱险,以便在海上进行求生活动,确保船员和乘客的生命安全。

图 10-1-1 救生艇

（2）救生筏

救生筏是在船舶遇险时供船员使用的一种救生设备，它可以快速被投放到水面并漂浮在水面上，以供人们登上并等待救援。气胀式救生筏操作简单、使用便捷、体积小，可以在短时间内轻松地放入水中，是一种方便的救生设备，如图 10-1-2 所示。

（3）救助艇

救助艇是专为救援遇险人员和协调救生艇和救生筏而设计的小型船只，如图 10-1-3 所示。因此，救助艇通常具有出色的机动性能和操纵性能，并且配备了必要的救援设备，以便有效地进行救援行动。这些设备包括救生装备、通信工具和其他相关工具，使救助艇能够快速响应紧急情况，执行救援任务，并确保遇险人员的生命安全。

图 10-1-2　气胀式救生筏

图 10-1-3　救助艇

（4）个人救生设备

个人救生设备包括救生圈、救生衣、保温用具、救生服和抗暴露服。这些设备旨在紧急情况下给人提供生存和保护，以确保其在海上或水域中的安全。不同的设备具有不同的功能和特点，但它们都有助于提高个人的生存机会，并在遇险情况下提供所需的保护。

（5）抛绳设备

抛绳设备用于船舶在遇险时将一根细绳发射到岸上或其他船舶上，以传递缆绳和安置救生设备。这种设备有助于建立联系、传递救援工具和进行紧急通信，以提供在危险情况下所需的支持和救援。

（6）视觉信号

视觉信号用于使周围航行的船舶和飞机能够及时发现遇险船舶、救生艇或救生筏，以便求生者能够得到及时的救援。视觉信号对于确保船员和乘客的生命安全以及在紧急情况下的求生活动至关重要，如图 10-1-4 所示。

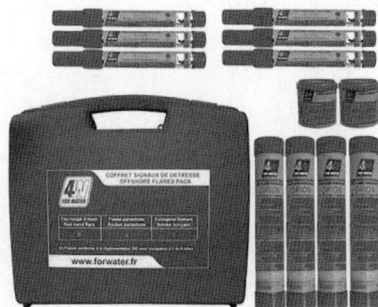

图 10-1-4　视觉信号

（7）无线电救生设备

当船舶遇险时,可以利用船上配备的无线电救生设备向救援机构、正在航行的船舶和飞机发送警报,提供船舶的位置信息,并通报遇险情况,以寻求援助并最终获救。这些无线电设备是在紧急情况下与外界建立联系、传递关键信息以确保生命安全的重要工具。

（8）海上撤离系统

海上撤离系统是装备在客船上,可以将乘客和船员从船舶的登艇甲板迅速转移到海上漂浮的救生筏上的救生设备,如图 10-1-5 所示。

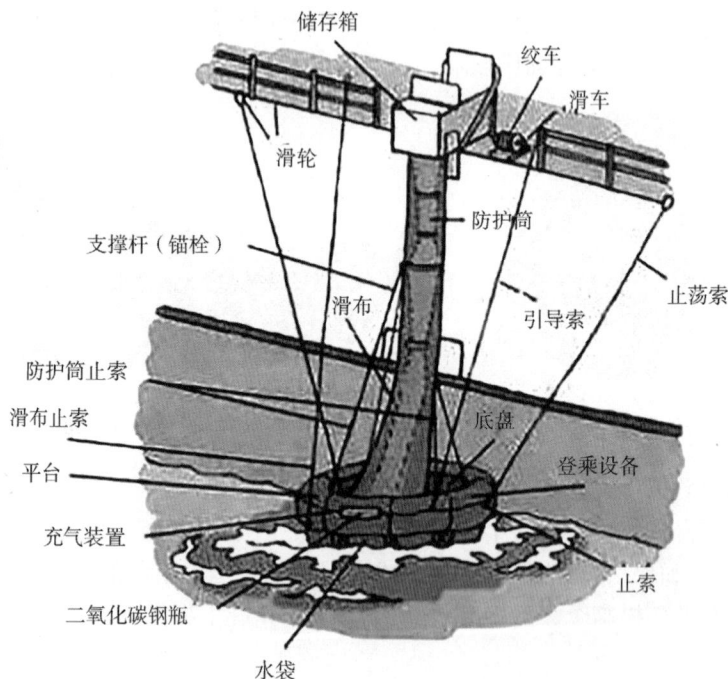

图 10-1-5　海上撤离系统

10.1.2　对救生设备的基本要求

（1）救生设备以适当的工艺和材料制成。

（2）在气温$-30 \sim 65$ ℃的范围内存放不致损坏。对于个人救生设备,除非有其他的说明,其存放的温度应该在$-15 \sim 40$ ℃。

（3）在$-1 \sim 30$ ℃的海水温度范围内使用。

（4）能防腐烂、耐腐蚀,并不受海水、油类或霉菌侵袭。

（5）若暴露在日光下,能抗老化变质。

（6）在所有有助于探测的部位涂有橙黄色或其他鲜明易见的颜色。

（7）在有利于探测的位置张贴逆向反光材料。

（8）如拟在风浪中使用,其操作应符合要求。

（9）如适用,提供短路电流保护以防损坏或受伤。

10.2 救生圈

　　船用救生圈是一种圆环状的救生设备,通常采用轻质的固有浮力材料制成。常见的救生圈采用闭孔泡沫塑料制成,如图 10-2-1 所示。在海船上,通常禁止使用灯芯草、软木刨片或软木粒作为浮力材料,同时也不允许使用充气形式的救生圈。这些规定旨在确保船用救生圈具有足够的浮力和稳定性,以在紧急情况下提供可靠的救援支持。

图 10-2-1　救生圈

10.2.1　作用

　　救生圈具有体积小、重量轻、使用简单方便的特点,适用于救助落水人员,供他们在水中等待救援时使用,用于落水人员的浮力支持和稳定。救生圈是一种紧急救生设备,能够在紧急情况下迅速提供生存支持,同时方便使用,确保被救助者在水中保持安全状态。

10.2.2　技术性能

　　(1)规格

　　每只救生圈的内径不小于 400 mm,外径不大于 800 mm。

　　(2)浮力

　　能在淡水中浮起不小于 14.5 kg 的铁块达到 24 h。

　　(3)质量

　　每只救生圈的质量不小于 2.5 kg;救生圈配有自发烟雾信号及自亮浮灯配备的迅速抛投装置的,则质量不小于 4 kg。

　　(4)强度

　　能经受从存放位置至最轻载航行水线的高度或 30 m 处投落水面而不会损坏救生圈及其附件的使用性能。

　　(5)阻燃性

　　被火完全包围 2 s,不会燃烧或继续熔化。

10.2.3　配备

　　(1)客船

　　客船上救生圈的配备如表 10-2-1 所示。

表 10-2-1　客船上救生圈的配备

船长/m	最少救生圈数/只
$L<60$	8
$60 \leqslant L<120$	12
$120 \leqslant L<180$	18
$180 \leqslant L<240$	24
$L \geqslant 240$	30

（2）货船

货船上救生圈的配备如表 10-2-2 所示。

表 10-2-2　货船上救生圈的配备

船长/m	最少救生圈数/只
$L<100$	8
$100 \leqslant L<150$	10
$150 \leqslant L<200$	12
$L \geqslant 200$	14

（3）属具配备

①自亮浮灯

每艘船舶配备的救生圈应该至少一半带有自亮浮灯（如图 10-2-2 所示），这些自亮浮灯在夜间能够显示救生圈及其使用者的位置，便于搜索和救援。目前，船上的自亮浮灯主要使用干电池作为电源。这些自亮浮灯通过绳索与救生圈相连，通常倒置存放在救生圈附近的夹架上。内部设有一个水银开关，在平时倒置存放时，此开关不导电。但一旦将救生圈投入水中，自亮浮灯会自动正浮于水面上，水银开关接通，发出白色闪光。这些自亮浮灯的发光强度不低于 2 cd，发光时间至少为 2 h，闪光速率为每分钟 50~70 次。这些特性使自亮浮灯成为夜间救援中非常有用的工具。

②可浮救生索

船舶的每一侧通常至少配备一只救生圈，其中一只救生圈设有一根可浮救生索。通常，这根救生索的长度为 30 m，或者等于从船舶的轻载水线到存放位置的距离的 2 倍，取其中较大的值。可浮救生索必须破断强度不低于 5 kN，直径不少于 8 mm。这根救生索一端系在船舶的甲板栏杆上，而另一端系在救生圈上。这种设计旨在紧急情况下，方便将救生圈迅速投入水中，并提供给落水者使用。

③自发烟雾信号

船舶的驾驶室附近通常装备有至少 2 只救生圈，这些救生圈配备了自发烟雾信号。这些信号装置通常由烟雾信号罐和与救生圈相连的小绳组成。烟雾信号罐与小绳通过拉环连接在一起，拉环则系固在船上。当抛投救生圈时，拉环会被拉掉，烟雾信号罐随救生圈漂浮在水面上，并产生橙黄色的烟雾。这种烟雾信号在平静的水面上至少可以持续发烟 15 min，即使被完全浸没在水下，仍然能够喷出烟雾并持续 10 s。这些自发烟雾信号装置用于在海上紧急情况下发出求救信号并引导救援人员。这种设计有助于提高救援的效率，确保在恶劣条件下快速发出求救信号。图 10-2-3 所示为自发烟雾信号。

图 10-2-2　自亮浮灯

图 10-2-3　自发烟雾信号

10.2.4　存放

（1）救生圈存放

救生圈应该分布在船舶的两侧，以便在需要时能够轻松取用。最佳的安排是将救生圈分散放置在船舶的露天甲板上，特别是那些延伸至船舷的甲板上。此外，至少应放置一只救生圈在船舶的尾部附近，以确保在不同的情况下能方便地获得救生设备。重要的是，这些救生圈必须能够随时从存放的位置迅速取下，不允许以任何方式永久地固定在船舶上。这个布局和存放要求确保了船员能够在危险情况下迅速使用救生设备，以提高安全性和生存机会。

（2）救生圈属具存放

自亮浮灯、烟雾信号和可浮救生索应平均配置在船舶的两侧，通常放置在栏杆或舷墙的存放架附近。此外，烟雾信号的存放位置应该方便从驾驶室的两侧释放。为了明确这些设备的位置，救生圈及其附件的存放处应粘贴特定标志，以便船员在紧急情况下能够迅速找到这些救生设备。救生圈标志如图 10-2-4 所示。

带自亮浮灯和烟雾信号的救生圈

带可浮救生索的救生圈

带自亮浮灯的救生圈

救生圈

图 10-2-4　救生圈标志

10.2.5　管理

救生圈上应使用印刷体大写字母标明所属船舶的信息,包括船名和船籍港。此外,救生圈通常配备有反光带,并附有编号,以便识别和管理。为了提高可见性,救生圈的颜色应确保鲜艳,字迹清晰。定期检查救生圈及其相关附件,以确保它们随时都处于可用状态,以维护海上安全。这些标识和反光带有助于提高救生圈的可识别性,使其在不同条件下更容易被发现,从而提高救生设备的效用。及时检查和维护确保了这些设备在需要时能够可靠地使用。

10.3　救生衣

救生衣是船上为每个人配备的个人救生装备。它穿戴方便,可以让穿戴者在水中自动浮出水面,确保他们保持在水面上,同时防止灌水。救生衣是非常重要的海上安全装备,用于应对紧急情况,确保船员和乘客在海上遇险时能够获得生存和等待救援的机会。

10.3.1　种类

救生衣的分类方法很多,而且每一类别又包含许多种式样。一般,按其使用范围可分为航空救生衣、航海救生衣、水上运动救生衣和水上工作救生衣等;按其结构形式可分为背心式救生衣、套头式救生衣、连身式救生衣和腋下式救生衣等;按浮力材料可划分为固有浮力式救生衣、气胀式救生衣和混合式救生衣三种。船用救生衣主要有固有浮力式救生衣和气胀式救生衣。

(1)固有浮力式救生衣

这种救生衣是利用轻质浮力材料的固有体积提供浮力的,其浮力材料以泡沫塑料为主,如图 10-3-1 所示。

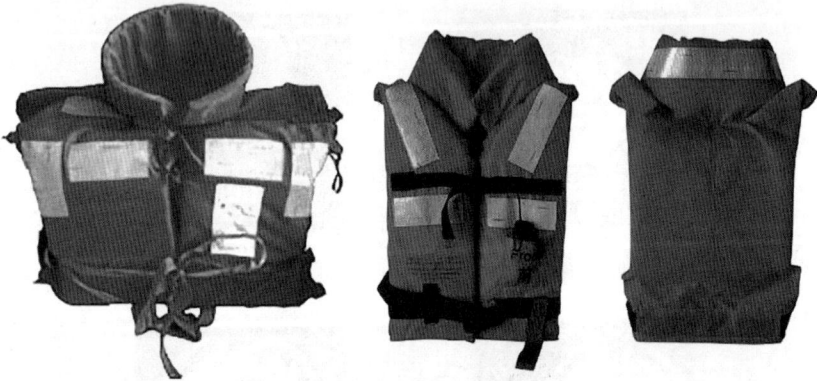

图 10-3-1　固有浮力式救生衣

泡沫塑料救生衣采用软质闭孔聚乙烯泡沫塑料作为浮力材料,通常外表包覆尼龙绸布。它具有较大的浮力和一定的柔软性,同时光滑的外表减少了与波浪摩擦引起的伤害,因此在船舶上被广泛使用,尤其在我国的商船中。

然而,泡沫塑料救生衣也有一些限制。其浮力依赖于体积,因此体积较大,可能不适合进行舷外工作时使用。此外,由于体积有限,提供的浮力也有限,泡沫塑料救生衣不能满足所有紧急情况下的浮力需求。

（2）气胀式救生衣

气胀式救生衣是利用救生衣内的充气室提供浮力的。此类救生衣按充气方式可分为以下三种：

①口吹气型气胀式救生衣

这种救生衣采用双层橡胶布或类似材料制成，呈背心状，分成左、右两个密封气室，各自具有独立的充气系统，如图 10-3-2 所示。救生衣的前部设有两套胶管和口吹阀，分别与左、右两个气室相通，用于充气。充气时，需用牙齿将气嘴顶住，并向气室吹气。当气室充满后，口吹阀会自动关闭，防止气体泄漏。在水中使用这种救生衣时，需要特别注意左、右气室交替充气，以免过度充气其中一个气室。

②半自动气胀式救生衣

半自动气胀式救生衣由气室、机械充气装置、充气钢瓶等组成，如图 10-3-3 所示。使用时，用手拉动机械充气装置的拉索，钢瓶口处的密封膜片被刺破，瓶内的 CO_2 气体会自动地迅速充满气室。

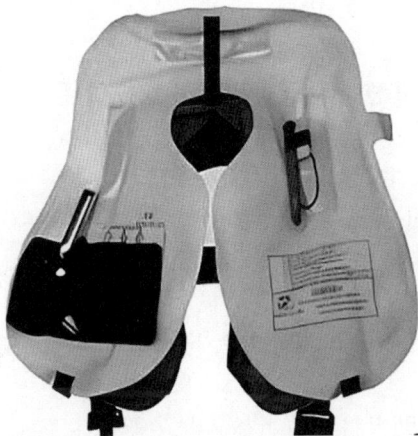

图 10-3-2　口吹气型气胀式救生衣　　　图 10-3-3　半自动气胀式救生衣

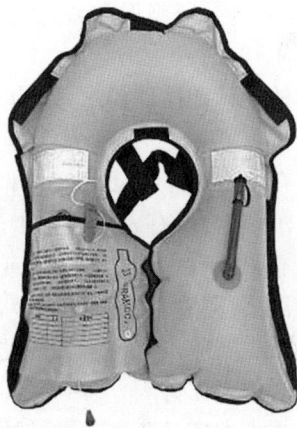

③全自动气胀式救生衣

全自动气胀式救生衣由气室、钢瓶和自动充气装置组成。其自动充气装置的启动方式主要有三种：

a.以能溶于水的片剂来传感启动。

b.以水压启动阀来传感启动。

c.以海水电池来传感启动，国外较为流行。即在海水电池随救生衣落入海水后，海水电池被海水活化，产生电流，作用于火药引信，使火药起爆，产生推力，刺破膜片，放出 CO_2 气体，使气室充气成形。

10.3.2　作用

救生衣具有浮力，可以确保穿着者的头部露出水面，从而预防溺水事故。它主要用于紧急弃船或救生演习，帮助人员安全离开遇险船舶。此外，船员在进行舷外作业时也会穿着救生衣，以提供额外的安全保护。这些救生衣的设计和使用都是为了确保船员和乘客在海上的安全。

10.3.3　技术性能

（1）安全漂浮性能

①在平静的淡水中,应将筋疲力尽或失去知觉的人员的嘴部托出水面至少120 mm,使其身体向后倾斜,并与竖直方向至少成20°。

②将水中失去知觉的人员从任何位置翻转到嘴部高出水面的姿势不应超过5 s。

（2）气密及水密性能

为确保救生衣在漂浮过程中浮力下降不超过规定的范围,其材料应满足:在浸入水中24 h后,浮力不得降低超过5%。

（3）阻燃性能

救生衣在被火完全包围2 s后,不应燃烧或继续熔化,以确保其在火灾情况下的安全性。

（4）强度

救生衣的设计应确保穿着者紧紧抱住救生衣从至少4.5 m高处跳入水中,或者从至少1 m高处手举过头顶跳入水中时,不会受伤,救生衣也不会脱落或损坏。这是为了保障救生衣的可靠性和稳定性,以确保在紧急情况下它能够正常工作。

（5）结构

救生衣的设计和性能要求,是为了确保其在紧急情况下可以有效地提供浮力和保护。具体要求包括:

①能够在1 min内让至少75%的从未穿过救生衣的人正确穿好它。

②经过示范后,所有人能够在1 min内独立正确地穿好救生衣。

③救生衣只能有一种穿着方式或者最好不会被错误穿着。

④穿着舒适,穿着者能够进行短距离游泳和登上救生艇筏。

⑤每件救生衣应该配备可释放的浮索或以其他方式将穿着者与水中的其他人连接起来,以便在救援时提供支持。

⑥每件救生衣应具备合适的结构,以方便救助者将穿着者拉入救生艇筏。

⑦气胀式救生衣必须有至少2个独立的充气室,即使其中一个气室失去浮力,仍然能提供足够的安全浮力。救生衣应该能够在浸入水中后自动充气,并且应该有手动装置,可以用手动充气,并可以用嘴充气。

（6）尺寸标准

根据使用者的身高和体重,救生衣分为婴儿专用、儿童专用和成人用三种,如表10-3-1所示。

表 10-3-1　救生衣尺寸标准

使用者	婴儿	儿童	成人
体重 m/kg	$m<15$	$15 \leqslant m<43$	$m \geqslant 43$
身高 h/cm	$h<100$	$100 \leqslant h<155$	$h \geqslant 155$

确保超重或胸围较大的人在紧急情况下的安全非常重要。为了满足这些特殊需求,可以考虑以下附属设备或方法:针对体重超过140 kg或胸围超过1750 mm的人,需要提供特大号的救生衣,以确保其在水中具有足够的浮力和保护。除了救生衣,可以考虑提供附加的浮力装置,如浮标或浮袋,以增加浮力。

（7）婴儿和儿童救生衣的要求

①在婴儿和儿童救生衣上应分别有"婴儿专用"和"儿童专用"字样,如图 10-3-4 所示;

图 10-3-4　救生衣标志

②允许帮助婴儿和儿童穿着救生衣,婴儿救生衣应便于婴儿被照顾者系牢。

10.3.4　配备

（1）救生衣配备

①应为船上每人配备一件救生衣;

②驾驶室、机舱控制室和救生艇站应配备足够数量的救生衣;

③客船上,还必须配备占旅客人数至少 10%的适合儿童穿着的救生衣;

④每艘客船应附加配备不少于船上人员总数 5%的救生衣。

（2）属具配备

①每件救生衣应备有用细绳系牢的哨笛,如图 10-3-5(a)所示;

②救生衣灯的颜色为白色,光强不小于 0.75 cd,能持续使用至少 8 h,如图 10-3-5(b)所示。

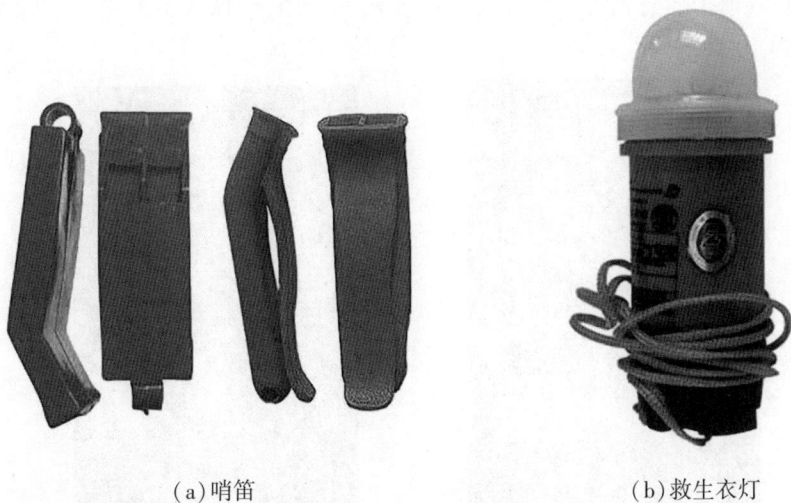

（a）哨笛　　　　　　　　　　　　（b）救生衣灯

图 10-3-5　救生衣属具

10.3.5　存放

救生衣的存放和分配在船舶的安全管理中扮演着至关重要的角色。为了确保人员在紧急情况下能够迅速获得并正确穿着救生衣,必须采取以下措施:首先,救生衣应妥善存放在易于取用的地方,并用 IMO 标志标明其位置,通常放置在船员和乘客住舱内的床头柜或衣柜中,以确保人员可以方便地找到并穿着;其次,为了应对可能的紧急情况,应将救生衣直接存放在驾驶室、机舱控制室和其他有人值班的地点,以确保船员可以随时获取;最后,客船上还需要配有额外的救生衣,这些救生衣应存放在公共场所、集合地点或通道等明显易见的位置,以确保在混乱情况下也能够快速分发给乘客。

这些措施共同确保了船上的每个人都能在紧急情况下获得救生衣,从而提高海上安全水平。

10.3.6　管理

救生衣在使用过程中需要特别注意以下几点以确保其性能和寿命:首先,禁止将救生衣用作枕头或坐垫,以免影响其浮力和保护功能;其次,使用后的救生衣应该用淡水洗净并晾干,特别是对于使用橡胶材料制成的气胀式救生衣,外表还应该涂上滑石粉,然后存放在干燥和温度较低的地方,确保不受潮;最后,救生衣应该远离油类物质,以防止被玷污,因为油污可能损害救生衣的材料和性能。

这些维护和保养措施有助于确保救生衣在需要时能够提供最佳的救生保护。

10.4　救生服和抗暴露服

救生服和抗暴露服都是重要的海上安全装备,它们在不同的情况下为穿着者提供保护和救生功能。救生服主要用于普通船员和乘客,以提供浮力和保暖,使穿着者能够在水中等待救援时保持体温和浮力。抗暴露服主要用于特殊工作人员,如救助艇艇员、海上救援队员和需要从海上撤离的人员,以提供更全面的保护,包括防水、保暖和防风等功能,以应对恶劣的海洋条件。这两种装备在海上紧急情况下发挥着不可替代的作用,确保人员的生存和安全。救生服和抗暴露服如图 10-4-1 所示。

救生服　　　　　　　　　　抗暴露服

图 10-4-1　救生服和抗暴露服

10.4.1 救生服的种类

（1）按浮力分类

①必须连同救生衣一起使用的救生服

此类救生服不能为穿着者提供足够的浮力,因此,人员在使用时必须额外加穿一件救生衣。

②不需加穿救生衣的救生服

此类救生服自身带有一个气囊或装备了固有浮力材料,可以为穿着者提供所需要的浮力,穿着者不需要穿着其他救生衣。

（2）按热性能分类

①采用非自然保温材料制成的救生服;

②采用自然保温材料制成的救生服。

10.4.2 救生服的结构和作用

救生服是一种关键的海上安全装备,它的设计旨在提供多重保护,以确保穿着者在紧急情况下能够在冷水中生存并等待救援。这种服装使用不透水和保温材料,通过封闭全身与外界的连接,形成有效的保温层,防止体热损失,从而延长生存时间。它通常是一种连身式服装,由橙色的氯丁橡胶发泡材料制成,具有外层的保护层、中间的防水和保温层以及内层的强度骨架层。

救生服通常配备有水密拉链,方便穿着者快速穿上,同时还有连衣手套和连裤靴鞋,以便穿着者执行工作任务。此外,为了防止空气在救生服内流动,附加了限流装置,提高了保温性能。这些特性使得救生服成为海上救援中不可或缺的装备,有助于增加被救援者的生存机会。

10.4.3 技术性能

（1）救生服

①防水性

救生服采用防水材料制成,可以覆盖除了脸部以外的全身,提供有效的防水保护。

②简便易用性

穿着者能够在短时间内,不需要他人的帮助,快速穿上救生服,通常在 2 min 内完成。这种简便易用的特性对于应对紧急情况至关重要。

③耐火性

救生服具有一定的耐火性能,即使在火源完全包围的情况下停留 2 s,也不会燃烧或继续熔化。这有助于确保穿着者在火灾等紧急情况下获得额外的保护。

④充分活动性

a.穿着者可以正常执行弃船时指派的任务;

b.穿着者可以爬上爬下长度至少为 5 m 的垂直梯子;

c.穿着者可以短距离游泳并能登上救生艇筏。

⑤热性能

a.采用非自然保温材料制成的救生服,能够确保穿着者在温度为 5 ℃的平静水中持续 1 h,体温下降不超过 2 ℃。

b.采用自然保温材料制成的救生服,能够确保穿着者在温度为 0~2 ℃的平静水中持续

6 h,体温下降不超过 2 ℃。

⑥浮力

在平静的淡水中,救生服提供足够的浮力,能够将筋疲力尽或失去知觉的人员的口部至少浮出水面 120 mm,并且能够在 5 s 内将人员从脸朝下的姿势翻转为脸朝上的姿势。

⑦强度

穿着者可以从至少 4.5 m 的高度跳入水中,而救生服不会损坏或移位。

(2)抗暴露服

①防水性

遮盖整个身体,如果主管机关允许,脚部可以除外;双手和头可由永久附连在抗暴露服上的单独手套和防护罩遮盖。

②简便易用性

不需要他人帮助可在 2 min 内穿好抗暴露服,穿着方便。

③耐火性

被火完全包围 2 s,不燃烧或继续熔化。

④充分活动性

a.穿着者可以执行与弃船有关的任务,操纵救助艇;

b.穿着者可以爬上爬下长度至少为 5 m 的垂直梯子;

c.穿着者在水中至少可游 25 m 并能登上救生艇筏。

⑤热性能

非自然保温材料制成的抗暴露服必须标明与保暖衣服一起穿着,并保证穿着者在温度为 5 ℃ 的平静水中漂浮 0.5 h 以后,体温降低不超过 1.5 ℃/h。

⑥浮力

每件抗暴露服可以提供至少 70 N 的固有浮力。

⑦强度

穿着者自至少 4.5 m 的高度跳入水中,抗暴露服不会损坏或移位。

10.4.4　配备

船上每位人员应配备一件符合《国际救生设备规则》第 2.3 节要求的救生服。然而,有一些特殊情况:

(1)对于除 SOLAS 公约所定义的散货船以外的船舶,如果该船一直在温暖气候航区航行,并且主管机关认为救生服没有必要,那么这些船舶可以不按要求配备救生服。

(2)如果船上有远离通常存放救生服的地方的值班室或工作站,那么应根据通常在这些位置值班或工作的人数提供额外的救生服。

(3)每位被指派为救助艇员或海上撤离系统工作人员的人员都应配备一件尺寸适宜且符合《国际救生设备规则》第 2.3 节要求的救生服,或者配备符合规则第 2.4 节要求的抗暴露服。

这些规定旨在确保船上的每位人员都具备适当的救生装备,以提高海上安全,特别是在紧急情况下。

10.4.5　穿着和使用

穿着救生服的方法:

(1)穿救生服之前应穿着适当的保暖衣服；

(2)摊开衣服,伸入双腿；

(3)拉上腿部限流拉链；

(4)穿上双臂,戴好帽子,拉合水密拉链；

(5)整理服装,戴好挡浪板；

(6)如果需要,救生服外面加穿一件救生衣。

10.4.6 存放

救生服和抗暴露服应存放在易于取用的地点,通常存放在船舶的救生站和船员住舱内。这些存放位置应当明显标记,以便人员可以在紧急情况下快速找到和使用这些救生装备。标记要遵循国际海事组织的标志要求,以确保救生装备的存放位置对船员和乘客清晰可见。这些措施有助于提高海上安全,以便在需要时快速响应和分发救生服和抗暴露服。

10.4.7 管理

(1)避免接触酸碱或其他有害物质。

(2)拉链部位用蜡或无酸碱性油脂涂抹,保持拉链拉舌移动时轻便灵活。

(3)穿着使用后用淡水冲洗干净,挂在阴凉、干燥的地方,避免高温或紫外线辐射。晾干后应叠好放回原处。如织物表面破损,应取来备用布,用聚氨酯胶液黏上。

10.5 保温用具

保温用具(简称 TPA)是采用低热导率的防水材料制成的袋子或衣服,旨在提供保暖和保护穿着者免受低温和湿度的影响。这些用具通常采用特殊的绝缘材料制成,如铝箔和泡沫塑料,以减少热量传导,并且具有防水性能,使穿着者保持相对的干燥。

TPA 通常用于应对紧急情况,如船舶遇险或人员从船只上跳入冷水中。TPA 可以有效减缓体温下降的速度,延长穿着者在寒冷水域中的生存时间。这些保温用具易于使用,并可以迅速在紧急情况下使用。TPA 在海上救生和应急疏散中发挥着重要的作用,以确保穿着者在恶劣条件下能够保持温暖和相对的干燥。

10.5.1 种类

(1)按结构分类

①单层镀铝薄膜；

②双层镀铝膜复合材料。

(2)按形状分类(如图 10-5-1 所示)

①保温袋

保温袋的外形类似一个大口袋,通常有拉链或其他方式的封口。这种形式的保温用具使用聚酯镀铝薄膜等材料制成,通常呈袋状,具有较大的包容性,可以容纳使用者。拉链在袋口处方便封闭,防止热量的流失,同时也便于使用者在需要时快速抛弃。

②保温衣

保温衣的形状类似于一件带有袖子和裤管的衣服,通常是连体式的。它与保温袋使用相同的绝缘材料,如聚酯镀铝薄膜等制成。保温衣包括颈上部分、袖管与手套部分、躯干和下肢部分。它允许穿着者自由活动,尤其是手臂和腿部,而不受太多的限制。通常,保温衣的颈部带有拉链,方便穿着者封闭衣口,同时也可以在需要时轻松脱掉。

不同形状的保温用具各有优势,保温袋提供了更大的包容性,而保温衣为穿着者提供了更多的活动自由,这可以根据具体情况来选择。

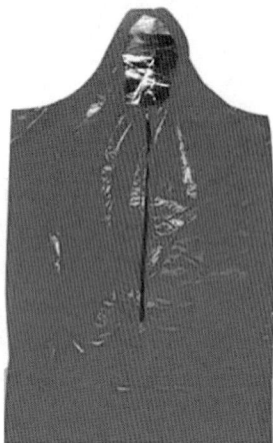 

保温袋　　　　　　　　　　　　　　　　　　　保温衣

图 10-5-1　保温用具

10.5.2　作用

保温用具的目的是确保体弱和伤病员在救生艇或救生筏中能够保持温暖和干燥,以减少体温下降的风险。保温用具通常由防水材料制成,具有极低的热导率,有助于减少体热的消耗,尤其在寒冷和潮湿的环境中保持体温。保温用具是关键的生存工具,可以在紧急情况下提供保护,防止体温骤降,从而提高获救的机会。

(1)聚酯薄膜材料具有高强度抗拉性,薄膜上面还镀有铝层,使保温用具成为抗拉强度高和极其光亮的反射材料,反射率约为80%,热辐射为95%左右。它将人体散失的热量反射回来,使人体散发的热量不致散失到保温袋或保温衣的外面。

(2)保温用具利用其封闭形式,使人体散发的热量保留在保温袋或保温衣内,形成一个

"热气团",不与外界产生对流,减少热交换而达到保温目的。

(3)在热带水域或炎热季节,救生艇筏求生者也可以利用保温用具作为防暴晒的遮蔽物,以防被阳光灼伤。

(4)船用保温用具对雷达波具有较好的反射性能,起到雷达反射器的作用。

保温用具的缺点是比较容易被撕破、撕裂;另外,在人员移动时它会发出令人生厌的声音。

10.5.3 技术性能

(1)采用传热系数不大于 7800 W/(m² · K)的防水材料制成,对除了脸部之外的全身提供保护;

(2)容易打开和穿着,穿着者能在 2 min 内在水中将它脱掉;

(3)在气温-30~20 ℃范围内保持正常功能。

10.5.4 配备

(1)客船

为每艘救生艇中没有救生服的每个人配备 1 件保温用具。

(2)货船

为每艘救生艇中没有救生服的每个人配备 1 件保温用具。

(3)每艘救生艇、救生筏和救助艇

配备 2 件或足够 10%额定乘员使用的保温用具,取其大者。

10.5.5 穿着和使用

保温用具穿着简单方便,穿着方法与穿着普通连衣帽裤相同,使用之前应查看说明书。

(1)穿着时,首先打开包装袋,取出并摊开保温用具;

(2)拉开拉链,双脚分别伸到保温用具底部;

(3)戴上帽子,拉上拉链;

(4)拉紧锁紧绳,使面孔暴露,注意使除脸部以外的部位都得到遮蔽。

10.5.6 存放

保温用具一般装在比较结实的真空袋内,防止意外损坏,平时存放于救生艇筏和救助艇内,其 IMO 标志如图 10-5-2 所示。

图 10-5-2 保温用具 IMO 标志

10.5.7 管理

应注意保管,避免撕破、撕裂保温用具。

10.6 船用抛绳设备

10.6.1 种类

船用抛绳设备主要有枪式抛绳设备和筒式抛绳设备,如图 10-6-1 所示。

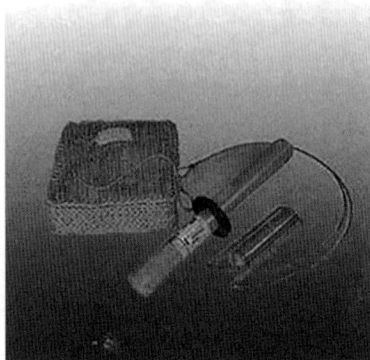

枪式抛绳设备 筒式抛绳设备

图 10-6-1 船用抛绳设备

10.6.2 作用

船用抛绳设备是指用于在遇难船舶、救生艇筏、救助船舶或陆地之间传递绳索的设备,通常用于快速带缆以便进行紧急救援操作。这种设备可能包括绳索、缆绳、救生索或其他类似的装备,用于建立联系,传递绳索,以便从一个位置到另一个位置进行救援或牵引。

10.6.3 技术性能

(1)能相当准确地将抛射绳抛射出去,在无风天气将绳抛射至少 230 m;

(2)每根抛射绳的破断强度不小于 2 kN。

10.6.4 配备

每艘船舶应配备至少 4 套抛绳设备。

10.6.5 使用

船用抛绳设备均备有简要说明书或图解阐明抛绳设备的用法。

(1)枪式抛绳设备

船用枪式抛绳设备由 4 枚抛射火箭、4 只抛射药筒、4 盒抛射绳(每盒绳长 400 m)和 1 支抛射枪组成,整套装备装在一个防水箱子内,箱子里备有使用说明书及图解。

使用时,首先取出一盒抛射绳,将盒周围的水密胶带去掉,找到 2 个绳头。然后,将抛射绳上的一个绳头与抛射火箭末端的眼环连接,将抛射绳的另一端与要传递的粗大缆绳连接。接下来,将火箭插入枪筒的前端,确保末端的钢丝放在枪身下面。随后,打开抛射枪后膛,安装抛射药筒,然后关闭枪膛。

在发射时,持枪者应站在抛射绳盒的后方,将枪口对准目标,水平仰角通常为30°左右。接着,扣动扳机触发抛射药筒,从而引发火箭的发射。为了确保获得尽可能远的抛射距离,发射船应位于上风的位置。如遇油船,出于安全考虑,应由油船进行发射。

待抛射绳发射完毕后,利用抛射绳在船舶之间或者船与岸之间传递和架设缆绳,运送人员或救生物资。

(2)筒式抛绳设备

①打开前后盖;

②将抛射绳末端系固在船上;

③拔掉保险栓;

④双手紧握把柄,对准目标方向发射。

10.6.6 存放

枪式抛绳设备和筒式抛绳设备应当放置在船舶的驾驶室或海图室内,而且存放位置应该有明显的标志,以确保人员可以迅速找到和使用这些设备。抛绳设备的IMO标志如图10-6-2所示。

图 10-6-2 抛绳设备的 IMO 标志

10.6.7 管理

抛射火箭和抛射药筒的有效期通常为3年,这意味着需要定期更换抛绳设备以确保其性能和可靠性。过期的火箭和药筒可能无法正常工作,因此定期更换是至关重要的,以确保设备在需要时能够可靠地抛射。

10.7 视觉信号

船舶和救生艇筏通常配备一定数量的视觉信号,这些视觉信号有助于提高救援人员和其他船只或者飞机对船舶或救生艇筏的位置和状态的识别,从而提高海上安全。

10.7.1 种类

视觉信号(如图10-7-1所示)主要有以下四种:

(1)火箭降落伞火焰信号;

(2)手持火焰信号;

(3)漂浮烟雾信号;

(4)日光信号镜。

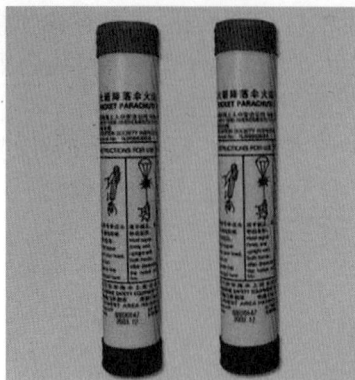

火箭降落伞火焰信号

手持火焰信号

漂浮烟雾信号

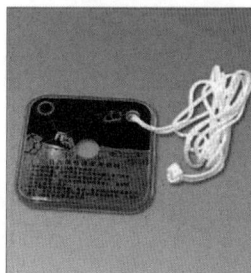

日光信号镜

图 10-7-1　视觉信号

10.7.2　作用

视觉信号在海上遇险情况下非常关键,能够吸引他船、飞机或救援人员的注意,提高被救援的机会。根据不同的情况和能见度,选择合适的视觉信号非常重要。白天使用烟雾信号通常更容易被远处的船只或飞机发现,夜间则应使用灯光和火焰信号。

值得注意的是,使用这些信号时必须谨慎,以避免不必要的误解或浪费。只有当船舶、飞机出现在视线范围内时使用这些信号,才能起到遇险报警的作用。

10.7.3　配备和存放

按照规定将各类视觉信号存放在救生艇筏的属具备品箱和船舶驾驶室的应变柜中,这样可以确保这些关键的救生设备随时可用,并且易于在紧急情况下取用。表 10-7-1 所示为船舶、救生艇、救生筏上救生用视觉信号的配备情况。

表 10-7-1　视觉信号

		信号名称	救生艇	救生筏	船舶
视觉信号	夜间用	火箭降落伞火焰信号	4	4	12
		手持火焰信号	6	6	
		防水手电筒	1	1	
	白天用	漂浮烟雾信号	2	2	
		日光信号镜	1	1	

10.7.4　管理

有些救生信号的使用时间和数量都受到特定的限制,因此对于规定了使用期限的救生信号,在常规检查中应按照规定的时间更换,以确保其在有效期内,正常可用。

10.8　应急无线电设备

10.8.1　种类

(1)紧急无线电示位标

紧急无线电示位标(Emergency Position Indicating Radio Beacon,EPIRB)一旦被激活,会发送一个紧急求救信号,这个信号会通过卫星转发传送到相关的搜救中心,以便采取必要的措施来救助处于危险中的人员,如图10-8-1所示。

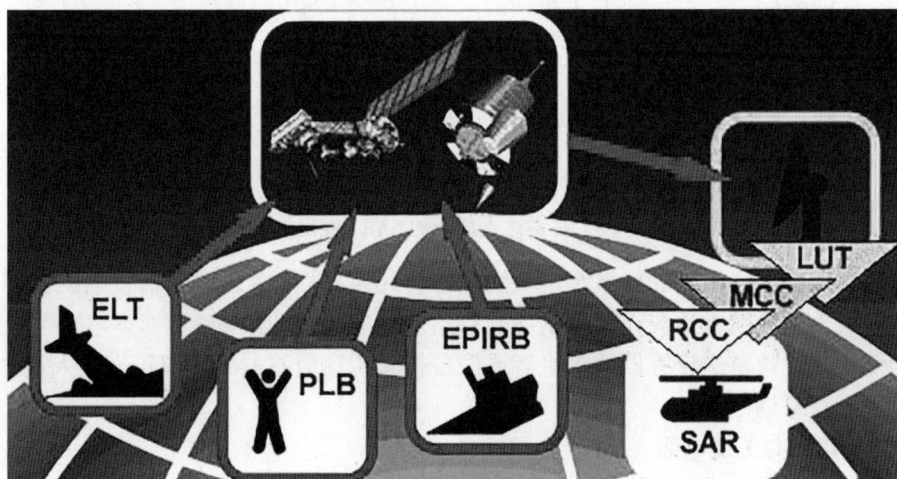

图10-8-1　EPIRB的功能示意图

(2)搜救雷达应答器

搜救雷达应答器(Search and Rescue Radar Transponder,SART)用于在船只遇险时帮助搜寻和定位遇险船只、救生艇、救生筏,以及携带手持搜救雷达应答器的求生者,同时也能让这些求生者确认是否有搜救船只或飞机在附近,提供救援。

(3)甚高频双向无线电话

甚高频双向无线电话(two-way VHF radiotelephone)简单易用,主要用于进行较短距离的紧急通信,以应对遇险情况。

(4)通用报警系统和公共广播系统

通用报警系统(general alarm system)可用于发出紧急报警信号,公共广播系统(public address system)则能够广播各种信息,包括但不限于紧急信息。

10.8.2　作用

(1)紧急无线电示位标

紧急无线电示位标在船舶遇险时可以由人工或自动启动,它会发送包括本船识别码在内的遇险报警信息。这些报警信息会通过卫星传输到相关的搜救中心,其中包括的船舶识别码和测定位置数据将协助搜救中心采取必要的措施来救助遇险人员。

（2）搜救雷达应答器

搜救雷达应答器在遇险时，由人工启动后进入待命状态。当搜救船舶或飞机接近遇险的救生艇、救生筏或求生者时，搜救雷达应答器会接收到来自导航雷达的探测脉冲，这将触发搜救雷达应答器，并导致其发出一组由12个脉冲组成的特殊信号，如图10-8-2所示。这个信号会作为回波被导航雷达接收，然后在其荧光屏上显示为由12个亮点组成的亮线，沿半径方向显示。通过这些亮点，搜救船舶或飞机可以确定携带搜救雷达应答器的救生艇、救生筏或个人的方位和距离，从而有助于迅速进行救援。搜救雷达应答器的搜索与救助功能主要体现在下述两个方面：

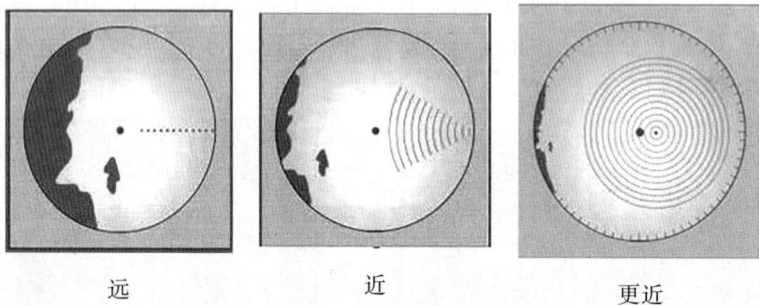

图10-8-2　在雷达上显示的SART发出的信号

①在搜救船舶或飞机上的导航雷达探测脉冲作用下，搜救雷达应答器发射的信号能使搜救船舶或飞机上的导航雷达荧光屏显示搜救雷达应答器的确切位置。

②能使手持搜救雷达应答器的求生者或配备搜救雷达应答器救生艇筏上的人员知道有搜救船舶或飞机在靠近他们。

（3）甚高频双向无线电话

甚高频双向无线电话便于携带，使用简单方便，通信距离较短，主要用于下列通信：

①本船船内通信，如船首与船尾之间有关于遇险与搜救的通话；

②救生艇筏及本船相互间的通信；

③救助艇或搜救飞机与难船或救生艇筏之间的搜救现场通信。

（4）通用报警系统和公共广播系统

通用报警系统能发出7个或以上的短声继以1长声组成的通用报警信号；公共广播系统能向船员或乘客，在他们经常活动的所有地方广播信息。

10.8.3　配备

（1）紧急无线电示位标

每艘船舶应配备1台紧急无线电示位标。

（2）搜救雷达应答器

①客船和500总吨及以上的货船：每舷至少1台；

②500总吨以下的货船：至少1台。

（3）甚高频双向无线电话

①客船和500总吨及以上的货船：至少3台；

②300总吨及以上、500总吨以下的货船：至少2台。

（4）通用报警系统和公共广播系统

客船和 500 总吨及以上的货船应配备 1 套通用报警系统；所有客船还应设置 1 套公共广播系统，以供召集乘客和船员至集合地点和采取应变部署表所列行动之用。

10.8.4　存放

（1）紧急无线电示位标：通常存放于船舶驾驶台两侧甲板的舷墙或栏杆上。

（2）搜救雷达应答器：存放于驾驶室内两侧的存放架上。

（3）甚高频双向无线电话：存放于驾驶室内，平时处于充电状态。

10.8.5　管理

应用图解说明无线电救生设备的使用方法，由专人管理和使用，存放位置应有明显标志，如图 10-8-3 和图 10-8-4 所示。

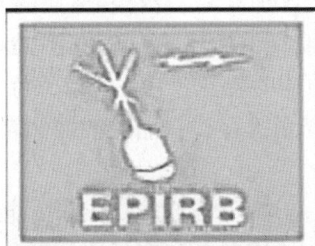

图 10-8-3　紧急无线电示位标标志　　图 10-8-4　搜救雷达应答器标志

10.9　海上撤离系统

海上撤离系统（Marine Evacuation System，MES）如图 10-9-1 所示，用于将船上的人员快速从登船甲板转移到漂浮的救生艇或救生筏上，以便安全撤离船舶。

10.9.1　种类

（1）滑道式撤离系统

根据滑道的数量，海上撤离系统可以分为单滑道撤离系统和双滑道撤离系统。滑道式撤离系统主要由充气滑道和登筏平台两部分组成。在紧急情况下，一名船员即可操作，在甲板上启动整个撤离系统，滑道和水面登筏平台相继展开，使乘客能够从甲板经滑道滑到水面登筏平台上，然后进入旁边的气胀式救生筏以安全地离开遇险船舶。

滑道式撤离系统　　　　槽座式撤离系统

图 10-9-1　海上撤离系统

（2）槽座式撤离系统

①"之"字撤离系统

"之"字撤离系统使用垂直筒内弯曲的材料来控制滑行速度。启动方式类似于滑道式撤离系统,其中储存箱位于客船的甲板舷旁。不同之处在于,使用"之"字撤离系统时,乘客不再通过滑道滑行,而是在一个垂直筒内的槽座中逐节下降。这种系统的优点在于乘客可以自行控制下降的速度,从而减轻了他们的心理恐惧感,确保他们能够安全地到达登筏平台。

②螺旋式撤离系统

螺旋式撤离系统与"之"字撤离系统类似,使用螺旋滑槽来控制滑行速度。乘客可在垂直筒内沿着螺旋滑槽逐步下降,乘客可自行控制下降速度。

10.9.2　作用

海上撤离系统是一种很好的应急设备,适用于各种年龄、身材和体质的救生衣穿着者,为他们提供了从船上的登乘地点向漂浮平台或救生艇筏上撤离的安全通道。这个系统充当了大船和海上救生艇筏的最佳连接工具,是一种逃生的辅助装备。它具有以下特点:

（1）操作简单:设备的操作非常容易,平时整套系统存放在船舶的两侧箱体内。在紧急情况下,启动和释放程序都非常简单。

（2）登乘方便:撤离人员只需按照秩序逐个登上并下滑,不需要特殊技能或培训。

（3）适用于老弱病残的乘客:这个系统使老年人、体弱者和有健康问题的乘客能够安全地逃生,为各种体能和健康状况的人提供了平等的机会,确保他们能够在紧急情况下安全撤离。

10.9.3　技术性能

（1）由一个人释放。

（2）能使所有乘员在规定时间内撤离:对客船而言,在发出弃船信号后 30 min 内从船上撤离到气胀式救生筏上;对货船而言,在 10 min 内从船上撤离到气胀式救生筏上。

（3）海上撤离系统的布置应使救生筏和登筏平台牢固地连接,并且能由一个人在救生筏内或在登筏平台上将救生筏与平台脱开。

（4）可以在船舶纵倾 10°,以及向任何一舷横倾 20°的情况下,从船上释放。

（5）如果设有一个倾斜滑道,则滑道与水平面夹角必须满足船舶在最轻载航行状态下正浮,滑道与水平面的夹角为 30°~35°。

（6）乘员能在蒲福风级 6 级的海况下正常撤离。

10.9.4　使用

（1）释放海上撤离系统

下面介绍丹麦 VIKING 生产的海上撤离系统的使用方法:

①释放滑道式海上撤离系统

只要一名船员拉动释放手柄就可释放海上撤离系统。从压缩气体开启遮挡的前门板到降放,以及充胀滑道和平台完全是自动的。

a.只要拉动释放手柄,就可释放海上撤离系统;

b.开启前门,滑道和平台由存放箱弹出;

c.滑道和平台落到水面定位,立即开始充气;

d.从拉动释放手柄到海上撤离系统完全充胀成形仅需 2~3 min;

e.使用 Hammar 遥控器释放救生筏,救生筏依次自存放架落入水中,将救生筏存放筒拉到登筏平台旁边;

f.将救生筏拉到登筏平台后,拉动救生筏首缆向救生筏充气,待救生筏充气成形后将其连接到登筏平台开始撤离工作。

这种海上撤离系统的登筏平台可以容纳多达 100 人。救生筏充气成形,连接到登筏平台后就可以撤离船上人员,可以节省宝贵的撤离时间。

②释放槽座式海上撤离系统

a.打开控制门板,拉动启动手柄;

b.救生筏依次落入水中,用控制绞车收紧稳索;

c.槽座、救生筏内操作人员用弹簧钩连接救生筏的心环;

d.固定到槽座上;

e.在第二只救生筏上的人员收紧并固定救生筏之间作为通道的布;

f.按照救生筏的额定乘员数登筏,切断绳索;

g.救生筏漂移或由救助艇拖离;

h.用力快速拉动首缆,释放第三只救生筏,重复 c、d 和 e 步骤;

i.将救生筏存放筒拉到槽座救生筏旁边,继续撤离工作;

j.所有乘客撤离后,切断绳索离开槽座;

k.切断救生筏两端的绳索。

(2)使用海上撤离系统的注意事项

①全体乘客在船员的引导下,在救生滑道附近的登乘口处集合,穿好救生衣按顺序下滑,应避免多人同时滑入滑道而发生危险;

②进入滑道之前,应先脱去鞋子,防止鞋子滑落而影响后面滑下的人员,或者踩到前面的人员;

③下滑时应按照船员的指导采取正确的姿势,防止扭伤手臂和大腿;

④滑到下面的平台后,应尽快向两边移动,不要干扰其他乘客撤离;

⑤在船员的指引下迅速登上救生筏。

10.9.5 存放

(1)海上撤离系统应布置在能安全降落的位置,远离推进器及船体弯曲悬空部分,尽量使海上撤离系统从船舷平直部分降落下水。存放位置应有明显标志,如图 10-9-2 所示。

图 10-9-2 海上撤离系统标志

(2)在海上撤离系统的登乘站和最轻载航行水线之间的船侧不得有任何开口。

(3)海上撤离系统的存放不应妨碍任何其他救生设备的操作,并加以保护,防止巨浪对其造成损坏。

10.9.6 管理

撤离通道和平台应包装在同一容器内,在容器上或其附近张贴降落和操作须知。如果船上配备一个或多个海上撤离系统,至少 50% 的系统应在安装后进行试放,未试验的系统应在安装后的 12 个月内进行释放操作。

第 11 章

应变部署和程序

船舶在海上可能面临多种突发情况,包括但不限于碰撞、搁浅、台风、极端天气、机械故障、货物受损、货物移位、进水、重大伤害、环境污染、火灾、海盗袭击、人员落水以及弃船等紧急情况。为了应对这些情况,船舶制定了不同的应变部署,其中包括消防、堵漏、人员落水救援、弃船、全面紧急响应和防污染部署。每位船员都有明确的任务和行动指导,以确保在发生紧急情况时能够迅速、有效地应对。

11.1 应变部署表和应变部署卡

火灾、沉没或伤害是船员在海上工作时可能面临的危险,其后果可能导致海上紧急情况或海难。这取决于船上组织、船员接受的培训以及他们之间的团结与协作。团结与协作在船上人员克服各种困难和危险,进行海上求生的过程中起着至关重要的作用。船长承担直接责任,负责为船员提供应急培训,以确保他们能够在紧急情况下有效地合作,采取适当的措施来保护自己和船舶,从而降低事故的风险。

11.1.1 应变部署表

(1)应变部署表的内容

为保证船上人命安全,每艘船舶必须配置应急时每位船员应执行任务的应变部署表(muster list)。应变部署表包括:应变信号的发放方法及其所表明的意义,发出警报信号时船员和乘客应采取的行动。其具体的内容如下。

①指定驾驶员负责维护救生和消防设备,使其处于完好状态,并立即可用。

②指明关键人员受伤后的替换者。

③写明分派给每个船员的任务,包括:

a.船上水密门、防火门、阀、泄水孔、舷窗、天窗、装货舷门和其他类似开口的关闭;

b.救生艇筏和其他救生设备的配备;

c.救生艇筏的准备工作和降落;

d.其他救生设备的一般准备工作;

e.集合乘客;

f.通信设备的用法;

g.指定处理火灾的消防队的人员配备情况;

h.消防设备和装置的使用和分工。

④每艘客船应有寻找和救出困在客舱内乘客的程序。

⑤指明在紧急情况下分配给船员的与乘客有关的各项任务。这些任务包括:

a.向乘客告警;

b.查看乘客是否穿好衣服,是否正确穿好救生衣;

c.召集乘客至集合地点;

d.保持通道及梯道的秩序,控制乘客的动向;

e.确保将毛毯送到救生艇筏上。

(2)填写应变部署表

应急部署表需要在船舶开航之前制定,如果船员有所变动,就必须迅速更新应急部署表或制定新表。这份表格通常由主管机关统一制定,并由船上的三副根据每位船员的职责、技能水平和船上设备的情况来编排。在分配紧急任务给船员时,要尽量确保任务与他们平常的工作相符。例如,可以要求事务部门的人员协助乘客疏散,要求甲板部门的船员铺设水管和操作救生艇,还可以将轮机部的船员分派到他们最熟悉的机器上执行相关的紧急任务。船长在各种紧急情况发生时承担总指挥的责任。大副和轮机长负责现场指挥,而甲板部和轮机部的其他人员则根据各自的职责负责相应的任务。客运部门的主要职责是疏散乘客,包括通过广播发布紧急通告等。其填写的内容包括:

①船舶名称;

②船公司名称;

③船长的签字;

④船上人员的姓名和编号;

⑤船员的应急岗位和职责;

⑥指定每艘救生艇的成员;

⑦填写应变部署表的日期。

应变部署表在经过大副审核后,需要提交船长批准,然后才能进行公布和实施。只有船长具有签署应变部署表的权力,并且船长有责任确保该表格随时保持最新状态。如果出现情况变动,例如船员的更替较多,三副应当及时对应变部署表进行修改。此外,每次在船舶开航前,新加入的船员也应被告知有关本船的应变部署情况。

(3)应变部署表张贴的场所

应变部署表应当张贴在船上醒目的位置,例如驾驶室、机舱控制室、餐厅以及主要的生活区走廊等地方。这样做可以确保船员和乘客都能方便地看到和参考该表格。

11.1.2 应变部署卡

除了配备应变部署表,每位船员的房间内还配置了特定的应变部署卡(emergency card),这些卡片被放置在他们的床位附近。应变部署卡上详细列出了船员的姓名、编号、职务、救生艇艇号,以及在紧急情况下(弃船、火灾等)的应急职责与岗位。这种做法旨在确保每位船员在发生海难事故时能够根据应变部署卡上的信息迅速识别事故类型,了解自己应承担的职责,并为船员提供了重要的指导和帮助。应变部署卡的样式如图11-1-1所示。

应变部署卡 船名：________			
编号	姓名		职务
艇号			
弃船	信号	·······—	重复连续一分钟
	任务		
消防	信号	·········	重复连续一分钟
	任务		
人落水	信号	———	重复连续一分钟
	任务		

图 11-1-1 应变部署卡

11.2 应变信号

船舶的应变信号是通过通用紧急报警系统传达的,可以使用船舶号笛或汽笛,还可以借助电铃、小型振膜电警笛或其他等效报警系统进行补充。除了在船舶上使用船舶号笛外,通用紧急报警系统还必须能够在船舶驾驶室和其他关键位置进行操作。这样,船上的所有起居区域和船员通常工作的地方都可以听到该系统的报警声。通用紧急报警系统在启动后应能够持续发出声音,一直到由人工操作来关闭,同时可以暂时中断公共广播系统的信息。

项目		信号
弃船	······· —	七短一长,重复连放一分钟
消防	·········	短声连放一分钟
船舶前部失火	········· —	短声连放一分钟后一长声
船舶中部失火	········· — —	短声连放一分钟后二长声
船舶后部失火	········· — — —	短声连放一分钟后三长声
船舶机舱失火	········· — — — —	短声连放一分钟后四长声
船舶甲板失火	········· — — — — —	短声连放一分钟后五长声
人员落水	— — —	三长声
人员左舷落水	— — — ··	三长两短
人员右舷落水	— — — ·	三长一短
解除警报	—	一长声

备注:短声指历时 1 s,长声历时 4~6 s。

SOLAS 公约还规定,用于通用紧急报警信号的信号模式是发出七个或七个以上的短声,紧随着一长声。这一信号模式的使用旨在强调严重紧急情况的发生,以便吸引所有船员和乘客的注意,确保他们立即采取相应的紧急行动。

11.3 应变演习

为了确保每位船员都了解并熟悉在各种紧急情况下的职责和操作技能,船舶需要进行定期的应变演习。这些演习的目的在于确保在紧急情况下,船员能够迅速采取适当的行动,避免因恐慌而引发不必要的伤害或风险。此外,定期演习还有助于及时发现救生和消防设备的问题,以便及时进行维护和保养,从而排除潜在的安全风险。

11.3.1 应变演习需要注意的要点

(1)熟悉安全设备

每位负责应急职责的船员必须在船舶开航之前熟悉自己的应急职责。如果计划航行时间超过 24 h,应在乘客登船后的前 24 h 内召集乘客,向他们介绍救生衣的使用方法以及紧急情况下应采取的行动。对于新上船的乘客,应在开船前或开船后不久向他们简要介绍安全须知,并使用乘客能够理解的一种或多种语言进行广播。广播可以通过船上的公共广播系统或其他途径进行,以确保尽可能多的乘客都能够听到。如果乘客集合是在开航后立即进行的,简要介绍可以在集合演习中进行,同时还可以使用信息板、公告栏或录像演示作为辅助工具,但这些工具不能代替广播。

(2)演习期限

每位船员都需要定期参加弃船演习和消防演习,以确保他们在紧急情况下能够有效地采取行动。以下是关于这些演习的规定和注意事项:

①弃船演习和消防演习频率:每位船员每月至少应参加一次弃船演习和一次消防演习。如果有超过 25% 的船员在前一个月未参加这两项演习,应在出港后的 24 h 内进行这两项演习。此外,在船舶经过重大改装后首次投入运营或有新船员时,应在开航前进行这些演习。

②客船的额外规定:客船应每周举行一次弃船演习和消防演习,并鼓励乘客参与这些演习。

③不是每次都需要全体船员参加:虽然不是每次演习都需要全体船员参加,但每个船员必须参加每月一次的弃船演习和消防演习。此外,每艘救生艇每 3 个月至少应降下水一次,由船上指定的操艇人员降落并在水中操作。在某些情况下,如果自由降落下水不可行,可以直接将救生艇降放至水面,但每 6 个月至少应进行一次自由降落试验,主管机关可以将期限延长至12 个月,但必须在不超过 6 个月的间隔内进行类似的降落试验。

④短程国际航行船舶的特殊情况:对于从事短程国际航行的船舶,如果港口泊位安排和运输方式不允许救生艇在某一舷降下水,那么救生艇可以不在该舷降下水。但所有这些救生艇至少每 3 个月下降一次,每年至少降下水一次。

⑤救助艇的规定:除了兼作救助艇的救生艇,救助艇应在合理和可行的范围内,每个月由船上指定的船员降下水并在水上操作。无论如何,至少每 3 个月进行一次。

⑥海上撤离系统的演习:如果船舶配备了海上撤离系统,演习应包括实施布置此系统的所有程序。此类演习可辅以使用船上训练辅助设备的定期授课。此外,每位使用撤离系统的成员应尽可能实际参加船上或岸上释放类似系统的活动,进行进一步培训。参加这些活动的时间间隔应不超过 2 年,最长不得超过 3 年。

11.3.2 应变演习的程序

应变演习应有明确的质量要求,演习应尽可能模拟实际的紧急情况进行,对应变演习应进行严格的考核,并拟定相应的考核标准。

(1)弃船演习

①先启动通用紧急报警系统发出弃船信号,然后通过公共广播或其他通信系统宣布进行弃船演习,将乘客和船员召集至集合站,确保他们知道弃船命令;

②到集合站报到,准备执行应变部署表指派的任务;

③查看乘客和船员穿着是否合适;

④检查乘客和船员是否穿好救生衣;

⑤完成降落准备工作后,至少降下一艘救生艇;

⑥启动并运转救生艇发动机;

⑦操作释放救生筏所用的吊筏架;

⑧模拟搜救被困在住舱内的人员;

⑨介绍无线电救生设备的使用方法。

不同的救生艇应在逐次演习中尽可能按照要求释放。在每次弃船演习中,应试验集合与弃船所用的应急照明。

(2)消防演习

在制订消防演习计划时应充分考虑因船舶类型和所载货物可能发生的各种紧急情况下的常规操作。每次消防演习应包括:

①向集合站报到,准备执行应变部署表指派的任务;

②启动消防泵,至少射出两股水柱,以表明该系统处于正常的工作状态;

③检查消防人员装备和其他个人救助设备;

④检查有关的通信设备;

⑤检查演习区域内水密门、防火门、防火闸和通风系统主要进出口的工作情况;

⑥检查为随后的弃船而做的必要准备。

第 12 章

弃船时应采取的行动

在海上遇到严重危险时,船长有权力和责任动员全体船员,利用船上的各种设备,全力进行抢救工作,以减少财产损失和人员伤亡。船长的首要任务是保护和拯救船员的生命,然后才考虑救助船舶和货物。如果尽力抢救后依然无法挽救船舶,而船上人员的生命面临巨大威胁,船长有权宣布弃船,以确保船员的生命安全。这个决策的优先顺序是为了确保人员的生命安全始终置于首要位置,其他因素次之。

12.1 弃船行动

弃船(abandon ship)是指在船舶面临严重危险情况时,船上的所有人员主动离开船舶的行为。弃船的命令应由船长发布。如果情况允许,船长在做出弃船决定之前应该征求船上主要船员的意见,并得到船公司的批准。这样做是为了确保在采取弃船措施之前全面考虑了各种因素,以最大程度地保障船员的安全。

12.1.1 确定弃船时机

确定弃船的时机时,船长应考虑以下各点:

(1)危险程度;

(2)所采取应急行动的有效性;

(3)船舶状况;

(4)气象和海况等周围环境状况;

(5)救助的可能性;

(6)本船的救生设备的特性等。

12.1.2 弃船后应携带的物品

宣布弃船后,如有可能,撤离时应携带:

(1)航海日志、轮机日志、车钟记录簿;

(2)各种证书及重要文件;

(3)现金及账册;

（4）贵重物品等。

12.1.3 引导疏散乘客

在突发紧急情况下，客船乘客容易感到恐惧，因此正确引导和疏散乘客，采取应急响应行动至关重要。在疏散乘客时，为避免乘客恐慌船员应注意如下几个方面：

（1）各种信息应以恰当的方式告知乘客，即使在危急时刻，也应使用一种不致产生危机感的方式告知。

（2）在引导乘客时，船员必须坚决果断。采取一种强有力的方式比采用一种优雅的方式更为有效。

（3）如果可能应将乘客分成若干小组。

（4）给乘客分配适当的任务也是一种营造正常氛围的不错办法。

（5）船上的公告对平息激动的乘客和保持工作平稳地进行有一定作用。当进行公告时应注意：

①应平静地宣布，避免产生混淆和错误；

②尽量避免使用技术性词汇，清楚地讲解，重复重点；

③如可能应进行连续公告；

④为即将采取的行动给出明确的指导和建议。

（6）老人、妇女和儿童优先。

（7）考虑到乘客的不同国籍，应使用乘客能够理解的语言通过广播等形式发出信息。

在紧急情况下，没有经过专业训练的乘客容易陷入恐慌，因此，必须采取有效措施来引导乘客迅速到达指定地点，并尽快登上救生艇或救生筏以离开遇险船舶。

弃船时，首先撤离的应该是乘客，然后是一般船员，而船长应该是最后一位撤离。这一顺序确保了乘客的安全得到首要关注，因为他们通常没有专业的船舶操作知识，需要首先得到救援。一般船员通常具备一定的船舶操作知识，可以协助乘客登上和操作救生设备，而船长通常最后撤离，因为他需要确保其他所有人员都已安全撤离，并需要留在船上履行最后的职责，如确认没有人被留在船上。这一顺序的目的是最大程度地保障船上人员的安全。

12.2 弃船前的个人准备工作

在应对船舶遇险情况时，船员需要注意，撤离船舶并进行海上求生本身也伴随着风险。因此，为确保船员的个人安全，需要采取适当的准备措施。

12.2.1 加穿适当的衣服

无论是在热带水域还是寒冷水域，船员在离开危险船舶前不应脱去衣物和鞋子。相反，应当尽量多穿衣物，以防止身体受伤或失热过快。特别是在寒冷水域遇险时，需要格外注意多穿几层保暖性能良好的衣物。内层最好选择羊毛织物，外层应为厚实且防水的贴身衣物。这些步骤有助于减小进入水中时所经历的"冷冲击"，从而提高生存机会。多层衣物还有助于减少身体表面的热量流失，延长在水中的等待救援时间。

在没有救生衣或者救生衣受损的情况下，上衣和裤子可能成为船员唯一可以利用的漂浮工具。即使登上救生艇或救生筏等待救援，多穿衣物也有助于提高漂浮和保温效果，增加生还的机会。这些准备措施对于提高船员在紧急情况下的生存机会至关重要,因为它们有助于减小面临的风险并提高获救的机会。船员还应接受相关的求生训练,以提高应对危急情况的能力和自我保护技能。

12.2.2　穿妥救生衣

在穿好衣物后,非常重要的是外面要穿上一件救生衣,并按照规定系紧。请注意,某些类型的救生衣需要将腰带穿过救生衣前的绳环并系上结,以防止绳结在海浪冲击下自行松开或脱落。如果船舶配备气胀式救生衣,在离开船舱之前切勿给救生衣充气。充气过多的救生衣可能会妨碍离开船舶,并且一旦气胀式救生衣被划破,将无法再次充气。这些步骤有助于确保在紧急情况下救生衣的有效使用,提高船员的生存机会。

12.2.3　戴上帽子和手套

资料表明,人体失去的热量中约有 50% 是通过头部散失的。因此,无论是在平时进行演习还是在实际的弃船情况下,求生者都应该戴上帽子和手套。这些措施有助于减少热量的散失,保持体温,提高在紧急情况下的生存机会。不论是在炎热的水域或在寒冷的水域或恶劣的天气条件下,帽子和手套可以作为有效的保暖工具,减轻天气条件对头部和手部的影响,这对于维持身体温度和减少热量损失非常重要。

12.2.4　收集必需品

如果时间允许,应尽量多收集食物、淡水和保温材料,以做好长时间在海上等待救援的准备。这些储备的物资可以在紧急情况下提供能量和满足基本的生存需求,提高等待救援的能力。同时,也需要谨慎管理这些资源,确保它们能够充分满足生存所需,尤其是在没有大量资源供应的情况下。

12.2.5　尽快到达集合地点

迅速、快捷并确保安全地到达集合地点是登上救生艇、救生筏等救生设备的前提和保障。登上这些设备将显著提高生还的机会。因此,及时且有序地前往集合地点,然后登上适当的救生设备,是在紧急情况下最重要的行动之一。

12.2.6　弃船撤离的准备工作与注意事项

一旦发布弃船命令,船员们应立即进行各项必要的准备工作,组织并引导乘客快速前往指定的集合站,准备离开难船。如果可能的话,应尽量避免与海水接触,确保在离开难船时保持身体干燥。这有助于提高撤离的效率和安全性,同时减少在海上的不便和风险。

12.2.7　登上救生艇筏的方法

（1）自船上登上救生艇离船

在紧急情况下,艇长会指挥相关人员进行救生艇的准备工作。这些工作包括打开吊艇架上的销子,解开绳索等。随后,所有人员都应该迅速登上救生艇。所有人都安全登艇后,应立即关闭所有水密舱口和其他进出口,确保舱内密闭。

全体人员需要坐在指定位置并系好安全带,以确保在救生艇下水和驶离大船时的安全。艇长会操纵吊艇机制动器来控制绳索,首先放倒吊艇架（如图 12-2-1 所示）,然后将救生艇降至水面。接着,解开首尾吊艇钩和相关绳索,使救生艇能够从大船上脱离并驶离。

这些步骤是为了确保救生艇能够迅速、安全地下水并准备离开大船,以保障船上人员的生命安全。这种应急程序在海上紧急情况中至关重要,需要严格遵守。

图 12-2-1 经由救生艇离船

(2)登乘气胀式救生筏离船

气胀式救生筏的登乘方式主要有三种方式:

①吊放法

这种登筏方法通常在客船上比较常见。使用时,需要使用专用的吊筏装置将救生筏吊起,然后在甲板上将其充气成形。随后,船上的人员依次进入救生筏内,而操作人员则使用吊筏装置将救生筏降至海面,使其离开难船。这种方法可以确保救生筏在海上迅速投入使用,以保障船上人员的生命安全。

②抛投法

操作时,要先将气胀式救生筏从存放架处投入水中,拉动充气索,救生筏在水面上会自动充气。

a.从舷边跳入救生筏内

在特殊情况下,船员可以穿着救生衣,从船舷较低的位置直接跳入救生筏的进出口。在跳入救生筏时,严禁从高处直接跳到救生筏的篷帐上,以免造成筏内人员受伤或损坏筏体。跳入救生筏时,应伸开手臂,将胸部对准篷帐,并注意使脚掌首先接触筏底。如果脚跟首先接触到筏底,可能会导致身体向后弹起并掉入水中。跳入救生筏时需要谨慎操作,以确保安全。

b.通过舷梯或绳梯登上救生筏

救生筏充胀完毕后,可以使用漂浮在水面上的首缆将救生筏拉近到舷梯边或救生甲板舷边。这样,船上的人员可以通过绳梯或舷梯进入救生筏内。这种登筏方法主要在货船上采用,是一种安全有效的方式,确保船上人员在紧急情况下能够顺利进入救生筏,以提高生存机会。

③通过海上撤离系统登上救生筏

a.海上撤离系统一般设置在船舶的两舷,通过启动装置从其密闭的箱中开启释放,滑道和平台被抛出舷外至海面,充气装置自动将其充气成形。

b.撤离系统充气完成后,检查平台登乘围板、救生筏引导索和平台等设备。释放救生筏使其漂浮于水面,调整控制索确定登筏平台的位置为登乘做好准备。

c.位于海上撤离系统入口处的指挥人员指挥乘客依次撤离到登筏平台上。

d.在平台上,船员应引导滑下来的乘客远离滑道出口,登乘到平台旁边系泊的救生筏上。

e.乘客进入救生筏后,船员应安排其座位并给予指导。

f.救生筏满员后将其分离,移到指定地点,在救生艇的牵引下漂流待救。余下的人员利用登筏平台旁边其他救生筏离开大船。

12.2.8　跳水离开难船

求生者如不能直接自船上登上救生艇筏,就只能选择从船上跳入水中,然后游泳登上附近海面上的救生艇筏的办法。

（1）跳水离开难船的注意事项

跳水时为避免身体受到损伤,应注意:

①确认已经穿好救生衣。如果没有系牢救生衣,跳水时就可能使头部受伤。

②最好选择高度不超过 5 m 处跳水。在高度超过 10 m 跳水时,求生者容易受伤,这主要取决于跳水高度和身体入水角度。

③摘下假牙、玻璃眼镜或隐形眼镜,丢掉口袋内的尖锐物品。

④注意船舶漂移方向和速度。在风和水流的作用下,船舶漂移速度可以超过人员游泳速度。因此,跳水时应选择船舶的上风舷跳水。

⑤如果船体已经损坏,跳水时尽量避开船体破损部位和水面的漂浮物。

⑥注意观察水面救生艇筏的位置。记住救生艇筏漂移速度或许比你游泳速度快得多。如果周围没有救生艇筏,最好选择船首或船尾离开。因船舶漂移,在船中附近离开难船非常困难。

⑦注意海况。

⑧不要直接从船上跳入救生艇内。

（2）跳水方法

①在船甲板边缘站好。

②深吸一口气,用一只手捂住口鼻。

③另一只手紧握救生衣上端或者抱住救生衣下端。

④肘部尽可能靠在身体两侧。

⑤保持两眼向前平视,不要向下看,否则会造成身体前倾。

⑥向前迈开一大步,后面腿随即跟上,双腿并拢夹紧,保持头在上,脚在下垂直入水,如图12-2-2所示。始终保持上述姿势,直至身体浮出水面,才能松开双手。

跳水者身体重量失衡,可能造成跳水者在水下呈"J"形。一旦身体停止下沉,发觉脚与海面平行或者双脚几乎位于头部上方,跳水者应立即停止各种动作,利用身体的自然浮力将身体恢复至接近正浮姿态。

水中漂浮的残骸可能构成危险,因此在身体浮出水面之前,跳水者应先将一只手臂伸出水面(手握成拳),用来检测是否有障碍物。如果触碰到漂浮的残骸,应该小心地将其推开,或者尝试在其他地方浮出水面,以确保自己的安全。这种预防性的措施可以帮助遇险人员避免与障碍物碰撞,减少潜在的危险。

图 12-2-2　跳水姿势

（3）跳入水中以后行动的注意事项

跳入水中后应尽快离开难船,游向周围的救生艇筏。不要回头观望难船,以免降低游泳速度。

①必须明确,你当前的首要任务是尽快离开难船。因为:

a.难船下沉产生的吸附作用会将附近的漂浮人员带入水中;

b.船上的各类设备和碎片可能自船舶甲板滑下或散落船舶周围;

c.如果跳水人员落到其他已经在水中待救人员的上面,就可能出现更多的遇难者。

②不要做无谓的游泳和剧烈的活动,因为这样会:

a.散失体热。

b.消耗过多的体力,这会影响求生者从水中登上救生艇或救生筏。因此,在海上求生中,要谨慎管理体力,避免不必要的体力消耗。这有助于确保求生者有足够的力量和耐力来完成关键的求生任务,例如登上救生艇或救生筏,以增加获救的机会。

③在水中等待救助时,必须使用救生衣保持面部向上。

12.2.9　自水中登上救生艇筏

（1）自水中登上救生艇

水中的人员可以采取以下方法登上救生艇:他们可以游到救生艇的舷侧,抓住两侧下垂的救生索,用双脚蹬在艇侧下方的舭龙骨上。然后,双手攀住艇的边缘,用双脚蹬住救生索,同时用力使身体向艇内倾斜,从水中进入救生艇。

在救生艇上的人员可以通过调整艇内人员的分布,压低救生艇的侧壁,抓住在水中的人员的手臂或衣物,协助他们登上救生艇。如果救生艇内配备了登艇梯,救生艇上的人员可以放下,以帮助水中的人员登上救生艇。这些方法有助于确保水中的人员能够安全而迅速地登上救生艇,提高他们的生存机会。

（2）自水中登上救生筏

①扶正救生筏

气胀式救生筏抛入水中后,拉动充气索,使其在海面上自动充气成形,供人员等待救援使用。然而,有时受风浪等外部因素的影响,救生筏可能会在水面上倾覆,导致人员无法进入救生筏,无法发挥救生作用。因此,首要任务是将救生筏扶正,确保其能够正常使用。

如图 12-2-3 所示,在海水进入救生筏之前扶正倾覆的救生筏,按照下列步骤一个人就可以轻松完成:

a.游向救生筏,将救生筏装有 CO_2 充气瓶的筏体一侧拉至下风海面。

b.向上抓住扶正带,爬上筏底。像游泳一样用力蹬腿有助于登上筏底。如果没有成功,可以尝试将脚或膝部放到救生筏外扶手索上以帮助扶正。有些筏在人爬上救生筏时,就可能扶正,而有的筏却很难扶正。

c.双手拉住筏底扶正带上端后,双脚站在筏底下风侧边缘或者钢瓶上。

d.身体伸直用力向后仰,筏即被扶正过来。

在扶正救生筏的过程中,当筏体与水面接近垂直时,应松开双手,身体后仰,采取仰泳迅速游离救生筏,以防被压在筏底下。如果被压在筏底下,筏底和水面之间有空气,可深吸一口气后迅速游出筏底。避免面部向下游开,以免救生衣挂住筏底。从筏的两侧游离(一般顺着扶正带游开),避免被登筏软梯套住而遭遇危险。

图 12-2-3 扶正救生筏

如果一个人无法单独扶正救生筏,可能是因为篷帐已经充满了无法自行排除的海水。在这种情况下,可以尝试两个人拉住扶正带扶正。如果仍然无法扶正,可以安排几个人在救生筏的相反一侧,通过向上抬动篷帐,使海水离开篷帐。

如果倒置的篷帐已经充满了海水,扶正这种救生筏会更加困难。通常,圆形救生筏的扶正带是平行于篷帐的开口方向的,这有助于确保在扶正救生筏时,水可以自动流出救生筏。然而,如果救生筏是椭圆形的,其扶正带可能与篷帐的开口方向垂直,这可能导致水滞留在篷帐内。在这种情况下,可能需要更多人员协助。

②登上救生筏

在水中没有外部帮助的情况下,直接登上救生筏通常是一项相当困难的任务。为了克服这一困难,应该最大限度地利用自己的脚和救生索带。大腿肌肉通常是最强壮的肌肉,因此充分利用它们可以发挥最佳的杠杆作用。

a.利用绳梯登上救生筏

气胀式救生筏通常在首尾进出口的一侧设有由绳带制成的登筏梯,同时进出口处上浮胎上还设有攀拉索带。要登上救生筏,水中的人员可以按照以下步骤进行操作:

(a)游到筏的入口下方,确保身体位于进出口处。

(b)抓住登筏梯和攀拉索带,一只手抓住登筏梯,另一只手抓住上浮胎上的攀拉索带,以稳定身体位置。

（c）用双脚蹬上登乘梯的最上面一格,确保稳定。

（d）同时使用两只手抓住攀拉索带或上浮胎内沿,两脚用力向下蹬,两臂弯曲用力向后推动攀拉索或上浮胎内沿,同时将头部向前倾斜,使上半身倒向救生筏内,然后顺势进入筏中。

b.利用登筏平台登上救生筏

有的救生筏的一个进出口设置了登筏平台,一般为气胀式结构,位于救生筏下浮胎附近,可以供求生人员登筏时使用。使用时,水中人员首先游到登筏平台旁边,双手抓住并下拉救生筏上浮胎上面的攀拉索带,同时用力向下蹬腿,顺势将一条腿膝盖压住登筏平台;弯曲另一条腿用膝盖压住登筏平台;抬起一条腿,跨入救生筏内。

12.3 游离油火海面

在弃船过程中,要特别注意沉船泄漏的燃油或其他污染物质可能漂浮至海面。必须迅速离开难船,摆脱浮油的影响。以下是一些注意事项:

①尽快离开难船游离浮油,为了避免浮油的影响,可以逆流游泳或者游向船舶上风方向。

②风和水流通常会将浮油带走,使落水者远离污染区域。

③尽量避免身体直接接触浮油,因为这可能对健康造成危害。

④穿着救生衣可以提供一定的保护。

⑤一旦安全脱离污染区域,应寻找清洁的水源来清洗身体,以防止污染物质残留在皮肤上。

⑥在弃船时,必须谨慎处理可能存在的污染物质,尽量远离浮油,并采取措施保护自己的健康和安全。

12.3.1 游出火势强劲的油火海面

若求生中需要穿越火势强劲的海面,最重要的一点是保持镇静。在火势强劲的油火海面游泳时,禁止穿着救生衣,应采取如下措施:

（1）选择上风舷、火势较弱、油层较薄且容易通过的海面跳水。

（2）手持救生衣,将救生衣系牢在身上。

（3）跳水时,一只手紧紧攥住救生衣,另一只手捂住口鼻,紧闭双眼并深吸一口气,尽量向远处跳出,保持身体头在上,脚在下垂直入水的姿态。

（4）入水后,手松开救生衣,迅速采用潜泳向前快速游进。由于有救生衣的浮力作用,不要担心会下潜过深。

（5）在需要呼吸时,先将双手伸出水面做圆周拨水动作,待拨开水面油火后,再将头露出水面调整呼吸。

（6）下潜之前,深吸一口气,朝向既定方向游进。

（7）以此方法继续潜泳,直到离开油火海区。

（8）穿好救生衣,在水面待救。

12.3.2 游出火势较弱的油火海面

若求生中需要穿越火势较弱的油火海面,最重要的一点是保持镇静。在水中游泳穿过汽油或较弱的油火海面时,应始终穿着救生衣,始终保持头部高出水面。其正确步骤如下:

（1）跳入水中后，采用蛙泳向前游进，边观察边前进，尽量选择油薄、火弱的地方通行。

（2）当发现前方有油火时，可用双手手掌向前上方及两侧泼打水花，驱赶油火，快速游离火区。

（3）遇到油火区范围较大时，可采用边泼打水花边前进的方式，直至脱离危险位置。

12.3.3　游离油污海面

如果周围的水域充满了未燃烧的油污，应该尽量保持漂浮在水面上，避免油污接触到眼睛和口鼻，同时可以增加浮力，抬高肢体。这些措施有助于在油污环境中保持相对的安全和舒适，减少对健康的影响。但最好的做法是尽量避免进入油污水域，寻找其他逃生路径或等待援助。

第 13 章

救助落水人员

13.1　人员落水

在船舶航行期间和停泊期间,因各种原因有时会发生人员落水事故。人员落水事故可能出现在下面几种情况下:

(1)甲板表面光滑;

(2)浪冲击船舶;

(3)船舶突然快速转向或加速;

(4)人员坐在舷墙、船尾或船首;

(5)由于黑暗、雾或恶劣天气致使视线受限。

人员落入水中后如不能及时得到救助,其生命就会受到严重威胁。通过下述方法可以防止意外落水:

(6)使用扶手;

(7)不允许人员坐在舷墙上;

(8)行走时注意查看路面,以防跌倒;

(9)船员在船边工作时,应为船员安设救生绳供其使用;

(10)不允许人员在甲板上追逐打闹。

一旦发现人员落水,应迅速实施水上救助,及时挽救同伴的生命。作为一名船员,掌握一定水上救助知识和技能,对拯溺救难、保障生命安全具有十分重要的意义。

13.2　船舶救助落水人员

13.2.1　发现落水人员应立即采取的行动

发现人员落水时,目击者应立即大声呼救,向驾驶室值班人员报告有人落水。

(1)若落水人员在船舶前面,应报告:船首有人落水;

(2)若落水人员在船舶后面,应报告:船尾有人落水;

（3）若落水人员在船舶右舷,应报告:右舷有人落水;

（4）若落水人员在船舶左舷,应报告:左舷有人落水。

13.2.2　值班人员的行动

接到报警之后,驾驶室值班人员应立即:

（1）使船尾离开落水者

船舶值班驾驶人员的第一个行动是使船尾远离落水者。驾驶室值班人员听到人员落水报警后,应立即指挥操舵人员向落水者一舷操满舵,使船尾避开落水者。对于小船,有必要立即减速,用舵使船尾远离水中人员,以防螺旋桨碰到落水者。

（2）做标记

①白天

立即抛下救生圈;

抛出烟雾信号;

抛出其他任何可供浮在水面落水者攀附的物体。

②夜间

立即抛下一只带有自亮浮灯的救生圈;

保持探照灯对准落水者。

③MOB 救生圈的使用

驾驶员收到有人落水的报警后,可以抛出位于驾驶甲板两翼的 MOB 救生圈,如图 13-2-1 所示。这种救生圈既可以发光又可以产生烟雾,不论白天还是夜间均可以使用。

图 13-2-1　MOB 救生圈

（3）指定瞭望人员

应始终保持落水者在视线内。在恶劣天气或者夜间的时候,容易失去落水者的位置。搜寻落水者的最好的方法是对其保持连续视觉跟踪,为获得好的效果,在船首安排瞭望人员也是一个非常不错的方法。

上述行动必须同时进行,这就是团队合作的必要性所在。

13.2.3　升起字母"O"信号旗

升起字母"O"信号旗,让其他附近船舶了解你船有人落水。

13.2.4 救起落水者

（1）Williamson 旋回操纵

如果环境许可,例如不受狭水道和陆地等所限,大型船采用 Williamson 旋回是救起落水者很好的操纵方法。按照下述方法进行旋回(如图 13-2-2 所示):

①向落水者一舷操满舵,这样可以使船尾远离落水者,保持满舵直至船舶开始旋转;

②船舶偏离初始航向 60°,稳定在新航向上;

③船舶对准新航向时,向相反一侧操满舵直至船舶和计划航向的相反航向相差 20° 时正舵;

④把定,直至船舶稳定在相反的航向上。

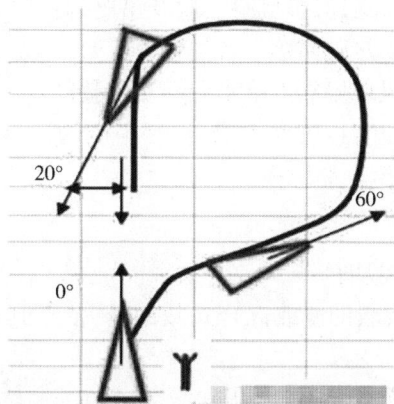

图 13-2-2 Williamson 旋回

（2）其他操纵方法

大型船舶装备了救助艇,可以通过释放和操纵救助艇来救助落水者;相对 Williamson 旋回,小型船,特别是配备双螺旋桨的船舶经常采用一种简便、安全、快速返回落水者附近水域的操船方法实施救助——船舶改变航向至相反航向。慢速前进,确信螺旋桨不会威胁水中人员安全时直接操船对准落水者。

船舶应在落水者上风慢慢接近,这样船体可以遮挡风和浪对落水者的影响,从而使落水者周围水域比较平缓。尽管如此,必须谨慎操船防止船舶过于靠近落水者,必须事先准备好带绳救生圈以便随时可以抛出。这种操纵方式仅用于夜间、气象条件不允许释放救助艇等场合。

平时进行人员落水演习时,应事先确定全体船员中谁是游泳高手,并指派他们执行特殊应急任务。落水人员失去知觉时,游泳高手穿好救生衣带上救生索跳入水中协助救助。水中人员首先应做的事情是让清船舶,特别是船尾,防止被吸入水下或者被螺旋桨碰到。

13.2.5 落水者的行动

落水者应留在落水区域,特别在夜间和视线不佳时。落水者留在原落水水域便于瞭望人员跟踪,因为船员了解应观察的大致方向。

落水者可以通过下述方式帮助船舶瞭望人员:

(1)使自己更容易被看见;

(2)使自己更容易被听见,如大声呼喊、拍打水面、吹响哨笛等;

（3）通过挥动手臂、T恤衫、手绢或任何可能得到的亮颜色物体使自己更容易被看到。

13.3 救助艇救助遇险人员

船舶发现落水者，释放救助艇组织实施救助。艇长随时与大船保持联络，艇上人员必须服从艇长指挥，分别做好操艇（舵）、瞭望、搜救准备等工作。

13.3.1 救助艇救助程序

（1）艇长应使用甚高频双向无线电话随时与大船保持联络，艇上人员服从艇长指挥，做好操艇（舵）、瞭望、搜救准备等工作；

（2）救助艇一旦降落入水，迅速启动艇机，脱开吊艇钩；

（3）在瞭望人员指引下，直接驶向落水者位置；

（4）在接近目标后，由下风缓慢靠近落水者并实施救助；

（5）救助成功后，将救助艇直接驶回大船，挂好吊艇钩，人员集中于救助艇中部并照顾好遇险人员，然后将救助艇吊升至大船甲板。

13.3.2 救助艇救助方式

（1）利用救助艇直接实施救助

这种方式比较适合充气式救助艇或混合式救助艇，依靠其左（右）舷边上的浮胎停靠，其操控方式：

①救助艇由下风缓缓靠近；

②艇上救助人员略探出身体，用双手扶住落水者；

③将落水者拉向艇边，使其背对救助艇；

④两位救助人员相互配合，帮助落水者登上救助艇。

（2）使用救生环（圈）救助

救助艇搜救一旦接近落水者，如发现落水者神志清醒，并且具有活动能力，应立即采取下列方法实施救助：

①救助艇由下风接近落水者；

②大声呼唤使其配合施救；

③到达适合距离后，可快速将带浮索的救生环（圈）抛向落水者上风，待其抓牢或套住后，即可拉到艇边帮助其登救助艇。

（3）使用艇篙救助

如发现落水者神志模糊不能自主活动且海面比较平缓，可以使用救生艇篙救助：

①救助艇缓缓由下风接近落水者；

②到达适合位置后，可用艇篙钩住落水者的救生衣或其他部位（必须是安全部位），拉向艇边。

13.3.3 帮助落水人登上救助艇或救生筏

（1）操作步骤

落水者靠近舷边后，采用下列步骤将其拉上艇筏：

①救助艇或救生筏内的两名救助人员将外舷腿的膝部压在救助艇的艇缘或救生筏上浮胎

上面,必要时可以调整艇筏上人员分布以降低干舷高度;

②转动水中落水者使其背对着救助艇或救生筏;

③用里舷手抓住落水者的救生衣,用外舷手握住落水者的上臂;

④两人先将落水者向上提起,然后向下将其压入水中,借助浮力同时用力将落水者提起拉到救助艇或救生筏内,注意应使其背部首先接触筏底;

⑤两名救助人员顺势倒在筏底两侧,使落水者位于两者之间。

(2)注意事项

①救助者动作应准确、快速,协调一致。

②救助者与被救者必须紧密配合。

③在帮助落水者登上艇筏的过程中,一定要在落水者腰部到达或超过艇舷时,再向艇筏内带入,不能生拉硬拽,以免造成脊椎或腰、背部损伤。

13.4 进入水中救助

发现落水者在水中发生危险时,应考虑采取进入水中实施救助的方法,以求争取时间救助生命。

13.4.1 进入水中救助程序

(1)入水

发现落水者有危险时,应迅速入水实施救助。如条件允许,可先抛下救生圈、救生浮环、救生衣、救生浮具等器材辅助救助。

(2)接近

当游近落水者时,救助者一定要看清其方位,再选择由后面或侧面接近,避免正面接近被落水者搂抱。

(3)控制

迅速控制落水者双手,防止其乱抓、乱拽、乱压,将其头部露出水面,保证其呼吸顺畅,并大声呼唤其配合救助。

(4)施救

在整个施救过程中,应始终保持落水者头部露出水面,使其呼吸顺畅,并迅速寻找、获取可利用的救生器材或浮具,积极帮助落水者使用救生浮具,如套上救生圈或穿上救生衣。

(5)拖带

拖带是指救助者采用侧泳或反蛙泳进行水上运送落水者的一项专门技术。拖带的目的是将落水者快速拖带至救生艇筏或救助艇旁边,然后帮助其登上救生艇筏。拖带时应注意救助者及被拖带者的嘴、鼻必须露出水面;同时,防止落水者因不明被救而强行挣扎,应使其保持清醒、冷静,配合救助行动。常用的方法如下:

①夹胸拖带

一般采用此种方法。救助者左臂由落水者左上肩穿过,经其胸前至右侧的腋下抱住,并以此作为拖带的用力点。救助者可采用侧泳或蛙泳进行拖带。夹胸臂不可贴近溺者的喉部(一般应距 10~15 cm),以防落水者的气管受压,如图 13-4-1 所示。

图 13-4-1　夹胸拖带

②借助救生衣拖带

可一手拉住救生衣的救助带（在救生衣后枕部）或后枕部，采用仰泳、侧泳、单手蛙泳拖带。

③拖颊法和拖腋法

a.拖颊法：拖带时救助者仰卧水面，两臂伸直扶住落水者的两颊，腿可做仰泳或反蛙泳动作使身体前进，如图 13-4-2(a)所示。

b.拖腋法：仰卧水面，两臂伸直，以双手的四指挟着溺者的两腋下，大拇指放在肩胛骨上，腿做反蛙泳动作使身体前进，如图 13-4-2(b)所示。

(a)　　　　　　　　　　　　　　　　(b)

图 13-4-2　拖颊及拖腋拖带法

13.4.2　直接入水救助原则

救助落水者时，一般不提倡直接入水实施救助。其原因为：没有使用器材（特别是投掷类的救生器材）更直接、更快速、更简便，而且救助者本身也面临危险。特别在恶劣环境或救助者自身游泳水平比较差的情况下，强行直接入水中救助，不但难保救助成功，而且会使救助者自身处于危险之中。因此，只有当下列条件具备时方可直接入水救助：

(1)救助者自身安全能得到保证。

(2)救助者必须具备一定的救助能力。

(3)视落水者情况：

①落水者受伤；

②落水者神志不清或丧失意识；

③落水者不能在水面漂浮或生命面临危险。

第 14 章

海中漂流的求生行动

14.1 穿着救生衣水面待救

14.1.1 穿着救生衣或救生服游泳

求生者自难船跳入水中后应迅速游离难船,尽快登上附近的救生艇筏。求生者可以采用仰泳、蛙泳、侧泳等泳姿游离难船。在游泳过程中,应掌握正确的呼吸方法,避免换气时呛水,采取鼻呼口吸的方式,同时应注意控制好呼吸节奏。

14.1.2 避免出现肌肉痉挛

人在水中活动时,由于肌肉受到刺激容易突然发生强直性收缩,造成肌肉痉挛(也可称为肌肉抽筋)。由于肌肉痉挛会妨碍求生者游泳,因此容易使求生者产生恐惧心理,进而危及生命安全。为避免发生这种情况,求生者应注意使肌肉放松和不断地变换游泳姿势。

一旦出现肌肉痉挛,必须大声呼救,设法得到其他人帮助。如果周围没有其他人,也不必惊慌失措,应始终保持冷静,通过水中自救的方法保证生命安全。发生肌肉痉挛的常见部位是手指、手掌、脚趾、小腿、大腿和腹部等部位。无论肌肉痉挛发生在什么部位,都应及时采取拉长肌肉的方法进行自救,否则容易出现危险。

(1)手指肌肉痉挛解救法

如果手指肌肉痉挛,解救方法是先将手握拳,然后用力张开伸直,反复做几次后即可消除痉挛,如图 14-1-1 所示。

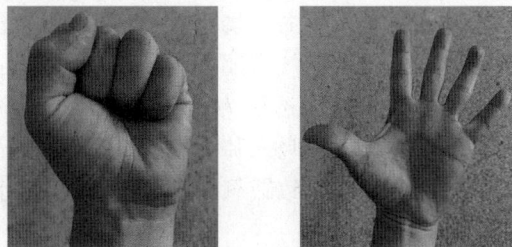

图 14-1-1 手指肌肉痉挛解救法

（2）手掌肌肉痉挛解救法

手掌肌肉痉挛解救法是双手合掌向左右两侧按压,反复做几次后即可消除痉挛。

（3）小腿前面肌肉痉挛解救法

小腿前面肌肉痉挛时,先用一只手抓住脚趾尽量向下压,借以对抗小腿前面肌肉的强直收缩使其得到缓解。

（4）小腿后面肌肉痉挛解救法

小腿后面肌肉痉挛是最常见且多发的部位,解救方法是先用一只手按住膝盖,另外一只手抓住脚底或脚趾做勾脚动作,并用力向胸前方向伸拉,反复做几次以后,放松片刻,肌肉痉挛部位就可以得到缓解。

（5）大腿前面肌肉痉挛解救法

大腿前面肌肉痉挛时,尽量使其向后伸直,反复做几次后即可缓解或消除。

（6）大腿后面肌肉痉挛解救法

大腿后面肌肉痉挛时,用同一侧手按住膝盖,然后用另一只手抓住脚趾,尽量向上抬起或者双手抱住大腿使髋关节做局部屈曲动作也可得到缓解。

图 14-1-2　大腿后面肌肉痉挛解救法

14.2　未穿救生衣水面待救

14.2.1　未穿救生衣的落水人员面临的危险

（1）面临的危险

未穿着救生衣落入水中,人员首先面临的是溺水问题。溺水是指水进入呼吸道及肺内时引起窒息,造成心跳、呼吸骤停,直接危及生命。溺水致死有两种情况:干溺死亡和湿溺死亡。干溺,是指人溺水后,其喉头肌肉痉挛,因而气道闭塞,导致窒息死亡;湿溺,是指人在溺水后,大量水进入其肺部,以致窒息死亡。海水渗透压为血液的 3~4 倍。海水进入肺部,不但不能被循环系统吸收,反而使血液中的水分大量吸入肺泡内,致使全身血量减少,血色素浓度增高。同时造成肺泡肿胀而丧失气体交换功能,导致缺氧,并产生严重的肺水肿等并发症。

（2）溺水的原因

造成求生者溺水的原因很多,但归纳起来有以下几方面的原因:

①技术原因

因游泳技术不佳或技术失误出现意外等导致溺水。

②生理原因

体力不支、酒后、饥饿或饱食等导致溺水。

③心理原因

因恐水而紧张,一旦遇到意外时,就惊慌失措,动作慌乱,四肢僵直而导致溺水。

14.2.2 求生者应采取的行动

(1)尽快登上附近的救生艇筏

如果弃船时未穿救生衣而不幸落水,求生者应根据海面风和海浪情况选择合适的泳姿奋力游向附近救生艇筏。在海上求生环境中,最适宜采用下面的泳姿:

①狗爬式:当穿着衣服和救生衣时,采用狗爬式是一种很好的方式。虽然这种泳姿的速度较慢,但耗能较低。

②蛙泳:如果需要潜入水下穿越有油污、残骸或风大浪急的海域,请使用这种泳姿。这种泳姿可能更适合长距离游泳,它有助于保存体力,并且速度适中。

③侧泳:这是一种很好的放松泳姿,因为只需要使用单臂就可以维持前进动力和浮力。

④仰泳:它可以放松采用其他泳姿时绷紧的肌肉。

(2)尽快找寻漂浮物

如果周围没有救生艇筏,应努力找到并抓住大块的、比较安全可靠的、可用作救生浮具的漂浮物,并始终保持身体放松。

(3)采取防止溺水法

如果海面波涛汹涌无法仰浮待救,则可以转动身体使脸朝下浮在水中。此种防止溺水法也称作水中求生法,它是基于当肺内注入气体时人体产生的自然浮力。其目的在于保持人员在水面长时间生存,甚至包括那些穿着全套服装不会游泳的水中人员。防止溺水法可以节省水中漂浮人员的体力,而长时间采用防止溺水法比通过游泳保持漂浮更容易。每位船员必须了解防止溺水法,可归纳为以下五步,如图14-2-1所示:

①放松体位

求生者深吸一口气,然后沉入水面以下。保持面部朝下,脑勺位于水面。在这个位置,求生者沉入水中不会很深。

②准备呼气

准备下一次呼吸时,保持身体和头部位置,慢慢抬起双臂至与肩同高,双腿慢慢分开做类似剪刀形蹬水。

③呼气

抬头使嘴刚好露出水面,经鼻子、嘴或者两者一起呼气。如需要确定方向,求生者必须睁开眼睛。

④吸气

当头与水面垂直时,向下摆动手臂,双腿并拢。空气随之进入口内。注意手臂和腿的动作必须缓慢。

⑤恢复至放松体位

放松双臂,同时双腿返回悬垂状态,面部重新回到水中,恢复到"放松体位"重复上述步骤,可以保持求生者在水面附近漂浮待救。

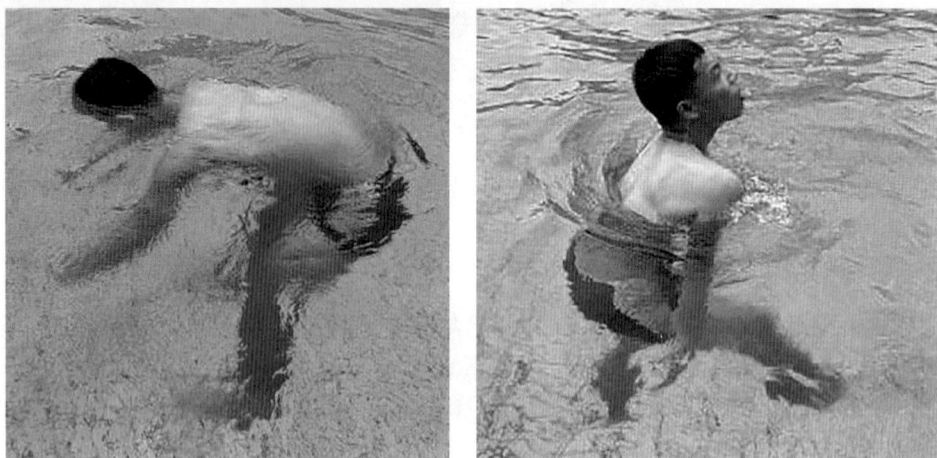

图 14-2-1　水中求生法

（4）采取仰浮姿势

如果了解如何在海水中放松,溺水的危险就微乎其微。海水的密度约为 $1.025\ \mathrm{g/cm^3}$,人体的密度接近 $1.0\ \mathrm{g/cm^3}$,所以人体易于漂浮在海面上,人体自身具备的浮力至少能让头的顶部露出水面,但需要做某些动作,才能让脸部露出水面。

仰浮姿势消耗体力最少。通过挺起腹部,伸展四肢,即可仰浮在水面上。通过控制呼吸,可以保持脸部始终露出水面。采用这种姿势漂浮,尽管部分头部浸在水中,但可以保持人员脸部露出水面,呼吸方便。

（5）利用衣服自制临时浮具

人员落入水中,如果没有任何漂浮物或者救生衣帮助漂浮,则可以尝试利用上衣或裤子制成临时浮具漂浮待救。

①利用充气衣服漂浮

借助肩部充满空气的上衣在水面漂浮是可行的,充气的上衣也可作为疲惫的求生者的一种临时浮具。在上衣内充气的方法:

a.基本方法

（a）将衣领放回衣服内,有助于形成密封状态;

（b）解开上面的衣扣,拉开衣领置于口鼻周围;

（c）深吸一口气,腰部稍向前弯曲;

（d）向衣服内呼出一口气;

（e）一只手抓住并转动衣领以达到密封效果,可以防止空气从衣领逸出;

（f）用另一只手和双脚划水游到水面;

（g）若浮起过高,应紧紧抓住衣服的衣领和腹部部位,防止空气逸出;

（h）定期向衣服上溅水,防止衣服变干(干的材料容易使空气渗漏)。

b.其他方法

（a）将衣领放到衣服内,有助于形成密封状态;

（b）解开衣服上面的第二个衣扣;

（c）深吸一口气,腰部稍向前弯曲;

(d)将口鼻置于解开衣扣形成的洞内,向衣服内吹一口气;

(e)抓住此处的衣服,向下拉动;

(f)用另一只手和双脚划水游到水面;

(g)定期向衣服上溅水,防止衣服变干;

(h)根据需要重复上述步骤充气。

②利用充气裤子漂浮

在暖水中,可以尝试利用裤子作为临时漂浮用具。然而,在冷水中若将头浸入水下脱下裤子,利用裤子作为漂浮用具会产生不利影响,这会消耗热量和体力。

一旦裤子充足气体,应像穿着救生衣一样漂浮不动。必要时,采取 HELP 姿势降低热量散失。需要经常不断地向裤子上溅水,防止裤子变干。如有必要,需重新充气。

a.悬浮方式

如果身体强壮,游泳水平较高或者自身浮力很大,可采用悬浮方式按照如下步骤给裤子充气:

(a)深呼吸,弯曲身体,脱下鞋子。

注意:保留靴鞋。系紧鞋带,将靴鞋挂在裤子上或者脖子上。

(b)扣好纽扣或拉上拉链,关闭裤子前面开口,控制空气流动。

(c)用平结系好裤管。

(d)面对裤子前面开口处。

(e)伸出双手抓住两侧裤腰,将裤子举出水面置于脑后。

(f)为收集空气,在裤子悬在头顶时应该用力踏水保持浮在水面之上。等空气充满裤管内,将裤腰浸入水中。

(g)在水下握紧并封住裤腰。

(h)将两个充气裤腿套过头顶,向胸前方向拉裤腰,使裤子开口处朝向身体。为防止空气自裤子逸出,通过折叠或扭曲方式封住裤腰。

(i)后仰放松,颈后为绳结。

b.吹气方式

吹气方式是悬浮方式的一种形式。如果是体弱的求生者,可以按照下列步骤使用吹气方式给裤子充气:

(a)深呼吸,弯曲身体,脱下鞋子。

注意:保留靴鞋。系紧鞋带,将靴鞋挂在裤子上或者脖子上。

(b)脱下裤子,扣好纽扣或拉上拉链,关闭裤子前面开口,控制空气流动。

(c)用平结系好裤管。

(d)面对裤子前面开口处。

(e)在水面握住裤子,用双手抓住裤腰两侧并张开。

(f)深吸一口气。

(g)潜入水面 0.5 m 以下,拉动裤腰至水面以下。

(h)双手握住裤腰并撑开,向裤内充气。

给裤子充气期间,在保持裤腰位于水面以下的同时,浮出水面呼吸,潜入水下向裤子充气。重复上述步骤,直至裤子充足气体为止。

（i）在水下握住裤腰,扭动并拧紧。

（j）后仰放松,绳结位于颈后。

c.溅水方式

溅水方式实际是悬浮方式的一种变形。采用溅水方式向裤子充气,执行下列步骤:

（a）深呼吸,弯曲身体,脱下鞋子。

注意:保留靴鞋。系紧鞋带,将靴鞋挂在裤子上或者脖子上。

（b）脱下裤子,扣好纽扣或拉上拉链,关闭裤子前面开口,控制空气流动。

（c）用平结系好裤管。

（d）面对裤子前面开口处。

（e）握住裤腰使裤子位于身前水面之上。

（f）用一只手在水面抓住裤腰,另一只手放入裤腰内,掌心向下。

（g）快速抖动手臂以产生水泡。这样可以将水和空气混合的气泡送到裤子内,水穿过衣服纤维,而空气则留存在裤管内。

（h）在水下握紧并封住裤腰。

（i）将两个充气裤腿套过头顶,向胸前方向拉裤腰,使裤子开口处朝向身体。为防止空气自裤子逸出,通过折叠或扭曲方式封住裤腰。

（j）后仰放松,绳结位于颈后。

以上三种方式,为减少空气逸出,应经常向裤子上溅水。必要时补充裤子内空气:用一只手打开裤腰,放在身体之前刚好在水面以下,用另一只手向已经开启的裤腰内积聚气体,直至裤子内有足够空气为止。根据需要可以重复上述步骤。

（6）发现附近出现救生艇筏和救援船舶时应设法显示自己位置

当发现附近出现救生艇筏和救援船舶,水中求生者必须设法显示自己的位置以便被发现得到救助。求生者应立即改为身体直立水中向前倾,头部露出水面姿势,踩水(也称为立泳)保持在水中漂浮,并将双手举出水面上下左右摆动。当救生艇筏和救助船舶在 1000 m 内时可以大声呼救。除非过往船舶已发现求生者并停船准备救援,否则求生者不应盲目游泳追赶航行中船舶。

14.3　低温效应及预防

14.3.1　低温效应

据调查,在 5 ℃的静水中,正常穿着的人员仅有 50%的机会存活 3 h。了解低温效应,采取必要的自救手段才能够延长生存时间。

（1）人体

设想人体是由一个"核心"和一个"外层"组成的。维持人体的正常功能,如运动和消化食物,身体会产生大量热量。

人体"核心"温度必须保持 37 ℃的理想温度。流经"核心"和"外层"血管系统将"核心"内部产生的热量输送到身体各部。人体有一套可以自动将"核心"温度调节到 37 ℃的非常精密的系统。例如,人体周围温度高,如在热天或在热的锅炉房里,接近人体皮肤的血管将扩张,让更多的血液流向"外层"以便增大体热的消耗,使人感到舒适,防止"核心"温度升高。如果人体周围环境寒冷,人体会收缩"外层"血管,以减小体热的消耗。

当环境温度有所变化时,人体内的调节系统会通过上述调整,努力使人体"核心"温度保持不变。但人体的这种调节系统只能在某种程度内发挥作用。在寒冷中暴露到一定程度,人体必须通过采取正确行动并穿上防护服等才能使"核心"温度维持在 37 ℃。

（2）体热的损耗和保温

人体通常以下列方式向周围散热:

①对流

对流是通过空气或水流传递热量的方式。人体会感觉到流动空气比静止空气冷得多。人们将用风进行冷却的方式称作"风冷效应"。同样,人体会感觉周围扰动或流动的水比相同温度的静水要冷得多。

②传导

传导是直接与冷水或其他物质接触传递热量的方式,热量从温度较高的人体传到温度较低的物质。物质的导热性各不相同,如水比空气导热快 20 多倍。

衣服本身并不会使人体变暖,人体实际上是依靠自身产生热量才会温暖的。体热使皮肤与衣服之间的一层空气变暖,正是这层空气起到了隔热作用。若空气层消失,隔热作用随之消失。皮肤与衣服之间的空气层会因人体运动而扰动或者被水取代,导致皮肤温度下降。来自人体"核心"的热量将会用于尽力保持皮肤温度。如果不能阻止皮肤的热量消耗,人体的"核心"温度就会下降。

③低温效应

a.干溺水（危险从浸水开始阶段一直到随后的任何时间段）

干溺水（Dry drowning）是指人进入水中后,其喉头肌肉痉挛,因而气道闭塞,导致窒息死亡。进入水中后,人员对水的反应是不完全一样的。干溺水被认为是因鼻子或喉头接触冷水而出现的一种本能冲击反应,一进入水中就可能出现干溺水。

采取双脚首先入水的方法进入水中比较容易发生干溺水;如果紧张并且没有做好准备则更容易发生干溺水。

b.冷冲击（最大危险出现在 1~5 min 内）

冷冲击（Cold shock）是人体应对进入冷水的一种加快呼吸的反应。最初是一阵非自主性气喘,伴随着换气过度,通常还会出现一定程度的定向力障碍。冷冲击影响的严重程度与水温下降程度成正比,水温在 10~15 ℃时,对人体影响最大;人体控制呼吸的能力也与水的寒冷程度成比例。冷冲击仅持续 1~3 min。

对于最初至关重要的几分钟,求生者必须全力以赴避免溺水。若面部浸入水中出现初期的非自主性气喘,肺内的空气就将被水替换。为避免溺水,必须尽力保持面部露出水面;转动身体背对着涌浪,防止吸入浪花和海水。竭尽全力控制呼吸,提示自己"冷冲击很快就会过去"。

一旦解决了呼吸问题,应辨认方向、判断局面,并确定为获救应采取的最有利的行动。

（3）游泳障碍

在冷水中,人员的游泳能力下降。水温越低,游泳能力下降越严重。这种情况在身体"核心"明显冷却之前就已持续出现。因此,它不是因"核心"的过冷而引起的。游泳划水的幅度下降而速率增加,使划水的效率越来越低,也更耗费体力。游泳的角度增加,如身体在水中更加处于直立姿态,就会降低每次划水向前运动的效果。伸展四肢和协调游泳动作也会越来越困难。伸开手指并且开始屈曲,这种情况是四肢肌肉局部僵冷的结果。使用个人漂浮用具不能防止出现游泳障碍。

(4)低体温症

低体温症(Hypothermia)是指人体"核心"温度由 37 ℃降到 35 ℃以下。对于海上求生者而言,体热消耗是最主要的危险之一。

体热消耗的速度取决于:

①水和空气的温度;

②风速;

③海况;

④在水中的时间长短;

⑤穿着的保护服;

⑥求生者身体的类型;

⑦求生者心理和身体状况;

⑧求生者体内含酒精和某些药物的水平;

⑨求生者的行为方式。

不正常的低体温可以通过多种症状辨认出来:在暴露于寒冷中的最初一瞬间,人体为避免热量过分消耗会收缩皮肤表面的血管以减少从血管传热至体表,而且身体会发抖以产生较多的热量。然而,暴露时间一长,人体将不能保存体温或产生足够热量,于是体温开始下降。当体温下降至 35 ℃以下时,人员就会患上"低体温症"。此时,患者一定会出现不适、疲倦、失调、麻木、口齿不清、神志不清和精神恍惚。随着体温进一步下降,患者会失去知觉,肌肉僵硬而不再发抖,并且瞳孔可能放大。心跳变得无规律而且缓慢微弱,几乎察觉不到脉搏。虽然患者处在低体温的各个阶段都有可能死亡,但当其体温很低时也难以确定是死还是活。低体温致死定义为无法回暖复苏。

低体温症在不同阶段的症状表现如下:

a.当体温下降到 35 ℃以下时,人就会患"低温昏迷";

b.当体温下降到 31 ℃以下时,人就会失去知觉;

c.当体温下降到 28 ℃以下时,出现血管硬化;

d.当体温下降到 24~26 ℃以下时,即发生死亡。

不同水温能生存的参考时间见表 14-3-1。

表 14-3-1　不同水温能生存的参考时间

水温	低于 0 ℃	低于 2 ℃	2~4 ℃	4~10 ℃	10~15 ℃	15~20 ℃	超过 20 ℃
预计生存时间	少于 1/4 h	少于 3/4 h	少于 3/2 h	少于 3 h	少于 6 h	少于 12 h	视疲劳情况而定

(5)救助后期虚脱(危险发生在救助时和救助后不久)

低体温症严重破坏了身体的正常功能,求生者自冷水中被救起时无法在短时间内恢复正常状态。

体内血液流动遭到破坏,可能出现脱水症状。若求生者已浸入水中一定时间,在其离开水面时就会发生循环障碍。心脏跳动的节律被打乱,任何不利的运动均可诱发致命的心律不齐。

不当的复温会导致血管向肢体末端开放,带走"核心"的温暖的血液,而使滞留在肢体末端的较凉的血液返回"核心",造成"核心"温度进一步下降,这是最危险的。

14.3.2 低温水中求生

对于冷水中的人员而言,热量损耗可能是他面临的一个最大的危险。了解采取何种方法可以帮助身体延缓冷冲击的破坏性影响将有助于在冷水中维持生命。很多船舶在 15 min 以内沉没,求生者通常没有足够时间制订完善的行动方案,因此事先制订较为详细的应急方案是非常重要的。在弃船时求生者必须注意下面各点:

(1)尽可能多穿几层衣服,遮住头部、颈部、手和脚等部位。系紧或扣好衣服纽扣,防止冷水涌入衣内。如果有幸直接进入救生艇筏内,夹在几层衣服之间的空气将会发挥良好的保温隔热作用。即使在弃船时全身已经浸湿,各层衣服已经湿透,这些湿衣服仍然可以降低身体散热的速度。

(2)如果配备了救生服,就将它穿在暖和衣服的外面。

(3)如果救生服本身没有浮力,则应在浸水之前穿着救生衣并保证正确系牢。在冷水中,人体会很快丧失手指的活动能力。如果入水时没有穿着救生衣,则应在入水之后尽快穿好它。求生者如无法浮于水面,在冷水中生存是非常困难的。在海难发生之前求生者必须掌握如何穿着和使用各种漂浮用具。

(4)若时间允许,所有人员在登乘救生艇筏之前或登上之后立即按规定服用抗晕船药物。晕船会导致人员呕吐,排掉体内宝贵的体液,降低生存机会。而且晕船通常会使求生者更容易患上"低体温症",从而削弱其求生意志。

(5)尽可能避免进入水中,例如:在登艇甲板直接登上吊架式救生艇或者海上撤离系统。这样可以避免因弄湿身体而向水中散失宝贵的体热。通过救生艇筏离开大船将极大增加生存机会,这要比通过跳入水中争取获救的方式好得多。如果没有吊架式救生艇筏、海上撤离系统或者其他"干脚"登乘艇筏的设备,就使用舷侧的软梯,必要时也可以利用绳子或消防水带降落。

(6)尽量远离冷水,力争减少突然进入冷水造成的冲击。尝试逐渐下降入水远比直接跳入水中好:突然跳入冷水中,人的神经系统受到严重冲击,会造成人员快速死亡,还可能造成呼吸速度难以控制地加快,将水吸入肺内。若条件所限只能通过跳水求生,求生者应尽量避免突然跳入冷水中而造成休克,应将双臂紧靠在身旁,深吸一口气,然后屏住呼吸。用一只手捂紧口鼻,另一只手抱紧救生衣,防止跳水期间吸入水。不要跳到救生筏的篷帐上或救生筏位于船尾方向的水域内,以免求生者在大船惯性作用下前冲而撞到救生筏上。

(7)不论是意外情况还是弃船行动,一旦落入水中,求生者必须使自己保持镇定,努力寻找大船、救生艇、救生筏、其他遇险者或其他漂浮物。如果在落水之前没有把衣服扣好,此时就应扣好。在冷水中,求生者可能会猛烈发抖并伴有剧痛,这是人体本能的反应,没有危险。但是,在两手失去全部功能之前,需要尽快采取行动:扣好衣扣,开启信号灯,找出哨笛等。

(8)在水中漂浮时,除非为了接近附近的小船、遇难伙伴或其他可以依靠或攀附的漂浮物,否则不要游动。不必要的游动会将身体和衣服之间的温水排掉,因而增加体热消耗速率。此外,不必要的四肢运动将使温暖的血液从人体"核心"输送到四肢,然后到达身体外表部分,这样会导致体热迅速消耗。应保持静止不动并采取适宜的姿势以防止溺水。

(9)人体在水中的姿势对保存体热非常重要。尽量保护好头、颈、腹股沟和胸部两侧,这些都是人体在冷水中容易快速散失热量的区域。实验结果表明,在低温水中最好采用 HELP(Heat Escape Lessening Posture)姿势(如图 14-3-1 所示):两腿弯曲并拢,两肘紧贴在身体两侧,腋下夹紧,两臂抱紧救生衣,尽可能不动地漂浮在水面。这种姿势可以最大限度地减少身体表面暴露在冷水中,尽量保持头颈露出水面。

另外一种保存热量的姿势是几个漂浮人员紧紧地抱在一起,身体尽量接触。必须穿着救生衣才能在水中保持上述姿势,即使在救生艇筏中求生者也必须穿着救生衣。

图 14-3-1　单人及多人"HELP"姿势

(10)为缩短浸水时间,应尽快登上救生艇筏或其他漂浮平台或物体。记住:人体在水中散失热量的速度比在空气中快得多。因浸泡在水中会严重降低保温效果,必须设法挡风,防止风冷效应(对流冷却)。如果设法登上了敞开式救生艇则可以使用艇罩布、防水帆布或者不用的衣服遮风避雨。与救生艇筏内其他人员紧紧抱在一起也可以保存热量。

(11)始终对求生和救助保持一种积极态度,这样会延长生存时间直至最终获救。有没有求生意志会产生完全不同的效果。

14.3.3　对冷水遇险者的急救

治疗方法主要取决于遇险者当时的状况和可以使用器材的情况。若遇险者处于半昏迷或完全昏迷状态,应立即与医疗机构取得联系以获得护理和转运遇险者的详细资料。在等待医疗指导期间,应采取如下急救行动:

(1)自冷水中救起遇险者以后,应轻轻地将其转移到温暖的环境中,野蛮搬运遇险者会使其遭受更加严重的伤害。如果仅需要遇险者使用极少动作配合,就可以脱去遇险者的衣服,不要叫醒他。

(2)除了呕吐者之外,应保持遇险者面部向上,头部稍微向下的平卧体位。这一点非常重要,因为过冷遇险者处于低血压状态,低头位有利于为大脑提供足够的血液。

(3)如可行,通过呼吸面罩为低体温患者提供温暖湿润的氧气。氧气不但可以帮助呼吸困难或呼吸频率较低的遇险者,而且也有助于恢复体温。若遇险者存在呼吸问题而且又没有其他可用的救助形式,建议采用口对口人工呼吸复苏术。

(4)在有些场合,必须主动帮助遇险者恢复体温;而在另外一些场合则根本不需要帮助遇险者复温。在决定采取何种行动之前,必须了解下面两种低体温情况:

①慢性或慢性发作的低体温症患者

此类情况多发生于长时间(从几小时至几天)暴露于寒冷的环境中的人员。大多数慢性低体温病例发生在气温-1~10 ℃,遇险者往往过高估计自己的耐寒能力而错误判断了在如此低温中淋湿的危险。遇险者在船舶甲板上工作时因出汗、下雨或者溅起的浪花和飞沫而淋湿,因为慢性过冷的形成需要一定时间,遇险者可能经历体液和生化变化。由于这些原因,不要使遇险者复温。对于冷水中的溺水者,必须尽快把慢性低体温症患者送到医院。

②急性或快速发作的低体温症患者

急性发作的低体温症是人员浸入冷水中造成的。由于水的热传导速度比空气的快26倍,浸入水温低于22 ℃的水中时,人体无法产生足够热量补偿散失到水中的热量,最终出现低体温症。浸入冷水中的人员仅需要10~15 min就可能出现急性低体温症,这主要取决于当时的水温和人员的身体状况。因快速发作,急性低体温症遇险者一般没有时间生成危险化学和体液失衡,因此,不要耽搁,立即为急性低体温症遇险者恢复体温。延误复温或者复温不足,甚至神志清醒的低体温症遇险者在看似成功救助后仍然会死亡。推荐下面恢复体温的方法,最好按照顺序进行:

为遇险者提供热水淋浴或将其放入水温40~45 ℃或者护理人员可以舒适地将手放入其中的浴盆内,保持手脚在浴盆之外。如采取淋浴恢复遇险者的体温,应避免淋浴其四肢以延缓血液循环流向四肢,因为给四肢增温会造成较冷血液由四肢流向身体核心,进一步冷却身体核心。

在患者头、颈、腹股沟、胸部和腹部敷上温度大约为45 ℃的湿热毛巾,不要给其手臂和大腿加热。

通过与遇险者身体直接接触,救助者用自己的身体帮助遇险者恢复体温,然后,裹上毛毯帮其保存热量。没有热源而单独用一张毛毯包裹低体温症遇险者是没有效果的,这是因为低体温症遇险者不能产生足够的热量使自己恢复体温,而毛毯又使其与外界温暖的环境隔绝。

14.4 威胁水中待救人员生命的海洋生物

14.4.1 鲨鱼

(1)鲨鱼的习性

鲨鱼被认为是海洋中最凶猛的动物之一。它们的种类多种多样,世界海洋中至少有350多种鲨鱼。鲨鱼(见图14-4-1)以其雄壮的体态和迅猛的行动而闻名,是海洋生物链中的顶级捕食者。

全球各个海洋都是鲨鱼的领地。许多鲨鱼生活在深海中,以深海生物为食,但也有一些鲨鱼选择在近海活动,时常将它们的背鳍露出水面。热带和亚热带地区的鲨鱼通常具有更强的攻击性,它们能捕食各种不同类型的活体动物,包括受伤或虚弱的动物。

鲨鱼的外形多种多样,身体坚硬,肌肉发达,呈现出不同程度的纺锤形。鲨鱼的头部和口鼻部分因种类而异,有些鲨鱼如大白鲨有尖尖的头部,而其他如虎纹鲨和宽虎纹鲨则拥有大而圆头部,呈扁平状。它们的尾鳍通常垂直向上,呈近似新月形状,大多数种类的尾鳍上半部比下半部大。鲨鱼游泳时主要依靠身体摆动运动,并利用尾鳍像橹一样划动来前进。大多数鲨鱼无法向后游动,因此容易被困在像刺网这样的障碍物中,一旦陷入其中,很难逃脱。与其他鱼类不同,鲨鱼没有鳔,因此它们的浮力主要依赖于肝脏中储存的脂肪量。鲨鱼的密度略高于水,这意味着它们如果不积极游动,可能会下沉到海底。它们虽然能够迅速游动,但只能在短时间内保持高速。

大白鲨

双髻鲨

图 14-4-1　鲨鱼

鲨鱼每侧有 5~7 个鳃裂,它们在游动时可以通过半开的口吸入海水,然后从鳃裂流出进行气体交换。这种特殊的呼吸方式使得游动中的鲨鱼看起来非常可怕。只有极少数鲨鱼种类能够停在海底进行呼吸。

鲨鱼拥有高度发达的大脑,可以借助电磁场来导航,将信息存储在大脑的核心部分,并直接将信息发送到运动神经系统。同时,它们依赖敏锐的嗅觉来维持全部的生命活动。

鲨鱼在海水中对气味表现出特别的敏感性,尤其对血腥味。它们能够感受到伤病的鱼类不规则游动所产生的低频振动,嗅到少量出血的气味,这些气味可以将它们从远处吸引过来。它们的嗅觉灵敏度甚至超过了陆地上一些狗的嗅觉灵敏度。事实上,鲨鱼可以嗅出水中只有 1 ppm 浓度的血腥气味。根据日本科学家的研究,即使在 1 t 的海水中溶解了仅 1 g 的氨基酸,鲨鱼也能察觉到气味并集结在一起。对于一条长约 1 m 的鲨鱼来说,它的鼻腔中有着大约 4800 cm^2 的嗅觉神经末梢分布面积,而对于 5~7 m 长的噬人鲨鱼,它们的嗅觉灵敏度能够嗅到数千米外的受伤人和海洋生物的血腥气味。

鲨鱼的牙齿不仅强壮有力,而且极其锋利。它们的牙齿多样,根据鲨鱼的习性和捕食方式,形状各不相同。有的牙齿长得像剃刀一样尖锐,用于切割食物;有的牙齿呈锯齿状,适合撕扯食物;还有的牙齿扁平呈臼状,用来压碎食物的外壳和骨头等。

噬人鲨的牙齿边缘具有锋利的锯齿,呈三角形;大青鲨的牙齿则又大又尖锐;而鲸鲨虽然体型庞大,但它的牙齿却短而尖如针;锥齿鲨的牙齿呈锥状,又长又尖;长尾鲨的牙齿扁平呈角状;姥鲨的牙齿又细小又多,形似米粒;虎鲨的牙齿宽大呈臼状等等。

鲨鱼几乎可以从任何角度咬住猎物,无须转身或扭动。一些大型鲨鱼的颚部很长且突向前方,使它们能够轻松地咬住漂浮的猎物。鲨鱼可能会独自捕食,但多数情况下,会有多条鲨鱼一起捕猎。小型鲨鱼通常成群游动,集体协同攻击。一旦一条鲨鱼发现猎物,其他鲨鱼很快加入进攻队伍。

鲨鱼全天都会进食。大多数遭遇鲨鱼和鲨鱼攻击的报告均发生在白天,其中很多事件发生在下午的晚些时候。

(2)预防鲨鱼攻击的措施

在鲨鱼出没水域可以采取下列措施保护自己免遭鲨鱼袭击:

①穿上所有衣服,包括鞋靴。人类的奇怪的表情、衣服对鲨鱼而言十分新鲜,身着衣服的人更加安全。历史记录表明,鲨鱼首先攻击一群人中的赤裸者,主要攻击腿部。如果鲨鱼蹭到身上,衣服还能起到保护作用,防止磨伤。

②不出气味。鲨鱼的视力有限,在水中主要通过嗅觉和身体摆动确定目标的位置,对血液和身体的排泄物(如大小便)相当敏感。因此,在弃船和海上待救过程中,求生者必须注意自身保护,避免身体受伤。避免小便,如果尿急,必须采取少量多次排尿。让尿液在几次小便期间稀释。如果忍不住要呕吐,也应采取相同的方法。

③与其他人员聚在一起,始终监视海面是否有鲨鱼出没。一群人可以实施360°监视,与孤军作战相比,一群人吓跑或击退鲨鱼的概率更大。

④如果鲨鱼保持在一定距离之外,说明鲨鱼仍在感到好奇;但如果它向内打转,开始突然启动,则说明鲨鱼开始攻击。面临鲨鱼攻击时,应尽力泼水、大喊,让鲨鱼不敢逼近。有时,水下喊叫或反复泼水可以吓跑鲨鱼。当求生者处在鲨鱼出没的海域漂浮待救时,应保存体力,以便在鲨鱼进攻时奋力一搏。

⑤如遇鲨鱼攻击,应手脚并用,踢打鲨鱼。如有可能,应击打鲨鱼的鱼鳃或眼睛。如果击打鲨鱼鼻子,而鲨鱼突然闪开,则可能打到它的牙齿,反而使自己受伤。

14.4.2 有毒的水母

(1)箱水母

箱水母,也被称为海黄蜂水母(见图14-4-2),属于腔肠动物,主要分布在澳大利亚东北沿海水域,经常漂浮在昆士兰海岸的浅海水域,被认为是目前已知的对人类毒性最强的生物之一。成年的箱水母大小近似足球,呈蘑菇状且几乎透明。在其身体两侧,各有两只原始的眼睛,可以感知光线的变化,身后拖着60多条带状触须。这些触须正是其致命之处,伸展开可达3 m。每根触须上都密布着囊状结构,其中充满了毒液的空心"毒针"。一个成年的箱水母的触须上有数十亿个毒囊和毒针,足以使20人丧命。这些触须还配备有感应器,可以识别鱼、虾或人类皮肤上的蛋白质。

当箱水母发现猎物时,它会迅速漂浮过去,使用触须紧紧缠绕住猎物,并立即通过毒针将毒液喷射出来。一旦毒液喷射到人类皮肤上,皮肤上会迅速出现许多鲜红的伤痕。毒液很快侵入人体,甚至在短短两三分钟内就能致人死亡,几乎没有时间进行抢救。这使得箱水母成为一个极其危险的生物,需要极度小心避免接触。

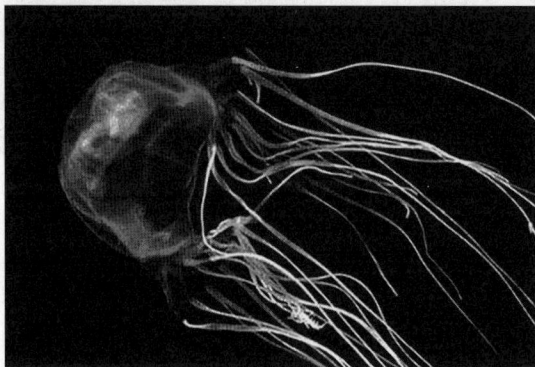

图14-4-2 箱水母

箱水母的毒性为何如此之大仍然是一个谜,但研究人员已经取得了一些重要的发现。箱水母的毒液主要对心脏产生严重影响。人类的心脏由数百万个心肌细胞组成,这些细胞协调地跳动。当箱水母的毒液侵入人体心脏时,它会破坏这些心肌细胞的协调跳动,导致心脏无法正常供血,从而迅速导致死亡。

研究还发现,醋酸可以杀死箱水母的触须,因此科学家建议前往昆士兰游泳或潜水的游客最好随身携带一瓶醋,以备不时之需。不过,科学家正在对箱水母毒液的结构进行深入分析,希望能够开发出更有效的抗毒药物。

箱水母与一般漂浮在洋流中的普通水母不同,它可以在海洋中灵活游泳前进,并且具有快速转弯的能力,能够巧妙地在物体之间穿梭。箱水母拥有 24 只眼睛,分布在管状身体顶端的杯状结构上。这些眼睛分为 4 种不同类型,有的只能感知光的强度,有的更为复杂,可以感知颜色和物体的大小,类似于人眼。这些眼睛使箱水母几乎能够看到 360° 范围内的周围环境,使其成为极其敏锐的观察者。

（2）僧帽水母

僧帽水母是一种独特的海洋生物,看起来像一个亮蓝色的浮囊,充满气体,浮在海面上,形状酷似一顶和尚帽,因此得名僧帽水母(见图 14-4-3)。

实际上,僧帽水母是一个由执行不同专门任务的水螅虫体构成的生物群体。这些水螅虫体在大小和形态上有所不同,包括亮蓝色的浮囊、生殖体和长度各异的亮蓝色触手。

浮囊部分充当了浮力调节器的角色,使水母能够浮在水面上。生殖体负责繁殖后代。而触手则是僧帽水母的捕食工具,它们可以在水中漂浮,捕捉小型的浮游生物作为食物。这些触手通常有亮蓝色的颜色,使它们在水中更加显眼。

僧帽水母的外貌和生活方式都很独特,使其成为海洋中引人注目的生物之一。

图 14-4-3　僧帽水母

僧帽水母主要分布在亚热带海域,这种漂浮的囊状生物大约有 15 cm 长,但其触手可以延伸到 12 m 之外。人们接触到其触手,可能会出现麻痹症状,这是因为僧帽水母的毒液影响神经系统,尤其是中枢神经系统,比影响肌肉系统更早。

尽管僧帽水母的触手引发的伤害通常不足以致命,但它们足以造成严重伤害,甚至致残。因此,与这种水母接触应该谨慎,并且在可能有僧帽水母存在的海域中游泳或潜水时采取预防措施,以避免不必要的伤害。

14.4.3　海蛇

海蛇是蛇目眼镜蛇科的一个亚科,如图 14-4-4 所示。从古生物学的角度来看,海蛇被认为是眼镜蛇祖先进化到海洋中后演化而来的。它们的身体构造与眼镜蛇相似,都是具有前沟牙的毒蛇。从蛇毒的生物化学角度来看,海蛇的毒液仍然保留着古老眼镜蛇毒液的原始特征。

不过,海蛇的身体有一些独特之处。它们的尾部侧扁,类似桨状,这使得它们在水中游动时更加灵活。此外,海蛇的躯干后部也略微侧扁,有助于它们在水中生活和捕食。这些身体特征使得海蛇适应了水中生活,并使它们成为独特的海洋蛇类。

图 14-4-4　海蛇

现代海蛇的个体通常较小。在菲律宾北部到大洋洲北部,再到印度海岸,存在一种最古老的海蛇种类,被称为锉蛇。锉蛇是海蛇中少有的无毒蛇,身体长度为 0.6~1 m,肌肉柔软,身体呈黄褐色,表面有极细小的粒状鳞片。

锉蛇在心血管和呼吸生理功能上高度适应水中生活。它的血红蛋白具有出色的输氧效率,潜水时心跳可以降至每分钟不到 1 次。在水中,锉蛇可以长时间潜伏,潜水时间可达 5 h,约有 13% 的呼吸功能通过皮肤进行。锉蛇的唇部组织和鳞片能够密封嘴巴,防止水进入。此外,它们的下颌还拥有一个盐分泌腺,用来减轻肾脏排泄盐分的负担。锉蛇曾经广泛分布,但如今已经变得非常稀少。

目前,全球约有 50 种不同的海蛇,它们主要分布在印度洋和太平洋的暖水性海域。

海蛇的毒液是动物界中毒性最强的毒液之一。比如,钩嘴海蛇的毒液相当于眼镜蛇毒液毒性的 2 倍,甚至是氰化钠毒性的 80 倍。尽管海蛇毒液的成分与眼镜蛇毒液相似,但奇怪的是,它的毒液主要对人体的肌肉产生损害,而不是神经系统。

海蛇毒液是一种复杂的蛋白质混合物,其中真正致命的物质是分子量较低的非酶素蛋白。每种蛇毒中可能含有 5~15 种酶、3~12 种非酶素蛋白、多肽类和大约 6 种其他物质。海蛇毒液成分复杂,因此它可能对受害者的每个器官,甚至每个细胞都产生影响,对心血管系统、呼吸系统和神经系统都造成损害。

被海蛇咬伤后,初期局部症状通常不明显,没有异常出血或疼痛感。如果在浑浊的水中被咬伤,海蛇可能会咬一口然后迅速离开,受害者往往会误以为是被鱼或其他动物刺伤了一下。

此外,海蛇毒性发作具有一定的潜伏期,在咬伤后的 30 min~3 h 内通常没有明显的中毒症状。然而,这种情况非常危险,容易使人麻痹和掉以轻心。实际上,被咬伤后,海蛇毒液会被人体迅速吸收,最初的症状可能包括肌肉无力、酸痛、眼睑下垂以及颌部强直,类似于破伤风的症状。同时,心脏和肾脏也可能受到严重损伤。被咬伤的人可能在几小时至几天内死亡。多数情况下,海蛇只在受到骚扰时才会咬人。因此,避免与海蛇接触和及时就医非常重要。

我国海域常见的有青环海蛇、环纹海蛇、小头海蛇、长吻海蛇、海蝰等。扁尾蛇亚科是适应海水生活时间不太久的海蛇类,躯干前后粗细差别不大,仅尾部侧扁。扁尾蛇属的鼻孔仍开于吻侧,个别种类到岸边产卵。人被海蛇咬伤后,由于蛇毒破坏横纹肌纤维,会出现肌红蛋白尿,并导致呼吸麻痹。海蛇的毒素仅是蛇类制服敌人或猎物的工具,除了孵化期间护卵外,通常排毒较少,并不主动攻击人。

14.4.4 蓝环章鱼

蓝环章鱼(见图 14-4-5)是已知毒性极强的有毒动物之一,主要分布在日本与澳大利亚之间的太平洋海域。

尽管蓝环章鱼的体型较小,但一只蓝环章鱼携带的毒素足以在数分钟内杀死多名成年人。目前尚无有效的抗毒素来对抗其毒素。蓝环章鱼的毒液具有阻止血液凝结的作用,会导致伤口大量出血,同时引起剧烈的刺痛感。接着,中毒者可能会出现全身发烧和呼吸困难等症状,严重者会死亡,而轻度中毒者也需要数周的治疗才能恢复健康。

有报道称,在澳大利亚,一名潜水者曾抓到一只小的蓝环章鱼,仅有 20 cm 大小,他觉得好玩,让章鱼从胳膊上爬到肩膀上,最后爬到颈部的背面停留了几分钟。不知何故,章鱼咬了一口潜水者的颈部,导致潜水者流血。几分钟后,潜水者感到身体不适,两小时后不幸去世。

蓝环章鱼的毒素是一种极具毒性的神经毒素,对于具有神经系统的生物,包括人类在内,都具有极高的致命性。当生物体受到章鱼的攻击时,毒素会干扰其自身的神经系统,导致神经系统紊乱,这种紊乱通常是致命的。毒素在注入生物体内后会迅速扩散,破坏生物体的生命支持系统。因此,与蓝环章鱼接触应极为谨慎,中毒情况下需要立即就医。

图 14-4-5　蓝环章鱼

蓝环章鱼的毒素作用机制非常复杂,它的毒素可以影响神经细胞之间的连接,干扰特定化学物质的传递,导致神经系统的瘫痪。当被攻击对象受到毒素攻击后,其神经系统会受到损害,包括中枢神经系统和外周神经系统,从而导致肌肉瘫痪和呼吸困难。中毒者在意识清醒的情况下却无法进行交流,也无法呼吸。如果不进行人工呼吸,中毒者可能会逐渐窒息。

蓝环章鱼的毒素成分包括多种化学物质,如河豚毒素、血清素、透明质酸酶、对乙酰氨基酚、组织胺、色氨酸、羟苯乙醇胺、牛磺酸、乙酰胆碱和多巴胺等。其中,河豚毒素对神经系统具有麻痹作用,可以阻断肌肉的钠通道,导致肌肉瘫痪,进而引起呼吸停止或心跳停止。河豚毒素的毒性远高于氰化钠,极其危险,极小剂量即可致人中毒死亡。

有趣的是,蓝环章鱼的毒素不是由其自身分泌的,而是由寄生在其唾液腺中的病毒粒子产生的。这些病毒粒子在自然界中无法独立存活,它们寄生在蓝环章鱼的唾液腺内。当蓝环章鱼攻击其他生物时,这些病毒粒子可以进入被攻击生物的体内,从而释放毒素并产生毒性作用。

蓝环章鱼的身体颜色可以用来显示其毒性。它的皮肤含有色素细胞,可以改变颜色,通过调整这些色素细胞的大小,从而改变外观颜色。当蓝环章鱼受到威胁时,其身上的蓝色环会闪烁,这些蓝色环起到了警告的作用,表明章鱼拥有致命的毒武器,应该被小心对待。

蓝环章鱼不会主动攻击人类,除非它们受到很大的威胁。大多数对人类的攻击发生在蓝环章鱼被从水中提起来或被踩到的时候。

遭蓝环章鱼啮咬的急救方式是第一时间按住伤口并施以人工呼吸。人工呼吸的急救必须持续,直到伤患恢复到能够自行呼吸的状态为止,而这往往需要数小时之久。即使是在医院,也只能够对伤患进行呼吸与心跳的维持治疗,直到毒素浓度因身体代谢而降低。儿童因体型较小,若遭啮咬症状会更严重。若在发绀以及血压降低的症状出现之前就施以人工呼吸治疗,伤患就有可能保住性命。成功撑过 24 h 的伤患,多半能够康复。即使伤患已无反应,也应立即且全程施以循环辅助:因为河毒素会使肌肉瘫痪,伤患即使神志清楚也无法呼吸或做出任何反应。

第 15 章

在救生艇筏上的求生行动

15.1 影响求生者的心理和精神因素

在海上求生的情况下,待救人员可能会面临极端的环境条件,如寒冷、酷暑、饥饿、干渴、晕船、呕吐和伤痛等。这些身体不适和生理困境可以导致极大的身体和心理折磨。此外,漫长的等待期间,他们可能会感到孤独、恐惧、焦虑和绝望。

在这种情况下,心理和精神问题可能会显著影响求生者的意志和决心。悲观情绪和恐惧可能会动摇他们坚持生存下去的信念。然而,有一些因素可能有助于维持求生者的精神状态和意志:

信念和决心:一些人具有坚定的信念和决心,相信他们能够幸存下去。这种积极的心态可以帮助他们度过困难时刻。

合作和团队精神:在救生艇筏上,与其他幸存者之间的合作和团队精神可以提供支持和安慰。共同面对困境可以减轻孤独感,并增强生存的信心。

技能和知识:一些人可能具备与求生有关的技能和知识,如寻找食物和淡水、航海技能等。这些技能可以增加他们在海上求生中的生存机会。

希望和目标:家人、朋友和对未来的希望和目标可以激发求生者的求生欲,并帮助他们坚持下去。

心理韧性:一些人可能具备较强的心理韧性,能够适应和应对极端困境,而不容易受到心理压力的影响。

总的来说,尽管身体素质很重要,但在海上求生中,精神上的坚韧和意志力同样至关重要。那些能够保持积极心态、合作精神和信念的人更有可能度过困境而获救返回。

15.1.1 救生艇筏上求生者的心理状态

根据经验,在日常生活中,外部压力和紧张状态对个体的抵抗力都会产生负面影响,而这种影响的严重程度因人的毅力而异。特别是对于处于极端困境下的海上求生者来说,这种差异显得更加明显。在相同的海上求生环境下,不同个体的生存时间虽然会受到个体体力影响,但心理状态的影响则是更为关键,这一点绝不能被低估。求生者的心理状态在不同求生阶段表现出不同的特点。

（1）求生待救初期的危险心理

在海上求生的最初几天将决定后续的命运。在这个时期，极端的困境将对求生者的生理健康构成威胁，包括饥饿、口渴、体力消耗和其他突发的危险情况。同时，他们可能会经历一系列心理挑战，如感觉陷入绝境、弃船引发的混乱和恐惧场景像噩梦一样不断重现，甚至可能产生对自身依靠救生设备在大洋中求生的绝望感，认为没有生存的希望，从而导致恐惧、悲观和绝望的心理问题。

在这一时期，无法克服弃船所带来的心理冲击的幸存者可能会迅速从恐惧状态陷入精神错乱，最终死亡。以1912年4月12日泰坦尼克号撞上冰山并在几小时后沉没为例，救援队在沉没发生后的3 h内就到达了现场。然而，救生艇上已经有人死亡或陷入精神错乱的状态（表现为恐慌地试图游向大海）。如果在漂流求生的最初阶段采取了适当的措施，就可以避免对后续生存状态造成不利的影响。

（2）长期求生待救时的危险心理

在长期求生待救中口粮和饮水受到限制，体力进一步衰弱，渴、饥、疾病造成的痛苦将增大，烈日的暴晒、寒冷的天气、外界各种险情的发生，生存不断地受到威胁，求生者疲惫不堪，精力枯竭，活力消退。这个时期的存活者，其意识受到相当的限制。如果看不到被援救的希望，求生者就会自暴自弃，有的求生者还会放弃领导，破坏纪律，也不讲道德了，甚至还可能做出缺乏理智的蠢事。

（3）幻觉

求生者有时会遇到很难对付，又不易察觉的问题——幻觉。

在正常陆地条件下，幻觉通常是精神病患者的症状，真正的幻觉是一种没有感官印象的感觉，例如"看见"根本就不存在的图像和情境，或"听到"根本就没有人说过的话。然而，在特殊情况下，极度疲劳、长期不眠、持续饥饿和缺水，以及持续的疼痛和情绪激动（如害怕和渴望），这些都可能成为幻觉的诱发因素。几乎所有的求生者都在某个时刻经历过这些情况，因此即使没有精神疾病，求生者产生幻觉也是相当常见的事情。

幻觉的内容因人而异，但根据科学统计结果，幻觉的内容通常受到个体记忆的影响。然而，由于求生者通常有共同的愿望和需求，他们也可能会出现一些相同的幻觉。这些幻觉通常涉及渴望安全、安宁以及满足生理需求的情境，而这些情境通常是很平常的。

例如，一名求生者突然产生幻觉，认为自己正在家里或者在街头的酒吧里喝啤酒。另一名求生者在极端恶劣的天气条件下，产生幻觉，看到一个橙子，它有鲜艳的颜色，在阳光下闪闪发光，引发他的口渴感。还有一名幸存者声称在大海上看到了一架飞机，并且在飞机从他头顶飞过时向飞机挥手。然而，根据后来的海图方位推断，当时并没有飞机经过，这只是这名求生者的幻觉。

这些幻觉通常是求生者在极端困境下对生存的需求和渴望在生理和心理上的反应，它们提供了一种逃避现实和应对困境的方式，但并不代表真实的感知。

幻觉的另一个很有趣的方面是，它在某种程度上可以说具有传染性，这与共同愿望有关。第二次世界大战的报告记载了一段有趣的故事：两个求生者在交谈，其中一个求生者认为自己在陆地上，就对他的同伴说，他很喜欢爱尔兰的钓鱼者酒馆。另一个求生者接过话头，就开始谈论起菜谱，两个人对这个收费很高的酒馆都不满意，抱怨酒馆拥挤不堪，很不舒服并且找酒馆经理提意见。直到其他同伴打断了他们的交谈时,他们才发现自己是在救生艇中。在海上长期漂流时,求生者自愿离开救生工具的例子是屡见不鲜的,这些人离开时是否头脑清醒,不是马上可以弄清楚的,其中有的人就是对周围环境产生了幻觉导致"自杀"的。这种行为夜里发生得最多。有时,遇险者因长时间陷在幻觉中,虽然已经真的获救了,却还是不相信。希望和愿望常以幻觉欺骗他们的感觉,以致他们要经过相当长的时间之后,才能认识到自己是真的获救了。

15.1.2　保持良好的精神状态

艇筏上的人应该具备坚定的生存信念、顽强的求生意志、自我奉献的品质以及团结精神,并严格遵守组织纪律。

一个人在面对困境时采取何种态度将直接影响结果。希望是一种强大的驱动力,它能够激发人们为生存而不懈努力。当一个人成为求生者时,他们通常会发现自己一无所有,面临生死抉择。有信心生存的人会充分发挥自己的智慧和生活技能,全力以赴,为了生存而努力奋斗。

德国医生约内斯·林德曼博士曾独自横渡大西洋,他在谈到这段经历时写道:不论何时,人都不应放弃对获救的信念。专注于自我鼓励是一种有效的方法,例如鼓舞人心的话语,如"我们必定会成功"或"不要失去信心",这些话语可以让人保持乐观,激发人有意识地继续努力,减轻痛苦。

这种积极的态度和信念对于在艰难环境中的生存至关重要,它们能够激发求生者的内在力量,使他们能够克服困难,坚持下去。

有一个案例是阿根廷潜水员"克劳迪奥·圣龙"(Claudio Sandoval)的获救经历。在2019年,他在巴拿马附近的加勒比海潜水期间,不幸失去了与潜水船的联系,他被遗弃在加勒比海的深处,距离巴拿马约17英里远的海域中。克劳迪奥在漂浮中寻找生存的方法。他利用他的潜水装备来保持浮力,防止自己下沉。他在海上漂流了三天,最终,一艘巴拿马的渔船发现了他,将他救起。克劳迪奥虽然身体和精神状态受到了严重的摧残,但他坚韧不拔,最终生还。

这个故事展示了人类在极端的生存条件下,特别是在海上,仍然能够展现出坚韧和生存的意志力。克劳迪奥的生还是一个真正的奇迹,使人们相信在极端情况下,人的意志力和生存本能可以战胜一切。

面对极端的考验,克劳迪奥从未失去对生存的信念,坚持不懈地努力,最终赢得了世界的敬佩。

救生艇筏上的遇险者必须牢记:

(1)同伴之间互相鼓励能延长大家的生命。

(2)相信救生设备,坚信能遇救脱险,决不能放弃获救的希望。

(3)低落的情绪会像寒冷一样在几小时内夺去人的生命,人的精神力量对支持体力起着重要的作用。

(4)坚定的信念、严格的纪律、合理的管理和优秀的船员队伍对保证救生艇筏的安全是至关重要的。

因此,救生艇筏上的领导者应保持救生艇筏上遇险者良好的精神状态,尽一切努力去增加他们的勇气和增强他们生存的信心和决心,这是一项非常重要的工作。

15.2 登上救生艇筏后应采取的最初行动

15.2.1 正确操纵和使用救生艇筏及其设备

(1)当遇险人员登乘完毕后,应立即脱开连接难船的缆绳,并迅速离开难船,停留在难船附近 0.25 n mile 处,避免漩涡带来的危害,同时也防止难船附近的漂浮物损坏救生艇筏。

(2)释放海锚,保持适当的通风,使救生艇筏顶浪以减轻摇晃,并减缓救生艇筏漂离的速度,使艇筏尽量停留在难船附近,增加被发现的机会。

(3)保持艇、筏处于完整良好的状态,一旦发现救生艇筏破损要及时修补、堵漏,并及时排出救生艇筏内的积水。

(4)防备严寒或酷热,在漂浮过程中要适当调整救生艇筏的位置,避免受到阳光、风、雨、海浪的侵袭。

(5)检查清点救生艇筏内所有设备和备品,并正确管理和使用。

(6)正确使用救生艇筏内配备的易于被人发现的设备和信号。

15.2.2 建立完善的组织系统

救生艇筏上的人员,应根据实际情况,建立一个完善的组织,指定或推选一位坚定而又值得信赖的领导者,负责救生艇筏上的管理工作。

领导者应对救生艇筏上的求生者点名,并根据各人的情况和特长明确具体分工:

(1)指定专人管理饮水和食物。

(2)指定专人管理医药器材,并照顾伤病员。

(3)指定专人负责救生艇筏的维护修理。

(4)组织救生艇筏内全体人员 24 h 轮流值班,当救生艇筏内人数足够时,应采取每更 2 人,一人负责外部瞭望,另一人负责内勤。每 1 h 为一更,除重伤员外全体人员应轮流值班,其余人员则应保持休息状态,以减少体力消耗。若救生艇筏上人数不足,则也必须保持一人值更,同时负责瞭望和内勤工作。

①内勤的主要职责

a.应警觉地使用视觉、听觉以及一切有效手段,及时发现救生艇筏内的各种危险情况。例如救生艇筏有任何渗漏之处,应能及时发现和修补。

b.注意通风保暖,随时排除积水,保持救生艇筏内部的干燥和卫生。

c.照料好伤病员。

②外勤的主要职责

a.对前来搜救或过往的船舶、飞机及其余落水者,应保持有效的瞭望和应有的警觉,倾听哨音和喊叫声,注意观察黑暗中的灯光。

b.寻找陆地。

c.密切注视气象和海况的变化,当大风浪即将来临应及时唤醒全体人员,切实做好抗风浪的准备,即密封和固定好所有补给物品和工具设备;督促每人认真系好救生索。

d.随时注意救生艇筏周围及其附近情况以及海洋生物的动态及放出救生艇筏外的渔具情况,及时捕捉海洋生物,以便补充食物。

e.负责保持与他艇的联系。若发现漂浮者,必须向他抛投救生索或操纵救生艇筏向其靠近,及时救起。

f.降雨时,救生艇筏上的值勤者还应及时发动全体人员尽一切努力做好雨水的收集工作。

15.3 求生者的自身保护

在海上遇险求生中,对自身的保护是至关重要的。无论环境冷热,求生者都要注意避免暴露,以提高生存的概率。

(1)在寒冷环境中的保护措施

在寒冷环境中的救生艇筏上的求生者需要特别注意避免湿冻伤,因为这种情况可能导致严重的健康问题。以下是一些预防和应对湿冻伤的关键措施:

①穿保暖衣物:穿足够的保暖衣物是关键。外层衣物最好是防水的,以防止水分渗透。同时确保扎紧袖口、领口和裤管口,以减少冷空气进入。

②穿着救生衣:救生衣不仅可以提供浮力,还可以保暖。它可以帮助保持体温,并减少暴露。

③保持艇筏内干燥和温暖:尽量保持艇筏内温暖和干燥,调整通风以确保足够的空气流动,同时避免腿脚长时间浸泡在水中。

④求生者之间的互相取暖:如果有多名求生者,可以紧靠在一起取暖。使用备用毛毯、衣物等物品来增加保暖效果。定期松紧衣带和鞋帽,以保证血液循环畅通。

⑤适度活动:避免长时间静止不动。定期伸展四肢,活动脚趾、手指和腕部等,以促进血液循环。简单的运动可以保持体温。

⑥避免长时间暴露在寒冷中:尽量减少暴露在寒冷环境中的时间,避免雨水和湿气的侵袭。定期更替瞭望值班人员。

⑦戒烟:不要吸烟,因为吸烟会降低血液供应,特别是对大脑和四肢的供血,加剧寒冷的影响。

这些措施有助于降低湿冻伤的风险,提高求生者在寒冷天气中生存的概率。在海上遇险时,生存技巧和预防措施至关重要,它们可以挽救生命提高生存的概率。

(2)在酷热环境中的保护措施

在酷热环境中,缺水是救生艇筏上的求生者面临的最大威胁之一。要延长存活时间,提高获救的概率,应采取以下措施:

①按照救生艇筏内配备的口粮定额食用,可以减少额外水分的需要;

②及时服用晕浪药片,以防晕浪呕吐;

③平静休息,避免不必要的运动;

④在热带地区,白天太热时,可将所穿衣服弄湿穿在身上,但夜晚前应晒干;

⑤用海锚调整通风口的方向,保持良好的通风,避免阳光的曝晒;

⑥天热时应保持艇筏外部及遮篷潮湿;

⑦在阳光下尽可能多坐少躺,以减少身体受阳光照射的面积;

⑧救生筏内应将筏底放气使海水冷却筏底以降低筏内的温度;

⑨减少不必要的游泳,以免消耗体力而口渴;

⑩止血并治疗外伤或烧伤。

（3）受阳光、风、雨及海水侵袭时，应及时采取的保护措施

①在阳光侵袭时应采取的措施

a.应尽量采取遮阳措施；

b.保持艇筏外部潮湿以降低艇筏内部的温度；

c.减少皮肤在阳光下直接曝晒的时间，以免造成晒伤；

d.尽量减少对淡水的需求。

②在风侵袭下应采取的措施

在寒冷天气时，救生艇应放出海锚，使艇首顶风，以减少强风侵袭，救生筏应调整漂流锚的位置，使入口背风，并关闭入口。

③在雨侵袭下应采取的措施

救生艇筏应采取遮盖的方式，并防止艇筏内雨水侵积，注意排水。雨量较大时可将入口关闭，以防雨水渗入，并及时用海绵擦干。但仍需积极收集雨水，并储存。

④在海水侵袭下应采取的措施

海水侵袭有两种情况：艇筏破漏致使海水侵入，大风浪吹袭而使海水侵入。

若因艇筏破漏致使海水侵入，应尽快想办法修复艇筏。若因大风浪吹袭而打入海水，则应关闭所有入口，仅留最小口以保证呼吸及通风之用，若已有海水打入，应尽快将海水排出艇筏之外，以保持艇筏内不受水浸。

（4）预防晕浪

求生者在生存环境中会面临许多困难，其中之一就是晕浪，这与饮食密切相关。事实证明，即使是那些在海上经过了风浪考验的经验丰富的船员，在救生艇或救生筏上也可能受到晕浪的困扰。特别是在小型救生筏上，由于其容易受波浪的影响，情况可能更加严重。晕浪会导致恶心和呕吐，而呕吐会导致身体大量失水。晕浪引发的呕吐与人体平衡系统有关，特别是内耳中的三个半规管。此外，艇筏的摇摆、水面的不断起伏以及救生艇内部的难闻气味都可能导致晕浪症状的加剧。多数人的晕浪至多3天后就能适应，并停止呕吐，不过，那时人的机体可能已丧失了许多体液和电解质，以致会严重地危及生命。因此，求生者在登上救生艇筏后均应立即服用晕浪药物，以防止呕吐；服用晕浪药物还能抑制饮水的欲望。除服用晕浪药物外，为防止晕浪还应采取以下措施：

①释放海锚，保持适当的通风并使艇筏顶浪以减轻摇摆；

②在可能的情况下，正常供给水分；

③保持安静，适当休息，保存体力；

④互相鼓励帮助，坚定意志和信心。

（5）搜救其他落水者

救生艇筏离开难船后，应主动在失事地点附近海面搜救其他落水者，在搜救过程中应不断对四周海面搜索瞭望，要密切注视海面上是否有救生圈（衣）上发出的示位灯光，并应仔细聆听是否有落水者发出的警笛声。

在海上橙黄色最容易被眼睛发现，尤其是这种颜色的救生艇，无论从哪个角度都容易被发现，其他颜色，如蓝色、红色等都不容易被发现。

若遇无人艇筏，则应检查内部设备及物资，可将空艇上的淡水、口粮及有用物资取回，并熄

灭其示位灯。

15.4 对淡水和食物的管理、使用和获取

15.4.1 艇筏上淡水的分配和使用

水是人体内含量最多的物质,约占体重的60%,是维持机体正常生理活动的必要物质之一。通常情况下,一个普通的成年人每天需要排出约2.5 L水,其中大约有1.5 L通过肾脏排泄,0.5 L通过呼吸排出,还有0.5 L通过皮肤出汗排出。如果失去的水分无法及时补充,体内的水分就会失去平衡。

当人体总体液量失去超过1/5时,人就会有生命危险。根据研究,一个人每天至少需要饮用0.5 L水来维持生命。对于那些在海上求生的人来说,淡水比食物更为关键。如果有足够的淡水但没有食物,求生者能够在艇筏上生存30~50天。然而,如果只有食物而没有淡水,生命仅能维持数天。因此,在救生艇筏上的幸存者必须严格管理和合理分配饮水,以确保生存的机会。

(1)淡水的配备

救生艇上的淡水(如图15-4-1所示)是按额定乘员每人3 L配备的,可供满载人员7天使用(因为最初24 h内不供给淡水);救生筏中的淡水是按额定乘员每人1.5 L配备的,可供满载人员4天使用(也包括第一天不供应淡水在内)。

(2)淡水的分配与应用

救生艇筏上的淡水要集中,有专人管理和分配。淡水的分配方法是从弃船求生24 h后每人每天0.5 L。饮用时,最好将每天分到的淡水分为三等份,日出前喝1/3,日间喝1/3,日落之后喝1/3。饮用时不要一口饮尽,要一小口一小口地喝,水要尽可能在嘴里含一会儿,润一润嘴唇,然后慢慢地咽下。

图15-4-1 救生艇筏上配备的淡水

15.4.2 淡水的补充

救生艇筏内配备的淡水是有限的,因此,海上求生者应随时设法收集补充赖以生存的饮水,其主要途径有下列几种:

(1)收集雨水和露水

雨水是海上求生者的最佳淡水来源。因此,当遇到下雨时,应该利用一切可能的容器来多收集雨水。然而,最初收集到的雨水可能因容器内残留的盐分而不适合饮用,所以需要将它倒

掉,然后再收集干净的雨水。一旦获得雨水,应该确保每个人都喝足以补充之前日子里体内水分的损失。需要记住的是,雨水不能长期保存,因此,如果有雨水,应该首先饮用它,而将救生艇或救生筏上备用的淡水留作后备。

如果没有足够的雨水或露水,可以使用清洁的布或衣物放置在艇或筏内的适当位置,让其吸湿,然后将湿布挤压以将水收集到容器中。这是一种有效的方法,可以帮助补充淡水储备。在海上求生时,合理管理和节约淡水资源至关重要,以确保生存的可能性。

(2)利用海洋生物的体液

①鱼的眼球含有水分。

②鱼的脊骨不仅含有可饮的髓液,而且含有大量蛋白质。

③将捉到的鲜鱼切成块,在干净的破布中绞出体液,放入容器。

④海龟的血也可替代饮水。

(3)海水的淡化

对于求生者来说,海水淡化主要靠物理方法,即用太阳能蒸馏器制取淡水。其结构简单,效果良好,但容易受到天气的影响。

(4)冰块制水

在极地航行时,可使用海中的陈旧冰块制水,这种冰块呈蓝色,圆形,易破裂,不难辨认。

总之,求生者的饮水供应至今仍是急需解决的重要问题之一。目前,雨水是最主要的天然淡水源。

15.4.3　几个有关问题和注意事项

(1)饮水可以保存多久

这是一个很难回答的问题,因为它涉及的因素很多,其中主要因素有:

①气温;

②水温;

③贮水器的清洁程度等。

如果条件许可,平时救生艇内的淡水每隔 30 天更换一次,这样定期更换能使艇内淡水在 40~60 天保持气味良好。但在炎热的天气里,饮水的保存时间可能缩短一半。

(2)如何辨别水质的好坏

在海上求生时,饮水是十分宝贵的,对饮水水质有怀疑时,不可轻易丢弃,应进行采样试验。

对饮水的水质进行采样试验应分两步进行:

第一步:饮用少许,等待 1~2 h,如果身体无不良反应,可进行再试。

第二步:多饮一些,等 4~5 h 如果身体无不良反应,说明饮水水质基本是好的,但饮用也不宜过多。

另外,闻一闻饮水的气味,也可辨别水质好坏。

(3)不能饮用海水和尿

①在海上求生过程中,人体缺水时绝不能饮用海水。这是因为人体肾脏通常只能处理盐浓度不超过 2% 的液体,而海水的盐浓度通常超过 5%。当饮用 100 mL 的海水时,为了排除其中的盐分,不仅需要排除掉饮用的海水,还需要额外丢失 50 mL 的水分。否则,体内盐分会增加,对肾脏造成巨大负担,可能导致肾功能受损。

饮用海水后,人会口渴、腹胀,然后出现幻觉、神志不清和昏迷等严重症状,对生命安全构成严重威胁。一项国外研究调查了4000名在海上漂泊了3天的求生者的死亡情况,结果表明,饮用海水而死亡的概率比未饮用海水而死亡的概率高出12倍。2021年9月,世界卫生组织(WHO)发布的有关饮用海水危险性的声明没有发生重大变化,持续饮用海水仍然会导致严重的健康问题,因为它会引起脱水和电解质不平衡。因此,海上求生者必须谨慎管理淡水资源,避免饮用海水,以确保他们的生存和健康。

②不可饮用尿液。在海上求生过程中,由于缺水,尿液会浓缩,并且含有更多的废物和毒素。因此,喝尿液不仅不能解渴,还可能导致恶心、呕吐,进而导致体内水分进一步减少,使口渴加剧。长期饮用尿液可能会导致脱水和健康问题,甚至可能导致严重的生命危险。

国际海事组织禁止饮用尿液的规定是为了保护海上求生者的生命和健康,因为这并不是一种有效或安全的水源。在海上求生时,一定要谨慎管理淡水资源,并采取适当的措施来获取和保留淡水,以最大限度地提高生存的概率。

(4)不宜过量食用高蛋白质食物

在海上求生时,如果淡水资源有限,人们可能需要谨慎选择食物,避免过多摄入高蛋白质食物,如鸟、鱼、虾的肉等,以节约水源。

15.4.4　救生艇筏上应急口粮的配备与分配

(1)应急口粮的配备

应急口粮(如图15-4-2所示)是一种经过精心包装的紧急食品,每份应急口粮都是根据最佳比例制备的。它的蛋白质含量较低,因此在淡水供应不足的情况下是一种相对合适的食物选择。救生艇内配备的应急口粮通常可供乘员使用6天,而救生筏内则按3天配备。

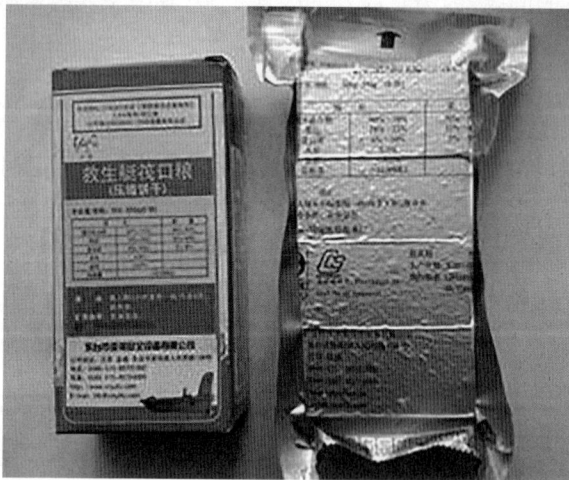

图15-4-2　救生艇筏上配备的应急口粮

(2)应急口粮的分配

第一天:(遇险最初24 h内)不得进食、饮水。

第二、三天:按日出、中午及日落时分配三次口粮,但不得给予超额食物。

第四天:若仍未获救,则从第四天起,减少口粮配额,如必要可减少至规定配额的一半。

若艇筏上已经断水,则不得再吃食物,以免更多消耗体内的水分。

15.4.5 海上食物的补充

救生艇筏上的应急口粮有限,因此较长时间在海上求生就必须设法在海上获取食物,其途径有以下几种:

(1)捕鱼

救生艇筏上的求生者可以将鱼作为食物,可以用鱼钩或别针等钓鱼。

(2)捞取海藻

海藻、褐藻、海带等大多可以生食。

(3)收集浮游生物

各种浮游生物也可以作为求生者的食物。收集浮游生物的方法是将袜、裤、衬衣的袖子或其他多孔的衣物制成渔网,拖曳在艇筏之后,即可收集到浮游生物。

15.4.6 如何辨认食物的好坏

求生者从海中获取食物后,应注意辨认所获食物的好坏。在吃海藻之前应仔细检查,把附在上面的小生物弄掉。没有正常鱼鳞而带有刺、硬毛或棘毛的鱼多数有毒,不能食用。通常,有以下特征的鱼不能食用:

(1)发育不正常的鱼;

(2)腹部隆起的鱼;

(3)眼珠深陷入头腔的鱼;

(4)有恶劣气味的鱼;

(5)用手揿入鱼肉有凹陷印记的鱼;

(6)肉味辛辣的鱼。

15.4.7 人体所需的盐分

盐分是维持生命所必需的电解质之一。当体内缺盐时,常见的表现为口渴,即使饮用大量水仍然感到口渴。在这种情况下,可以将海水稀释后(含有 15% ~ 30% 的海水),口服,通常不会引发不良反应。这样做不仅提供了身体所需的盐分,还相当于增加了一天的水分摄入量(15% ~ 30%),有助于维持体内电解质平衡。

15.5 正确操纵和使用救生艇筏上的设备

15.5.1 正确抛投和使用救生圈

当救生艇或救生筏上的求生者发现水面上有落水人员时,应进行救助。

(1)抛投救生圈

抛投者应该用一只手握住救生索,用另一只手将救生圈抛向落水人员的下流方向。如果有风的话,应该抛向上风的方向,以便落水者能够轻松抓住救生圈。确保不要将救生圈砸在落水者身上。

（2）落水者的动作

一旦落水者抓住了救生圈的把手索,应该双手同时向下压住救生圈的一侧,使救生圈竖立起来。然后,可以将救生圈夹在两腋下,以保持头部高于水面,身体漂浮在水中,等待救助。

（3）救助过程

抛下带有浮索的救生圈,然后等待落水者抓住。一旦落水者抓住救生圈或浮索,船上的其他人员可以回收浮索。接下来,可以使用舷梯或绳梯将落水者拉到船边,以便他们通过登船设备（如舷梯）或绳索爬上大船,完成救助。

这些步骤有助于确保有效而安全地救助落水人员,特别是在紧急情况下。

15.5.2 抛放海锚的方法

遇恶劣天气而无法安全操艇时,投放海锚（如图 15-5-1 所示）可使艇首顶风顶浪。

（1）海锚的作用

①保持艇首顶风顶浪,减少上浪,防止艇筏倾覆。

②在风浪大的海滩进行抢滩时,使艇尾先着岸,以保持艇不被浪打横。

③减缓救生艇筏的漂流速度,以保证弃船后救生艇能在遇难海域附近停留 24 h 以上,等待救援。

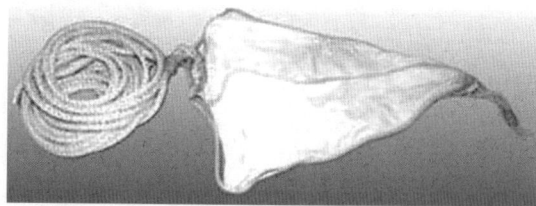

图 15-5-1　海锚

（2）海锚抛放步骤

①施舵,使艇首顶风顶浪。

②将海锚放在水中时,将海锚索的末端系固在救生艇上,而海锚索从艇首的导缆钳逐渐松出。

③海锚吃力后,海锚索张紧,而收回索应保持松弛。

④在海面上撒油能增加海水的表面张力,抑制碎花浪,这对救生艇的帮助是非常大的。当救生艇受到风暴袭击,产生剧烈摇摆时,即应布油镇浪,以避免救生艇遭受倾覆危险。救生艇上按规定配备有 4.5 L 植物油或鱼油用于镇浪,并将其存放在专用的油箱内。用时将油注入布油袋,注满后将袋口木塞旋紧系好,再用细绳将袋系结在海锚上,随海锚投入海中。袋中的油就不断地从袋口木塞的孔眼中渗出,流布到艇周围的海面上,袋内的油流完后,须重新灌注。

（3）海锚的收回

收回海锚时只需拉紧海锚收回索,使海锚倒置,顶端朝艇即可省力地拉回艇上。

15.6　正确操作无线电应急设备

无线电应急设备种类繁多,下面仅介绍部分常见船用无线电应急设备使用方法。

15.6.1 紧急无线电示位标（EPIRB）的使用（以 Smartfind 系列 406 MHz EPIRB 为例）

Smartfind 系列 406 MHz EPIRB（见图 15-6-1）是由英国 MCMURDO 生产的紧急无线电示位标。

这类紧急无线电示位标是一个整套设备装在一起的功率强大的遇险发射机，它以一块锂电池作为电源，更换时间为 5 年。紧急无线电示位标为一键式设备，一旦启动后可以工作至少48 h。它最好漂浮在水面使用，但也可以在船上或救生艇筏内工作。

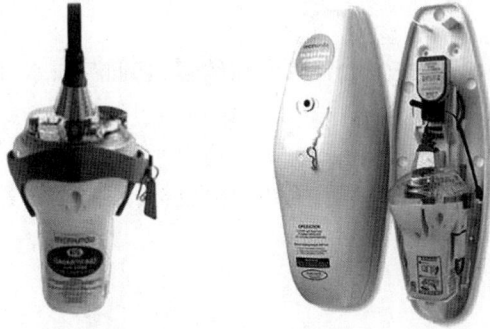

图 15-6-1　Smartfind 系列 406 MHz EPIRB

（1）主要结构（如图 15-6-2 所示）

①天线

它是一种挠性鞭状天线，工作时天线必须保持竖直。

②频闪灯

它是一种 U 形真空玻璃管，通过明亮的圆顶透镜可以观察到。紧急无线电示位标启动以后，频闪灯每间隔几秒钟闪一次。

③红灯

通过位于紧急无线电示位标的后方的圆顶透镜可以观察到。该灯持续发光或闪光表示紧急无线电示位标的不同工作模式。

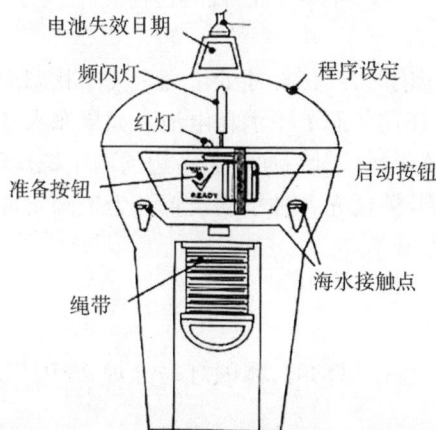

图 15-6-2　紧急无线电示位标的结构

④程序设定

用于向紧急无线电示位标输入唯一的编码信息。

⑤准备按钮

按一下此按钮可以关闭紧急无线电示位标;持续按住此按钮可以运行内置的自检程序,检查设备的基本状况。

⑥启动按钮

按下此按钮可以手动启动紧急无线电示位标。启动按钮用一个带有安全封条的滑动盖保护。

⑦海水开关

紧急无线电示位标后面开关旁边有两个螺丝帽,它们与海水开关相连,一旦浸入水中,紧急无线电示位标会自动启动。

⑧绳带

拉动并向下缠绕拉索可以释放紧急无线电示位标,用此索将紧急无线电示位标系到救生艇筏上。

(2)控制功能

①启动按钮

此按钮隐藏在滑动盖后面,防止意外启动。盖子上面有一个安全封条,可以显示紧急无线电示位标是否启动。

去掉安全封条,向左侧推滑动盖并立即按下启动按钮即可手动启动紧急无线电示位标。此时,频闪灯立即开始发出闪光,但在2 min内并不发射任何遇险信息,以便出现意外启动紧急无线电示位标时有机会关闭它。红灯在2 min内持续发光,2 min延时过后红灯开始闪动,开始发射遇险信号。

②准备按钮

此按钮不但可以关闭紧急无线电示位标,也可以测试紧急无线电示位标。

准备:快速按下并松开此按钮可以关闭紧急无线电示位标使其返回准备状态。松开此按钮,闪光灯和红/绿灯停止闪动。

自检:持续按下准备按钮约10 s将运行内置的自检程序。

③海水开关

只有安装在存放架或机箱内时,示位标才处于完全关闭状态。取下示位标时,磁性开关被激发使示位标进入准备状态,在此状态下不消耗电池。如果海水开关触点浸入水中,示位标将自动接通。海水开关触点是位于示位标后面开关旁边的两个螺丝帽。虽然用准备和启动按钮可以手动控制示位标,但海水开关优先各种手动设置。为正确实现各种手动操作,首先必须保持示位标干燥并使海水开关断开。

④灯

a.频闪灯

频闪灯用于视觉寻找示位标。启动时,频闪灯每分钟23闪。示位标发射期间中断,频闪灯也可显示自检结果。

b.红灯

红灯用于显示示位标发射状况。示位标启动后,红灯与频闪灯交替闪烁表明在121.5 MHz

发射正常;每 50 s 亮 2 s 表明在 406 MHz 发射正常。

示位标启动之初红灯持续发光直至示位标开始发射为止,红灯开始闪动。红灯也可用于显示自检的结果。

（3）操作程序

①船舶沉没时

若船上装备可自行漂浮的机箱,当船舶下沉水面以下 4 m 以内时,将自动从机箱释放出示位标,如图 15-6-3 所示。因海水开关已经接通,示位标浮到水面开始发射遇险报警信号。

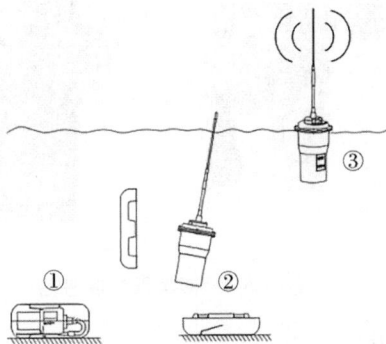

图 15-6-3 自动释放紧急无线电示位标

如果可能,应收回示位标并将其系到救生艇筏上。示位标应标示遇险者的位置,而非海难现场的位置。为更好操作应使示位标漂浮在救生艇筏附近的海面上。

②弃船时

若船舶下沉时有时间携带示位标,应自存放架上取下示位标带到救生艇筏上。一旦救生艇筏降放到水中,解开拉索将示位标系在救生艇筏上,然后将示位标抛入水中使其漂浮在救生艇筏旁边。因海水开关已经接通,示位标开始发射遇险报警信号。

③由舷墙存放架释放取下示位标时

如果示位标安装在舷墙存放架上,可以按照以下步骤从存放架上取下示位标。

a.按压顶部使其弹起;

b.向上抬起,使其离开基座;

c.向前拉出。

④由机箱释放示位标时

如果示位标装在全封闭机箱内,可以按照说明由机箱手动释放示位标:

a.拔出 R 型栓;

b.移开箱盖;

c.向前拉出示位标。

⑤人工启动时

如果船舶虽没有沉没,但存在紧迫危险,应自存放架取下示位标,人工启动示位标。

15.6.2 搜救雷达应答器（SART）的使用

S4 RESCUE SART 是英国 MCMURDO 生产的搜救雷达应答器,如图 15-6-4 所示。它的机体为醒目的橙色热塑性塑料,通过不锈钢装置与密封电池连成一体,O 形密封圈可以保持连接部位水密。旋转环形开关可以执行启动、关闭和测试功能。只有撕下安全标签,才能转动启动位置。环形开关为弹性设计,可以从"测试"位置自动返回。

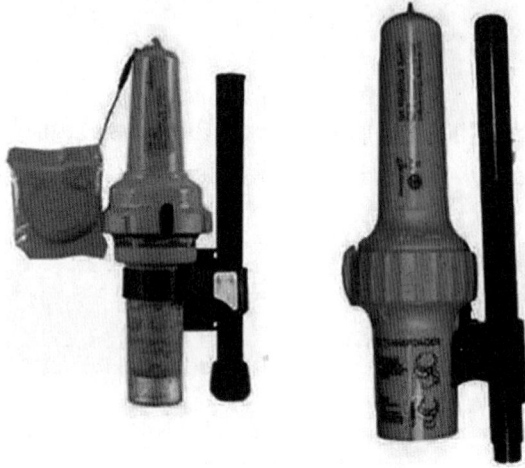

图 15-6-4　搜救雷达应答器

S4 RESCUE SART 操作方法:

(1)松开夹片,从支架上取下搜救雷达应答器。

(2)撕下位于搜救雷达应答器中部的安全标签,旋转环形开关至启动位置。

(3)伸展拉杆:

①抓住拉杆下面的橡胶盖,转动拉杆由拉杆座架上释放拉杆;

②向下拉并转动拉杆,将搜救雷达应答器锁在拉杆座架上;

③移开拉杆下面的橡胶盖,旋转锁定。

(4)若在救生筏上使用:

①按上述方法伸展搜救雷达应答器的拉杆;

②在无风处用绳子将搜救雷达应答器固定于合适地点;

③将搜救雷达应答器插入救生筏的篷帐上接口;

④将搜救雷达应答器支承杆下端放入天线插座;

⑤固定支承杆。

对于不同型号的救生筏,搜救雷达应答器安装固定的位置不尽相同,也可能位于有登筏平台一侧进出口的外侧,除支承杆固定在浮力胎外,其他安装方法相同。

该型号搜救雷达应答器发射的特征信号在搜救船舶雷达荧光屏显示如图 15-6-5 所示。

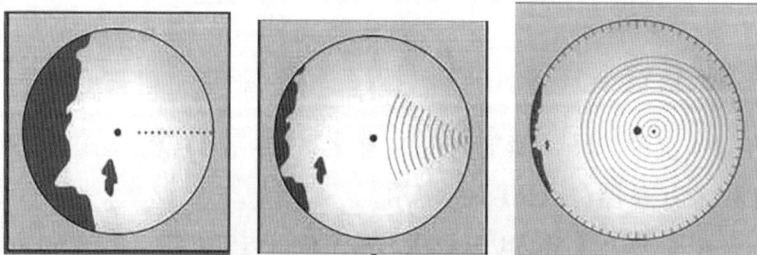

图 15-6-5　搜救雷达应答器的特征信号

左图为搜救船舶距离救生筏 5~6 n mile 时显示的信号;中图为距离 2~3 n mile 的图像(回波变宽);右图为接近 1 n mile 时以内时的图像,信号加强为同心圆。

15.6.3 甚高频双向无线电话

甚高频双向无线电话有多种型号,下面介绍比较常见的 ICOM 公司的 IC-GM1600 双向无线电话。如图 15-6-6 所示,这是一款救生艇筏双向无线电话,其输出功率为 0.8 W 和 2 W。

(1)功能键

①静噪控制旋钮[SQL]

②发射功率键[HI/LOW]

选择高或低的输出功率,也可以激活其他键的附属功能。

③PTT 键(按键式对话)[PTT]

按下 PTT 键,发射信号;松开 PTT 键,接收信号。

④16 频道开关[16]

16 频道是遇险呼救频道,它用于与其他站台建立初始联系及应急通信。接通电源时,机器自动选择 16 频道模式。

⑤呼叫键[C]

选择呼叫频道模式。呼叫频道用于存储最常使用的频道,以便快速调取。按下[HI/LOW]键,同时选择呼叫频道写入模式。

⑥频道选择旋钮[CHANNEL]

在拨打模式下设定一个工作频道。选择呼叫频道模式;按下[HI/LOW]键,同时按下呼叫键[C],16 频道显示闪动;转动频道选择旋钮[CHANNEL]选择所要的频道;按下发射功率键[HI/LOW],同时按下呼叫键[C]找到所选择的频道,停止闪动。

图 15-6-6 双向无线电话

⑦音量控制旋钮[OFF/VOL]

接通和关闭电源,调节音量。

⑧照明键[LIGHT·LOCK]

开启和关闭照明灯;按下[HI/LOW]键,可以启动锁定功能。

（2）功能显示

①发射显示：发射时出现。

②锁定显示：启动锁定功能时出现。

③呼叫频道显示：当处于呼叫模式时出现。

④发射功率显示：在选择低输出功率时显示，选择高输出功率时消失。15 和 17 频道上不能选择高功率。

⑤"忙"显示：当正在接收信号或静噪控制旋钮[SQL]逆时针方向开启过大时出现。

⑥频道显示：在呼叫频道模式或拨打模式下出现。

⑦电量不足显示：当电池需要充电时显示。

⑧频道号码显示：显示选定的工作频道号码。

（3）使用方法

①顺时针旋转音量控制旋钮[OFF/VOL]，接通电源。

②逆时针旋转静噪控制旋钮[SQL]至最大。

③用音量控制旋钮[OFF/VOL]调节音量至适宜水平。

④顺时针转动静噪控制旋钮[SQL]，直至噪声刚好消失为止。

⑤按住[PTT]键，开始讲话。

⑥松开[PTT]键，开始接收。

15.7 正确使用求生信号

15.7.1 火箭降落伞火焰信号的使用

火箭降落伞火焰信号有很多种，如图 15-7-1 所示，它们的主要区别在于发射装置不同。比较常见的有拉发式和压发式两种。使用时应注意使用说明，按其要求操作。下面介绍压发式和拉发式火箭降落伞火焰信号的使用方法。

（1）压发式火箭降落伞火焰信号

①撕掉塑料袋，拆下顶盖及底盖，并注意保持外壳上的箭头方向朝上；

②放下底部触发器的铰链式压杆，一手握住火箭筒，垂直高举过头，另一手手掌托在压杆上；

③把压杆前推，双手迅速紧握火箭筒体，有风时可略偏向上风，火箭信号很快会发射出去。

（2）拉发式火箭降落伞火焰信号

①撕掉塑料袋，拆下顶盖及底盖，并注意保持外壳上的箭头方向朝上；

②将降落伞火箭信号下端的拉索取出；

③握住降落伞火箭信号垂直举过头顶，用力拉动拉索；

④火箭信号发射出去。

发射火箭信号时应特别注意：有些火箭信号在发射时往往会有一段时间延迟，应尽量用双手握住火箭筒体。但如果击发 10 s 后火箭信号还没有发射出去，则应尽快将火箭信号抛入水中，以防发生危险。

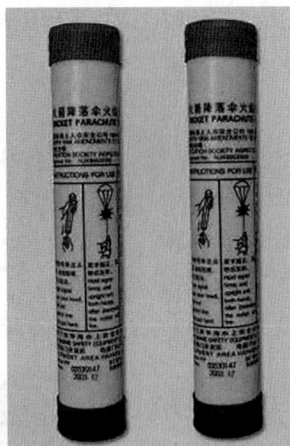

图 15-7-1　火箭降落伞火焰信号

15.7.2　手持火焰信号

常见的手持火焰信号主要有擦发式、拉发式和击发式三种点燃方式。使用时应按其说明书及图解进行。点燃后应注意将信号伸出救生艇筏下风舷外,并应向下风倾斜,以防手被火焰烤伤,筏体被烧坏。

(1)擦发式手持火焰信号

擦发式手持火焰信号操作步骤:

①撕去外面的防水袋,取出手持火焰信号。

②先将底部的胶带撕掉,然后再把顶部的胶带及盖子去掉。

③一只手握紧火焰信号,另一只手用底盖里的擦头去擦火焰信号上部,即可引燃火焰信号。

(2)拉发式手持火焰信号

拉发式手持火焰信号(如图 15-7-2 所示)及击发式手持火焰信号有一个机械装置,操作比较方便。

通常,打开拉发式手持火焰信号的顶盖或底盖会露出一个拉环,只要向外猛拉拉环,就可点燃火焰信号。

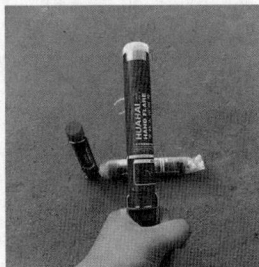

图 15-7-2　拉发式手持火焰信号

(3)击发式手持火焰信号

击发式手持火焰信号使用时,需转动把手下部一定角度,然后用力向上一推,火焰信号即可点燃。

部分国产的手持火焰信号一般由外壳和内芯两部分组成。使用时应先将内芯取出,外壳作为把手使用,以防止使用者烧伤手部。

15.7.3 漂浮烟雾信号

每个漂浮烟雾信号(如图 15-7-3 所示)上都注有使用说明及简明的图解,使用时应按规定的要求操作。其步骤如下:

(1)撕去塑料密封袋,揭去盖子,露出拉环;

(2)拉掉拉环,开始引燃发烟;

(3)将信号罐抛入下风舷水中或持在手中,让其发烟漂浮。

图 15-7-3 漂浮烟雾信号

15.7.4 日光信号镜

使用日光信号镜的光亮面反射日光,射向船舶或者飞机可以引起驾驶员的注意。

日光信号镜(如图 15-7-4 所示)的一角有一个观测孔,围绕观测孔刻有同心圆环及十字线。信号镜和瞄准环配合使用。其使用方法如下:

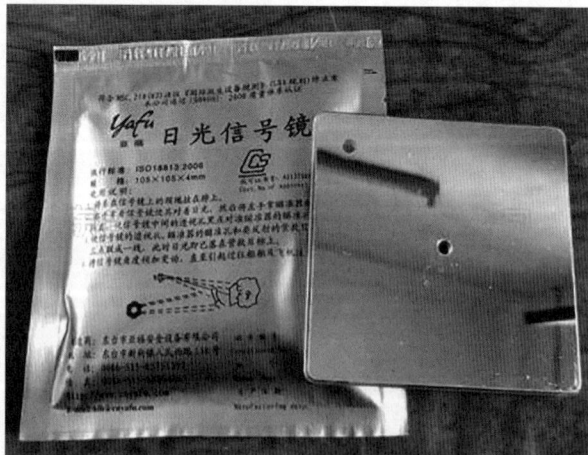

图 15-7-4 日光信号镜

右手拿住信号镜,将观测孔放在眼前,镜子的光亮面对着船舶或飞机,在较远的位置左手拿着瞄准环也对准船舶或飞机,设法通过观测孔和瞄准环的孔看到目标,注意应设法使信号镜观测孔周围的十字线和同心圆的阴影正好落在瞄准环的四周,即能准确反射到目标上。

15.7.5　哨笛信号

杂乱的哨笛声容易引起对方注意。声音在顺风方向可传送到较远的距离。

15.7.6　灯光信号

夜晚可利用电筒发光的长短信号发送遇险信号。杂乱的电筒灯光可引起船舶和飞机的注意。

第 16 章

寻找陆地和荒岛求生

16.1　海上辨别方向

辨别方向在海上求生过程中非常重要,如果失去位置,就可能失去获救的机会,甚至会导致死亡。同样,在茫茫大海上,正确辨别方向,也是寻找陆地和岛屿的前提。因此,学会辨别方向,是航海人员必须具备的能力。

辨别方向的方法很多,特别随着科学的发展,利用各种仪器定位辨别方向越来越精确、便捷,但在求生过程中最实际的、最有用的是利用自然环境辨别方向。

16.1.1　利用自然现象辨别方向

(1)日出、日落的规律

冬季日出位置是东偏南,日落位置是西偏南;夏季日出位置是东偏北,日落位置是西偏北;春分、秋分前后,日出正东,日落正西。

(2)北极星

北极星是最好的指北针,因为北极星所在的方向接近于正北方向,北极星可通过大熊星座找到。大熊星座包含北斗七星,七颗星间的连线像一个巨大的勺子,在晴朗的夜空是很容易找到的,勺口两颗星的连线延伸五倍于二星之间的距离有一颗较亮的星,这就是北极星(如图16-1-1所示),即正北方向。

(3)南十字星

在南半球夜晚天空,利用南十字星辨别方向。南十字星由四颗较亮的星组成,形同十字,较长的连线延伸后指向地球南极(如图16-1-2所示),即正南方。

(4)月亮

夜间还可以用月亮辨别方向。月亮的升落是有规律的。月亮升起的时间,每天都比前一天晚48~50 min。例如,农历十五的18时,月亮从东方升起。到了农历二十,相距5天,就迟升4 h左右,约于22时于东方天空出现。月亮圆缺的月相变化,也是有规律的。农历十五以前,月亮的亮部在右边,十五以后,月亮的亮部在左边。上半个月为上弦月,月中为圆月,下半月为下弦月。每个月,月亮都是按上述规律升落的。

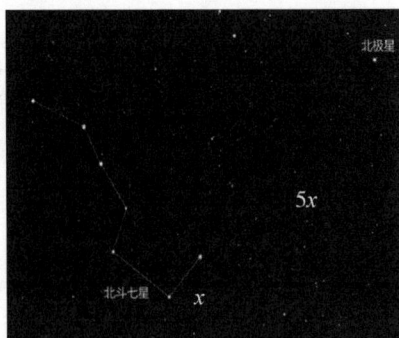

图 16-1-1　利用北极星辨别方向

图 16-1-2　利用南十字辨别方向

此外,还可以根据月亮从东转到西,约需 12 h,平均每小时约转 15°这一规律,结合观测时的月相、位置和观测时间,大致判定方向。例如,22 时看见夜空的月亮是右半边亮,便可判定是上弦月,太阳落山是 18 时,月亮位于正南;此时,22 时−18 时＝4 时,即已经过去了 4 h,月亮在此期间转动了 15°×4＝60°。因此,将此时月亮的位置向左(东)偏转 60°即为正南方。

16.1.2　利用仪器、仪表定向

(1)利用 GPS 接收机定向

GPS 接收机不仅可以为求生者提供连续的位置,同时也可为求生者提供所需的方向。

(2)手表测向法

冬季日出位置是东偏南,日落位置是西偏南;夏季日出位置是东偏北,日落位置是西偏北;春分、秋分前后,日出正东,日落正西。

①南半球:时针指向太阳,时针与 12 点刻度之间的平分线方向就是北方。

②北半球:将手表放平,时针指向太阳,在时针与 12 点刻度之间的平分线方向就是南方,如图 16-1-3 所示。

③若无指针式手表,可自制表盘。将实际时间的时针指向太阳,在时针与 12 点刻度之间的平分线就是南方(北方)。

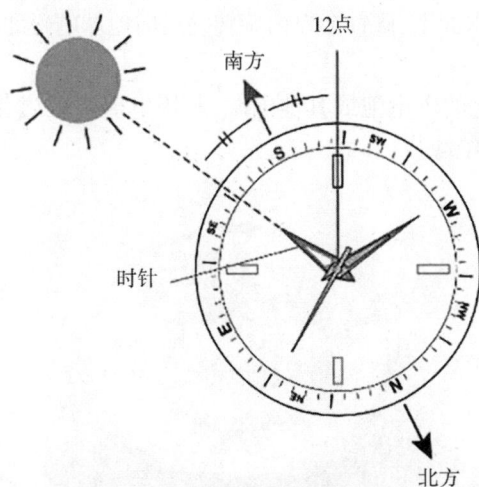

图 16-1-3　利用手表辨别方向

（3）磁罗经定向

罗经（如图 16-1-4 所示）是非常重要的海上求生器材。但要记住：罗经指针指向"北"或"N"是指磁北方向，与真北方向存在一个偏差角度，应测量出磁偏角的数值，以取得准确的罗经方向。当指北针的磁针静止后，其 N 端（通常都有标志）所指的方向即为罗北方向。

图 16-1-4　艇用罗经

16.1.3　自制指南针定向

（1）悬吊式简易指南针

反复在同一方向上摩擦一根铁针或一截铁丝，以使它们具备一定的磁性。将这样处理后的铁针或铁丝悬挂起来，以指示地球的磁北极方向。然而，这种磁性并不会非常强大，需要定期重新摩擦这些物体，以补充它们的磁性。如果有一块磁石，会更有效。注意沿同一方向将铁针与磁石不断摩擦。用一根绳将磁针悬挂起来，以便不影响平衡，但不要用有扭结或绞缠的绳。

（2）漂浮式指南针

在海上漂流中，使用悬吊式简易指南针确定方向是很实用的。然而，当遇到大风或强风时，这种方法可能受到风的影响而不够准确。另一种更可靠的方法是将磁针放在一小块纸或草叶上，然后让它们自由漂浮在水面上，磁针会自由旋转并指向地球的磁北极，如图 16-1-5 所示。

（3）电磁针

如果有电压为 2 V 以上的干电池或其他电源，利用电流可以磁化金属（铁针）。但需要准备一小截金属线，最好外包绝缘皮。

图 16-1-5　漂浮式指南针

制作自制指南针的方法是将绝缘皮外包的电线绕成线圈,然后穿过线圈的中心放一根铁针。如果电线没有绝缘皮,可以在铁针外面包裹几层纸。接下来,需要将线圈连接到电源上,通电至少 5 min。

通过其他方法确定真实的地理北方方向,然后检测自制指南针的南极和北极,最后进行标记。需要定期给自制指南针补充磁力。同时,还要将自制指南针指示的方向与观测太阳影子的方法得出的方向进行对照。请注意,如果周围有大量含铁金属的物体或矿藏,可能会对指南针的指示方向造成较大的误差。

16.2　接近陆地迹象

在海上待救过程中,如不能得到外界的更多支援,艇筏上的指挥人员应能根据失事船舶的船位、本海区的风流分布情况以及漂流时间推算出艇筏的大概位置、可能到达陆地的时间,并在漂移过程中注意观察周围各种现象,判断陆地所在方向,争取到岛屿上待救,这要比在海上待救更为安全有利。判断周围是否有陆地的方法:

16.2.1　观察天空

(1)在晴朗天空中,如果大多数白云都在移动,而其中却有一团相对静止的积云,则表明该云下可能有陆地。这类积云通常是由海洋上的潮湿空气,受地面热力抬升作用产生热力对流和抬升运动,在陆地上空形成的对流性的积云,其下方通常有岛屿或陆地。

(2)热带水域在天空或云的下端有绿色反光,表示云下有浅水地区(如珊瑚礁等),浅的礁瑚水面或者珊瑚礁反射的阳光常常会使天空呈现青色。

(3)在极地地区,如果云层中有较浅颜色的映像,那么很可能底下有冰面或者积雪覆盖的陆地。这些映象与开阔的水面在云层中造成的深灰色映象差别很大。

16.2.2　观察海水

(1)海水的颜色也可以作为寻找陆地的向导。因为在深海水域,海水颜色经常是深蓝或深绿色。较浅的颜色说明水浅,可能靠近陆地了。而在江河入海口处,由于江河里常常含有泥沙,会将海水的颜色变成泥沙色,据此也可找到陆地的方向。

(2)发现海面上漂流的海藻中有植物、树枝等,很显然说明陆地就在附近。

(3)在夜间如远处水天线附近出现了光晕、闪光,则可能接近了岛屿或陆地、船只。

(4)在中、高纬度海区,海豹和海狮等动物一般离岸较近。如发现它们,则说明艇筏靠近了岛屿或陆地。

(5)不要将海市蜃楼当成陆地,因为那只是非常遥远的景象。在热带地区,可能会产生海市蜃楼的现象,特别是中午时。只要稍稍调整一下观望的高度,海市蜃楼就会消失,或者它的外观和高度会改变。

(6)还可以根据波浪的运动方式探测陆地。波浪接近陆地时会被反射回来。跟着波浪前进,水面会因为波浪间的相互作用产生轻微的旋涡,沿着平行于旋涡水面的方向前进,就可以到达陆地。

16.2.3　观察鸟虫

(1)如发现蚊子、苍蝇、蜻蜓、蝴蝶等昆虫,岛屿或陆地很可能出现在上风处。

（2）相对于深海,陆地附近通常会发现更多的鸟。黎明时分鸟儿飞来的方向以及它们黄昏时飞去的方向可能就是陆地的方向。白天时,鸟儿到处觅食,它们的飞行方向没有什么特别的意义。可根据鸟早出晚归的觅食规律判断陆地或岛屿的方向。

16.2.4 注意灯光、声音和气味

（1）有雾时,或者下雨时,或者晚上,可以通过气味和声音来探测陆地。海边树林、沼泽地、淤泥地发出的腐烂、发霉等特殊气味可以传至很远。

（2）有时海面飘来燃烧物质(木材、煤炭、燃油、塑料、泡沫、乙醇等)的气味或者炊烟味道,预示岛屿或陆地就在上风处,但也有可能是过往的轮船。

（3）浪花拍击岸边发出巨大的声音,在远处没看见浪花之前就能听到它的咆哮。

（4）从一个方向持续不断地传来海鸟的叫声,说明距离它们所栖息的陆地可能已经不远了。

（5）夜晚,远处有闪闪的灯光,可能是陆地、岛屿、船只或灯标。但要认真分辨是灯光还是星光。

实际在海上判断陆地、岛屿的位置时,应同时使用上述各种方法,进行全面观察、综合判断,才能有效地发现附近之岛屿或陆地。决不能片面、孤立地使用一种方法进行主观判断。

16.2.5 登上荒岛

海上待救人员发现岛屿后,应尽快将救生艇筏驶向岛屿附近,登岛前应注意观察和了解岛屿及其周围风、流和水深情况,在没有探明岛屿情况之前,绝不可能贸然弃艇登岛。

由于岛屿四周的水流情况比较复杂,往往存在着暗礁和拍岸浪,特别是拍岸浪,从海上看到的似乎不如在陆上看到的大,容易使人产生错觉。艇筏进入浪区后,一旦操纵不当,就可能导致艇毁人亡,酿成灾难,所以选择正确的登岛地点及登岛时机对保证艇筏上人员的生命安全是非常重要的。

（1）选择登岛地点

①尽量选择岛屿的背风面,缓流处登岛。

②岛屿迎风一面的风、浪比较大,救生艇筏的操纵能力受到限制。在岛屿的背风面水流则比较平缓,有利于登岛。

③最好选择沙滩、浅滩、慢坡或泥沙底质地段登岛。

④泥沙底质可以避免在登岛过程中损坏艇体或筏体。避免峭壁、礁石或陡坡地段登岛。

⑤要选择白天涨潮后一段平流时间内进行登岛。应避免夜间登岛,以防发生危险。

⑥选择岛的开阔地带登岛,应避开岛的岬角处或风急、浪高处,防止因"岬角效应"发生危险。

（2）登岛准备工作

①所有登岛人员均应穿好救生衣。

②事先确定登岛探明情况的人员。尽量选择素质好、技术全面、机敏、果敢的人员。

③明确艇筏上其他人员在登岛行动中所承担的任务及事项。

④准备好舵、桨、海锚、艇锚、钩篙、缆绳等器材,并由专人负责使用。

⑤风浪比较大时,还要准备好镇浪油及碰垫。

⑥做好艇筏物品的绑扎、固定、搬运及登岛的准备工作。

（3）登岛方式

①登岛过程中,应保持艇首迎风、迎浪,防止艇筏在浪中打横,必要时可使用海锚及艇锚协助登岛。

②机动救生艇保持艇首向岸,以便有效操控救生艇。

③在预先选择好地点登岛,看准时机,尽量选择浪头,借助涌浪的冲力上岸,可取得更好的效果。

④在接近岛屿的过程中,如遇海面、水下情况比较复杂,不可冒进,可在艇筏前部利用钩篙、桨、探测绳索等工具,边探测边前进。

⑤先登上岛屿的人员先用缆绳将艇筏固定后,其他人员迅速搬运转移各种物品,然后依次登岛。

（4）登岛后的艇筏管理

①迅速将艇筏上所有有用物资搬运到岛上安全地点。

②救生筏是最好的帐篷,尽量将其搬到岛上。

③应尽可能将救生艇拉到岛屿位置较高处保管好。如不能拉到岸上,最好找到安全避风处锚泊。

16.3　荒岛求生

登上无人居住的荒岛并不代表求生者已经完全脱离危险并成功获救,这只是一个求生过程的结束,同时也标志着另一个相对安全且更持久的求生过程的开始。在这个时刻,求生者应该根据荒岛上的实际情况,坚守求生的基本原则,努力维持生命,并积极等待援救的到来。

荒岛上能否生存取决于各种因素,如食物、淡水、避难所、天气条件等。求生者需要利用岛上的资源,寻找食物和水源,建立临时避难所,同时保持警惕,以防野生动物袭击或其他潜在威胁。此外,保持信号和标记以吸引搜救队的注意也非常重要。

最重要的是,求生者应保持镇定和希望,不放弃,相信援救最终会到来。在荒岛上生存需要坚强的意志和创造性地解决问题的能力。只有坚持基本求生原则,积极应对挑战,才能提高生存的机会,并等待最终的救援。

16.3.1　选择住所位置

合适的住所可以保护人员免受阳光曝晒和风吹雨淋、避开昆虫侵扰、躲避酷暑和严寒。合适的住所还可以给人以安全感,增强求生意志。

（1）住所的位置应易于被救援者发现。在岛上尽量选择地势较高,容易被海上过往船只或空中飞行器发现的地方构筑住所。

（2）住所的位置应便于行动和解决饮水与食物,尽量节省体力。

（3）尽量减少外界因素对住所的影响,保护求生人员,使其免受风吹雨打和野兽的侵袭。构造形式上应使住所干燥通风,在寒冷气候条件下,应注意避风保暖,夜间可燃起篝火取暖和避免野兽靠近。

（4）不要忽视天然的藏身之所,例如洞穴、岩石之间的裂缝、灌木丛、小型的凹陷处、处于下风的山脚处的大岩石、树枝生得较矮的大树以及枝叶浓密的倒下的树木。不过在选择天然避身所时,需要注意:

①避开地势较低的区域,例如沟壑、狭窄的山谷或者小河的河床。地势低的地方晚上会受到冷风侵袭,因此此会比附近的高地冷,而且灌木稠密的低地会有更多的虫子。

②检查是否有毒蛇、扁虱、蝎子、会咬人的蚂蚁等。观察周围是否有松动的石头以及其他如枯木、坚果等,暴风雨来临时,它们很可能会砸到住所。

16.3.2　搭建住所

（1）搭建住所的材料选择

①桩及架子

可选用树干、树枝、竹子、石头等做桩及架子。

②覆盖物

弹性树苗、枝条、野草、长树叶都可用来编织篱笆及其类似物。用硬度大的材料做骨架,加以编织和填充。可以在原位上直接编织,也可先编织成块板状,再安排至适当的位置。绑牢主要的交结点,然后逐渐编上一些较为柔软的材料。

③绳索

如没有可用的绳索,可选用藤茎、树枝、芦苇或长草编织。长草按束编织,不断掺加草叶使其延长,可制成很不错的草绳。

（2）搭建住所的方法

①吊床

在热带地区,吊床是一种理想的休息器具,它既可以避免潜在的洪水威胁,又可以抵挡来自地面的虫子的骚扰。可以使用两根树枝和一些绳索编织一张吊床,也可以用绳索和结实的毛毯、帆布等物品为自己搭建一张吊床。

②茅草建造的草棚

首先,用树干或树枝搭建一个支撑结构;然后,用枝条、茅草或宽大树叶一层一层地遮盖起来,如图16-3-1所示。

图16-3-1　茅草建造的草棚

③圆锥形帐篷

将三根或更多的圆杆一端绑在一起,形成圆锥顶点,圆杆另一端斜插入地面中固定,再用兽皮、白桦树皮或防雨布覆盖,如图16-3-2所示。圆杆间夹角增大,帐篷内的面积即会相应增加,不过帐篷排水会略加困难。

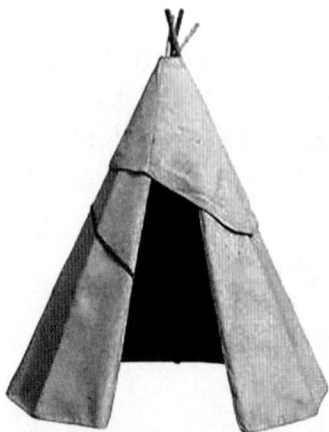

图 16-3-2　圆锥形帐篷

16.3.3　寻找水源

在荒岛求生环境中,水是最重要的物资之一。没有水,人支撑不了多久,特别是在炎热地区,大量出汗使得人体流失大量水分。因此,荒岛求生时应首先寻找水源。

探寻水源的方法有:

(1)听

注意山脚、山洞、断崖、盆地、谷底等是否有山溪或瀑布的流水声,有无蛙声和水鸟的叫声等。如果能听到这些声音,说明离有流动水源的地方已经不远了。

(2)嗅

如果嗅到潮湿气味,或因刮风带过来的泥土腥味及水草的味道,沿气味飘来的方向可以寻找到水源。

(3)观察

凭着丰富的经验和知识,观察周围地理环境、动物习性、植物特征、气候特点等也可以找到水源。

①根据地形、地势

a.山脚下往往会有地下水;

b.低洼处雨水集中处,地下水位高;

c.干河床的下面及河道的转弯处外侧的最低处,往下挖掘几米就能发现水;

d.峡谷中多沙石处、潮湿的石灰岩洞中可能有泉水或地下水渗出。

②根据气候

a.夏季,如在炎热的天气,地面却总是非常潮湿,在相同的气候条件下,这样地面久晒而不干不热的地方地下水位较高;

b.秋季,地表有水汽上升,凌晨常出现薄雾;晚上露水较重,且地面潮湿,则说明地下水位高,水量充足;

c.冬季,地表面的缝隙处有白霜,则表明地下水位也比较高;

d.春季,解冻早的地方和冬季封冻晚的地方以及降雪后融化快的地方地下水位高。

③根据植物生长情况

a.青草茂盛的地方,如生长着香蒲、柳、马莲、金针(也称黄花)、木芥的地方,地下水位比较高。

b.生长着灰菜、蓬蒿、沙里旺的地方,也有地下水;

c.初春时,其他树枝还没有发芽时,独有一处树枝已发芽,此处有地下水;

d.入秋时,同一地方其他树叶已经枯黄,而独有一处树叶不黄,此处有地下水。

④根据动物活动

a.跟踪动物的踪迹可以找到水源;

b.夏秋季蚊虫聚集,且飞成圆柱形状的地方一定有水;

c.有青蛙、大蚂蚁、蜗牛居住的地方也有水。

⑤根据天气

a.天空出现彩虹的地方,肯定有雨水;

b.在乌黑、带有雷电的积雨云下面,定有雨水或冰雹;

c.在总有浓雾的山谷里定有水源。

16.3.4　取水方式

(1)山沟和小溪边取水

在山沟和小溪边取水时,首先应鉴别水是否干净,能否饮用,其鉴别方法是:

①看水源有没有毒,只要看水源周边有没有大量的动物死尸,或植物有没有大面积坏死就行了。水源周边有大量的动物死尸,说明水源有毒,不能饮用。

②如果未发现水源周边环境异常,这样的水也不能直接饮用,以防水里有寄生虫或细菌等。这时可以把水取来煮开了再饮用。如没有火源和容器,可以取些沙或土放在布或衣料上,在地上挖个深一点的小坑做容器接从布料上漏下来的水滴,等稍清后可以直接饮用。也可以在水源边上挖个小坑,让外面的水慢慢地渗透到里面,也可以直接饮用。

③如找到干枯了的水源,在水源或干枯了的小溪里挖下去1 m左右就可以看到水,这样的水只要是淡水,就可以直接饮用。

(2)直接从植物中取水

如果岛上植被丰富,则可以选择如下几种方式获取水分。但从植物中获取的饮用"水",容易变质,最好即取即饮,不要长时间存放。

①香蕉或者大蕉树

取一根竹子,将一端削尖,将这尖端斜插入香蕉树内。随着时间的推移,香蕉树内的水分将沿着竹管缓慢流出。

或者砍掉香蕉树,留下来大约一节大约60 cm高的树桩。挖出内部的柔软的树芯,留出来一个类似碗形的空穴。用不了多久,树根里面的水自然就会涌入那个碗形空穴。

②竹子

嫩竹林是极好的饮用水水源。从嫩竹里收集的水是干净的,而且没有异味。收集水时,把一根嫩竹折弯,将顶端用绳索绑拴于地面上,切开顶端。夜间,水就自然会从竹子里面滴下。老的、裂开的竹子里面可能会贮有水。

③蒸发袋

给一根树枝套上一个透明的塑料袋,力求把整个树枝完全包裹起来。然后,在这根树枝的末端拴上一件重物。利用这种方法就可以使蒸发出来的水分滴入塑料袋的底部。

④植物蒸发袋

把一些草木封入一只塑料袋,然后置于强烈的阳光下。大量热能的作用下,植物本身的水分自然而然就会渗漏于塑料袋内。

⑤大叶植物

生长于热带地区的大叶植物,例如猪笼草,往往可以集存一些雨水。倘若准备饮用这样的积水,一定要认真仔细地进行过滤处理,以清除混入其中的各种虫子。

(3)收集雨水、露水

①下雨时,在地上挖个洞,铺上一层塑料布,四周用黏土围住,可以有效地收集雨水。

②还可用宽大的树叶制作一个漏斗形集雨器,用它把雨水收集到一个存储容器内。

③清晨,将干毛巾或其他棉线织物铺在草丛和树叶表面,将草丛和树叶表面的露水吸附在毛巾或织物上,然后再将毛巾或棉线织物内的水拧进容器里。

(4)冰雪化水

融冰比融雪容易,只需较少热能,可以更快更多地化出水来。同样的热能,冰能产生双倍的水量。如果只能用雪,应先融化小块的雪在罐子里,然后逐渐加多,一次性放入大量雪块的弊端在于,底部雪先融化成的水会被上部的雪浸吸,这样会产生中空,不利于进一步传热甚至会把锅烧坏。从雪层的底部取出的雪颗粒结构比表层多,易于产生更多的水。

(5)海上冰块化水

海上的冰块含盐高,化成水也无法饮用,除非年代很古老的冰含盐量较低。年代越近的冰块,含盐量也就越高,这些冰轮廓粗糙,一般呈乳白色。古老的冰块由于气候交替的影响,边缘会不那么光滑,一般呈天蓝色。

(6)海水淡化

①蒸汽淡化

把海水放进锅里盖上盖子煮沸后,每隔一两分钟取一次盖子上的水珠饮用。注意清理锅,不然盐会越煮越多。

②利用太阳能海水淡化器

首先将海水导入底盘内,然后将漏斗倒扣在底盘上,太阳光透过漏斗加速内部的海水蒸发,水蒸气在漏斗壁上凝结成水滴,并顺势流到漏斗四周的凹槽中储存起来。等储存了一定量的水之后,把漏斗倒过来,将淡化的海水直接倒入容器即可。据称,在光照合适的情况下该设备每天可淡化 1~1.7 L 的海水。

③利用海水淡化装置

有些船舶的救生艇上配备了小型海水淡化装置。这种海水淡化装置操作简单方便,可以提供饮用淡水,水处理量可达 0.89 L/h,除盐率可达 98.4%。

16.3.5 饮水处理

收集的水,应经过处理后才可放心饮用,常用的处理方法有:

(1)过滤

如果找到的水中含有泥沙或较多杂质,应该用单层或多层布过滤。

(2)杀菌消毒

①煮沸

利用沸水的高温可杀死水中寄生虫、细菌及微生物,如条件允许,最好采用此法处理饮水。

将收集到的水倒入容器煮沸 3 min,待冷却后即可饮用。

②漂白粉消毒

漂白粉可消毒、杀菌、凝固、沉淀及清洁水质。将收集到的水倒入容器中,每 20 L 水加入 2 片(约 10 mL)漂白粉,充分搅拌使其快速溶解。等漂浮物沉淀、水质清澈后,即可饮用。

③碘溶液消毒

可以使用浓度为 2.5%的碘溶液杀菌消毒。将收集到的水倒入容器中,每 20 L 滴入 8 滴碘溶液,充分搅拌使其快速混合,等待 8~10 min 即可饮用。

16.3.6　获取食物

绝大部分荒岛上蕴藏着极其丰富的食物资源。然而,要想获得这些食物,不仅要付出艰苦的劳动,还需要掌握一定的实用技巧。

(1)采集

①采集植物类食物

植物是很重要的食物来源,尽管它们可能无法提供人体所需的所有养分,但是却可以维持体力。很多植物类食物例如坚果、种子等,能够提供足够的蛋白质;植物的根部、绿色部分等都含有天然的糖分,能供应热量和碳水化合物,提供身体必需的能量。对于各种各样的野生植物,在食用之前最好进行一番认真仔细地挑选,并且禁止食用以下几种植物:

a.未熟透的果实、发霉的果实;

b.各种带有类似于氰化物那种杏仁味的野草、树叶或者种子;

c.各种三叶植物;

d.各种豆类、球茎植物或者豆荚种子;

e.外形酷似欧芹、莳萝、欧洲防风草的野生植物;

f.带有粉红色、紫色或者黑色尖刺的颗粒状果实。

另外,除非有绝对把握,否则,应当坚决打消食用蘑菇的念头。

②食用植物类食物

多数植物可以生吃,有些植物需要烹饪一下才能食用。改善食物的口味有以下几种方法:浸泡、煮半熟、烹饪或者沥滤。

a.叶子、茎秆、芽:放入水中煮,直至变软,多煮几次有助于去除苦味。

b.根、茎块:煮、烘或者烤。煮沸可以去除一些有害物质。

c.坚果:橡树果放入水中沥滤或者浸泡可以去除苦味;栗子尽管可以生吃,但是烤一下或者蒸一下味道会更好。

d.谷物和种子:炒一下会使之味道更佳,或者磨成粉,可以作为汤或者炖菜的增稠剂,也可以用来做面包。

e.汁液:如果汁液中含有糖分,可以煮去其中的水分以获得糖。坚硬的、有厚厚外壳的果实可以烘烤一下再吃。

(2)狩猎

可以通过自制木棒、飞镖、长矛等狩猎工具和挖陷阱等捕捉猎物。

捕捉野生动物以前,最重要的就是要知道被捕捉动物的大小以及它们的生活习性。为了掌握它们的行踪,应当时刻注意有关的迹象,例如兽粪、脚印、洞穴、皮毛等等。

在捕捉动物时应当注意:

①除非万不得已,对于大型危险动物,最好敬而远之。

②切勿步步紧逼一只危险动物,而它又无路可逃。

③对于那些钻入陷阱的动物,应当始终保持高度的警惕。为了逃生,它们很有可能拼死挣扎并且给求生者带来极其严重的伤害。

④一旦与危险动物相遇,可以进行深呼吸,以此来保持头脑清醒,逐渐树立起战胜它的信心。可以试着轻声与它对话,然后,小心翼翼地慢慢走开。

⑤确信面前的大型动物已经死亡,否则,不得贸然接近。例如,可以用一支长矛或者在一根树枝上绑好一把尖刀,以此来试探一下它是否已经死亡。

⑥白天收集鸟蛋时应格外小心鸟群的袭击。

(3)捕鱼

在海中荒岛上,可以通过钓鱼、网鱼、叉鱼等方法捕鱼,但有些鱼类有毒,不能食用,必须知道如何辨别鱼是否有毒。不要吃那些有毒或腐败的鱼,其特征为:

①气味奇怪;

②颜色可疑(腮的正常颜色应该是红色或粉红色,鱼鳞为明显的灰色);

③用拇指按压鱼肉之后会留下凹痕;

④黏糊糊的身体,而不是潮湿的;

⑤味道辛辣。

吃了腐败或有毒的鱼可能会引起腹泻、恶心、腹部绞痛、呕吐、瘙痒、麻痹,嘴里会有一股金属腥味。这些症状通常会在食用之后 1~6 h 之内突然发生。如果身处海边,一旦上述症状出现,应立刻喝海水,并强迫自己呕吐。

鱼死亡之后会很快腐烂,特别是在炎热的天气,所以抓到鱼之后应尽快食用。

16.3.7 生火

火有很多用途:火苗释放热量产生暖意,会节省体内热量散失;可以烘干衣服;可以熏肉,熏过的肉食既是美味又可以较长时间保存;可以吓跑危险的野兽;它的烟雾可以驱走害虫,还可发出求救信号。总之,火会带来生机,会带来信心和希望。

在荒岛上,求生者可以利用救生艇筏上和荒岛上可以利用的设备、工具和天然材料来生火。

(1)电池取火法

利用救生艇上的蓄电池,用两根导线分别把电池的两极连接起来,准备一些棉絮或者其他易燃物品再把这两根导线在易燃物品之间碰在一起,就可以产生一串火花,引燃燃烧物。

(2)火药(焰火信号)取火法

还可以试着引燃一颗手持火焰信号或降落伞火箭信号,直接引燃燃烧物。

(3)太阳能取火法

利用放大镜聚光原理引燃燃烧物。如果没有放大镜,可利用望远镜镜片(凸透镜片)。在寒冷地带还可以用冰来制造凸透镜。

(4)钻木取火法

这是被了解得最广泛,但同时也是最困难的一种方法。

(5)火柴

荒岛取火时,最简单的方法就是利用一盒防风火柴。当然,很可能会遇到以下两种情况,一是火柴受潮湿,二是火柴已经全部用完了。当火柴受潮湿时,可将火柴在阳光下晾晒。与其他的取火方式比较起来,用火柴取火可以节省宝贵的时间与精力。

16.3.8 建立值班瞭望制度

登岛结束,但并不是求生过程的结束,而只是另一种求生过程的开始。为了及早获救,求生者必须建立值班瞭望制度。

(1)登岛后应尽快恢复救生艇筏上的值班瞭望制度,由全体人员建立起轮流担任的24 h值班制度。

(2)瞭望人员的位置应设立在能全面观察岛屿周围海面及天空而不被地形地貌遮挡的地方。

(3)瞭望人员应使用一切有效手段进行瞭望以及时发现过往的船舶或飞机,发现目标后应向其发出易于被观察到的求救信号。

(4)用救生艇筏上的各种信号和无线电设备向周围海域发出求救信号。

(5)在面向大海的地面上用石头、贝壳或植物堆砌排列成 SOS 字样,且字母越大越好。

(6)在明显的位置上存放大量干透的火种和木柴。当发现船舶、飞机而需要紧急施放烟雾信号时能及时引火。燃放三堆火焰是国际通行的求救信号,将火堆摆成三角形,每堆之间的间隔相等最为理想,这样安排也方便点燃。如果燃料稀缺或者自己伤势严重,或者由于饥饿过度虚弱得不能凑够三堆火焰,那么点燃一堆也可以。

不可能让所有的信号火种整天燃烧,但应随时准备妥当,使燃料保持干燥,一旦有任何飞机路过,就尽快点燃求助。分别准备好干柴(劈柴、干燥树枝、油料等)和湿柴(绿草、树叶、苔藓和蕨类植物、青绿的树枝、宽大的绿叶及橡胶)。

白天,用潮湿的植物烧成浓烟最有效,所以火堆上要添加会散发烟雾的材料。浓烟升空后与周围环境形成强烈对比,易使人注意。

夜间,燃烧干柴,发出火焰最有效。

第 17 章

获救

船舶遇险时,当求生者在海上漂泊一段时间,经历了各种困难和危险后,他们最渴望的是得到外部援助,成功脱险。然而,面对外部援助时,了解参与救助的船舶和飞机进行海上搜救的相关知识,掌握必要的获救方法,以便正确配合外部援助,也是求生者最终成功脱险所必需的。

在遭遇困境时,了解搜救团队的运作方式、救援设备和通信方法,有助于求生者更好地与救援人员协作,提高获救的机会。此外,了解如何发出紧急求救信号、如何使用救生设备以及如何正确应对可能采取的救援方案,都是关键的技能。

17.1 船舶救助

17.1.1 救助船收到遇险信息所采取的行动

船舶救助是海上最为常见的救助方式之一。救助船舶收到遇险船舶或来自 RCC 以及其他船舶、飞机转发的遇险信号后,应立即采取下列紧急行动:

(1)确认已收到遇险呼救电文后,若可能,尽量收集遇险船舶位置、事故情况及伤亡人数等信息。

(2)立即调整本船航向,全速驶向失事海域。

(3)开启通信设备,保持在以下遇险呼叫频率值守:

①500 kHz(无线电报);

②2182 kHz(无线电话);

③156.8 MHz(甚高频 16 频道)。

(4)在与遇险船舶建立联系后,迅速告知本船船名、呼号、船位、航速及预计到达时间等信息。

(5)向遇险船舶进一步确认其准确位置、名称、呼号、事故情况及人员伤亡情况。

(6)注意其他救助船舶的位置和动态。

17.1.2 营救前的准备工作

在驶往救援现场的途中,救助船舶应做好营救前的各项准备工作:

(1)沿水线从船首到船尾系好一条大缆,并在大缆上绑一些小绳与船舷连接,以供救生艇筏系靠;

(2)在最低开敞甲板的两侧备撇缆、软梯和爬网,必要时应指定几名船员准备下水营救遇险者;

(3)备好一只救生筏,以便在需要时作为登船站;

(4)准备好对遇险者的医疗救助,包括担架;

(5)备妥抛绳设备及与之相连的索具,准备使用自己的救生艇时,应做好放艇准备并配备相应的通信工具。

17.1.3 驶近出事海域所采取的行动

(1)救助船舶应开启雷达,交替使用雷达的远近距离量程,注意寻找遇难船舶或救生艇筏的回波;

(2)救生艇筏上配备的雷达反射器也有助于增大雷达的探测距离,使救助人员及早发现艇筏上的求生者;

(3)当遇险人员开启 SART 时,它可以接收到附近船舶 X 波段的雷达信号,并受其触发,使其主动部分工作,救助人员可根据 SART 一系列亮点中离荧屏中心最近的一点的方位和距离找到幸存者所在的位置。

17.1.4 抵达出事海域所采取的行动

(1)加强视觉瞭望,白天利用望远镜,夜间开启探照灯严密搜索海面;

(2)当遇到雾天及能见度较差的天气时,可鸣汽笛、雾号、锣、哨等声信号吸引求生者的注意;

(3)夜间还可发射各类焰火信号,以引起求生者的注意。

17.1.5 救援遇险船舶所采取的行动

(1)救援船派出救助艇救助

①救援船在难船上风侧停泊,由下风舷放出救助艇至难船;

②遇险人员迅速登上救助艇返回救助大船,由舷梯、登乘梯或直接吊艇登船;

③如遇险人员较多,救助艇可以用牵绳与救助大船连接,以便往返牵引。

(2)救助遇险艇筏上的遇险者

对已在遇险船救助艇筏上的遇险者,应采取下列行动:

①救援船在遇难艇筏上风停泊,并指挥遇难艇筏配合行动。

②当救援船驶近遇难艇筏时,艇筏内人员应收回海锚,防止绞缠来船的螺旋桨。

③由救援船向遇难艇筏抛投绳缆,必要时可采用抛缆设备,但要注意人员安全。

④当遇难艇筏带好缆绳后,由救援船上人员牵拉艇筏至舷边,可采用下列方式登船:

a.最好利用起重设备将遇难艇筏及人员一起吊上船,这样可以节省遇险人员的体力并使之及早得到护理;

b.可将遇险者转移到救助船的救助艇中再吊起;

c.放下舷梯、登乘梯,协助遇险人员直接登船。

(3)救助漂浮在海上的遇险者

①在舷边张挂救生网:供漂浮在海上的遇险人员攀附。在网的两个下角各连接一根吊索

通往起货机,绞拉吊索,缓慢将遇险人员吊起。

②对远离舷边的待救者,可用抛绳枪把带浮体的救生索掷给他们攀附,再将他们拉到船舷边吊上船。

③如有大群遇险人员漂在水面时,可拖曳带有救生圈或救生衣等浮力较大的缆绳,在漂浮者上风处低速绕圈,让人员攀附其上再设法救起。

④如有可能最好还是放下救生艇,将漂浮人员逐个救上艇。

⑤使用救生裤:救生裤是在救生圈上缝一条帆布短裤,使遇难者骑在上面。当风浪很大,人员无法离开遇难船时,可用抛绳设备或其他方法在两船间带好缆绳,用救生裤将遇险者转移到救助船上。当风浪很大且在两船间绷紧大缆有困难时,可直接从水面上用救生裤渡送。

17.1.6 船舶救助的注意事项

(1)风浪过大,可采用镇浪油;

(2)遇难的艇、筏不要横在船首或船尾部;

(3)首先救助处在较危险的一方,如即将沉的船上的人员、落水人员及生命受到危害的人员;

(4)遇险人员在接受救援过程中,应尽量配合救助,听从救助人员的指挥,主动地在船舶正横方向上集结,避免在大船的船首或船尾方向上漂浮,以防发生危险。

17.2 直升机救助

直升机在海上搜救中具有独特的优势,可用于物资供应、人员救援和转移。它的出动速度快、机动性强、受天气和海况影响较小、视野开阔、搜寻范围广,因此被认为是海上人命救援中效率最高的工具之一。为了确保海上搜救的成功,并避免在直升机与船舶之间的救援操作中出现问题,导致损失扩大,海上人员需要了解直升机救援系统的工作原理,掌握搜救直升机的特点、救援程序和方法。这将使他们能够与直升机救援团队密切合作,充分发挥其最大的效能,以达到最佳的救援效果。这种了解和协作能够提高海上搜救的效率,确保尽快营救被困人员。

17.2.1 海上搜救直升机的特点

(1)直升机可以在最短时间内到达遇险船舶,从而为抢救生命赢得宝贵的时间。

(2)直升机活动半径一般可达 300 n mile,当有空中加油时直升机可以飞行更远距离。

(3)直升机在海上搜救,船舶遇险海域的能见度状况、风力大小和遇险船的摇摆程度等因素将直接影响直升机救助工作能否顺利进行。

(4)直升机抗风能力一般为 10 级,风速不超过 50 kn。一般情况下,船舶横摇或纵摇超过5°,直升机就难以降落在船舶甲板上,此时需要船长适时调整航向和航速,减轻船舶摆动和甲板上浪。

(5)直升机接近海面飞行时,由于旋翼产生的下冲气流和海面之间相互干扰而形成地面效应。直升机离海面越近这种现象就越明显。曾发生过直升机在海上搜救过程中,产生的下冲气流掀翻救生筏的事件。

(6)直升机进行吊升的悬空高度一般是距甲板或救生艇筏约 27 m,吊区周围至少 15 m 内无障碍物。在可供安全降落的甲板或舱盖上按规定用白色油漆绘上"H"字样的标志。

(7)直升机可搭载人数,依据飞机类型而定,一般人数限制在 1~30 人。直升机的重量是限制每一架次救起幸存人员人数的一个因素。减少不必要的设备,或采取最少的燃料负荷和缩短飞行距离等方式可以减少直升机的重量,增加搭载人数。

(8)直升机的升降设备一般在右边,因此除特殊情况外,直升机的吊升作业一般是从船的左舷进入吊运区。

(9)直升机最大的特点是可以垂直升降,可以在较小的场地安全升起和降落,并能在空中悬停。直升机是非常理想的海上搜寻救助工具。

17.2.2　常用直升机救助设备

(1)救难吊带

救难吊带(见图17-2-1)最适合于快速地吊起人员,但对病人不适用。其使用方法为:

①将吊带的圆环由头部套入,绕过后背并夹在两腋之下,吊钩置于胸前;

②用吊带上的收紧环,将吊带收紧;

③吊起时,保持面部对着吊钩,手自然垂于两侧,不要紧抓吊带;

④吊升过程中,被救人员严禁只用手抓住吊带或坐在吊带上,吊升过程中始终保持吊带不脱钩、不滑落;

⑤在遇险者不能自救时,直升机将放下一个施救人员和一个普通救难吊带,遇险者可在救生员帮助下,将吊带套至腋下并提升到直升机内。

图 17-2-1　救难吊带

(2)救难吊篮

救难吊篮(见图17-2-2)具有使用简单方便的特点,使用者只要爬入救难吊篮,坐稳并抓牢便可。

图 17-2-2　救难吊篮

（3）救难吊笼

救难吊笼（见图17-2-3）的形状类似锥形鸟笼，其一侧设有一个开口，遇险者只要从开口进入，坐稳抓牢便可。

图 17-2-3　救难吊笼

（4）救难吊座

救难吊座（见图17-2-4）非常像一个带有平的爪或座位的三爪锚。撤离人员只要骑坐在一个或两个爪形的座位上，并用手抓住锚杆便可。

图 17-2-4　救难吊座

（5）救难担架

救难担架（见图17-2-5）专用于吊升遇险的伤病员，它与船上的担架不同，装有索带并由特殊吊钩与升降机的吊索迅速而安全地连接或脱卸。

图 17-2-5　救难担架

17.2.3　直升机救助方式

（1）建立联系

船舶与直升机间应建立直接的无线电联系,保持在以下遇险呼叫频率值守:

500 kHz(无线电报);

2182 kHz(无线电话);

156.8 MHz FM(甚高频16频道);

121.5 MHz AM(无线电话)。

如果无法与直升机取得联系,可以请求附近的海岸电台给予帮助,并通过海岸电台与直升机建立通信联系。这些通信的内容应包括:

①建立直升机与遇险(难)人员的联络方式及使用的通信频率(确定VHF联系频道);

②报告本船的船名、呼号、失事地点(经度和纬度或指明本船与某一位置确定物标的相对位置)及所在海域的气象情况;

③报告船舶和人员的情况及需要何种援助,若需接送伤病人员,还应告知详细的伤病情况、处理方法;

④遇险船舶应确定直升机何时起飞、预计抵达时间、船舶与直升机的联系方式;

⑤提供直升机驾驶人员所需其他信息。

（2）遇险船舶在直升机到达前的准备工作

遇险船舶在直升机到达前应做好各项准备工作:

①驾驶台根据海况或直升机驾驶员要求,控制船舶保持迎接直升机救助的最佳姿态。

②甲板部应配备足够的人员,负责作业的人员必须携带无线电对讲机,保持与驾驶台通信联系。

③在可供安全降落的甲板或舱盖上按规定用白色油漆绘上"H"字样的标志。

④如在夜间,船舶应尽可能开启所有照明(特别是照亮作业区域),但注意这种照明不能妨碍直升机驾驶员的视线。

⑤尽量清除在直升机降落区域周围有碍的钢丝及障碍物,系牢或移走作业区域内或其附近的散放物品,保持作业区及进出通道的清爽、畅通,为防止直升机旋翼引起尘土飞扬,若需要应事先冲洗甲板。

⑥当直升机进入视野时,难船人员白天可使用橙黄色烟雾信号、日光反射镜,夜间可使用降落伞火箭信号及手持火焰信号,以引起直升机驾驶员的注意。直升机临近时,遇难船舶升起三角旗或风袋,为直升机驾驶员显示风向。甲板上的指挥人员可用下列视觉信号与直升机驾驶员保持联系:手臂反复地向上、向后摆动,表明船舶准备就绪,直升机可以靠近;手臂在头上不断地交叉,表示吊升作业结束,如图17-2-6所示。

⑦做好应急消防工作。启动消防,准备好消防皮龙、便携式泡沫灭火装置、干粉灭火器,但不能妨碍直升机降落或吊升作业。

⑧备好救生艇,并使其处于随时可用状态。所有甲板人员应穿着救生衣,戴好安全帽;控制吊钩的人员戴好电工用的绝缘胶手套,穿好绝缘鞋,防止静电电击。

⑨作业现场要准备好太平斧、撬棍、钢丝剪、红色应急信号和医疗急救物品等。

⑩直升机即将到来时,关掉雷达或将其置于待机状态。

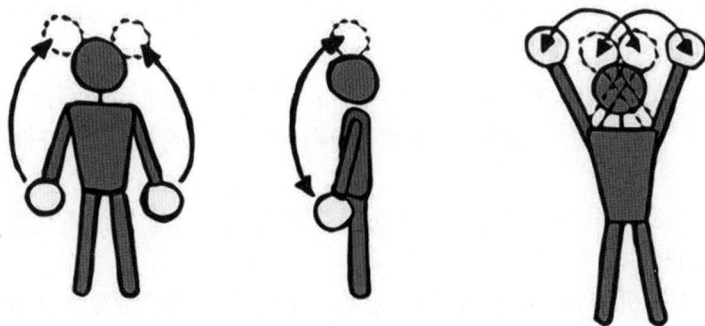

图 17-2-6　视觉联络信号

（3）直升机救助方式

①直升机悬停吊装作业

大型直升机通常不宜在大船降落，可空中悬停实施吊升作业。

a.直升机通常迎风，由船尾方向接近船舶。

b.直升机和船舶驾驶员在操作过程中应密切配合，船长应根据直升机驾驶员的要求，及时调整航向和航速。船舶应定速航行，保持风向在船首左舷30°。

c.当操作区在船尾以外的其他部位时，保持风向在船首右舷30°。

d.直升机悬停是直升机在一定高度上保持航向对地标位置不变的状态。直升机悬空高度一般是距甲板（艇筏）约27 m。吊运区周围15 m内应无障碍物。因直升机的升降设备和舱口一般在右边，除特殊情况外，直升机的吊升作业一般是从船的左舷进入吊运区。

e.吊装物料或货物时，吊钩操作员在每票货物落到甲板时扶住，然后摘钩。

f.在货物吊回直升机的过程中，吊钩操作员应保证货物堆码良好，挂妥吊钩并合上挂钩，然后，吊钩操作员才可以解钩和挂钩。

g.常用吊钩操作手势：

勿吊升：手臂伸开放平，四指紧握，拇指朝下；

吊升：手臂伸在水平之上，四指紧握，拇指朝上。

如由遇险者自己发起吊信号，只要伸出一个手即可，但要防止人从绳套中滑出。

②直升机降落甲板作业

一般小型直升机，可直接降落甲板指定区域，完成装卸及登乘作业：

a.船舶甲板人员在直升机着陆前应远离作业区，现场的指挥人员应站在着陆点的上风显著位置，能够看到直升机驾驶员，以便给出相应的信号。

b.直升机着陆后会关闭防止碰撞灯，直升机驾驶员或绞车手显示可以安全接近的信号后，甲板人员才可以上前协助人员上下飞机或卸下物料。

c.绞车手应协助船舶驾驶员管理直升机周围的人员流动。特别注意的是在作业区外的人员听从现场负责人的指挥，所有货物都应及时从直升机旁移开，并保证货堆远离直升机下冲气流。在飞机飞离前，甲板人员必须离开，甲板上的负责人员在向直升机驾驶员发出可以升起信号前，应检查周围是否清爽。

③直升机对遇险救生艇筏上人员实施救助（如图17-2-7所示）

为了便于直升机的救助行动，在救生艇筏上的人员应做好下列事项：

a.直升机在救生艇筏上方悬空时,由于受直升机向下气流的冲击,造成强劲的大风,救生艇筏可能会倾覆,因此艇筏上人员应聚集在中部直至被吊升为止。

b.所有被吊起人员均应穿着救生衣,除非穿着救生衣将使伤员病情恶化才可以不穿。

c.伤病员在吊升时不要穿着宽松衣物,戴帽子、头巾或遮盖未经捆扎牢固的毛毯等物。

d.艇筏上人员为避免吊升设备的金属部分带有静电与人体产生放电现象,应先让其接触海水后才能抓紧吊升设备。

e.为了便于对直升机驾驶员指示救助现场风向,艇筏上应设法举旗并使其随风飘扬,也可以用艇篙举起衣物使其随风飘扬。

f.在直升机吊放人员时,机上与艇筏之间可用手势信号联络。

g.最后一名由直升机吊升离开救生艇筏的遇险者在离开艇筏时,应将艇筏上的示位灯、示位标关闭。

图 17-2-7 直升机救助

④直升机对落水人员实施救助

直升机在海上搜寻发现海面的落水者后,会立即将直升机在落水者上空悬停,一般由直升机专业救生员直接实施救助或放下吊升装置进行救助。

a.直接释放救助设备救助

常见的救生设备有:救难吊带、救难吊篮、救难吊笼及救难担架等。其中救难吊带应用最为广泛。当救难吊带由直升机释放下来后,落水者可以按照下列步骤接受救助:

(a)必须等救难吊带落水放电后,才可抓住;

(b)将救难吊带套入,绕过后背并夹在两腋之下,吊钩置于胸前;

(c)用吊带上的收紧环将吊带收紧;

(d)准备完毕后发出"吊升"信号;

(e)吊起时,保持面部对着吊钩,手自然垂于两侧,不要紧抓吊带;

(f)吊升过程中,被救人员严禁只用手抓住吊带或坐在吊带上,吊升过程中始终保持吊带不脱钩、不滑落;

(g)接近直升机舱门时,机组人员会协助落水者将身体转至背对舱门方向,并帮助落水者进入飞机;

（h）接到指令后，方可脱去救难吊带，在指定地点坐好。

b.直升机放下救生员实施救助

落水者由于体力消耗过大，可能已失去活动能力，这时直升机驾驶员会使用双起吊的方法，即放下救生员帮助救助，目前我国直升机救助大多采用此种方式，其步骤为：

（a）直升机直接吊放下救生员，并携带救难吊带；

（b）救生员迅速接近落水人员，并帮助套上救难吊带；

（c）救生员和落水人员互相拥抱；

（d）发出吊升信号；

（e）接近直升机舱门时，机组人员会协助落水人员进入飞机。

⑤注意事项

a.所有被吊升人员均应穿着救生衣。

b.直升机悬空在救生艇筏上方时，螺旋桨产生的向下气流的冲击，有可能使救生艇筏倾覆。因此救生艇筏内的人员应坐在艇筏底中央，待吊升设备放下后再依次站起离去。

c.所有被吊升人员均不得穿宽松的衣服，更不可单独吊升轻质的衣物。

d.应注意防止吊升设备带静电发生"电击"事故。

e.救生艇筏应设法显示风向，供飞机驾驶员识别。

f.绝对服从指挥，严格遵守秩序，严禁争先恐后。

g.最后离开救生艇筏的人员应关闭示位灯。

第 18 章

个人求生实操训练

18.1　能正确穿着救生衣

18.1.1　训练目的

救生衣是船上为每个人配备的个人救生装备。它穿着方便,可以让穿着者在水中自动浮出水面,确保他们浮在水面上,同时防止灌水,即使是处于昏迷状态的人也能保持相对的安全状态。救生衣是非常重要的海上安全装备,可以在紧急情况下,确保船员在海上求生时获得生存和等待救援的机会。

18.1.2　训练器材

固有浮力式救生衣(国产 5546 式)。

18.1.3　训练步骤

(1)穿着前应检查救生衣浮力块有无受损,缚带、颈带、救生衣口哨和救生衣灯是否完好;

(2)双手拿起救生衣前浮力块,套入头颈;

(3)系好颈带,打"平结"(死结);

(4)将左右两根缚带分别穿过两侧"眼环",绕到身后交叉,再返回到胸前穿过胸前的"眼环"并将缚带卡在前浮力块的凹槽并打"平结"(死结),如图 18-1-1 所示。

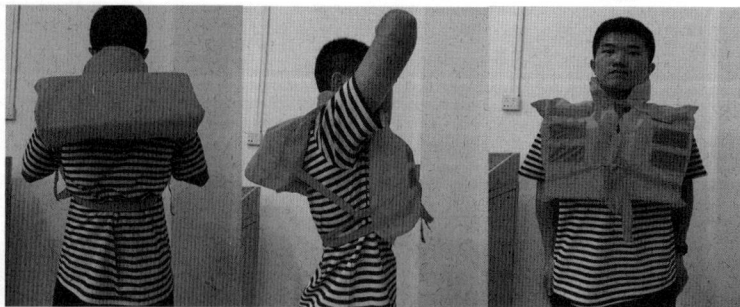

图 18-1-1　穿着救生衣

18.2 能正确穿着和使用浸水保温服

18.2.1 训练目的

浸水保温服(如图18-2-1所示)能提供浮力和保暖,使穿着者在水中等待救援时能够保持体温和浮力,以应对恶劣的海洋条件。

18.2.2 训练器材

浸水保温服。

18.2.3 训练步骤

(1)穿着浸水保温服之前应穿着适当保暖衣服;

(2)摊开衣服,伸入双腿,不必脱去鞋子;

(3)收紧腿部限流拉链或收紧带;

(4)穿上双臂,戴好帽子,拉合水密拉链;

(5)整理服装,戴好挡浪板;

(6)如果需要增加浮力,救生服外面加穿一件救生衣;

(7)脱险后按照穿着时相反的顺序脱下,晾干,叠好收藏。

图18-2-1 浸水保温服

18.3 能安全从高处跳入水中

18.3.1 训练目的

求生者如不能直接自船上登上救生艇筏,就只能选择从船上跳入水中,然后游泳登上附近海面上的救生艇筏。

18.3.2 训练器材

救生衣。

18.3.3 训练步骤

（1）穿好救生衣,在船甲板(泳池)边缘站好,高度不超过 5 m;

（2）深吸一口气,用一只手捂紧口鼻;

（3）另一只手紧握救生衣上端或者抱住救生衣下端;

（4）肘部尽可能靠在身体两侧,双臂在胸前抱紧;

（5）保持两眼向前平视,不要向下看,否则会造成身体前倾;

（6）向前迈开一大步,后腿随即跟上,双腿并拢夹紧,保持头在上,脚在下垂直入水;

（7）始终保持上述姿势,直至身体浮出水面后,才能松开双手。

18.3.4 注意事项

跳水者有时因身体重量失衡,可能造成跳水时倾斜入水。一旦身体停止下沉,发觉脚与水面平行或者双脚几乎位于头部上方,应立即停止各种动作,利用身体的自然浮力将身体恢复至接近正浮姿态。跳水姿势如图 18-3-1 所示。

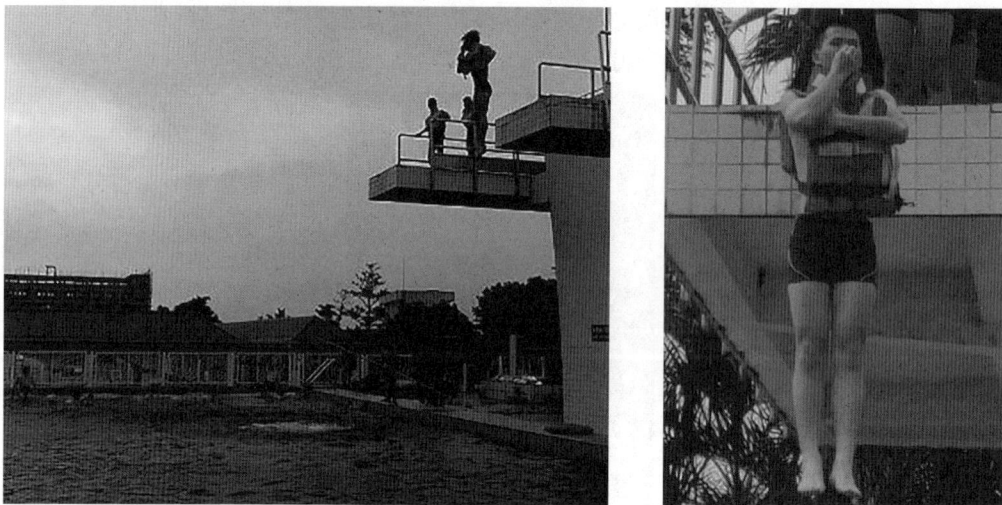

图 18-3-1　跳水姿势

18.4　能穿着救生衣扶正倾覆救生筏

18.4.1 训练目的

气胀式救生筏通常会被抛入水中,拉动充气索,使其在海面上自动充气成形供人员等待救援。然而,有时由于风浪等外部因素的影响,救生筏可能会在水面上倾覆,导致人员无法进入救生筏内,无法发挥救生作用。因此,首要任务是将救生筏扶正,确保其能够正常使用。

18.4.2 训练器材

气胀式救生筏。

18.4.3 训练步骤

(1)游向救生筏,将救生筏装有 CO_2 充气瓶的筏体一侧拉至下风海面。

(2)向上抓住扶正带,爬上筏底。像游泳一样用力蹬腿有助于登上筏底。如果没有成功,可以尝试将脚或膝部放到救生筏外扶手索上以帮助扶正。有些筏在你爬上救生筏时,就可能扶正,而有的筏却很难扶正。

(3)双手拉住筏底扶正带上端后,双脚站在筏底下风侧边缘或者钢瓶上。

(4)身体伸直用力向后仰,筏即被扶正过来,如图 18-4-1 所示。

图 18-4-1　扶正救生筏

18.4.4 注意事项

在扶正救生筏的过程中,当筏体与水面接近垂直时,应松开双手,身体后仰,采取仰泳迅速游离救生筏,以防被压在筏底下;如果被压在筏底下,可用双手推开筏底形成"气袋",然后迅速游出筏底,避免面部向下游开,以免救生衣挂住筏底,最后应从筏的两侧游离(一般顺着扶正带游开),避免被登筏软梯套住而遭遇危险。

18.5　能穿着救生衣游泳

18.5.1 训练目的

跳水后,游泳离开大船一定距离后,应主动搜索海面求生设备,有目标后再继续游向目标,或原地吹救生衣上的哨笛,打开救生衣自亮灯,吸引艇筏上或其他救助人员注意,等待救援。

18.5.2 训练器材

救生衣。

18.5.3 训练步骤

穿着救生衣可以采用各种泳姿来游泳,例如仰泳、蛙泳、自由泳等常见的泳姿,如图18-5-1所示。和正常游泳一样要正确掌握呼吸方法,可采取鼻呼口吸的方式,避免换气时呛水。

18.5.4 注意事项

如果海况比较好,最好选择仰泳姿势,因为救生衣在正常情况下就可以使人自动保持此姿势。

图 18-5-1　穿着救生衣游泳

18.6　能未穿着救生衣保持漂浮

18.6.1　训练目的

如果海面波涛汹涌无法仰浮待救,则可以转动身体使脸朝下浮在水中。此种防止溺水的方法也称作水中求生法,它是基于肺内注入气体时人体产生的自然浮力,其目的在于保持人员在水面长时间生存,甚至包括那些穿着全套服装不会游泳的水中人员。防止溺水法可以节省水中漂浮人员的体力,而长时间采用防止溺水法比通过游泳保持漂浮的方法更容易。

18.6.2　训练器材

无。

18.6.3　训练步骤

（1）放松体位

求生者深吸一口气,然后沉入水面以下。保持面部朝下,后脑勺位于水面。在这个位置,求生者沉入水中不会很深,如图 18-6-1 所示。

（2）准备呼气

准备下一次呼吸时,保持身体和头部位置,慢慢抬起双臂至与肩同高,双腿慢慢分开做类似剪刀形蹬水。

（3）呼气

抬头使嘴刚好露出水面,经鼻子、嘴或者两者一起呼气。如需要确定方向,求生者必须睁开眼睛。

（4）吸气

当头与水面垂直时,向下摆动手臂,双腿并拢。空气随之进入口内。注意手臂和腿的动作必须缓慢,如图 18-6-1 所示。

（5）恢复至放松体位

放松双臂,同时双腿返回悬垂状态,面部重新回到水中,恢复到"放松体位"重复上述步骤,可以保持求生者在水面附近漂浮待救,如图18-6-1所示。

图18-6-1　未穿着救生衣保持漂浮

18.7　能穿着救生衣从船上或水中登上救生艇筏

18.7.1　训练目的

在水中没有外部帮助的情况下,直接登上救生筏通常是一项相当困难的任务。为了克服这一挑战,应该最大限度地利用自己的脚和攀拉索带登上救生艇筏。

18.7.2　训练器材

救生衣、救生艇、救生筏。

18.7.3　训练步骤

（1）登上救生艇

①游到救生艇的舷侧,抓住两侧下垂的救生索,用双脚蹬在艇侧下方的舭龙骨上;

②双手攀住艇的缘边,用双脚蹬住救生索,同时用力使身体向艇内倾斜,从水中进入救生艇;

③在救生艇上的人员可以通过调整艇内人员的分布,压低救生艇的侧壁,抓住在水中的人员的手臂或衣物,以协助他们登上救生艇;

④如果救生艇内配备了登艇梯,救生艇上的人员可以放下登艇梯,以帮助水中的人员登上救生艇。

（2）利用绳梯登上救生筏

气胀式救生筏通常在首尾进出口的一侧设有由绳带制成的登筏梯,同时进出口处上浮胎上还设有攀拉索带。要登上救生筏,水中的人员可以按照以下步骤进行操作:

①游到筏的入口下方:首先,将自己游到救生筏的入口下方,确保身体位于进出口处。

②抓住登筏梯和攀拉索带:一只手抓住登筏梯,另一只手抓住上浮胎上的攀拉索带,以稳定身体位置。

③登上登筏梯最上面一格:用双脚蹬上登筏梯的最上面一格,确保稳定。

④利用攀拉索或上浮胎内沿:同时使用两只手抓住攀拉索带或上浮胎内沿,两脚用力向下蹬,两臂弯曲用力向后推动攀拉索或上浮胎内沿,同时将头部向前倾斜,使上半身倒向救生筏内,然后顺势进入筏中,如图18-7-1所示。

图18-7-1　利用绳梯登上救生筏

(3)利用登筏平台登上救生筏

有的救生筏的一个进出口设置了登筏平台,一般为气胀式结构,位于救生筏下浮胎附近,可以供求生人员登筏时使用。使用时,水中人员首先游到登筏平台旁边,双手抓住并下拉救生筏上浮胎上面的攀拉索带,同时用力向下蹬腿,顺势将一条腿膝盖压住登筏平台;弯曲另一条腿用膝盖压住登筏平台;抬起一条腿,跨入救生筏内,如图18-7-2所示。

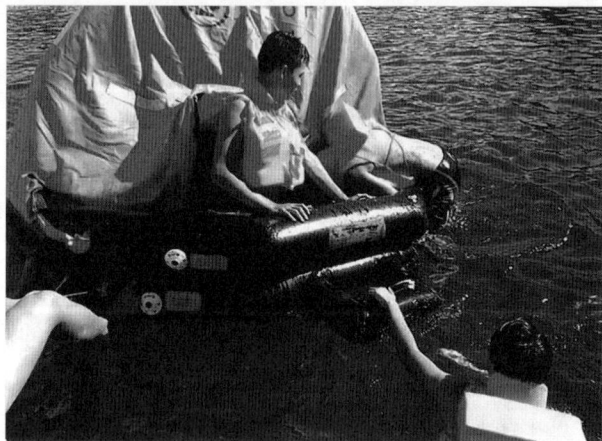

图18-7-2　利用登筏平台登上救生筏

18.8　能正确抛放流锚或海锚

18.8.1　训练目的

使用海锚的主要目的是遇恶劣天气而无法安全操艇时,使艇首顶风顶浪。

18.8.2 训练器材

救生艇、海锚。

18.8.3 训练步骤

(1)施舵,使艇首顶风顶浪;

(2)将海锚放在水中时,将海锚索的末端系固在救生艇上,而海锚索从艇首的导缆钳逐渐松出;

(3)海锚吃力后,海锚索张紧,而收回索应保持松弛;

(4)收回海锚时只需拉进海锚收回索,使海锚倒置,顶端朝艇即可省力地拉回艇上,如图18-8-1所示。

图 18-8-1 抛放及收回海锚

第三篇

防火与灭火

第 19 章

船舶消防基础知识

19.1 船舶特点与火灾的关系

航运是全球经济快速发展的支撑和载体,全球贸易货物量超过85%是通过船舶运输完成的。因此,认识船舶特点和火灾之间的关系,对于保障船舶航行安全有着特殊的意义。

19.1.1 船舶的特点

船舶按照用途可简单地分为民用船舶和军用舰艇。民用船舶又可分为运输船舶、渔业船舶、工程船舶、工作船舶、特种船舶等。运输船舶进一步可分为客船和货船,货船又可细分为干货船、散装货船、集装箱船、油船等类型。由于船舶种类或类型的不同,各自的建筑风格、结构形式、设备的配备、造船材料的应用,以及承运货物的种类、数量和包装形式等方面也不尽相同。

但是从消防安全的角度看,船舶都具有以下特点:

(1)可燃物质多

船上的可燃物大致包括:

①船舶可燃性的内装材料

它主要来源于船舶的装修和装饰。

乘坐过邮轮的人员可能觉得邮轮太"豪华"了。在"豪华"的背后,其实是大量装饰装修材料的使用,这也正是火灾隐患存在的原因。虽然《1974年国际海上人命安全公约》(SOLAS 公约)对船舶舱壁、衬板、天花板和镶板等装饰和装修材料的防火性能做出了严格的规定,但是由于技术的因素,在装饰和装修中,船舶还会使用相当数量的可燃装饰和装修材料,特别是地毯、窗布、床上用品等物品更是使用了大量的可燃材料。上述的可燃材料重量一般占邮轮自重的5%~9%,火灾荷载相当大。货船与其他船舶相比,可燃材料的比例有所降低,但是就生活区单位面积内的可燃材料数量来看,和客船基本持平。

②船舶所运输货物中的可燃货物

随着技术的发展,船舶出现了大型化、专业化、高速化、自动化和内燃机化等多种趋势。目前,在干散货船中,载重吨位(装运矿石、钢材、煤炭和粮食等)已达十几万吨到三十万吨级;集装箱船的载重量可达到上万标准箱的等级;油船的载重吨位可达30万吨级,甚至出现了50万吨级以上的"超级油船"。但无论是干散货船、集装箱船还是油船,它们所装载的货物中都存在大量的可燃物。

③船舶自身的储备

为了能让船舶机器中的电力、动力设备运转起来,船舶动起来,船舶需要配备足够的燃油和润滑油。燃油一般储存在油舱、油柜以及输油管路中。常见灵便型散装货船的日耗油量为25 t 左右。

(2)火源多

船舶火源主要有厨房用火,锅炉、焚烧炉等高温表面,工作间、甲板上的作业明火,吸烟,机电设备产生的火花等。

(3)人员较多且集中

一艘普通货船的额定配员为20人左右,在装卸货期间,船上还有一定数量的装卸工人等外来人员。一艘客船可载乘客额定人数少至几百人,多至几千人,同时客船上的船员额定配员也相应增加。

(4)承运的货物品种多、载货量大

各种运输船舶承运的货物品种多,如各种干杂货、包装货、散装货;各种液体货物、气体货物及各种化学品货物,特别是化学危险品货物等。

(5)燃油储量大

现代船舶主要以柴油、重油等作为主、副机及其他机器设备的燃料,其存量是由船舶的续航力及主、副机等用油机械设备的功率和单位油耗决定的。与其他交通工具相比,船舶的燃油储量最大。通常,远洋运输船的燃油储量占船舶载重量的10%左右。一艘万吨级的远洋货船,其燃油储量为800~1200 t;承载7500 TEU 的集装箱船在海上航行日耗油量高达250 t,船舶储油量可达几千吨。

(6)热传导性能强

现代船舶的船体,多为钢质或其他金属材料构成,其导热性能较强。起火5 min 后,温度上升到500~900 ℃时,钢质材料被迅速加热便成为高导热系数的物质,通过船体钢板的热传导,将可能引燃接触或靠近船体的可燃物质,使火势扩大。同时,船体结构的强度也将大大降低,出现变形或断裂,失去承载能力。

(7)结构复杂

现代船舶能载运货物、旅客,具有自航能力,是安全的海上交通工具。其上有各种不同用途的舱室和许多的机器设备。由于船体的空间有限,为布置这些舱室和设备,船体结构要比较紧凑复杂。船内的梯道大多比较狭窄,不像陆上建筑那样宽阔。由于船舶类型很多,结构特点各异,舱室和机器设备的分布也不同。扑救火灾时,尤其是在烟雾充满舱室的情况下,很难摸清舱内情况,更增加了灭火行动的困难。

(8)船上消防设备及器材相对有限

除了固定式水灭火系统所需要的水灭火剂比较充裕外,其他固定式灭火系统所需的灭火剂数量是十分有限的。一般只能满足扑灭船舶最大一个舱室的火灾。同时,灭火器的种类和数量也是有限的。

鉴于上述分析,船舶具有容易引发火灾且难以扑救、火灾风险较高的特点。

19.1.2 船舶火灾的特点

实践证明,船舶在航行、停泊、修理及货物装卸过程中,均有可能发生火灾。船舶火灾主要有以下几个特点:

(1)易发、频发、易燃易爆

在船舶机舱、燃油舱、货油舱、装有危险货物的货舱或集装箱汽车车辆舱、油漆间等舱室内通常会储存大量的易燃易爆物质,一旦发生火灾极易产生猛烈的大火甚至爆炸。

(2)易失控蔓延

虽然船舶都有防火结构,但是对于突发的大火或爆炸,船舶的防火结构很快就会丧失其防止火灾扩大、增强、蔓延的作用,又由于船舶各区域或舱室紧密相连,势必造成多处相继发生火灾或爆炸,无法采取任何有效的灭火行动,以致最终火灾失控。

(3)扑救难度大

船舶在海上航行时发生火灾,第一时间难以得到外界及时的救援,即使在船舶附近有其他船只,也可能由于海面风大浪高或天黑或雾大,他船难以靠近,无法实施有效的救援。船员只能自行灭火,但由于船舶结构复杂、空间狭小、货物密集、通道狭窄、人员难以疏散,所以灭火行动难度较大。

(4)易造成重大人员伤亡及财产损失

当船舶火灾失控、蔓延或发生爆炸时,由于船舶的结构比较复杂,船上人员较多,一旦不能迅速疏散或撤离火灾危险区域,极易造成群死群伤的严重后果。有时船舶和货物的损失可高达几千万甚至几亿元。

(5)易造成次生灾害及不良影响

船舶火灾如果不能被有效扑灭,必然对船员等构成严重威胁,此时船长只能宣布弃船。船舶在靠港或锚泊时发生火灾,还可能危及港口设施及周围其他船舶的安全。船舶在海上交通繁忙区域发生火灾,可能导致航道堵塞,造成海上交通秩序混乱。在船舶火灾整个过程中如发生溢油,还可能造成大气和海洋环境的污染。另外,船舶发生火灾事故,除了给国家财产和人民生命带来严重危害外,还直接影响到船公司和国家的声誉,进一步影响国家的政治、经济和外交。

19.2 船员与船舶火灾的关系

船舶消防工作必须贯彻"预防为主,防消结合"的方针。船舶消防,重在预防。船舶应以"不发生火灾"为目的,同时要做好扑灭火灾的一切准备工作。船舶火灾历来是海上最大的危害事故之一。国际海事组织及各国海运主管部门对"如何防止海上火灾事故以及减少事故的损失"这一课题进行了多年的研究。通过一系列的研究,国际海事组织及各国海运主管部门充分认识到为了保障船舶消防安全,必须做好船舶"防火"和"灭火"两个方面的工作。

19.2.1 做好船舶"防火"工作

做好船舶"防火"工作,必须做好船员的"防火"培训工作。船员在培训后应接受并主动贯彻"预防为主,防消结合"的安全工作方针。必须让船员认识到,绝大多数船舶火灾是可以预防的。

做好船舶"防火"工作,要让船员学会如何"防"。落实"防火"工作,必须切实落实船舶体系文件中确立的一整套船舶防火、防爆规章制度。防火、防爆规章制度是指在船舶日常工作中,船员需要坚持和遵守的防火规则。它一般包括船舶防火巡逻制度、电气防火安全制度、明火作业许可证制度、危险品管理制度等。遵守防火、防爆规章制度,切实提高所有船员的消防意识,加强消防安全教育,使在船人员思想上保持警惕、常备不懈,船舶才会处于火灾可防状态。

燃烧的三要素同时具备并且相互作用才能发生燃烧,所以船舶安全防火控制必须从控制燃烧三要素开始。

(1)控制可燃物

船上可燃物很多,主要有木材、渔网、燃油、滑油、乙炔以及煤气等,易燃易爆。因此,有效控制可燃物对船舶防火至关重要。在选用高闪点的燃油、滑油的同时,还要对可燃物分类存放,并安排专人负责。

(2)控制通风

空气属于助燃物质,起到帮助和支持燃烧的作用。因此,在发生火灾后,应迅速切断通向火灾现场的所有通风道和通风设备(如图 19-2-1 所示)。

图 19-2-1　通风口及管道

(3)控制火源

船上常见的火源有柴油机排烟管、加热器、电焊、气割、锅炉等。柴油机排烟温度高达 400~500 ℃,应用隔热材料包扎排烟管(如图 19-2-2 所示);加热器表面也应用隔热材料包扎;电焊和气割作业应严格遵守热工作业操作规程;对于高温高压的锅炉,除了用隔热材料包扎外,还要安装安全阀。

图 19-2-2　隔热材料包扎排烟管

19.2.2 做好船舶"灭火"工作

要在船员充分认识火灾的危害性并做好"防火"工作的基础上,提高其扑救火灾的能力。做好灭火工作,首先,要做到船舶发生火灾后,船员能正确地使用各种灭火设备和器材去扑灭火灾;其次,高效地扑救火灾,船舶需要配备健全的消防组织,完备的火灾应急计划以及定期进行消防演习训练等。

"防火"和"灭火"是有效保证船舶消防安全的两个基本手段。两者在消防工作中紧密相连,不可分割,相互补充和促进。只有把两者紧密结合起来,才能真正实现船舶消防安全的目的。

19.2.3 船员消防演习的重要性

对船舶整个群体而言,船舶消防好比一场战役。为了最大限度地保证整个扑救过程的有效性和扑救效果,船舶必须建立科学高效的消防组织,并定期进行消防演习。根据船舶消防设定的灭火项目进行综合演练,船舶要以实战的要求、临战的态度、统一的指挥、科学的分工和群体的力量来实现"1+1>2"的整体优势,确保得到良好的演习效果。

19.3 燃烧的基本知识

19.3.1 燃烧的实质

燃烧是一种以发光发热为特征的剧烈的化学反应。物质燃烧时一定有新的物质产生,还会伴随着某些现象:如发光、发热,有时还会发生颜色变化,或产生沉淀、气体等。例如,燃油燃烧时不仅产生大量的热,发出刺眼光芒,还会产生一氧化碳、二氧化碳、碳氢化合物和氮氧化合物等。

燃烧过程中的化学反应十分复杂,有化合反应,也有分解反应。有的复杂物质燃烧,先是物质受热分解,然后发生氧化反应。它实际上是各种可燃物在一定温度下快速氧化的化学过程。剧烈氧化的结果是放出光和热,而一般氧化则没有发光现象。因此,氧化与燃烧同是一种化学反应,只是各自的反应速度和发生的现象不同。也就是说,物质燃烧是氧化反应,而氧化反应却不一定都是燃烧。比如硫在空气中燃烧生成二氧化硫,并放出光和热,这属于燃烧;生石灰与水起反应生成熟石灰,同时发出热,但并不发出光,这只是化学反应并不属于燃烧;铁在空气中氧化生成一氧化铁,发热少并且没有发光现象,这属于一般的氧化反应,也不属于燃烧;灯泡通电后会发出光和热,但未产生氧化反应,这只是一种物理现象,而不属于燃烧。

近代链反应理论认为燃烧是一种游离基的链反应。链反应也称为链式反应,即在瞬间进行的循环连续反应。游离基又称自由基,是化合物或单质分子中的共价键在外界因素(如光、热)的影响下,分裂成含有不成对电子的原子或原子团,它们的化学活性非常强,在一般条件下是不稳定的,容易自行结合成稳定的分子或与其他物质的分子反应生成新的游离基。当反应物产生少量的活化中心——游离基时,即可发生链反应。反应一旦开始,就可经过许多链步骤自行加速发展下去,直至反应物燃尽为止。当活化中心全部消逝时,链反应就会终止。链反应机理大致可分为三段:

(1)链引发

生成游离基,使链式反应开始。生成的方法有热分解、光化法、放射线照射、氧化还原法、催化法等。

（2）链传递

游离基作用于其他参与反应的物质分子，产生新的游离基。

（3）链终止

游离基消失，使链的反应终止。终止的原因一般是由于杂质的影响、抑制剂的掺入或游离基撞击器壁等。

19.3.2　燃烧的必要条件

燃烧不是随便发生的，都有一个由未燃状态转向燃烧状态的过程。这一过程的发生必须同时具备三个基本条件：可燃物、助燃物（氧化剂）和着火源。即我们通常所说的燃烧三要素。这三个要素组成一个燃烧三角形，如图 19-3-1 所示。

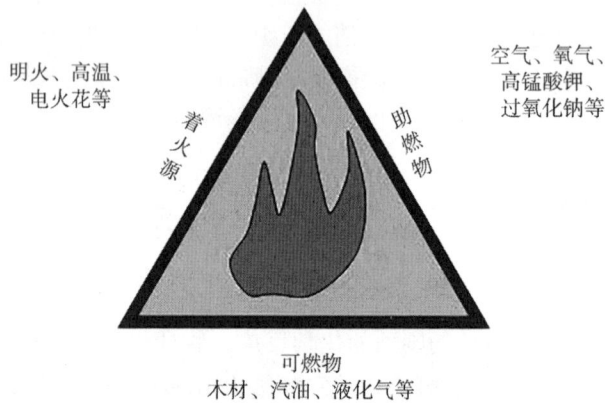

明火、高温、电火花等　着火源

空气、氧气、高锰酸钾、过氧化钠等　助燃物

可燃物
木材、汽油、液化气等

图 19-3-1　燃烧三角形

（1）可燃物

能与空气中的氧气或其他氧化剂发生燃烧反应的物质称为可燃物。按可燃物的物理状态分为液体可燃物（如图 19-3-2 所示）、固体可燃物（如图 19-3-3 所示）和气体可燃物（如图 19-3-4 所示）三类。在三种形态的可燃物中，气体可燃物燃烧速度最快，其次是液体可燃物，固体可燃物的燃烧速度最慢。绝大部分可燃物的燃烧都是在蒸气或气态下进行的。可燃固体或可燃液体是先汽化，后燃烧的。如木材、纸张等是在其受热分解出水蒸气、气体和碳之后才与氧气反应燃烧的；松香、沥青、塑料等受热后熔化，然后再变成气体而燃烧；燃油、柴油等受热后挥发出气体与空气以一定比例混合后才能燃烧；天然气、沼气等与空气混合达到一定比例直接燃烧。

图 19-3-2　液体可燃物　　图 19-3-3　固体可燃物　　图 19-3-4　气体可燃物

194

（2）助燃物

能帮助和支持可燃物燃烧的物质,即能与可燃物发生燃烧反应的物质称为助燃物。氧气本身不会燃烧,所以不是可燃物,但没有它参与就不能发生氧化反应,也就没有燃烧,所以,氧气是起到帮助和支持燃烧作用的,人们把氧气称为助燃物(如图19-3-5所示)。另外氯气以及氯酸钾、过氧化钠等氧化剂也是助燃物(如图19-3-6所示)。氧气和氧化剂都称为助燃物。没有助燃物,任何物质都燃烧不起来。如空气含氧量降到11%以下,一般物质的燃烧就会熄灭。

图 19-3-5　助燃物　　　　　　　　　　图 19-3-6　助燃物

（3）着火源

凡能引起可燃物燃烧的能量都叫作着火源。常见的着火源有明火(如图19-3-7所示)、电能火源、化学火源、辐射热、雷击等。船舶火灾常见的着火源有电路老化(如图19-3-8所示)、电焊(如图19-3-9所示)、气焊作业等。

图 19-3-7　明火　　　　　　图 19-3-8　电路老化　　　　　　图 19-3-9　电焊

19.4　燃烧的充分条件

燃烧必须同时具备燃烧的三要素,但在某些情况下,虽然具备了燃烧的三个必要条件,燃烧却不一定会发生。要发生燃烧,必须同时具备下列充分条件:

19.4.1　一定的可燃物浓度

空气中可燃气体或可燃蒸气只有达到一定浓度时,才能发生燃烧或爆炸。虽有可燃气体或可燃蒸气,但浓度不够,燃烧或爆炸就不会发生。如在常温下,用火柴去点燃汽油和柴油时,汽油会立即燃烧,而柴油却不会燃烧,这是因为柴油在常温时的蒸气量并没有达到燃烧所需要的浓度,所以虽然有足够的氧气及着火源,也不能发生燃烧。

19.4.2　一定的氧气含量

必须有足够的氧气含量,否则燃烧也不会发生。即使发生了燃烧,随着氧气含量的下降,物质的燃烧也会逐渐地受到影响而减弱,直到当空气中氧气含量降至11%以下,此时绝大多数可燃物的燃烧就会停止。也就是说,虽然有氧气存在,但浓度不够,也不能发生燃烧。常见可燃物燃烧需要的最低氧气含量,如表19-4-1所示。

表 19-4-1　常见可燃物燃烧需要的最低氧气含量

可燃物名称	最低氧气含量/%	可燃物名称	最低氧气含量/%	可燃物名称	最低氧气含量/%
氢气	5.9	丙酮	13.0	黄磷	10.0
乙炔	3.7	二硫化碳	10.5	多量棉花	8.0
乙醚	12.0	汽油	14.4	橡胶屑	12.0
乙醇	15.0	煤油	15.0	蜡烛	16.0

19.4.3　一定的着火能量

不论是何种形式的点火能量,只有达到一定的温度和足够的热量才能引起燃烧反应,否则燃烧不会发生。不同的可燃物所需要的点火能量不同,低于这个能量就不能使可燃物发生燃烧。如点燃的火柴可以轻易地点燃汽油、柴草和刨花,但不能点燃一块木板,这说明这种火虽有相当高的温度(约600 ℃),但缺乏足够的热量,因而无法将木板点燃。

19.4.4　相互结合,相互作用

只有燃烧的三个条件相互结合作用在一起,燃烧才会发生并持续。例如在充满空气的房间,有桌椅门窗纤维织物等可燃物,也有火源——电源,构成了燃烧的三要素,但并没有发生燃烧,这是因为这些条件没有结合在一起,没有发生相互作用。

综上所述,我们知道可燃物、助燃物和着火源是燃烧的三要素,只有三要素同时存在并达到一定的条件,燃烧才会发生。反之,如果缺少任何一个条件,燃烧就不能发生。防火的原理就是保管好可燃物和着火源(热源)。而灭火主要是中断燃烧时所需要的氧气或降温冷却。

19.5　燃烧四面体

无火焰燃烧可用燃烧三角形表示,如图19-5-1所示。
燃烧三要素同时存在,相互作用,燃烧才会发生。

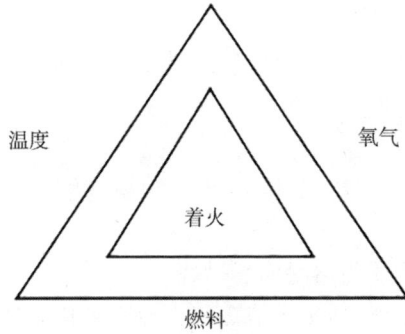

图 19-5-1　燃烧三角形

(1)无火焰燃烧的特点
①无链反应;
②氧气在可燃烧的界面;
③可燃物为炽热的固体。
对有火焰燃烧,因燃烧过程中存在未受抑制的游离基(自由基)作中间体,因而燃烧三角形增加了一个空间坐标,形成燃烧四面体,如图 19-5-2 所示。四面体的底部代表链反应的自由基,三个侧面分别代表燃料、氧气、温度,除掉四个面中的一个或多个都将形成一个不完全的四面体,燃烧就会停止,使火熄灭。

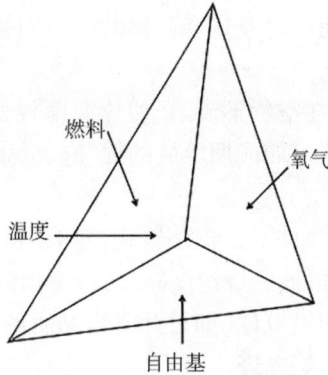

图 19-5-2　燃烧四面体

(2)有火焰燃烧的特点
①燃烧过程中未受到抑制,形成链反应,存在游离基(自由基);
②扩散并自动连续着火,释放能量,达到有火焰燃烧的温度;
③可燃物呈蒸气或者气体状态。

19.6　燃烧的过程

可燃物的聚集状态不同,供氧情况不同,受热后发生不同的变化,其燃烧的方式和速度也都不同,绝大多数可燃物燃烧都是在蒸气或气态下进行的,并出现火焰;也有些物质不是气体燃烧,而是呈炽热状,不出现火焰。

19.6.1 可燃固体物质的燃烧

固体可燃物由于其分子结构的复杂性、物理性质的不同,其燃烧方式也不同,有蒸发燃烧、分解燃烧、表面燃烧和阴燃四种。

(1)蒸发燃烧

蒸发燃烧是指熔点较低的可燃固体,受热后熔融,然后像可燃液体一样蒸发成蒸气而燃烧。

①硫、磷、钾等单质固体物质先熔融而后燃烧。

②沥青、石蜡、松香等先熔融,后蒸发成蒸气,分解、氧化燃烧。

③高分子材料的热塑性塑料,受热后变形、熔融,由固体变为液体,继而蒸发燃烧。这类固体燃烧时类似于液体,会发生边流动、边燃烧的现象,易造成火灾蔓延。

④萘和樟脑这类具有升华性质的物质,在受热后不经熔融,而直接变为可燃性蒸气燃烧。

(2)分解燃烧

分子结构复杂的固体可燃物,受热分解出其组成成分及与加热温度相应的热分解产物,这些分解产物再氧化燃烧,称为分解燃烧。例如:天然高分子材料中的木材、棉、麻、毛、丝等的燃烧,以及合成高分子材料中的热固塑料、合成橡胶、纤维等的燃烧均属分解燃烧。

(3)表面燃烧

有些固体可燃物的蒸气压非常小或者难于发生热分解,不能发生蒸发燃烧或分解燃烧,当氧气包围物质的表层时,呈炽热状态发生无火焰燃烧。它属于非均相燃烧,即表面燃烧。其特点是表面发红而无火焰。木炭、焦炭以及铁、铜、钨的燃烧均属表面燃烧。

(4)阴燃

①阴燃是指某些固体可燃物在空气不流通、加热温度较低或可燃物含水分较多等条件下发生的只冒烟、无火焰的燃烧现象。如成捆堆放的棉、麻、纸张,及大量堆放的煤、杂草、湿木材等,受热后易发生阴燃。

②有火焰燃烧和阴燃在一定条件下会相互转化。如在密闭或通风不良的场所发生火灾,由于燃烧消耗了氧气,氧气浓度降低,燃烧速度减慢,分解出的气体量减少,即由有火焰燃烧转为阴燃。如果改变通风条件,增加供氧量(如打开密闭场所的门窗)或可燃物中的水分蒸发到一定程度,阴燃也可能转变为有火焰燃烧。

可燃固体物质的燃烧还与其表面积、含水量、储存方式等因素有关。单位重量的可燃物质的表面积越大,与空气中的氧气接触面积越大,越容易被点燃;可燃物质内部的含水量越小,越容易燃烧;可燃物质堆积或储存的方式越有利于空气流通越容易燃烧,例如垂直堆积比水平堆积更容易燃烧。

在气体、液体、固体物质中,气体燃烧速度最快,其次是液体,再次是固体。

19.6.2 可燃液体物质的燃烧

(1)蒸发燃烧

易燃和可燃液体在燃烧过程中,并不是液体本身在燃烧,而是液体受热时蒸发出来的气体被分解、氧化达到燃点而燃烧,称为蒸发燃烧。其燃烧速度取决于液体的蒸发速度,而蒸发速度又取决于接受的热量,故接受热量越多,气体蒸发量越大,燃烧速度越快。可燃、易燃液体的蒸发与可燃气体的燃烧特点相同,分为扩散燃烧和预混燃烧。

（2）动力燃烧

动力燃烧是指可燃液体的蒸气、低闪点液雾预先与空气或氧气混合,遇火源产生带有冲击力的燃烧。如雾化汽油、煤油等挥发性较强的烃类在气缸中的燃烧就属于这种形式。

（3）沸溢燃烧

含水的重质油品(如重油、原油)发生火灾,由于液面从火焰接受热量产生热波,热波向液体深层移动速度大于线性燃烧速度,而热波的温度远高于水的沸点。因此,热波在向液层深部移动过程中使油层温度上升,油品黏度变小,油品中的乳化水滴在向下沉积的同时受向上运动的热油作用而蒸发成蒸气泡,这种表面包含有油品的气泡,比液态下的体积扩大千倍以上,气泡被油薄膜包围形成大量油泡群,液体上下像开锅一样沸腾,到储罐容纳不下时,油品就会像"跑锅"一样溢出罐外,这种现象称为沸溢。

（4）喷溅燃烧

重质油品储罐的下部有水垫层时发生火灾后,热波会往下传递。若将储罐底部的沉积水的温度加热到汽化温度,则沉积水将变成水蒸气,体积扩大,形成的蒸汽压力增大把其上面的油层抬起,最后冲破油层将燃烧着的油滴和油气抛向上空,向四周喷溅燃烧。

重质油品储罐发生沸溢和喷溅的典型征兆是:罐体会发生剧烈抖动,伴有强烈的噪声,烟雾减少,火焰更加明亮,火舌尺寸变大形似火箭。发生沸溢和喷溅会对灭火救援人员及消防器材装备等的安全产生巨大的威胁,因此,储罐一旦出现沸溢和喷溅的征兆,人员必须立即撤到安全地带,并应采取必要的技术措施,防止喷溅时油品流散、火势蔓延和扩大。

19.6.3 可燃气体物质的燃烧

可燃气体,例如煤气、氢气、液化石油气、甲烷、乙炔、丙烷等,燃烧不需要像固体、液体那样经熔化、蒸发过程,所需热量仅用于氧化或分解气体,或将气体加热到燃点,因此,容易燃烧、燃烧速度较快。根据燃烧前可燃气体与氧气混合状况的不同,燃烧分为两大类:

（1）扩散燃烧

扩散燃烧是指可燃气体从喷口(管口或容器泄漏口)喷出,在喷口处与空气中的氧气边扩散、边混合、边燃烧的现象。其燃烧速度取决于可燃气体的喷出速度,一般为稳定燃烧。管路、容器泄漏口发生的燃烧,天然气井口发生的井喷燃烧均属扩散燃烧。

（2）预混燃烧

预混燃烧是指可燃气体与氧气在燃烧前混合,并形成一定浓度的可燃混合气体,被火源点燃引起的燃烧,这类燃烧往往是爆炸式的燃烧,即通常所说的气体爆炸。爆炸式燃烧后火焰返至漏气处,然后变为稳定式的扩散燃烧。

19.6.4 完全燃烧和不完全燃烧

在燃烧反应过程中,如果生成的燃烧产物不能再燃烧,则称为完全燃烧,其燃烧产物为完全燃烧产物。如果生成的燃烧产物还能继续燃烧,则称为不完全燃烧,其燃烧产物为不完全燃烧产物。

燃烧完全与否不仅与空气供给量有关,还与其他可燃物扩散混合的均匀程度有关。如空气供给量足够,并与可燃物混合非常均匀,则燃烧反应近于完全燃烧。

19.6.5　燃烧产物及其危害性

（1）燃烧产物的概念

可燃物质在燃烧时生成的气体、固体物质和蒸气称为燃烧产物，其中，散发在空气中能被人们看见的燃烧产物叫烟气，它实际上是燃烧产生的悬浮固体、液体粒子和气体的混合物。其粒径一般在 $0.01\sim10\ \mu m$。

（2）不同物质的燃烧产物

燃烧产物的数量、成分等随物质的化学组成以及温度、空气的供给等燃烧条件不同而有所不同。

①单质的燃烧产物

一般单质在空气中完全燃烧的产物为该单质元素的氧化物。例如：碳、氢、磷、硫等生成二氧化碳（CO_2）、水（H_2O）、五氧化二磷（P_2O_5）及二氧化硫（SO_2）等。这些产物若不能再发生燃烧，则称为完全燃烧产物。

②一般化合物的燃烧产物

一些化合物在空气中燃烧除生成完全燃烧产物外，还会生成不完全燃烧产物，特别是一些高分子化合物，受热后会产生热裂解，生成许多不同类型的有机化合物，并能进一步燃烧，最常见的不完全燃烧产物如一氧化碳，它能进一步燃烧生成 CO_2。

③合成高分子材料的燃烧产物

合成高分子材料在燃烧中伴有热裂解，有的还含有氯元素、氮元素，因此，会生成许多有毒或有刺激性的气体。如氯化氢（HCl）、光气（$COCl_2$）、氰化氢（HCN）及氧化氮（NO）等。

（3）烟气的危害性

燃烧产物之中含有大量的有毒有害气体，往往会通过呼吸道侵入或刺激眼结膜、皮肤黏膜使人中毒甚至死亡。据统计，在火灾中死亡的人约80%是由于吸入毒性气体中毒而致死的。一氧化碳是火灾中最危险的气体，其毒性在于与血液中血红蛋白的高亲和力，它能阻止人体血液中氧气的输送，引起头痛虚脱、神志不清等症状，严重时会使人昏迷甚至死亡。烟气的危害性主要表现在毒害性、高温高热性、减光性和恐怖性。

①烟气的毒害性

人生理正常所需要的氧气浓度应大于16%，而烟气中含氧量往往低于此数值。有关试验表明：当空气中含氧量降低到15%时，人的肌肉活动能力下降；降到10%~14%时，人就四肢无力，智力混乱，辨不清方向；降到6%~10%时，人就会晕倒；低于6%时，人接触短时间就会死亡。据测定，实际的着火房间中氧的最低浓度可降至3%左右，可见，在发生火灾时人们要是不及时逃离火场是很危险的。

另外，火灾中产生的烟气中含有大量的各种有毒气体，其浓度往往超过人的正常生理所允许的最高浓度，造成人员中毒死亡。试验表明：一氧化碳浓度达到1%时，人在1 min内死亡；氢氟酸的浓度达到270 ppm，人立即死亡；氯化氢的浓度达到2000 ppm以上时，人在数分钟内死亡；CO_2的浓度达到20%时，人在短时间内死亡。

②烟气的高温高热性

烟气中载有大量的热量，人在这种高温、高热环境中极易被烫伤。

③烟气的减光性

可见光波的波长为 $0.4\sim0.7$ nm，一般火灾烟气中烟粒子的粒径为几微米到几十微米，即烟粒子的粒径大于可见光的波长,这些烟粒子对可见光是不透明的,其对可见光有完全的遮蔽作用,当烟气弥漫时,可见光因受到烟粒子的遮蔽而大大减弱,导致能见度大大降低。

④烟气的恐怖性

发生火灾时,火焰和烟气冲出门窗、孔洞,浓烟滚滚,烈火熊熊,使人产生了恐怖感。有的人甚至失去理智,惊慌失措,往往给火场内的人员安全疏散造成混乱。

19.7 燃烧的类型

燃烧类型是指具有共同特征但表现形式不同的燃烧现象。根据燃烧所表现的不同形式,可以将燃烧分为闪燃、燃烧(着火)、自燃和爆炸四种类型。掌握不同燃烧类型发生的条件,对预防火灾的发生和有效扑灭火灾有重大的指导意义。燃烧是一种现象,但是在燃烧现象的发生过程中,由于可燃物、含氧量、燃烧空间等条件的不同,又有不同的燃烧表现,不同的燃烧表现即对应着不同的燃烧类型。

19.7.1 闪燃

(1)闪燃的定义

闪燃是指可燃液体(包括可熔化的少量固体,如石蜡、樟脑)在一定的温度条件下,挥发出的蒸气与空气混合后,达到一定浓度时,遇明火产生一闪即灭(5 s以内)的燃烧现象。发生闪燃,是因为在当时的温度条件下,易燃液体蒸发出来的可燃气体的蒸发速度慢,蒸发量较小,其蒸发量仅能维持一刹那的燃烧,而来不及补充新的蒸气来维持稳定的燃烧,所以燃烧一闪即灭。

(2)闪点

闪点表示可燃液体发生闪燃现象的最低温度。闪点的测定有两种方法:一种为闭杯闪点测试法;另一种为开杯闪点测试法。对于闪点在150 ℃以下的可燃液体,用闭杯法测定;反之,用开杯法测定。部分易燃和可燃液体的闪点如表19-7-1所示。

表 19-7-1　部分易燃和可燃液体的闪点

名称	闪点/℃	名称	闪点/℃	名称	闪点/℃
汽油	−50	甲苯	5.5	松香水	6.2
煤油	37.8~73.9	己苯	23.5	氢氰酸	−17.5
原油	−6.7~32.2	丁苯	30.5	二氧化碳	−45
柴油	60~110	乙酸丙酯	13.5	苯乙烯	38
甲醇	11.1	乙醇	12.78	乙醚	−45
己烷	−20	乙醛	−17	丙酮	−10
苯	−14	甲酸	69	松节油	32

(3)闪点在消防上的应用

在消防工作中,以闪点的高低作为评价液体火灾危险性的主要依据。通常认为液体的闪点就是可能引起火灾的最低温,闪点越低的易燃液体,其火灾危险性越大。

根据闪点可以确定生产和储存可燃性液体的火灾危险性类别:闪点低于28 ℃的为一级易燃液体;闪点在28~60 ℃的为二级易燃液体;闪点高于60 ℃的为三级易燃液体。

如装运石油产品无闪点资料,应按一级易燃液体对待。我国规定,闪点在 65 ℃以下的可燃液体都属于易燃液体。

19.7.2 着火

可燃物在空气或氧化剂中与火源接触后即发生燃烧,即使将火源移去,仍能继续(5 s 以上)燃烧,这种持续燃烧的现象叫作着火。可燃物开始持续燃烧时所需的最低温度叫作燃点。部分可燃物的燃点如表 19-7-2 所示。

表 19-7-2　部分可燃物的燃点

物质名称	燃点/℃	物质名称	燃点/℃
纸张	130~230	松木	250
松节油	53	麦草	200
石蜡	158~195	天然橡胶	235
棉花	210~255	硫黄	207
麻绒	150	黄磷	34
木材	250~300	聚乙烯	341
胶布	325	布匹	200

一切可燃液体的燃点都高于其闪点。一般的规律是,易燃液体的燃点比其闪点高出 1~5 ℃,而且液体的闪点越低,这一差别越小。例如:汽油、丙酮的闪点低于 0 ℃,这一差值仅为 1 ℃。实际上在敞开的容器中很难把这些液体的闪燃和着火区别开。

燃点对可燃固体和闪点比较高的可燃液体具有实际意义。控制这些物质的温度在燃点以下,也是预防火灾发生的有效措施之一。

19.7.3 自燃

自燃是指可燃物在空气中未接触明火源,在一定条件下自行燃烧的现象。自燃可分为两种类型:受热自燃和本身自燃。

(1)受热自燃

可燃物在空气中,被加热到一定的温度,在没有外部火花、火焰等火源的作用下,能够发生自行燃烧的现象叫作受热自燃。

①自燃点

可燃物受热发生自燃的最低温度叫自燃点。在这一温度下,可燃物与空气接触,不需要明火源的作用,就能自动发生燃烧。部分可燃物的自燃点如表 19-7-3 所示。

表 19-7-3　部分可燃物在空气中的自燃点

物质名称	燃点/℃	物质名称	燃点/℃
汽油	415~530	煤油	210
石油	约 350	二硫化碳	112
氢	572	木材	250~350
一氧化碳	609	褐煤	250~450
木炭	350~400	乙烷	248
乙炔	305	棉纤维	530
锌	680	镁	520
甲醇	498	乙醇	470

②受热自燃的原因

a.接触灼热物体。如可燃物靠近烟囱、取暖设备、电热器具或烘烤可燃物时,若距离近或温度过高就有着火的危险。

b.直接用火加热。主要是指熬炼和热处理过程中,由于温度失控,达到自燃点而着火。

c.摩擦生热。如机器的轴承和摩擦部分缺乏润滑油或缠绕纤维物质时,摩擦力增大,产生大量热而引起可燃物燃烧。

d.化学反应热。有些物质在发生化学反应时释放出大量热量,使可燃物受热升温而自燃。

e.绝热压缩。物质在以很大的压力压缩时,会产生大量的热,若达到物质的自燃点则自行着火。柴油发动机的工作原理,就是由于绝热压缩空气的高温引起燃料的燃烧。

f.热辐射作用。除明火和灼热体发出的辐射热能引起周围可燃物着火外,太阳的辐射能也能使易燃物质发生自燃。

(2)本身自燃

常温下由于可燃物本身内部的生物(植物的有氧呼吸)、物理(吸潮膨胀而产生的热)、化学的作用产生热,在一定条件下,积热不散、温度升高,达到该物质的自燃点而发生的自行燃烧被称为本身自燃(有时也被称为蓄热自燃或自热自燃)。形成本身自燃的热能有氧化热、分解热、聚合热、吸附热、发酵热等。

某些可燃物的自热自燃能在常温下发生,存在极大的火灾隐患,应予以特别注意。

常见的能发生自热自燃的物质如下:

植物产品:稻草、麦芽、树叶、甘蔗渣、锯末和棉籽等。

油脂及其制品:主要是植物油和动物油黏附于植物纤维或其制品上,如油布、油纸及其制品或者沾油棉纱头等。

煤:除无烟煤之外的烟煤、褐煤和泥煤。其自热自燃主要是由煤的呼吸和氧化作用以及热交换而引起的。煤的粉碎程度、湿度、挥发物的含量以及单位体积的散热量对煤的自燃影响都很大。

硫化铁:主要是硫铁矿以及金属油罐、油舱受腐蚀而生成的硫化铁等。

19.7.4 爆炸

(1)爆炸的定义

爆炸是指物质氧化还原反应的速度急剧增加,并在极短时间内突然放出大量能量的一种破坏力很大的现象。爆炸时,温度和压力急剧升高,发出光和声,并产生推动作用。

(2)爆炸的分类

爆炸按照爆炸物质在爆炸过程中的变化可分为核爆炸、物理爆炸和化学爆炸。

①核爆炸

由原子核裂变或核聚变引起的爆炸叫核爆炸。例如,原子弹、氢弹的爆炸就属于核爆炸。

②物理爆炸

物质因状态或压力发生突变而形成的爆炸叫物理爆炸。例如:蒸汽锅炉、压缩和液化气钢瓶等的爆炸就属于物理爆炸。这种爆炸能间接引起火灾。

③化学爆炸

由于爆炸性物质本身发生了化学变化,产生大量气体和较高温度而形成的爆炸叫化学爆炸。例如,爆炸品、可燃气体、蒸气和粉尘与空气的混合物发生的爆炸就属于化学爆炸。这种爆炸能直接造成火灾,具有很大的危险性。按照爆炸传播速度,化学爆炸可分为爆燃、爆炸、爆震。实际上化学爆炸就是可燃物事先与氧化剂充分混合的混合物(或者本身是含氧的炸药)遇到火源而发生的极短时间的燃烧。这种燃烧的速度很快,每秒可达几十米至几千米,燃烧的同时产生大量的气态物质,从而在爆炸时形成很高的温度,产生很大的压力,并发出巨大的响声。而一般可燃物的燃烧没有这种现象,这是因为一般可燃物与氧化剂不是预先充分混合的,而是在燃烧过程中逐渐形成的。其燃烧速度较慢,放出热量和气体较少,没有向四周冲击的巨大压力,也没有多大的响声,因此没有爆炸现象。

(3)爆炸极限

①爆炸浓度极限

可燃气体、蒸气或粉尘与空气的混合物遇着火源能够发生爆炸的最低浓度,称为爆炸浓度下限,也称为爆炸下限;遇火源能发生爆炸的最高浓度,称为爆炸浓度上限,也称为爆炸上限。低于下限,气体量不足,称为过稀;高于上限,气体量过多,称为过浓。过稀和过浓都不会爆炸,但过浓重新遇空气仍有爆炸危险。

爆炸性混合物在不同浓度时发生爆炸所产生的压力以及放出的热量不同,因而所具有的危险性也不同。不同成分的可燃气体和蒸气的爆炸极限范围也不一样,如表 19-7-4 所示;同一物质的爆炸极限也不是固定不变的。

表 19-7-4　在空气中部分可燃气体和蒸气的爆炸极限

物质名称	爆炸上限/%	爆炸下限/%	物质名称	爆炸上限/%	爆炸下限/%
氢气	4.0	75.0	一氧化碳	12.5	74.0
乙炔	2.5	82.0	丙烯	2.0	11.0
甲烷	5.0	15.0	丁烷	1.5	8.5
乙烷	3.0	12.45	环丙烷	2.4	10.4
丙烷	2.1	9.5	乙烯	2.75	34.0
乙醚	1.9	40.0	氨	15.0	28.0

②爆炸温度极限

可燃液体除了爆炸浓度极限之外,还有一个爆炸温度极限。这是因为液体的蒸气浓度是在一定温度下形成的。可燃液体在一定温度下,由于蒸发而形成等于爆炸浓度极限的蒸气浓度,这时的温度称为爆炸温度极限。

爆炸温度下限是指使可燃液体蒸发出等于爆炸浓度下限的蒸气浓度的温度;爆炸温度上限是指使可燃液体蒸发出等于爆炸浓度上限的蒸气浓度的温度。可燃液体的爆炸温度下限就是可燃液体的闪点。

③最小点火能量

每一种爆炸性混合物都有一个起爆的最小点火能量,如表 19-7-5 所示,低于该能量,混合物就不会爆炸。掌握各种爆炸性混合物爆炸所需要的最小点火能量,对在有爆炸危险的场所判断哪种火源能引起爆炸事故具有重要的意义。

表 19-7-5　部分爆炸性混合物在空气中的最小点火能量

物质名称	最小点火能量/mJ	物质名称	最小点火能量/mJ
甲烷	0.47	丙酮	1.15
乙烷	0.285	甲醚	0.33
乙炔	0.02	氢	0.02
乙烯	0.096	苯	0.55
氯丙烷	1.08	二硫化碳	0.015
甲醇	0.215	乙氨	2.4

④影响爆炸极限的因素

同一种可燃气体和可燃液体蒸气的爆炸极限会受温度、压力、含氧量、容器以及火源性质等因素的影响。

a.温度

初始温度升高,则爆炸性混合物的爆炸下限会降低,上限会增高,爆炸极限扩大,爆炸的危险性增加。初始温度对爆炸性混合物爆炸极限的影响如表 19-7-6 所示。

表 19-7-6　初始温度对爆炸性混合物爆炸极限的影响

物质名称	初始温度/℃	爆炸下限/%	爆炸上限/%
煤气	20	6.0	13.4
	100	5.45	13.5
	200	5.05	13.8
	300	4.4	14.25
	400	4.0	14.7
	500	3.65	15.35
	600	3.35	16.4
	700	3.25	18.7
丙酮	0	4.2	8.0
	50	4.0	9.8
	100	3.2	10.0

b.压力

在加压的条件下,混合气体的爆炸下限无显著变化,但上限一般显著提高。当混合气体的原始压力减小时,爆炸极限的范围将缩小;当压力降到某一数值时,上限和下限合成一点,压力再降低,就不爆炸了。这一最低压力称为爆炸的临界压力。

c.含氧量

混合气体中含氧量增加,爆炸极限扩大;若掺入 N_2、CO_2 等不燃的气体,混合气体中 O_2 把浓度降低,爆炸的危险性降低。

d.容器

容器的直径越小,火焰在其中蔓延的速度越小,爆炸极限范围越小。容器直径小到某一数值时,火焰就不能蔓延,混合气体就不会爆炸。

e.火源性质

如果火源强度高,热表面积大,与混合气体接触时间长,就会使爆炸极限扩大,使爆炸危险性增加。

19.8 燃烧产物

可燃物燃烧即可燃物被空气中的氧气剧烈氧化。这种氧化反应所产生的气体、水蒸气和固体物质等统称为燃烧产物。不同物质燃烧产物不同,其数量、组成随着物质的化学组成以及温度、空气的供给等条件的不同而不同。燃烧通常会产生火焰、热、气体和烟,这些产物能对人体造成严重的伤害。

19.8.1 火焰

与火焰直接接触会烧伤皮肤并严重地损害呼吸器官。船员如果没有穿戴防火装备,应该与火保持一定的安全距离,以防止在救火过程中皮肤被烧伤。救火时,应穿着防护服,佩戴呼吸器,但是消防人员要记住,呼吸器并不能使身体免遭高温的侵害。

19.8.2 热

火能够很快地使温度上升到93℃以上,封闭区域内的气温能超过427℃。即使人们穿着防护衣,佩戴呼吸器,气温一旦超过50℃,就会对人体造成危险;时间超过30 min,防护服的防护作用下降,热造成危害的范围从轻微的烧伤直到把人烧死。人员直接暴露在热空气中会造成脱水、中暑衰竭、烧伤以及液体堵塞呼吸道等。热也会造成心跳过速。人员在高温中时间过长会得高温病。

19.8.3 气体

燃烧能产生什么种类的气体,主要取决于燃料。最常见的危险气体有二氧化碳和一氧化碳。

通常大部分可燃物质是有机化合物,主要由碳、氢、氧、硫等组成,如果燃烧时氧气充足,温度高且高于燃点温度,则为完全燃烧,其燃烧产物包括二氧化碳、水蒸气、含硫气体等;如果氧气不足或温度不稳定且低于燃点温度,则为不完全燃烧,其燃烧产物为一氧化碳、烟、焦炭等。船舶在发生火灾时,一方面由于采取了切断通风等控制措施,燃烧往往是不完全燃烧;另一方面由于船舶的舱室空间狭小且通风不好,在火场内部除了有能使人窒息的二氧化碳外还会有大量的一氧化碳等有毒气体。二氧化碳能使人窒息,当它在空气中含量达到5%时,人就会呼吸困难;超过10%时,会使人窒息而亡。一氧化碳为一种无色无臭的有毒可燃气体,在空气中的含量只要达到0.05%左右,人体就有中毒的危险,浓度达到0.5%~1%就能在5 min内致人死亡。因此,为了保证人员在消防过程中的安全,必须加强对消防人员的保护措施,有效防护火灾时危险燃烧产物(主要是危险气体)可能对人员造成的危害。

19.8.4 烟

烟是火的可见产物,它由碳和其他未燃烧的悬浮粒子组成,也含有水蒸气、酸和其他化学物质,这些物质对人体有害或对呼吸系统有刺激性。

烟会严重地降低失火现场及其附近的能见度,它会刺激眼睛、鼻子和肺。无论是较长时间呼吸薄烟还是较短时间呼吸浓烟,消防人员都会感到很不适,在失火现场内未佩戴呼吸器的消防人员最终不是被迫退出失火现场,便是被烟熏倒。

19.8.5 其他燃烧产物

在不完全燃烧的情况下,燃烧产物不仅有一氧化碳,还有醇类、醚类、醛类、酮类等对人体有害的物质。例如木材不完全燃烧会产生一氧化碳、甲烷、焦油、乙酸以及其他干馏产物。再如塑料、人造丝、羊毛等高分子材料燃烧会产生氨、氰化物、醛等物质,这些都对人体极其有害。

19.8.6 燃烧产物对灭火工作的影响

燃烧产物与灭火工作有密切的关系,要充分利用它的有利因素帮助灭火,有效地克服不利因素。

（1）有利因素

①燃烧产物在一定条件下有阻燃作用

完全燃烧的燃烧产物都是不燃的物质,如二氧化碳、水蒸气等。如果是室内火灾,随着这些燃烧产物的增加,空气中氧气相对减少,燃烧速率减缓,如果能关闭通风的门窗、孔洞,就会使燃烧速度减慢,直至停止燃烧。

②燃烧产物可以为火情侦查提供依据

不同的燃烧物质,不同的燃烧温度,在不同的风向条件下,烟的气味、颜色、浓度、流动方向也是不一样的,通过烟的这些特征,消防人员可以大致判断燃烧物质的种类、火灾发展阶段、火势蔓延方向等。

（2）不利因素

①引起人员中毒、窒息

燃烧产物中有不少为毒性气体,如 CO、HCl、HCN、NO 等。这些燃烧产物妨碍人们的正常呼吸、逃生,也给消防人员灭火工作带来困难。

②会使人员受伤

燃烧产物的烟气中载有大量的热,人在这种高温、湿热环境中极易被烫伤。

③影响视线

燃烧产生大量的烟,影响人的视线,使能见度大大降低,人在浓烟中往往会辨不清方向,给灭火、人员疏散工作带来困难。

④成为火势发展、蔓延的因素

燃烧产物有很高的热能,极易造成轰燃或因对流或热辐射产生新的着火点。

19.9 火的蔓延

影响火势蔓延的因素有热传播、气候、风势、地理环境以及建筑物等,但主要的是热传播。热传播除了与火焰直接接触外,还有三种途径:热传导、热对流、热辐射,如图 19-9-1 所示。

19.9.1 火灾的蔓延机理

（1）热传导

热量通过直接接触的物体从温度较高的部位传递到温度较低的部位,叫作热传导。其实质是组成物体的分子或原子通过其振动,将热量从高温部分传递到低温部分。在火灾的初期阶段,对火灾蔓延起主要作用的是热传导。

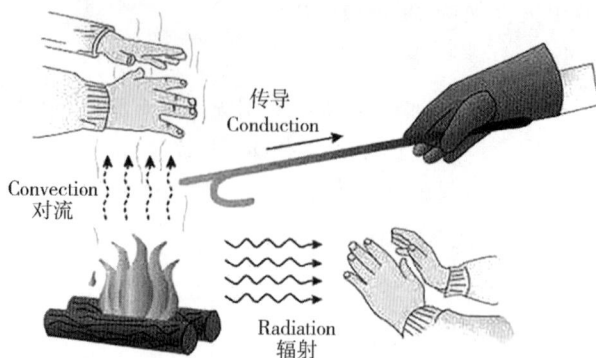

图 19-9-1　热传播的途径

①影响热传导的因素

不同的物质的热传导能力不同。固体物质是较强的热导体,在固体中又以金属的导热性最强,其次是液体物质,气体物质最弱。一般金属物质较非金属物质导热性强,如钢材的导热性是木材的 350 倍,铝的导热性是木材的 1000 倍。

影响热传导的因素有温度差、材料(导热系数)、导热物体的厚度(距离)和截面积、时间长短等。

②热传导与火灾的关系

在热量通过导热物体从一处传到另一处的过程中,有可能引起与导热物体接触的可燃物燃烧。导热系数大的物体(如金属)更易成为火灾蔓延的途径。在火灾扑救中,应对被火灾加热的金属物体、管道进行冷却,清除与被加热金属材料相连的可燃物,或用隔热材料将可燃材料与被加热的金属物隔开。

(2)热对流

热量通过流动介质(液体或气体)由空间中的一处传到另一处,叫作热对流。在火灾的发展阶段,空气对流起主要作用。

在船舶上,对流分为自然对流和强制对流。自然对流是由于流体各部分的密度不同而发生的。如热设备附近空气受热膨胀向上流动及火灾中热气体(主要是燃烧气态产物)的上升流动,而冷(新鲜)空气与其做相反方向流动。鼓风机、排风机等设备可以使气体强制对流。发生火灾时,如通风机械还在运行,会加速火势蔓延。

①影响热对流的因素

通风孔洞面积和高度、温度差、通风孔洞所处位置的高度等都会影响热对流。

②热对流与火灾的关系

船舶发生火灾后,烟气流动(对流)的方向通常是火势蔓延的主要方向。一般,500 ℃以上的热烟遇到可燃物有可能将其引燃,引起新的燃烧。热气流密度比冷空气小,一般多是向上传播,能引起顶部楼板、天花板等可燃物燃烧。遇到水平楼板或顶棚时,改为水平方向继续流动,这就形成了烟气的水平扩散。烟气的水平流动造成火灾从起火房间蔓延至周边的梯道、走廊。如果高温烟气的温度不降低,那么上层将是高温烟气,而下层是常温空气,形成明显的分离的两个层流流动。实际上,烟气在流动扩散过程中,由于有冷空气掺混及舱壁、顶棚等结构的冷

208

却,温度逐渐下降。逐渐冷却的烟气和冷空气流向燃烧区,形成了室内的自然对流,火越烧越旺。

烟气扩散流动速度与烟气温度和流动方向有关。烟气在水平方向的扩散流动速度较小,在火灾初期为 0.1~0.3 m/s;在火灾中期为 0.5~0.8 m/s。烟气在垂直方向的扩散流动速度较大,通常为 1~5 m/s。在船舶的楼梯间或管道竖井中,由于烟囱效应产生的抽力,烟气上升流动速度更大,可达 6~8 m/s,甚至更大。

烟气(燃烧产物)流动的驱动力包括室内外温差引起的烟囱效应、外界风的作用、通风空调系统的影响等。新鲜空气通过通风孔、通风口源源不断地流进燃烧区域,使可燃物持续燃烧。

为了防止火势通过热对流发展蔓延,主要应控制通风口开、闭状态或者冷却热气流,以及将热气流导向没有可燃物或火灾危险较小的方向。

(3)热辐射

以电磁波的形式传递热量的现象,叫作热辐射。这种热射线是肉眼看不见的,但我们可以感受到它的存在及其强度的大小。任何物体(气体、液体、固体)都能把热量以电磁波的形式辐射出去,同时也能吸收别的物体辐射出来的热量。热辐射不需要通过任何介质,通过真空也能辐射。当有两个不同温度的物体并存时,温度较高的物体将向温度较低的物体辐射热量,直到物体温度渐趋平衡。

当火灾处于猛烈燃烧阶段,火场温度较高,热辐射成为热量传播的主要形式。热辐射的热量和火灾温度的四次方成正比(即燃烧物温度越高,辐射强度越大)。被辐射物的受热量与它和放射物的距离的平方成反比(即距离近,受热多;距离远,受热少)。为了减少受到的辐射热,可增加受辐射物体与辐射源的距离和调整其夹角。灭火人员使用水枪灭火时,要选择适当角度,以减少受到热辐射的影响。灭火时,可利用移动式屏障或水枪喷射的水幕,遮蔽或减少热辐射。在船舶消防行动中,需要对受到热辐射影响的船舶结构进行冷却,降低其温度,防止火灾蔓延扩大,或者防止火灾对船舶结构造成进一步的破坏。

以上根据热量传播的三种途径,解释了火灾传播的过程。实际上,火灾蔓延还有一种途径,就是火焰延烧(直接燃烧)。直接燃烧是可燃材料释放(挥发、蒸发、热解等)足够的可燃气体,并在明火作用下的燃烧方式。

19.9.2 火灾的发展变化过程

(1)室内火灾的发展变化过程

①初起阶段

火灾初起时,明火焰的规模和燃烧面积非常小;燃烧仅限于着火点处的可燃物,室内温度不平衡;局部温度较高;燃烧过程不稳定;可燃物的燃烧受到自身性能、室内位置和舱室的通风、散热等条件的影响。随着燃烧的发展,燃烧产物中有水汽、二氧化碳产生,还产生少量的一氧化碳和其他气体,此时已经有明显的热量散发,火焰附近的温度可能在 500 ℃ 以上,平均室温略有增加。这一阶段火势发展随着引起火灾的火源、可燃物的特点不同而呈现不同的趋势。

②发展阶段(轰燃)

火灾发展阶段也称为自由燃烧阶段。在这个阶段辐射热急剧增加,辐射面积增大,燃烧会扩大到整个室内,周围环境温度逐步上升,可燃物分解生成烟和有毒气体,并随热气流上升到舱室顶部;高温的烟粒子向四周辐射热量,引起室内可燃物热分解,产生大量可燃气体。舱室内的上层气温达 400~600 ℃即发生轰燃,火灾达到全面发展阶段。

③猛烈燃烧阶段

轰燃发生后,室内可燃物全面燃烧,热辐射热量的速度急剧增加,室温迅速上升,并出现持续高温。整个火场处于高温状态。火焰包围所有可燃物,燃烧速度最快,环境温度明显上升,温度可达 700 ℃以上。之后,火焰和高温烟气在火、风、压的作用下,从房间的门窗、孔洞等处大量涌出,沿走廊、舱室顶部迅速向水平方向蔓延扩散。同时,由于烟囱效应的作用,火势会通过竖向楼梯及管井空间等向上蔓延。

④减弱阶段

随着燃烧不断进行,可燃物的数量也逐渐减少。如果通风不良,有限空间内氧气被渐渐消耗,则可燃物不再发出火焰,已燃烧的可燃物呈阴燃状态,室内温度降至 500 ℃左右。但是,这样的高温仍能使可燃物分解出较轻的气体,如氢气、甲烷等。这时,如进行不合理的通风,突然引入较多的新鲜空气,则有发生爆燃的危险。室内火灾发展过程如图所示 19-9-2 所示。

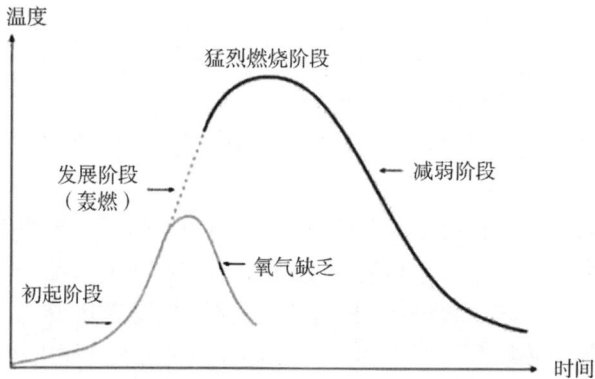

图 19-9-2　室内火灾发展过程如图

(2)室外火灾的发展变化过程

室外火灾一般无明显的阶段之分。室外火灾由于氧气充足,起火后很快便会发展到猛烈燃烧阶段。当可燃物燃尽时,迅速进入减弱阶段。

19.10　船舶火灾的分类及灭火

19.10.1　火灾的分类

火灾是指在时间或者空间上失去控制的燃烧所造成的灾害。火灾有两个特征,一是失去控制,二是造成了人身和(或)财产损害。

国家标准《火灾分类》(GB/T 4968—2008,2008 年 11 月 4 日发布,2009 年 4 月 1 日实施)中,根据可燃物的类型和燃烧特性,将火灾分为 A、B、C、D、E、F 六大类。

(1)A 类火灾(甲类火灾)

普通可燃固体物质燃烧引起的火灾称为 A 类火灾,如木材、纸张、纤维板、棉花、棉麻、绳索、衣服、被褥、粮食、合成橡胶、电工产品、化工原料、建筑材料等着火引起的火灾,如图 19-10-1所示。可燃固体不是固体直接燃烧,而是先熔化(部分直接蒸发)、蒸发后再与氧气混合燃烧,这种物质通常具有有机物性质,一般在燃烧时能产生灼热的余烬。其特点是不仅物体表面燃烧,而且能深入内部。因此,灭此类火时,要防止复燃,主要用水来扑灭。

船舶上可能发生 A 类火灾的位置如下:

①驾驶室,其内有木质的书桌、海图,还有其他航海类图书资料等可燃物。

②木工房,其内可能有各种各样的木材。

③水手长物料间,其内可能有各种各样的绳索。

④驾驶室侧翼的应变柜,其内存放有抛绳器用的火药和炸弹。

⑤金属集装箱,其下面通常是用木头和木质材料制成的。

⑥甲板,用来垫舱、做脚手架以及其他用途的木料可能存放在甲板下面。

⑦船员住舱。

图 19-10-1   A 类火灾(甲类火灾)

(2)B 类火灾(乙类火灾)

可燃液体或可熔化的固体物质燃烧引起的火灾称为 B 类火灾,如原油、沥青、石蜡、油漆,以及酒精、苯、乙醚、丙酮等各种有机溶剂燃烧引起的火灾,如图 19-10-2 所示。可燃液体燃烧不是液体本身燃烧,而是液体受热时蒸发出来的气体与氧气混合燃烧,只限于表面燃烧,但燃烧速度很快,温度也很高,容易引起火灾蔓延和发生爆炸。一般采用干粉、泡沫、二氧化碳、1211 灭火器(卤代烷)等来扑灭。

船舶上容易发生 B 类火灾的位置:

①易燃或可燃液体货物存放位置。各种类型的易燃或可燃液体作为货物由油船运输。这些货物除了散装运输外,也可以用大容量的桶或其他类型的容器来运输。在货舱里或大的集装箱里,往往能看到装有易燃液体的小型液体容器。

②船舶上燃油舱和柴油舱。燃油和柴油在输入燃烧器之前是最危险的。如果管道有裂缝,会使油泄漏出来,被火源点燃。大量的油泄漏,就会引发大规模的火灾。

③有可燃液体的其他地方。厨房以及使用和存储滑油的各类舱室和地点,机舱的油头和设备也都有残存的一层燃油和柴油。

图 19-10-2　B 类火灾(乙类火灾)

(3)C 类火灾(丙类火灾)

可燃气体燃烧引起的火灾称为 C 类火灾,如煤气、天然气、甲烷、乙烷、丙烷、氢气等着火引起的火灾,如图 19-10-3 所示。可燃气体不需要像固体、液体那样经熔化、蒸发过程,所需热量仅用于氧化或分解气体,或气体加热到燃点,因此,此类火燃烧速度极快,爆炸的危险性也比A、B 类火大。适宜用干粉扑灭。

船舶 C 类火灾的发生主要来源于:

①船舶电气焊作业储存的乙炔气体泄漏。

②油船、化学品船运输的易挥发货物所产生的大量可燃烃气。

③船舶厨房使用的液化天然气等。

图 19-10-3　C 类火灾(丙类火灾)

(4)D 类火灾(丁类火灾)

可燃金属燃烧引起的火灾称为 D 类火灾,如钾、钠、钙、锶、铝、镁、铀等着火引起的火灾,如图 19-10-4 所示。这些金属燃烧时,燃烧热很大,为普通燃料的 5~20 倍,火焰温度很高,有的甚至达到 3000 ℃以上;而且在高温下金属性质特别活泼,能与水、二氧化碳反应产生大量氢气,从而引起爆炸。常用灭火剂对其完全失去灭火作用,所以不能用水进行扑救,也不能用二氧化碳扑救,须使用特殊的灭火剂(如金属型干粉、7150 或沙土)扑救。因此,将金属火灾从 A类火灾中分离出来,单独作为 D 类火灾。

图 19-10-4　D 类火灾(丁类火灾)

船舶上容易发生 D 类火灾的位置:

①钢是造船的主要金属,而铝合金或其他金属可能被用来建造上层建筑。

②金属还可能作为货物以各种形态被运输。一般块状金属在积载时没有任何限制;而铝粉、镁粉及其他粉末状金属必须装在干燥和隔绝高温的地方。同样钾、钠等金属也应置于干燥的位置。

③集装箱通常是铝制成的,在失火时很容易熔化破裂,致使货物暴露在火中。

(5)E 类火灾(带电火灾)

物体带电燃烧引起的火灾称为 E 类火灾。带电火灾包括家用电器、电子元件、电气设备(计算机、复印机、打印机、传真机、发电机、电动机、变压器等)以及电线电缆等燃烧时仍带电的火灾,如图 19-10-5 所示,而顶挂、壁挂的日常照明灯具及起火后可自行切断电源的设备所发生的火灾则不应列入带电火灾范围。其灭火的原则是,首先切断电源,断电后的电器火灾可作为甲类火扑救,如无法断电,应采用不导电的二氧化碳和干粉等灭火剂扑救。

船舶上容易发生 E 类火灾的位置:

机舱、驾驶台、船员住舱等有电气设备的地方都容易发生电气火灾,尤其老旧船舶绝缘性能差、线路老化,极易引起电气火灾。

1998 年 2 月 11 日"德安"轮的火灾就是由机舱电气线路老化、绝缘性能差引起的意外事故。

图 19-10-5　E 类火灾(带电火灾)

（6）F类火灾

F类火灾是指烹饪器具内的烹饪物（如动植物油脂）燃烧引起的火灾。F类火灾的实质是食用油燃烧引起的火灾，如图19-10-6所示。如炒菜油锅着火引起的火灾，灭此类火，应迅速盖上锅盖灭火。如没有锅盖，可将切好的蔬菜倒入锅内灭火，也可选用干粉灭火器进行灭火。但切忌用水灭火，以防燃着的油溅出来，引燃厨房中的其他可燃物。

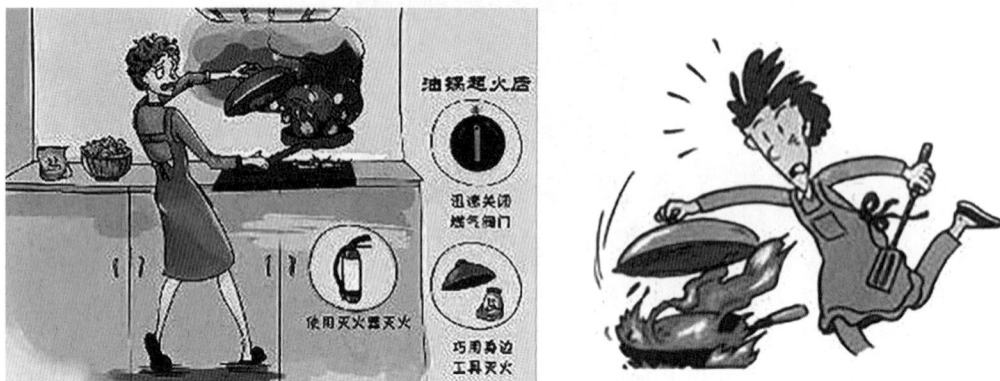

图 19-10-6　F类火灾

食用油火灾的特点：

①食用油自燃温度较高，一般自燃温度为350~380 ℃，在烹饪中一旦温度失控就会发生火灾。

②食用油火灾易复燃，食用油一旦发生火灾，燃烧速度较其他可燃液体燃烧更快，2 min后油面温度可达400 ℃。食用油在温度超过350 ℃会发生化学反应，生成自燃温度为65 ℃的可燃物，大量的试验证明只有温度降低到33 ℃以下时，食用油才不会复燃。

19.10.2　灭火方法

由于燃烧必须满足燃烧的三个条件（三要素），并且要相互结合、相互作用在一起才能发生燃烧，所以灭火的方法就是使这三个要素不相互发生作用。

（1）隔离法

如不存在可燃物，火就必定燃烧不起来。隔离法就是将可燃物从燃烧的地方移走，将火与可燃物隔离开，或迅速将燃烧物转移到安全地点或投入海中，或拆除火场附近的易燃物，或关闭可燃气体或可燃液体的阀门等等，都是采取隔离法进行的灭火措施，如图19-10-7所示。

图 19-10-7　隔离法

（2）窒息法

使可燃物与空气隔绝，火因缺氧而窒息，从而达到灭火的目的，这种方法称为窒息法。如使用不燃的石棉毯、泡沫、干粉、沙子等覆盖在燃烧物的表面，使空气中的氧起不了助燃的作用，或向燃烧的舱室、容器灌入惰性气体及二氧化碳，来降低空气中的含氧量，或关闭火场的门窗、通气筒、舱盖、人孔等以停止或减小氧气的供应，使火场中的含氧量迅速减少，当火灾区域中氧气的含量降到11%以下时，对一般可燃物来说，都会因缺氧而熄灭，如图19-10-8所示。

图19-10-8　窒息法

（3）冷却法

降低燃烧物的温度，使燃烧温度低于燃烧物的燃点温度时，火就会因热量的降低而熄灭。如用水、二氧化碳等直接喷洒在燃烧物上来降温灭火，又如用水对火源附近的可燃物进行喷射降低温度，阻止火灾的蔓延。

（4）抑制法（化学中断法或中止法）

抑制法是指让被使用的灭火剂参与到燃烧反应中去，使助燃的游离基消失，或产生稳定的或活动性很低的游离基，使燃烧反应终止，如使用干粉灭火剂扑灭可燃气体火灾就属于这种灭火方法。

19.10.3　灭火剂

在燃烧过程中，能有效地破坏燃烧条件达到中止燃烧目的的物质，称为灭火剂。灭火剂的种类有很多，使用时只有根据火场燃烧的物质性质、状态、燃烧时间和风向风力等因素，正确选择并保证供给强度，才能发挥出灭火剂效能。目前常用的灭火剂有水、泡沫、二氧化碳、化学干粉等。另外，伴随着卤代烷灭火剂（如1211、1301）的淘汰，世界各国开始着手于新型灭火剂的研发和生产，目前，已取得了不错的进展。这些新型灭火剂在保护地球环境方面，不同程度上优于卤代烷灭火剂，成为替代之选。

（1）水

①水的灭火原理

a.水的冷却作用

冷却是水的主要灭火作用。水的比热容和汽化热很大：比热容为4.18 kJ/（kg·℃），汽化热为2259 kJ。若将1 kg常温下的水（20 ℃）喷洒到火源处，使水温升至100 ℃，则能吸收335 kJ的热量，若再将其汽化，变成100 ℃的水蒸气，又能吸收2259 kJ的热量。因此当水与炽热的燃烧物接触时，在被加热和汽化的过程中，就会大量吸收燃烧物的热量，迫使燃烧物的温度大大降低而最终停止燃烧。

b.水蒸气的窒息作用

水遇到炽热的燃烧物后会因汽化产生大量的水蒸气。水变成水蒸气后,体积急剧增大。大量水蒸气的产生将排挤和阻止空气进入燃烧区,从而降低了燃烧区内氧气的含量。试验表明,当空气中的水蒸气体积含量达35%时,大多数燃烧就会停止。1 kg水变成水蒸气时的抑制空间可达5 m,有良好的窒息灭火作用。水汽化后体积变化数(倍数)如表19-10-1所示。

表 19-10-1　水汽化后体积变化数(倍数)

温度/℃	100	200	300	400	500	600	800
体积变化	1700	2060	2520	2980	3440	3900	4900

c.水对某些可燃固体具有浸润作用

对于可浸润可燃固体,由于固体表面黏附并渗透了大量的水,燃烧固体表面的含水量大为增加,这就直接加强了水的冷却作用,提高了固体燃烧的难度。

d.水对水溶性可燃液体的稀释作用

对于水溶性液体火灾,水的稀释作用可以分为两个方面:首先,水与可燃液体混合,可降低可燃液体的浓度,因而降低了蒸发速度和燃烧区内可燃气体的浓度,使燃烧强度减弱;其次,当水溶性可燃液体被水稀释到可燃浓度以下时,燃烧即自行停止。

水的稀释灭火作用仅适用于容器中贮有少量水溶性可燃液体的火灾。含有大量水溶性可燃液体的火灾要慎重使用水。

e.水对不溶于水的可燃液体具有乳化作用

当水呈雾状并以一定的速度喷向黏性的非水溶性可燃液体表面时,雾状水流的冲击作用在可燃液体表面形成相对稳定的"乳化层"。可燃液体表面覆盖了这一层乳化物,就可减少可燃液体的蒸发量,可燃液体就难以燃烧。利用乳化作用,在扑救黏度较大的油品(如重油)的火灾时可使用水雾。

f.水的冲击作用

在船舶消防泵的作用下,直流水枪射出的密集水流,具有强大的冲击力和动能,用其强烈地冲击燃烧物和火焰,可以冲散燃烧物,使燃烧强度显著减弱,也可以冲断火焰,使之熄灭。

②水的适用对象及注意事项

a.对于一般固体物质火灾,可以直接扑救,如木材、纸张、粮食、棉麻等火灾。直流水能够冲击、渗透到可燃物的内部,可用来控制物质的深位火灾(阴燃)。

b.对于可燃液体火灾(B类火灾),用水扑救时应注意:对非水溶性可燃液体火灾,当可燃液体的密度比水大、闪点比较高时,可用水来扑救;对于闪点较低的B类火灾,建议用水冷却周边的舱壁和甲板,不宜用水直接扑救。

c.对于可燃气体火灾(C类火灾),不能用水直接扑救,只可用水从外围冷却周边的舱壁和甲板。

d.对于金属火灾(D类火灾),不能用水直接扑救,因为在极高温度下水会分解生成氢气和氧气,并能放出大量热量,使氢气自燃或爆炸。

e.不能用水扑救未切断电源的电气设备火灾。水为导体,有触电的危险。

f.水不能扑救烹饪火灾(F类火灾)。

g.不能用直流水柱扑救三酸(硫酸、硝酸、盐酸)火灾,因为水与酸液接触会引起酸液发热飞溅,危害严重。

h.不能用水扑救碳化钙(电石)的火灾,因为碳化钙遇水会生成易燃气体乙炔,放热、易爆炸。

i.不能用水扑救熔化钢液附近的火灾,水在极高温下能分解出氢气和氧气,有爆炸危险。

j.用水灭火,要考虑对船舶稳性和船体强度的影响。

(2)泡沫

泡沫灭火剂是指凡能够与水混溶,并可通过化学反应或机械方法产生灭火泡沫的灭火药剂。泡沫是一种体积较小,表面被液体所包围的气泡群。火场中所使用的灭火泡沫是由泡沫灭火剂的水溶液,通过物理、化学作用,填充大量气体(二氧化碳或者空气)后形成的。

①灭火作用

a.窒息作用

泡沫与泡沫之间的黏力使易燃液体的蒸气无法穿过,泡沫把液面全部覆盖以后,就会形成空气隔绝层,从而断绝新鲜空气的来源,起到窒息灭火的作用。

b.冷却作用

泡沫中含有水分,对可燃物表面也能起到冷却作用,并抑制可燃、易燃液体的蒸发速度。

c.隔热作用

泡沫的密度远远小于一般可燃易燃液体的密度,可以漂浮于液体的表面,形成泡沫覆盖层。泡沫导热性能低,故可以阻止热量向液面传递。

②泡沫的分类

泡沫灭火剂一般按其生成机理、发泡倍数和用途进行分类。

a.按生成机理分类

泡沫灭火剂按照泡沫的生成机理可以分为化学泡沫灭火剂和空气泡沫灭火剂两大类。

(a)化学泡沫灭火剂

化学泡沫由两种药剂的水溶液发生化学反应所产生,泡沫中所包含的气体是二氧化碳。发泡倍数为 5.5~10,与水的密度比为 0.15~0.25,泡沫持久性不少于 25 s,30 min 泡沫消失率小于25%。化学泡沫由发泡剂、泡沫稳定剂或其他添加剂组成。船舶上多见的化学泡沫是由酸性的碳酸氢钠和酸性的硫酸铝水溶液、发泡剂、甘草汁混合产生化学反应而生成的。其反应方程式为

$$6NaHCO_3+Al_2(SO_4)_3=3Na_2SO_4+2Al(OH)_3+6CO_2$$

(b)空气泡沫灭火剂

空气泡沫又称为空气机械泡沫,它是一定比例的空气、泡沫液和水,利用机械搅拌,混合而形成的充满空气的膜状气泡。

b.按发泡倍数分类

发泡倍数是指泡沫灭火剂的水溶液变成灭火泡沫后的体积膨胀倍数。通常使用的灭火泡沫,其发泡倍数为 2~1000。泡沫灭火剂按其发泡倍数可以分为低倍数(低膨胀率)泡沫灭火剂、中倍数(中膨胀率)泡沫灭火剂和高倍数(高膨胀率)泡沫灭火剂三类。

低倍数泡沫灭火剂的发泡倍数一般在 20 以下。

中倍数泡沫灭火剂的发泡倍数一般在 20~200。

高倍数泡沫灭火剂的发泡倍数一般在 200~1000。

化学泡沫灭火剂都属于低倍数泡沫灭火剂,空气泡沫灭火剂中的绝大部分也属于低倍数泡沫灭火剂。

c.按用途分类

泡沫灭火剂按照泡沫用途可以分为普通泡沫灭火剂和抗溶性泡沫灭火剂两类。普通泡沫灭火剂适用于扑救甲类火灾和乙类火灾中的非水溶性液体火灾;抗溶性泡沫灭火剂适用于扑救甲类火灾和乙类火灾中的水溶性液体火灾。

d.按发泡剂的类型分类

(a)蛋白泡沫灭火剂

蛋白泡沫灭火剂是以动植物蛋白的水溶液为基料,加入稳定剂、防腐剂和防冻剂等辅料加工而成的。目前,蛋白泡沫灭火剂是我国石油化工消防中应用最广泛的灭火剂之一。它所产生的空气泡沫相对密度小(一般在0.1~0.5之间),流动性能好,抗烧性强,又不易被冲散,能迅速在非水溶性液体表面形成覆盖层将火扑灭。蛋白泡沫能黏附在垂直的表面上,因而也可以扑救一般固体物质的火灾。蛋白泡沫灭火剂主要用于扑灭油类火灾,但使用蛋白泡沫灭火剂扑灭原油、重油贮罐火灾时,要注意可能引起的油沫沸溢或喷溅。蛋白泡沫灭火剂不能与干粉灭火剂一起使用。

(b)氟蛋白泡沫灭火剂

氟蛋白泡沫灭火剂是在蛋白泡沫灭火剂的基础上再添加一种氟碳表面活性剂加工而成的。氟碳表面活性剂的加入可改善蛋白泡沫的流动性、抗油污染性。所以,氟蛋白泡沫的灭火效率大大优于普通蛋白泡沫。它与蛋白泡沫灭火剂一样,主要用于扑灭各种非水溶性可燃、易燃液体和一些可燃固体火灾,广泛用于扑灭大型贮罐(液下喷射)火灾。氟蛋白泡沫灭火剂中的氟碳表面活性剂具有抵抗干粉破坏的能力,与干粉有良好的联用性。因此,氟蛋白泡沫灭火剂可与各种干粉联用,且均能取得良好的灭火效果。

(c)水成膜泡沫灭火剂

水成膜泡沫灭火剂是20世纪60年代初发展起来的一种新型高效泡沫灭火剂,由氟碳表面活性剂、碳氢表面活性剂和添加剂及水组成。水成膜泡沫又称为"轻水泡沫",它比氟蛋白泡沫具有更好的流动性和抗油污染性。当把水成膜泡沫灭火剂喷射到燃烧的油面时,泡沫一面在油面上散开,一面在油面上形成一层水膜。泡沫和水膜共同存在能迅速抑制燃油蒸气的蒸发,使其与空气隔绝并使泡沫迅速向尚未直接喷射到的区域扩散,进一步灭火。

水成膜泡沫灭火剂适用于低倍数泡沫灭火设备,主要用于扑灭一般非水溶性可燃、易燃液体的火灾,能迅速地控制火灾的蔓延,能与干粉灭火剂联用,可采用液下喷射法扑灭油罐火灾,扑灭因飞机坠毁、设备爆裂而造成的流淌的液体火灾的效果也很好。

(d)抗溶性泡沫灭火剂

用于扑救水溶性可燃液体火灾的泡沫灭火剂称为抗溶性泡沫,主要用于乙醇、甲醇、丙酮醋酸和乙酯等一般水溶性可燃液体火灾,不宜用于扑救低沸点的醛醚和有机酸、胺等类液体火灾。

对水溶性可燃、易燃液体,抗溶性泡沫灭火剂具有较好的稳定性,可以抵抗水溶性可燃、易燃液体的破坏。这种抗溶性泡沫液与水混合,并在机械作用下产生泡沫时,在泡沫壁上形成一种薄膜,能有效防止水溶性可燃液体吸收泡沫中的水分,从而保护了泡沫,使泡沫较好地覆盖在水溶性可燃液体的液面上,起到灭火作用。另外,从抗溶性泡沫中析出的水,还可对水溶性可燃液体的表面产生稀释作用,有利于灭火。

(e)合成泡沫灭火剂

合成泡沫灭火剂是一种以合成表面活性剂为基料的泡沫灭火剂。

③灭火对象

a.主要用于扑救乙类火灾。对于非水溶性可燃液体火灾,可用普通泡沫扑救;而对于水溶性可燃液体火灾,则只能用抗溶性泡沫扑救。

b.可以扑救甲类火灾。可以扑救一般固体物质火灾,如木材、纸张、棉麻和粮草等的火灾。

④灭火注意事项

a.不可以扑救丙类火灾。灭火效果极差。

b.不可以扑救丁类火灾。泡沫中含有水分,能生成氢气。

c.不可以扑救未切断电源的电气设备火灾。

d.使用泡沫灭火剂时,不能同时使用水,因为与水同时使用会破坏泡沫层。

e.对甲类火能起到隔绝空气的作用,无法扑灭固体内部的火灾,想要彻底扑灭固体火灾必须辅以喷水。

(3)二氧化碳

常温常压下纯净的二氧化碳是一种比空气重50%的无色无味的气体,其本身不助燃,降温、加压便能使其液化,当从容器中释放出来时,气体体积会比其储藏体积膨胀约500倍,制造方便,便于储存。

①灭火浓度

灭火浓度是评价二氧化碳灭火剂灭火效能的一个指标。对于普通固体物质的火灾,用二氧化碳扑救时,其浓度要求达到30%以上;对于可燃液体或者类似的物质火灾,用二氧化碳扑救时,其浓度要求达到40%以上。

②灭火作用

a.窒息作用

用二氧化碳灭火时,从灭火器喷射出低温二氧化碳气体,并夹有少量的干冰,干冰进入空气后即会迅速吸热升华,产生二氧化碳气体。因为二氧化碳气体密度大于空气,所以,一经喷出即在火场区域下沉,罩在燃烧物的表面,使其与空气隔绝,同时也冲淡了火场中的氧气,使其含量降低。实验证明,当二氧化碳在空气中的浓度达到30%~50%时绝大多数的燃烧会停止。

b.冷却作用

气态二氧化碳在0 ℃时,加压到3.6 MPa即可液化,体积会缩小450倍。二氧化碳释放时,能迅速汽化吸收其自身的热量,导致液体本身温度急剧下降。当其温度低至−78.5 ℃时,就会有细小的雪花状二氧化碳固体(干冰)出现,并从周围空气中吸收大量的热量,每千克液态二氧化碳汽化时,约需吸收577.7 J的热量,对燃烧物有一定的冷却作用。

③灭火对象

a.适用于扑救可燃液体火灾。

b.适用于扑救带电设备的初起火灾。

c.对甲类火灾能起控制作用,但必须尽快喷水才能见效。

d.二氧化碳特别适用于扑救那些易受到水、泡沫及干粉等灭火剂损坏的物质的火灾,这是因为在灭火时,二氧化碳不会对火场的环境造成污染,不腐蚀设备和贵重物品,灭火后不留痕迹。

④灭火注意事项

a.二氧化碳只对爆发的火焰有效,除非二氧化碳连续使用到所有的火焰全部熄灭,否则火灾很容易复燃。事实上,使用二氧化碳灭火比使用任何一种灭火剂复燃的可能性都要大,二氧化碳绝不宜单独用于扑灭大火。对可燃气体的火灾,其灭火效果较差,一般不用二氧化碳扑救。

b.二氧化碳不宜扑救活泼金属及其氢化物火灾。在一般情况下,二氧化碳是化学性质不活泼的气体,但在高温下,它能与钠、钾、镁等金属起反应,例如,金属镁能在二氧化碳中燃烧并在反应中释放大量的热。因此,二氧化碳不能用以扑救锂、钾、镁、锑、铀等金属及其氧化物的火灾。

c.不宜扑救自燃分解的化学物品的火灾,如某些过氧化物、联氨等。不宜扑救内部阴燃的纤维物火灾。

d.由于二氧化碳释放时,能出现低温,故应防止手、眼冻伤。

e.由于二氧化碳具有窒息作用,使用时会逐渐扩散到空气中,引起火场缺氧,这样会危及救火人员的安全。在密闭或通风不良的空间使用时要防止对人员的伤害。在船上,使用二氧化碳固定灭火系统灭火前,必须先发出警报,通知人员撤离。

f.二氧化碳有一定的渗透力、环绕力,可以达到一般喷射不容易达到的地方,但仍难扑灭固体火灾及一些纤维物质内部的阴燃火,所以用二氧化碳扑灭固体火灾时,应注意防止复燃,最好扑救后再用水灭火。

(4)干粉

干粉灭火剂,又称粉末灭火剂,是一种干燥、易于流动的微细固体粉末。它是由灭火基料(如碳酸氢钠、碳酸氢钾、氯化钾、硫酸钾、磷酸或磷酸盐等)与适量流动促进剂和防潮剂等添加剂(滑石粉、云母粉、石英粉、硬脂酸镁、磷酸钙等)研制而成的。其中,基料为各种灭火剂,含量一般在90%以上;添加剂是一些疏水性物质,通过这些疏水性物质的机械隔离作用与在无机盐粉粒表面形成的疏水膜来改善干粉的吸湿性,从而增强抗结块能力与流动性,其含量一般在10%以下。干粉灭火剂的优点是:灭火效力大、速度快、无毒、不腐蚀、不导电且久储不变质等。

①干粉灭火剂的种类

目前,干粉灭火剂的品种繁多,但归纳起来大致可以分为以下三类:

a.以重碳酸盐为基料的干粉

以重碳酸盐为基料的干粉如小苏打干粉、碳酸氢钾干粉。小苏打干粉灭火剂是以含量不小于90%的碳酸氢钠为原料,再加入适量添加剂,并经过防潮防结块处理的干粉灭火剂。

b.以磷酸铵盐(如磷酸三氢铵、磷酸二氢铵及其混合物)为基料的干粉

磷酸铵盐灭火剂是以磷酸二氢铵为主要成分的干粉灭火剂。这种干粉不仅具有磷酸氢钠干粉灭火剂的灭火性能,还能灭 A 类物质的火灾,故简称为 ABC 干粉,又称为通用干粉,可扑救易燃液体、可燃气体、电气设备的火灾,也可扑救木材一类的可燃固体火灾。

c.其他干粉

其他干粉为以氯化钠、碳酸钠、氯化钾等为基料的干粉。目前我国主要生产小苏打干粉。

这种干粉成本低,且原料易得,并有一定的灭火效力,是上述几类产品中产量最多、应用最广的品种。

②灭火作用

干粉灭火剂平时一般贮存于干粉灭火器或干粉灭火设备中。灭火时,依靠加压气体(二氧化碳或者氮气)的压力将干粉从喷嘴喷出,形成一股夹带着加压气体的雾状粉粒气流,射向燃烧物。当干粉与火焰接触时,便会发生一系列的物理化学作用,从而将火扑灭。

a.对有火焰燃烧的抑制作用

干粉的主要灭火作用是化学抑制作用。在维持燃烧链式反应中关键的游离基是"H^+"和"OH^-",当干粉进入燃烧区域与火焰接触时,可以同时捕获大量的"H^+"和"OH^-"。大量干粉喷入燃烧区,"H^+"和"OH^-"就会很快被耗尽,链式燃烧反应被终止,从而使火焰熄灭。

b.干粉的遮断热辐射作用

干粉的密度比较大,在气流的作用下能够覆盖燃烧物体的表面,而不致被气流冲散。使用干粉灭火时,浓云般的干粉与火焰相混合可以降低残存火焰对燃烧物表面的热辐射,磷酸盐等化合物还有碳化的作用,可使燃烧固体表面碳化。因为碳化层是热的不良导体,所以,它可使燃烧过程暂时变得缓慢,从而使火焰的温度降低。

c.对火场中空气的稀释作用

干粉灭火剂的基料在火焰的高温作用下会发生一系列的分解反应,这些反应通常都为吸热反应,可吸收火焰的部分热量。这些分解反应所产生的不活泼性气体,如二氧化碳、水蒸气等,对区域内的氧气浓度具有稀释作用。

d.烧爆现象

干粉在高温作用下会爆裂成许多更小的微粒。这样,干粉与火焰的接触面积就会急剧增加,从而提高了干粉的灭火效果。

③灭火对象

a.扑救可燃液体火灾,效果较好。

b.扑救可燃气体火灾,效果较好。

c.对于一些电气设备火灾,可以使用,但对于一些精密仪器的火灾,应谨慎使用。

d.对于可燃固体,它只能起控制火灾的作用,必须辅以喷水,才能见效。

④灭火注意事项

a.对于轻金属火灾,不能使用普通干粉,而应使用金属型干粉或7150灭火剂进行扑救。

b.燃烧时能够自身供氧或释放氧气的化合物(例如硝酸纤维、过氧化物等)的火灾不能使用干粉灭火剂扑救。

c.干粉灭火剂只能扑救普通固体的表面火灾,而不能控制其内部的火灾。

d.精密仪器设备和贵重电气设备的火灾,不能使用干粉灭火剂扑救。因为干粉喷射后设备虽能得以保护,但残存的干粉却很难清除干净,这会使设备丧失精度或被腐蚀。

e.大量排放化学干粉会影响灭火人员。它所产生的不透明的烟团会使人的视线模糊,而且粉末飞扬,会影响消防人员呼吸,如果烟团的浓度太大,还会使人呼吸困难。

f.干粉对蛋白泡沫和一般泡沫有较大的破坏作用,因此,干粉不能与这两种泡沫联用。

(5)沙土

沙土也常被作为灭火剂使用,主要用于扑灭初期小火。

a.灭火作用

火灾发生的初期,面积不大,产生的热量不多,如附近没有其他灭火器,可随手使用沙土对着火点进行覆盖,以隔绝空气,阻止氧气进入,达到窒息灭火的效果。

b.灭火对象及灭火注意事项

沙土可用来扑救甲类火、乙类火及丁类火灾,效果较好,对丙类火灾效果不佳。

对于镁粉、铝粉、闪光粉等易燃固体引起的火灾,使用沙土扑救是很适宜的。应该注意的是,沙土不能用来扑救爆炸品的火灾。

(6)新型灭火剂

①卤代烃灭火剂

七氟丙烷(HFC-227ea)灭火剂和三氟甲烷(HFC-23)灭火剂属于这一类型。七氟丙烷灭火剂的灭火机理为冷却和部分化学作用,灭火剂在汽化过程中要吸收大量热量。三氟甲烷灭火剂的灭火机理与七氟丙烷类似,在灭火过程中还会降低空气中氧气的含量。

这两种灭火剂都是人工合成的无色、无味、不导电的气体,不破坏大气臭氧层,灭火后无残留物。在灭火过程中,两者会产生氢氟酸,因此,要求该灭火剂的喷放时间不得超过 10 s,以保证不会造成分解物浓度过高。

②惰性气体灭火剂

惰性气体灭火剂常用的有烟烙烬 IG-541。它是氮气(52%)、氩气(40%)、二氧化碳(8%)混合而成的,无色、无味、无毒、不导电,灭火过程洁净,灭火后不留痕迹,不破坏大气臭氧层,对环境无任何影响。火灾发生时,喷入上述气体使保护区内氧气浓度降至 12.5%以下,即可阻止可燃物的氧化反应,从而达到灭火目的。

③扑救忌水物质火灾的特效灭火剂——7150 灭火剂

7150 灭火剂是一种无色透明的液体,它的化学名称为三甲氧基硼氧六环 $(CH_3O)_3B_3O_3$。7150 灭火剂热稳定性较差,同时本身又是可燃物,当它以雾状被喷到炽热的燃烧着的轻金属上面时,会发生以下两种化学反应:

a.分解反应

$$(CH_3O)_3B_3O_3 \xrightarrow{60\ ℃以上} (CH_3O)_3B + B_2O_3$$

三甲氧基硼氧六环　　　　硼酸三甲酯硼酐

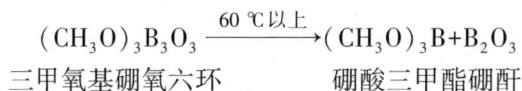

所谓高效灭火剂就高效在此,即此分解反应可反复生成硼酐。

b.燃烧反应

分解反应生成的硼酐在轻金属燃烧的高温下熔化为玻璃状液体,流散于金属表面及其缝隙中,在金属表面形成一层硼酐隔膜,使金属与空气(氧气)隔绝,从而使燃烧窒息。同时在7150 灭火剂发生燃烧反应时,还需消耗金属表面附近的大量氧气,这就能够降低轻金属的燃烧强度。

④气溶胶灭火系统

a.气溶胶的分类

气溶胶是微细的固体颗粒或微细的液体颗粒和惰性气体在气体介质中悬浮、弥散形成的溶胶状态。按形成的方式可分为高温技术气溶胶(通常称热气溶胶)和非高温技术气溶胶(通常称冷气溶胶)。

高温技术气溶胶是将固体燃料混合剂通过自身燃烧反应,产生足够浓度的悬浮固体颗粒和惰性气体,释放于着火空间,抑制火焰燃烧,并且使火焰熄灭。烟雾灭火技术就属于热气溶胶技术范畴。

非高温技术气溶胶是通过压力使容器内的超细干粉经喷头喷出,使其悬浮于着火空间,使火焰熄灭。实际上,超细干粉和细水雾灭火技术属于冷气溶胶灭火技术范畴。

b.气溶胶的特点

(a)以固态形式存放,不会挥发、贮存时间长,制成灭火装置后不存在泄漏问题,因此设计安装、维护管理简单方便。

(b)灭火效率高、速度快,是1301(HALON)的4~6倍,是二氧化碳灭火剂的10~15倍。

(c)不导电,无毒无害,对大气臭氧层耗损潜能值ODP为0;温室效应潜能值CWP为0或极小,符合环保要求,属于绿色消防灭火剂。

(d)具有很强的扩散性,能绕过障碍物而流动和进入微小的空隙之内,能全方位灭火,是全淹没式灭火剂。

(e)具有优越的综合功能,可制成简单的手持式灭火器,也可制成具有自动探测、自动报警、自动巡检、自动和手动启动功能的固定式灭火系统。

⑤细水雾灭火系统

细水雾是相对于水喷雾的概念,所谓的细水雾,是使用特殊喷嘴、通过高压喷水产生的水微粒。细水雾灭火系统对保护对象可实施灭火、抑制火、控制火、控温和降尘的多种方式的保护,其灭火机理和水完全相同,只是其灭火效果比消防水枪喷出的消防水的灭火效果更佳。

细水雾灭火系统是利用高压或气流,将流过喷嘴的水形成极细的水滴,进行火火或防护冷却的一种固定灭火系统。灭火机理主要是冷却、窒息,可以用于保护经常有人的场所。细水雾具有良好的电绝缘性,对环境无污染,可以降低火灾总烟气含量和毒性。

细水雾灭火系统的缺点:一是对水的粒径要求严格,导致对喷嘴的制造与使用要求较高。目前,细水雾灭火系统要求的系统压力高,对管路配件及水泵的工作压力要求相应较高,也带来相应的价格和技术方面的问题。二是作为灭火剂的水的水质要绝对稳定(即纯净水),给细水雾灭火系统大范围的推广带来一定难度。三是该系统还处于不断地完善阶段,应用范围狭窄,不同的细水雾灭火系统只适用于规定的保护对象,不具备通用性,局限性较大。

第 20 章

消防设备

20.1　各种移动式灭火装置

20.1.1　手提式灭火器

手提式灭火器是指在其内部驱动压力的作用下,将所充装的灭火剂喷出来以达到扑救火灾目的的灭火器。其特点是:可方便地由人力移动,并且结构简单、轻便灵活。主要用于扑救初起的小范围的火灾。船舶起居处所、服务处所、机器处所、火灾控制站内、厨房和每一易燃物料储藏室,都配备有足够数量的手提式灭火器。每位船员都必须掌握各种手提式灭火器的结构、灭火性能、操作使用方法及日常维护保养要求。

(1)灭火器的配备要求(SOLAS)

1000 总吨以上的船舶应至少备有 5 具手提式灭火器。船舶所配备的手提式灭火器,应为认可的型式和设计,每个干粉或二氧化碳灭火器容量至少应为 5 kg,而每一泡沫灭火器的容量至少应为 9 L。所有手提式灭火器的质量应不超过 23 kg,而且必须有至少相当于一个 9 L 液体灭火器的灭火能力。

(2)灭火器的布置(SOLAS)

①起居处所、服务处所和控制站内应配备使主管机关满意的型式适用和数量足够的手提式灭火器。

②用于任何处所的手提式灭火器,其中应有 1 具存放在该处所的入口附近。

③在起居处所内不得布置二氧化碳灭火器。在控制站和其他设有船舶安全所必需的电气或电子设备或装置的其他处所,所配备灭火器的灭火剂应既不导电也不会对设备和装置产生危害。

④手提式灭火器应位于易于看到的位置并随时可用。该位置应在失火时能迅速和便于到达,且灭火器所处位置应不会使其可用性受到天气、振动或其他外部因素的影响。手提式灭火器应配有表明其是否已被用过的标志。

（3）手提式二氧化碳灭火器

①适用场所

船上主要存放于厨房、机器处所和锅炉处所。

②结构

手提式二氧化碳灭火器由钢瓶、瓶头阀和喷射系统组成。

a.钢瓶

钢瓶是充装液态二氧化碳的容器,为高压容器。

b.瓶头阀

瓶头阀既是密封灭火器钢瓶的盖子,也是控制灭火剂喷射的阀门。瓶头阀上装有超压安全保护装置和开启机构。超压安全保护装置为安全膜片。开启机构有两种形式:手轮式和压把式。手轮式开启机构是由手轮、螺杆组成的,开启后只能一次用完,现在已被淘汰。压把式开启机构是由压把和压杆组成的。开启时压下压把,压杆就会下移,推动密封阀芯脱离密封座,使二氧化碳释放出来。松开压把,阀芯则会在弹簧和内部压力的作用下自动复位而关闭。所以,这种开启机构是手动开启、自动关闭型。

c.喷射系统

喷射系统由虹吸管、喷射连接管和喷口组成。二氧化碳灭火器喷口与瓶头阀保险销钢瓶的连接形式有以下两种:

（a）刚性连接式

如图20-1-1所示,这种灭火器的喷口是用金属管连接在灭火器的瓶头阀上。使用时,喷口和金属管只能绕瓶头阀上下转动,并可以在任意位置停顿,如要左右摆动,就需水平转动灭火器瓶体。

（b）软管连接式

如图20-1-2所示,这种灭火器的喷口用喷射软管与瓶头阀相连,喷口可以上下左右任意转动,在喷射软管与喷口的连接处有供人握持的手柄。一般船舶上配备的二氧化碳灭火器都采用这种连接方式。

③主要技术性能

以国产MTZ5型鸭嘴式灭火器为例,其主要技术性能为:钢瓶内装二氧化碳$(5\pm0.2)\,kg$,喷射时间小于$45\,s$,射程$2\sim2.2\,m$,钢瓶容量为$(7\pm0.2)\,L$。

图20-1-1　刚性连接式手提式二氧化碳灭火器　　图20-1-2　软管连接式手提式二氧化碳灭火器

④适用于扑救的火灾

适用于液体、气体及带电火灾,主要用于扑救贵重设备、档案资料、精密仪器仪表、600 V以下的电器及油脂等火灾,不适用于扑救轻金属火灾。

⑤检查和保养

应存放在通风、干燥处;每月对灭火器进行外观检查;每季度对瓶内二氧化碳存量进行检查,总量减少超过 10%时,应查明原因后补足灭火剂;每 5 年对钢瓶进行一次水压试验。

(4)手提式干粉灭火器(如图 20-1-3 所示)

①适用场所

船上主要存放于起居处所、厨房、无线电室以及电气设备处所。

②结构

手提式干粉灭火器根据驱动气瓶的安装位置可分为内装式和外装式两种。除此之外,干粉灭火器还包括贮压式干粉灭火器(无驱动气瓶)。

a.内装式干粉灭火器是由筒体、筒盖、贮气钢瓶、喷射系统和开启机构等部件构成的。

b.外装式干粉灭火器与内装式干粉灭火器的不同之处在于二氧化碳驱动钢瓶是采用阀芯式密封的,使用时提起提环,压下压块,由压块把密封芯杆顶下,密封阀芯就会开启,释放出二氧化碳。

c.贮压式干粉灭火器是由筒体、筒盖、喷射系统和开启机构等部件组成的。

d.贮压式干粉灭火器的结构简单,由于压缩氮气与干粉共贮于灭火器筒体内,所以,没有贮气瓶和出气管。但为了显示压力,应在筒盖上增加一块压力表。它经常处于加压状态,因此对灭火器的密封性能和耐压强度提出了更高的要求。

图 20-1-3　手提式干粉灭火器

③主要技术性能

以 MF 型手提式干粉灭火器为例,钢瓶内装粉量为 2~8 kg,喷射距离为 3~5 m,喷射时间为 11~20 s。

④适用于扑救的火灾

适用于扑灭固体、液体、气体以及电气火灾。

⑤检查和保养

a.应放置在通风、阴凉、干燥处,防止干粉结块失效。

b.避免曝晒和强辐射热,以防驱动气体气瓶由于气体受热膨胀、压力升高而漏气。

c.各连接件要拧紧,不得松动,喷嘴胶塞要堵好,不得脱落,以保证密封良好。

d.定期检查称重,当重量减少超过 10%时,应及时补充。

e.干粉灭火器在保管、运输和使用过程中,严禁撞击和剧烈震动。

(5)手提式泡沫灭火器

船用手提式泡沫灭火器(见图20-1-4)以前大部分为化学泡沫灭火器,现在广泛采用水成膜(轻水)泡沫灭火器。

①化学泡沫灭火器

a.结构

化学泡沫灭火器主要由筒身、瓶胆、筒盖和提环等组成。筒身内盛有碱性溶液(如碳酸氢钠和泡沫剂的水溶液),并且悬挂有玻璃或聚乙烯塑料瓶胆,瓶胆内盛有酸性溶液(如硫酸铝水溶液)。瓶胆用瓶盖盖上,以防酸液蒸发或者震荡溅出。筒盖是用塑料或钢板压制而成的,装有滤网、喷嘴。筒盖与筒身之间有密封圈;筒盖用螺栓及螺母固定在筒身上。泡沫灭火器分船用和陆用两种:陆用的瓶胆无盖,船用的瓶胆有盖。船用泡沫灭火器按开启方式的不同可分为旋转式、开关式、掀压式和手柄式四种。

b.主要技术性能

手提式泡沫灭火器容量一般为8~9.55 L,喷射距离为8~10 m,能持续喷射60 s,发泡倍数为8倍,30 min内泡沫消失量不超过50%。

c.维护保养

(a)泡沫灭火器应存放在干燥、阴凉、通风并取用方便之处,不可存放于高温或可能受到曝晒的地方,以防碳酸分解而失效;冬季要采取防冻措施,以防冻结。泡沫灭火器存放地点的环境温度应在-8~45 ℃。低于-8 ℃,灭火器内容易冰冻而失去作用;超过45 ℃,会使筒内碳酸氢钠分解出二氧化碳而失效。

(b)喷嘴应经常保持畅通,筒盖内的滤网应每年清洗一次。

(c)灭火器内的药剂每年更换,在换药前,发现筒身锈蚀应进行液压试验。

②水成膜(轻水)泡沫灭火器

a.结构

手提式水成膜(轻水)泡沫灭火器由灭火器钢瓶、瓶盖、驱动钢瓶、喷射系统和开启机构组成。它是将水成膜泡沫灭火剂与压缩气体(氮气或压缩空气)同贮于灭火器筒体内,灭火剂由压缩气体的驱动喷射灭火。其具有灭火速度快、灭火效率高、操作方便、可间隙喷射、抗复燃性能强、有效期长等特点。

b.主要技术性能

以国产MSZ/9型灭火器为例:灭火剂为水(97%)、AFFF(3%);以氮气作为驱动气体,气压1.2 MPa;正常使用温度范围5~55 ℃;喷射时间40 s;喷射距离不小于6 m;筒体水压试验压力2.1 MPa。

c.使用方法

(a)使用时将灭火器提至火场,拔出保险插销。

(b)使喷管对准火焰附近的垂直表面。

(c)压下释放手柄,使泡沫喷在垂直面上。

(d)站在上风灭火。

d.维护保养

每月应进行检查;存放环境温度为0~40 ℃;释放完毕后应尽快填充药液;应定期检查灭

火器,当驱动气体重量减少10%时,应及时补充。

图 20-1-4　手提式泡沫灭火器

(6)手提式清水灭火器

手提式清水灭火器依靠压缩气体(CO_2)驱动清水喷射灭火,主要用于扑灭固体火灾。一般放置在起居处所。

①结构

手提式清水灭火器由筒体、筒盖、二氧化碳储气瓶、喷射系统和开启机构等部件组成,如图 20-1-5 所示。

②主要技术性能

清水灭火器的灭火剂量至少为 9 L,喷射时间大于 50 s,有效喷射距离大于 7.0 m。

图 20-1-5　手提式清水灭火器

③检查与保养

放置在通风、阴凉和干燥处;每年称重检查一次,总重减少超过 5%时,应及时补充。

20.1.2　便携式泡沫灭火器

便携式泡沫灭火器容量比手提式灭火器大,适用于扑救较大的火灾,如图 20-1-6 所示。主要放置在 A 类机器处所及特种处所的甲板上的水带箱内。

(1)组成

便携式泡沫灭火器主要由吸入式空气泡沫枪、盛装 20 L 泡沫液的便携式容器及备用容器组成。空气泡沫枪能够经消防水带与消防总管相连,便携式容器至少能装 20 L 发泡液,备用容器容量与便携式容器相同。当有一定压力的消防水在该灭火器的混合器内通过时,混合器内会形成负压,泡沫液在负压作用下被吸入混合器。在混合器内泡沫液与水混合,在进入泡沫管枪时扩散雾化,同时吸入大量空气而形成泡沫,从泡沫管枪喷出。

图 20-1-6　便携式泡沫灭火器

（2）技术性能

在正常消防总管压力下,便携式泡沫灭火器的泡沫枪产生的泡沫应至少为 $1.5\ m^3/min$。

（3）使用方法

将便携式容器和泡沫枪的软管连接好,将水龙带一端接在消火栓上,另一端接在泡沫枪上,打开消火栓,灭火人员手持泡沫枪,站在上风口位置,调整适合的灭火距离,使泡沫平稳地覆盖在着火油面或物体上。

（4）注意事项

①按照要求配备足够的泡沫液。

②对油类火灾,应朝向火焰后面的垂直舱壁喷射,使其流淌覆盖液面;切勿直接喷向液面,防止火灾蔓延。泡沫液用完时,应立即断水。

③喷射时如有风,应使泡沫向顺风方向喷射,避免侧风喷射。

20.1.3　推车式灭火器

推车式灭火器通常有泡沫式、二氧化碳式和干粉式几种。

（1）推车式泡沫灭火器

推车式泡沫灭火器(见图 20-1-7)分为推车式空气泡沫灭火器和推车式化学泡沫灭火器。推车式泡沫灭火器通常配备于船舶的机舱内,一般放置在主机以及锅炉附近。

①推车式空气泡沫灭火器

该灭火器筒身内装空气泡沫溶液,驱动气瓶悬挂于灭火器外。驱动气瓶和灭火器之间由高压气管连接。船上的推车式空气泡沫灭火器一般有 45 L 和 130 L 两种规格。45 L 推车式空气泡沫灭火器配备于船舶主机附近,而 130 L 推车式泡沫灭火器配备于船舶锅炉附近。

②推车式化学泡沫灭火器

现代船舶上通常配备有推车式空气泡沫灭火器,有些老龄船舶上还配备有推车式化学泡沫灭火器。该灭火器筒身内装碱性溶液,瓶胆装酸性溶液。瓶胆悬挂于筒身内。胆塞在手轮丝杆的作用下封住瓶口。筒盖上有安全阀,可防止筒身因超压而发生爆炸。推车式化学泡沫灭火器的射程为 16 m 左右,喷射时间约为 170 s。

图 20-1-7　推车式泡沫灭火器

（2）推车式二氧化碳灭火器

推车式二氧化碳灭火器,如图 20-1-8 所示。这种灭火器使用灵活、可靠,且灭火后不留痕迹,适用于扑灭醇、油类等可燃液体和电气设备等的初起火灾。其结构与手提式二氧化碳灭火器基本相同,只是多了一个固定和运送灭火器的推车,开启机构全部为手轮式。一般船舶上配备的推车式二氧化碳灭火器有 16 kg 和 23 kg 两种规格。这两种规格相当于 45 L 和 130 L 的推车式泡沫灭火器,所以有的船上用以上两种推车式二氧化碳灭火器来替代推车式泡沫灭火器,配备于船舶主机和锅炉附近。

图 20-1-8　推车式二氧化碳灭火器

（3）推车式干粉灭火器

推车式干粉灭火器如图 20-1-9 所示,由筒体、筒盖、驱动气瓶、转移系统、喷射系统和开启机构等组成,主要配置在 A 类机器处所和滚装处所内。

驱动气瓶有内装式和外置式两种设置形式。内装式的结构紧凑、美观大方,外置式的检查、修理和维护方便。

MFT 型推车式干粉灭火器装粉量为 35~70 kg,喷射距离为 10~13 m,喷射时间为 20~50 s。一般船舶上配备的推车式干粉灭火器有 23 kg 和 40 kg 两种规格。这两种规格相当于

45 L 和 130 L 的推车式泡沫灭火器,所以有的船上用以上两种推车式干粉灭火器来替代推车式泡沫灭火器,配备于船舶主机和锅炉附近。

图 20-1-9　推车式干粉灭火器

20.2　常用消防用品

　　船舶常用的消防用品包括消防斧、消防钩、铁锹、灭火毯、消防桶、沙箱、消防战斗服等,还有用于测量舱室气体的测爆仪和测氧仪等。

20.2.1　消防斧、消防钩、铁锹

　　消防斧又称太平斧,如图 20-2-1 所示,主要用于砍断缆绳或破拆障碍物,其斧柄上套有绝缘胶套,具有防滑、绝缘的作用;消防钩用于从火场中取拿物品等;铁锹也是破拆工具,用黄沙灭火时需使用铁锹。

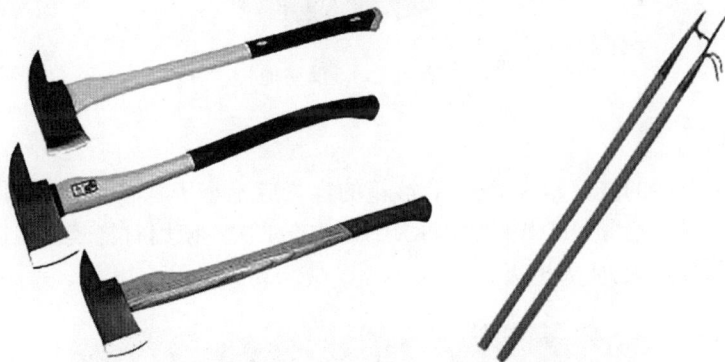

图 20-2-1　消防斧、消防钩

20.2.2　灭火毯

　　灭火毯是用耐火材料(如石棉、玻璃纤维及纺织品等)制成或经防燃浸渍处理的专用毯,规格多为 1.2 m×2 m,如图 20-2-2 所示。平时放在专用的箱子里,使用时,只要将其展开覆盖在初始燃烧物上,使火源与空气隔绝,即可达到窒息灭火的目的。

图 20-2-2　灭火毯

20.2.3　消防桶

消防桶又称太平桶,如图 20-2-3 所示,一般为手提式,用镀锌铁皮做成,外壳涂红漆,并用白漆标出编号,存放在驾驶室附近或露天甲板的木座上。它的作用是盛水浇灭初起火灾。

图 20-2-3　消防桶

20.2.4　沙箱

沙箱是存储黄沙的玻璃钢或金属箱,沙箱的容量应不小于 0.1 m³,沙箱的外壳涂红色,如图 20-2-4 所示。黄沙必须是干燥的,应每 3 个月检查 1 次。使用时将其覆盖在燃烧物表面,隔绝氧气并吸收部分热量,使火熄灭。

图 20-2-4　沙箱

20.2.5　消防战斗服

消防战斗服是为消防人员在火场灭火战斗中保护自身而设计的一种防护服装,如图20-2-5所示。它集阻燃、隔热、防水、透湿于一体,可有效保护消防人员在灭火战斗时的人身安全,保证灭火战术的实施和灭火器材的有效发挥。它是由阻燃层、隔热层、防火透气层、舒适层组成的,具有很好的阻燃性能和抗辐射性能。

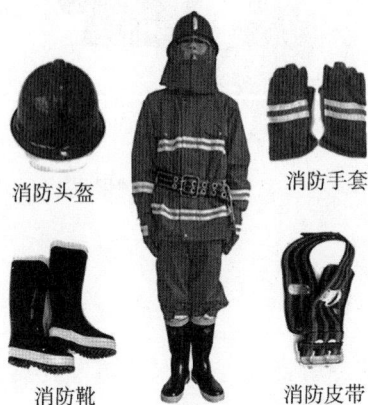

消防头盔　　消防手套　　消防靴　　消防皮带

图 20-2-5　消防战斗服

20.2.6　测氧仪

测氧仪(如图20-2-6所示)用于确定封闭空间空气中的氧气含量。测氧仪有多种形式,小型的测氧仪可以随身携带,能够连续检测空气中的氧气含量,空气中氧气不足时,能够提供声光及视觉报警。

20.2.7　测爆仪

测爆仪也称为可燃气体检测仪,是检测可燃气体和蒸气的仪器,如图20-2-7所示。按采样方式不同可分为扩散式和泵吸式两种;按仪器的检测原理不同可分为催化燃烧式、热导式以及红外线吸收式等。测爆仪能够快速检测出危险气体浓度是否低于爆炸下限或者可燃气体体积百分比,它适用于数百种可燃气体和蒸气的检测。

20.2.8　四合一气体检测仪

四合一气体检测仪是一种可以灵活配置的单种气体或多种气体检测仪,它可以配备可燃气体传感器和任选两种有毒气体传感器或任选四种有毒气体传感器或任选单种气体传感器。四合一气体检测仪具有非常清晰的液晶显示屏,有声光报警提示,确保在非常不利的工作环境下也可以检测出危险气体并及时提示操作人员预防。

图20-2-8所示为ADKS-4型四合一气体检测仪,专门用于危险环境和密闭空间的检测。可同时检测可燃气体、O_2、CO 和 H_2S。

应用场合:可燃气体环境、狭窄空间、泄漏环境、缺氧环境、有毒气体环境。

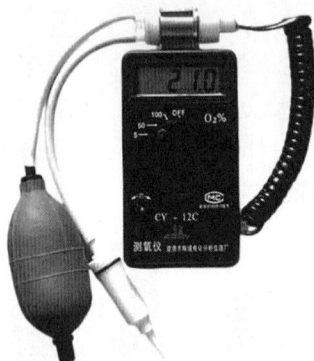

图 20-2-6　测氧仪　　　　图 20-2-7　测爆仪　　　　图 20-2-8　四合一气体检测仪

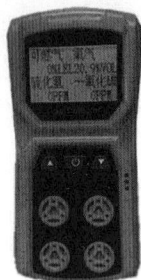

20.3　消防人员装备

消防人员装备是消防人员的专用装备,它确保消防人员安全地进入火场探明火情或救助在火场中的受困人员,或执行灭火任务等。

根据 SOLAS 公约和 FSS 规则要求,每艘船应至少配备 2 套消防人员装备,每套消防人员装备包括 1 套个人设备和 1 副呼吸器,存放在易于到达的位置并随时可用,该位置应有永久性的清晰标志。如所配备的消防人员装备或个人设备不止 1 套时,其存放位置应彼此远离。

在客船上,应在任一位置可获得至少 2 套消防人员装备外加 1 套个人设备。在每一主竖区内应至少存放 2 套消防人员装备。

消防人员装备包括防火服、长筒靴、头盔、安全灯、消防斧、安全带、耐火救生绳及正压式空气呼吸器等,如图 20-3-1 所示。

图 20-3-1　消防人员装备

(1)防火服

防火服应能保护消防人员的皮肤不受火焰和燃烧的热辐射,并且不受蒸气的烫伤。防火服应能防火和防水。船用防火服一般为消防隔热服。消防隔热服由上衣、裤子、手套、全面罩和鞋罩组成。它采用纤维织物与镀铝薄膜复合材料制作而成,不含石棉。其优点是:质量轻、强度高、阻燃、耐高温、抗热辐射、耐磨、耐折以及对人体无毒害等,能够有效地保障消防人员和高温作业人员不被烈焰或高温灼伤。

（2）长筒靴

长筒靴由橡胶或其他电绝缘材料制成，防电、防水。

（3）头盔

头盔由帽壳、佩戴装置及附件（面罩、披肩）等组成。头盔应坚固结实，能对撞击提供有效保护，可保护使用者的头、面部，使其免受强力冲击，避免尖锐物、热辐射、火焰或者静电的伤害，在灭火战斗时保护消防人员头颈部。佩戴时一定要注意将头盔的长帽檐置于头颈后方，以便较好地保护后颈。

（4）安全灯

认可型安全灯（手提灯）的照明时间至少应为 3 h。在液货船上使用和拟用于危险区域的安全灯应为防爆型。

（5）消防斧

消防斧也叫太平斧。消防人员随身携带的太平斧一般为小型太平斧，可作腰斧使用，挂于安全腰带扣环上，方便携带。其手柄设有绝缘套，能够提供高压绝缘保护。其主要用于破拆和支撑。

（6）安全带

安全带上的钢质圆环可以和防火绳的卡钩连接。

（7）耐火救生绳

每一呼吸器都应配有一根长度至少 30 m 的耐火救生绳。耐火救生绳应能够通过 5 min 的 3.5 kN 静荷载认可试验。耐火救生绳应能够用卡钩系在呼吸器的背带上，或系在一条单独的系带上，以防止在使用耐火救生绳时与呼吸器脱开。它的主要作用是用来显示来时的路径以及应急时作为搜救或简单联系的工具。

（8）正压式空气呼吸器

①配备要求

SOLAS 公约规定，船舶配置的正压式空气呼吸器的气瓶应至少存储 1200 L 的空气，并且呼吸器的所有气瓶都应能够互换使用，或者使用能够供气至少 30 min 的其他自给式呼吸器。

SOLAS 公约和 FSS 规则增加了关于消防人员装备呼吸器和双向便携式无线电话设备的要求：

a.呼吸器应安装声音及视觉或其他报警装置，当气瓶内气体存储量减少到不小于 200 L 时能够警示使用者。该规定适用于 2014 年 7 月 1 日后建造（安放龙骨）的船舶，其他船舶需在 2019 年 7 月 1 日前满足该规定。

b.所有于 2014 年 7 月 1 日或者之后建造的船舶，应为其每一消防小组配备至少 2 台双向便携式无线电话设备，以确保消防人员良好通信。这些双向便携式无线电话设备应为防爆型或本质安全型。

②结构

目前船舶广泛使用的是正压式空气呼吸器，主要由面罩组件、供气阀、减压器、气瓶与气瓶阀、背托与背带等组成，其作用是供给新鲜空气，防止进入火场的人员窒息或吸入毒气中毒。

a.面罩组件

面罩组件是一种单眼窗、大视野、双层环状片密封的正压型呼吸面罩，面罩内还有口鼻贴合的口鼻罩，能减小呼吸面罩实际有害空间。在口鼻罩内还设有呼气阀，将呼出气体排出。设有传音器,以便在使用过程中互相讲话。呼吸面罩上装有橡胶系带,能使佩戴者脸部与呼吸面罩密封贴合,保证安全可靠。

b.供气阀

正压式供气阀最大正压性供气量为 300 L/min,吸气感觉舒适。供气阀与全面罩连接,当佩戴者着装完毕后吸气时,供气阀转换开关会自动开启,供气阀使全面罩内处于正压状态,使全面罩内气体压力始终大于外界大气压力,在有毒有害气体环境中能保证安全可靠。

c.减压器

减压器的主要作用是将高压空气的压力从 30 MPa 降至 0.7 MPa 左右。减压器上装有中压安全阀、压力指示与余压警报器、空气输出导管。

d.气瓶与气瓶阀(瓶头阀)

气瓶是储存可供人呼吸的压缩空气的高压容器,用超高度合金钢或碳纤维等相等材料制成,容积有 3 L、4 L、5 L、6.8 L 等,最高使用工作压力为 30 MPa。气瓶阀手轮逆时针旋转为开启,反之则为关闭。

e.空气输出导管

空气输出导管由耐压橡胶软管和快速插头组成,一端连接供给阀,另一端连接减压器。

f.软导管快速插头

软导管快速插头由两个部件组成。两部件未连接时,减压器端的软导管快速插头是关闭的,打开气瓶开关仍然气密,气体不会泄漏。两部件连接时,快速插头闭锁开关被打开,气体及时通入供气阀。

g.背托与背带

背托上所有的环和卡都用不锈钢制成,以防在易燃易爆气体中作业时产生静电火花引起爆炸。背托上的负荷分布对称均匀。背带由腰带、肩带组成,可自由调节长度,可根据使用者的身材快速调节。

h.压力指示与余压警报器

由高压导管、压力表和余压警报器组成。压力表用于指示气瓶内的贮气压力,压力表壳外有防震良好的保护罩。余压警报器用于气瓶贮气压力的报警,当气瓶压力降至 4~6 MPa 时,警报器发出警报音响,报警后气瓶内的空气可继续使用 8~10 min,报警后应及时撤离工作现场。

20.4 其他个人设备

20.4.1 紧急脱险呼吸装置(EEBD)

紧急脱险呼吸装置是仅在逃离有毒气体舱室时使用的空气或氧气供应装置,应为认可型。紧急脱险呼吸装置经常不应用于灭火、进入缺氧隔离舱或舱室,或由消防人员佩戴。在这些情况下,应使用专门适合这些用途的自给式呼吸器。紧急脱险呼吸装置应至少能使用 10 min。

(1)组成

紧急脱险呼吸装置由压缩气瓶、气瓶阀、减压阀、压力表、输气导管、头罩和挎包组成(如图 20-4-1 所示)。

①压缩气瓶

压缩气瓶是储存可供人呼吸的压缩空气的高压容器,用超高度合金钢或碳纤维等相等材料制成。气瓶储气量大于 400 L,容积 2.2~3 L,额定工作压力 21 MPa,供气量大于 35 L/min,气瓶阀手轮逆时针旋转为开启,反之则为关闭。应至少能够供应使用者不少于 10 min。

②气瓶阀

气瓶阀也称瓶头阀,逆时针转动打开,开始供气;顺时针转动关闭,停止供气。

③减压阀

减压阀用于将气瓶内的高压气体降低至 0.5 MPa 的中压气体,气体流量控制在不小于 35 L/min 的稳流状态,流到头罩内供人呼吸使用。

④压力表

压力表用于指示气瓶内气体压力。正常工作压力为 21 MPa。

⑤输气导管

输气导管用于向头罩内输送经减压的压缩空气。其一端连接快速接口,另一端连接头罩进气分散器接头,采用夹紧套紧固。快速接头插入快速插口可接通气源。

⑥头罩

头罩由阻燃、抗渗水、抗热辐射的材料制成,具有隔热和防火功能,经密闭处理,将人体头部、颈部、罩盖保护在其内与外界隔离,免受危险气体、高温的伤害。头罩上有一个清晰宽阔、明亮的视窗,进气口上装有进气分散器,可以将气体吹向透明视窗,既可消除视窗上的雾气,又能使新鲜空气在口鼻部位附近供人员呼吸。

⑦挎包

挎包用于存放和携带紧急脱险呼吸装置,由阻燃材料制成。袋口采用快捷的尼龙搭扣,外表面上印有佩戴示意图、简单说明、使用时间提示和维护保养要求等。

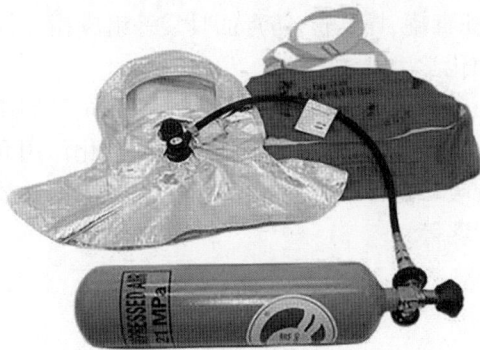

图 20-4-1　紧急脱险呼吸装置(EEBD)

(2)工作原理

储存在气瓶内的压缩空气从气瓶阀进入减压阀,经减压组件减压成 0.5 MPa 的中压,调节成小于 35 L/min 的流量后,通过中压管送到头罩内供呼吸使用。在检查及使用时,气瓶上的压力表显示气瓶内压力。头罩上装有呼气阀,将使用者呼出的气体排出保护罩外。由于保护罩内的气体压力大于外界大气压力,所以外界气体不能进入保护罩,从而达到保护正常呼吸目的。

（3）存放

a.EEBD 应存放在便于取用之处,应避免放置在重压、高温烘烤和低温冷冻区域。

b.EEBD 可放置在驾驶台、集控室、工作间、机舱下部的脱险通道或梯道的入口处。

c.EEBD 的存放处应贴有 IMO 标识,并能在黑暗中被识别。

（4）维护保养

①每月进行 1 次日常检查。打开装置,检查输气管、压力表接头、头罩有无损坏迹象,头罩颈部的弹性是否正常;检查装置是否受潮,若潮湿应立即干燥,必要时需要更换存放地点,以免受环境的不利影响。检查气瓶内的压力,不足应及时补足,存放点应干燥、通风,远离热源和腐蚀性介质。

②每年要进行检查维护 1 次,并取得检验证书。

③每 3 年要对气瓶进行一次水压试验。

（5）配备要求

IMO 于 2000 年 12 月 5 日在第 73 届会议上通过的《国际消防安全系统规则》（FSS 规则）第 3 章 2.2 中要求,从 2002 年 7 月 1 日起在所有的公约适用的船舶上,起居处所和机器处所强制配置紧急脱险呼吸装置。

船舶机器处所按处所值班人数配备,每人 1 具,但不得少于 2 具。起居处所内配 2 具。船上还应另备用 1 具,不包括训练用的。对于 2022 年 7 月 1 日以前建造的现有船舶不要求配置备件。

紧急脱险呼吸装置上必须清晰地印有简要的使用说明或清晰的图示。佩戴程序应迅速且容易,以便能在极短的时间内安全摆脱有害气体。在每一个紧急脱险呼吸装置上,还应印有保养要求、厂家的商标和序列号、贮藏期限及生产日期以及认可机关的名称。用于培训的紧急脱险呼吸装置必须清楚地标示。

20.4.2 防毒面具

防毒面具按防护原理,可分为过滤式防毒面具（如图 20-4-2 所示）和隔绝式防毒面具。过滤式防毒面具一般由面罩、滤毒罐、导气管、防毒面具袋等组成;隔绝式防毒面具由面具本身提供氧气,分贮气式、贮氧式和化学生氧式三种。

过滤式防毒面具利用面罩与人面部周边形成密合,使人员的眼睛、鼻子、嘴巴和面部与周围染毒环境隔离,同时依靠滤毒罐中吸附剂的吸附、吸收、催化作用和过滤层的过滤作用将外界染毒空气净化后供人员呼吸。滤毒罐类型较多,常见的过滤的物质有一氧化碳,有机蒸气,氢氰酸及其衍生物,毒烟、毒雾等。

图 20-4-2　过滤式防毒面具

第 21 章

船舶消防系统

21.1　船舶火灾探测与报警系统

船舶火灾探测与报警系统的功用在于尽早发现初期火灾,指示起火位置,并通过警报呼唤人员及时进行扑救,最大限度地减少火灾造成的损失。

按照 FSS 规则,火灾探测与报警系统分为两类,一类被称为固定式火灾探测与报警系统,另一类被称为抽烟取样式火灾探测与报警系统。

21.1.1　固定式火灾探测与报警系统

固定式火灾探测与报警系统一般安装在驾驶台内。其保护区域主要包括驾驶台,船员生活、服务处所以及机舱等区域。

(1)固定式火灾探测与报警系统的组成

固定式火灾探测与报警系统主要包括控制单元、呼叫点、声光报警器、探测器和其他辅助设备(包括电源单元、继电器箱、复示器等)。固定式火灾探测与报警系统通过和通用紧急报警系统、广播系统连接,可实现全船多手段报警。

①控制单元

控制单元用于声响和视觉报警,如图 21-1-1 所示。

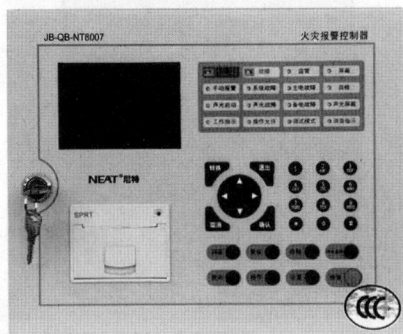

图 21-1-1　控制单元

控制单元一般具有火灾报警功能、火灾报警控制功能、系统故障报警功能、自检功能等。

②呼叫点

呼叫点用于手动报警,也叫手动报警按钮,如图 21-1-2 所示。

手动报警按钮即可作为单独的报警单元,又可作为固定式报警系统的组成部分。在值班人员发现火灾而自动报警系统仍未动作时,可按动按钮使报警器动作,向全船报警并显示火警部位。

图 21-1-2　呼叫点

手动报警按钮应装在有人出入的通道、走廊、公共处所、驾驶台、机舱内的通道出口。

每一层甲板的走廊内,手动报警按钮应该是便于达到的,并且走廊内任何部位与其距离不能大于 20 m。具体安装时应尽可能靠近应急照明,距甲板的高度为 1.4 m。

③声光报警器

声光报警器是火灾探测与报警系统的一个重要组成部分,是系统中探测器的指示与控制设备,如图 21-1-3 所示。

其功能是对探测器传输过来的火灾电信号及时做出反应,自动接通报警器,以声光形式发出报警,呼唤人员,并显示火灾发生的具体部位。另外,在系统操作所必需的电源和电路断电或故障时,声光报警器也应发出不同于失火信号的声光故障报警。在货船上,声光报警器一般安装在驾驶台。

图 21-1-3　声光报警器

④探测器

探测器是火灾自动探测设备,安装于被保护处所。探测器按其敏感元件的反应原理一般分为感温式、感烟式、感光式等。

a.感温式探测器分为定温型、差温型和差定温型三种。一般要求是当温度低于54 ℃时不动作,当温度超过78 ℃时必须动作。

定温型探测器适用于温度变化较大的处所,如厨房、配餐间等。如室内顶板温度较高,应选用标定温度不大于顶板最高温度再增加30 ℃的定温型探测器。一般可以分为57 ℃、70 ℃、78 ℃。

差温型探测器随单位时间温升速率的变化而动作,当温升速率大于1 ℃/min时动作。它适用于温度变化不大的舱室,如起居处所、储藏室等。

b.感烟式探测器是探测可见或不可见的由燃烧而产生的颗粒的装置。分为离子感烟式和光电感烟式两种。

离子感烟式探测器应用放射性元素的电离作用工作,当烟的浓度大于12.5%必须响应,当烟的浓度小于2.5%时不响应,适用于机器处所、配电板顶部、梯道走廊、公共生活处所。

光电感烟式探测器应用光电管原理工作,当一定浓度的烟雾通过光电管时造成光的散射引发报警,适用于机器处所、配电板顶部、梯道走廊、公共生活处所、船员和乘客舱室。

c.感光式探测器常用的是紫外线、红外线探测器,它们只感应频率较低的火光中的紫外线和红外线,而不感应阳光中的紫外线和红外线,能探测到火灾发生时由火灾产生的红外线或紫外线或辐射的信号,并把这些信号转换成直流低压电信号。

感光式探测器布置在机舱主机缸头上方,用于主机明火的探测;感温式探测器布置在工作间、锅炉间、焚烧炉间、集控室等相对封闭的高温处所;感烟式探测器布置在起居处所和服务处所的走廊、舵机间、应急消防泵间、机舱等处所。

⑤其他辅助设备

a.电源单元包括AC 220 V的主电源和DC 24 V的备用电源。

b.继电器箱用于传送全船报警。

c.复示器用于显示火灾和故障警报。

(2)固定式火灾探测与报警系统的工作原理(如图21-1-4所示)

探测器是火灾的自动探测设备,安装于被保护处所,能将发生火灾时所产生的热量、烟气或光谱信号等转换成电信号,通过探测器与报警器的连接电路传输,再将电信号转换成声光信号,在报警器上发出火灾警报,起到呼唤周围人员的作用,同时显示火灾发生的具体位置。在2 min内,显示的报警信号无人确认,将自动转发全船内的通用紧急警报系统,使全体船员都能听到警报。当系统探测到各分路故障(短路或断路)后,主控制器内的警铃发出响声,同时控制器的火警警报指示灯和区域火警指示灯闪亮,其声光信号与火警信号不一样。

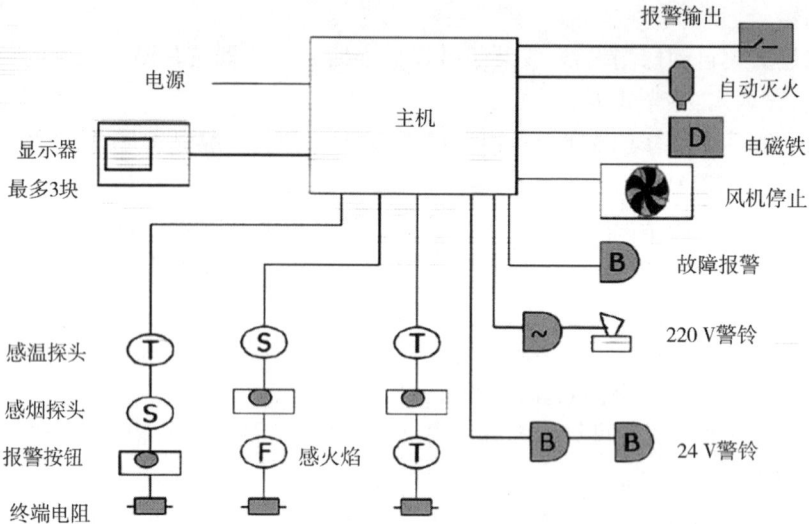

图 21-1-4　固定式火灾探测与报警系统的工作原理

21.1.2　抽烟取样式火灾探测与报警系统

　　船舶在航行中,由于装货处所构成了一个独立的密闭舱室且较少有人员到达,所以其内多采用抽烟取样式火灾探测与报警系统。抽烟取样式火灾探测与报警系统由集烟器、抽风机与抽风管路、烟雾探测装置(也叫烟雾探测器)、控制器与显示装置、报警设备组成。

　　(1)集烟器

　　每一个需要保护的舱室应至少装一个集烟器。为了保证集烟器能够充分发挥功能,其安装的间距应该使得该舱顶部区域的任何部位距集烟器的水平距离不超过 12 m。不在同一舱室的集烟器不能连接在同一个取样点上。连接在同一取样点上的集烟器不能超过 4 个。

　　(2)抽风机与抽风管路

　　抽烟取样式火灾探测与报警系统装有双套取样风机。抽风管路是连接货舱集烟器和烟雾探测装置的固定管路。抽风管路一端连接集烟器,另一端通过三通阀(选择阀)连接烟雾探测装置。集烟器在抽风机的作用下,将货舱的空气样品送到烟雾探测装置。

　　(3)烟雾探测装置

　　烟雾探测装置对空气样品进行检测。烟雾探测装置在装置内的烟密度超过 6.65% 每米减光率时,就会发出火灾信号。

　　(4)控制器与显示装置

　　整个系统在控制器的控制下协调工作。控制器位于驾驶室或连续有人值班的中央控制站内。控制器能够将接收和处理完的信息直接显示在控制器的显示装置以及复示器上。

　　(5)报警设备

　　控制器可以将烟雾探测装置发出的火警信号,转变成声光信号送到报警装置,实现报警。

　　12 路 SES-36 货舱抽烟探测系统如图 21-1-5 所示。该系统用于货舱的烟雾监测,当系统启动后,风机从货舱中抽吸气体样品,气体样品通过管路流经粉尘过滤器,再到探测箱,探测箱内各独立探头检测气体样品中烟雾浓度,并将分析结果反馈到控制器,当被监控区域的烟雾浓度达到控制器报警阈值时,系统会发出声光报警和文字提示;同时系统有自身故障诊断的能力,当系统发生故障时,系统会发出声光报警和文字提示。

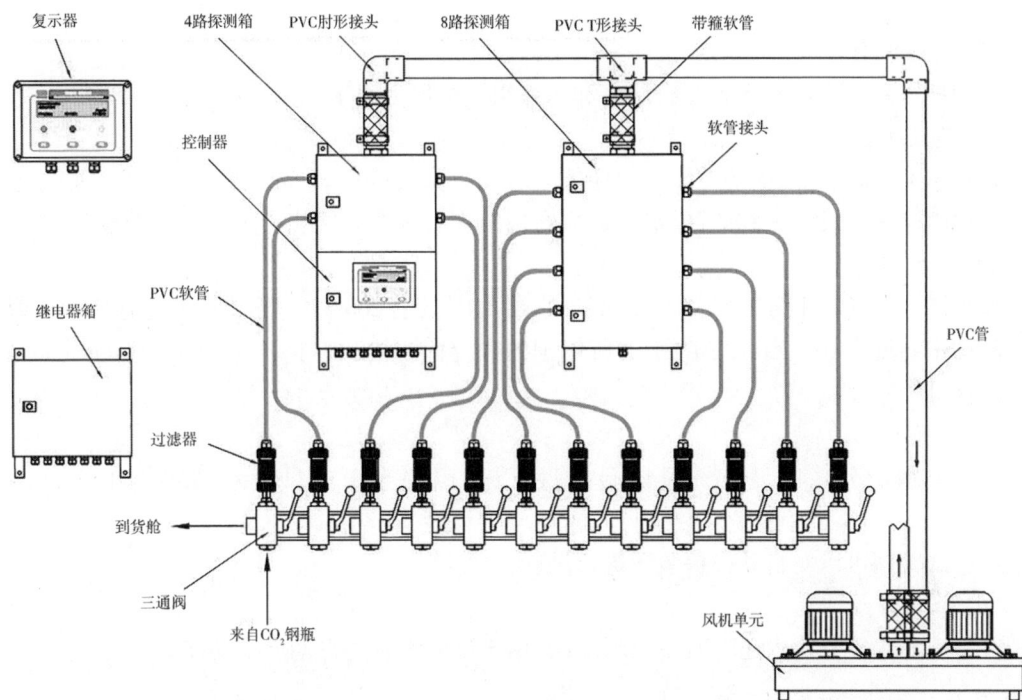

图 21-1-5　12 路 SES-36 货舱抽烟探测系统

21.1.3　自动喷水系统、探火与失火报警系统

客船和货船的起居处所、服务处所、控制站及机舱应装设自动喷水系统,它是固定式水灭火系统之一。它能延滞失火处所的火灾蔓延和迅速控制火灾。该系统在喷水动作时,能立即发出声光报警,并指示任一被保护处所的火灾征兆和位置,从而能够及时召集船员进行救灾。

2002 年 7 月 1 日以后建造的新船,容积在 500 m³ 以上的船舶机舱,应配备自动喷水系统。该系统具有自动报警功能(2 套供电系统),并确保随时工作。该系统的安装还应符合营运环境温度的要求。该系统的供水水泵还应符合相应的流量要求。

自动喷水器,是在可能发生火灾处所的顶部布置的充满设定压力淡水的支管上的喷水器。当被保护处所内发生火灾并达到某一设定温度时,喷水器便自动开启以相同的喷水量向四周喷水灭火。

自动喷水系统、探火与失火报警系统应外表清洁,安装部位无其他物件遮挡,自动喷水器的配件齐全。每一喷水器分区均可做人工放泄降压试验,当系统中压力降低时,自动声光信号正确报警,消防泵能自动启动。

自动喷水系统由喷水器水泵、压力水柜、监控装置、喷水器、管路和各类阀等组成,如图 21-1-6 所示。

(1)喷水器水泵

设置自动喷水系统的船舶应设有一台专供喷水器自动连续喷水的独立的动力泵。该泵的最小排量应足以在喷嘴所需的压力下覆盖面积达 280 m² 以上,喷水泵应由 2 套动力源独立供电。当系统压力下降时,该泵应在压力水柜内常备淡水排干之前自动启动,并应布置在被保护处所之外。

(2)压力水柜

自动喷水系统中设有一个充有淡水和压缩空气的压力水柜。

(3)监控装置

在客船上,驾驶台或消防控制站内应能显示发生火灾的区域;而在货船上,除驾驶台或消防控制站内能显示发生火灾的区域外,还应在轮机人员居住处所装有集中的声光报警。

(4)喷水器

喷水器被分成若干分区,每个分区的喷水器不应多于 200 只。喷水器在起居处所和服务处所的动作温度为 68~79 ℃。喷水器所保护的额定面积内应保持不少于 5 L/(min·m²)的平均出水量。

(5)试验阀

每一喷水器分区应设有一只试验阀,用以放出相当于一只喷水阀正常工作时的出水量。

通过试验阀可以对自动报警装置进行试验。

(6)释压阀

在每一喷水器分区内还设有一只释压阀,用于试验水泵的自动启动功能。

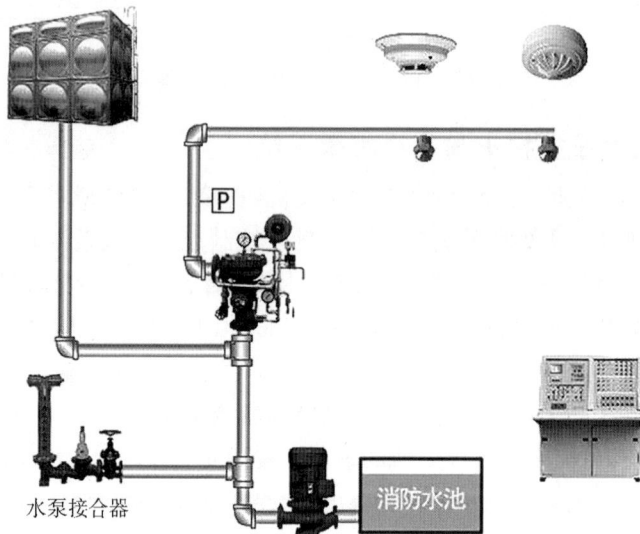

图 21-1-6　自动喷水系统图

21.2　固定式水灭火系统

固定式水灭火系统是船舶消防系统的主要组成部分。固定式水灭火系统由消防泵、应急消防泵、消防管系、消火栓、消防水带、消防水枪及国际通岸接头等组成。固定式水灭火系统是所有类型船舶都应配备的固定式灭火系统,也是最基本而有效的灭火系统之一。该系统具有有效性(对于普通固体火灾)、适应性(适用于各类火灾;对于液体火灾,可以进行外围冷却)、经济和方便性(舷外取之不尽)、共用和通用性等特点。一般可兼作甲板冲洗、锚链冲洗和喷射器供水等用途,也兼作顶边舱压载水的供水。

21.2.1 固定式水灭火系统的组成

(1)消防泵

船舶所配备的消防泵,如图 21-2-1 所示。根据船舶的类型不同也会有所不同:对于 4000 总吨及以上的客船,至少应配备 3 台独立的消防泵;对于 4000 总吨以下的客船和 1000 总吨及以上的货船,至少应配备 2 台独立的消防泵。船舶上的卫生泵、压载泵、舱底泵或者通用泵只要不用来抽输油类,均可作为消防泵。每一台消防泵的排量不得少于 25 m³/h,至少应能维持 2 股所需水柱。

(2)消防总管

消防总管和消防水管的直径应足够有效地从两个同时工作的消防泵传输所需的最大出水量,但货船的消防总管的直径仅需满足每小时排送 140 m³ 的水量。

图 21-2-1 消防泵

总管布置形式分为直线形和环形两种。直线形总管适用于小型船舶或大型船舶的宽敞甲板上和机舱内,而环形总管适用于大型船舶或上层建筑区域。环形总管的优点是能增强系统的生命力。当某一段环形总管发生故障时,则可以通过关闭附近的截止阀,切断对该段管路的供水,而其他消防管路能继续发挥作用。它要求总管上配有足够的截止阀,因而阀件多、管路比较复杂,安装的工作量也大。

船舶水灭火系统的布置均采用混合布置的形式,即既有环形布置也有直线形布置。一般货船的机舱或甲板上为直线形布置,而上层建筑为环形布置;客船采用环形布置。

兼作甲板冲洗用的消防总管应均匀地布置在主甲板上,而不应通过货舱。消防总管和消火栓的位置应便于连接消防水带。管子和消火栓的布置应防止冻结。消防总管应设有适当的排水设施。

(3)消火栓

消火栓(如图 21-2-2 所示)的数目和位置应保证至少能将两股不是由同一消火栓发出的水柱射至船舶在航行时旅客或者船员经常到达的任何部位、任何货物处所空舱时的任何部分、任何滚装处所或任何车辆处所,其中一股水柱应仅用一根消防水带。在可能装运甲板货物的船上,消火栓的位置应随时易于接近。各消防水带接头与各水枪应能完全互换使用,否则船上每一消火栓应备有一条消防水带和一支水枪。

图 21-2-2 消火栓

(4)消防水带

消防水带是消防用的很长的管状织物,应由认可的耐腐蚀材料制成,如图 21-2-3 所示。

最常用的材料是内衬橡胶并涂有聚氯乙烯的合成纤维织物。这种水带很坚实,不受油类、大部分化学品、霉腐以及酷暑、严寒天气的影响。船舶使用的每条消防水带应配有一支水枪和必要的接头。水带长度至少为 10 m,但用于机器处所的不得超过 15 m;用于其他处所和开敞甲板的不得超过 20 m;用于最大型宽超过 30 m 船舶的开敞甲板的不得超过 25 m。直径一般

有 50 mm 和 65 mm 两种尺寸,有时也使用直径为 80 mm 的水带。

配备要求:对于客船,每一个消火栓都应至少配备 1 条消防水带;载客超过 36 人的客船内部处所,消防水带应一直保持与消火栓相连接。对于超过 1000 总吨的货船,所需要的消防水带数目应为每 30 m 船长配备 1 条,1 条备用,但总数不得少于 5 条。此数目并不包括机舱所需水带。对于不超过 1000 总吨的货船,应备有不少于 3 条消防水带。

图 21-2-3　消防水带

(5)消防水枪

消防水枪由铝合金和铜制成,是消防队员在灭火时使用的主要器材,它可以把水带内的水流通过不同的结构转化成为水枪的不同流态的高速射流,并把这种射流(直流或雾状水流)喷射到火场的物体上,以达到灭火、冷却或保护的目的,水枪有直流水枪和两用(直流喷雾)水枪和脉冲水枪等。

直流水枪如图 21-2-4 所示,用于扑救一般的固体物质火灾以及灭火时的辅助冷却等。水枪的标准口径有 12 mm、16 mm 和 19 mm 三种尺寸,压力范围在 0.2~0.7 MPa。船舶起居舱室一般配备 12 mm 水枪。

喷雾水枪,一般用于扑救室内火灾,还可用于扑救可燃粉尘及部分油类火灾。在机舱等可能有溢油危险的处所应配备喷雾水枪或两用水枪。

两用水枪如图 21-2-5 所示,即可喷射直流又可喷射雾状水流。两种水流可以相互转换、组合使用,机动性能好。船舶配备的水枪应为经认可的设有关闭装置的两用型水枪。

脉冲水枪是近年来在国外发展起来的一种高效灭火装备,主要用于扑救初期小面积的 A、B、C 类火灾。

图 21-2-4　直流水枪　　图 21-2-5　两用水枪

(6)国际通岸接头

国际通岸接头作为船与船或船与岸连接的公共接头,是一种大小转换接头,用钢材或其他等效材料制成并设计成能承受 1.0 N/mm^2 的工作压力,如图 21-2-6 所示。大头系国际统一规格;小头为永久附连于船上消火栓或消防水带的对接口。500 总吨及以上的船舶应设有至少一个符合要求的国际通岸接头,并应备有使此种接头能用于船舶任何一舷的设施,以便能够从岸上或他船向本船消防总管供水。

WH055

国际通岸接头
International Shore Connections (PN16)

CODE 33 08 41	
法兰外径 D	$\phi178$
螺栓节圆直径 L	$\phi132$
接口螺纹 M	$2''$BSP、$2\frac{1}{2}''$BSP　注：可选配接各种型式接头使用
法兰槽口 d	直径为 $\phi19$ 的孔4个，等距分布，在 $\phi132$ 直径的螺栓节圆上，开槽口至法兰外缘
螺栓及螺母	4副，$M16\times50$ mm（选配）

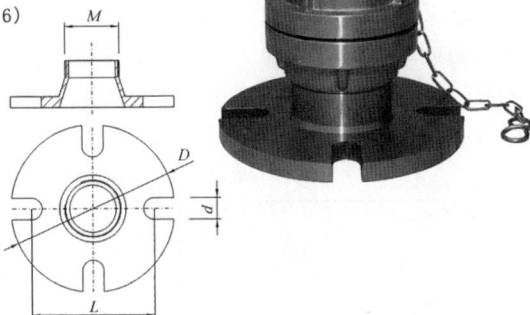

图 21-2-6 国际通岸接头标准尺寸

（7）应急消防泵

船用应急消防泵，如图 21-2-6 所示，为固定式独立动力驱动的泵。主要用于船舶应急消防，即任何一个舱室失火可能导致所有消防泵失去作用时向消防总管提供消防水。该泵组具有质量轻、体积小、启动迅速、出水时间快、燃油箱容量大、耐腐蚀，且使用可靠、维护方便等优点。应急消防泵有两种驱动方式，即电驱动和柴油机驱动。配备应急发电机的现代化大型船舶通常采用的驱动方式是电驱动。由柴油机驱动的应急消防泵，在允许使用蓄电池的场合，可安装并使用蓄电池启动装置。燃油供应柜所装盛的燃油应能使泵在全负荷下至少运行 3 h，同时在 A 类机器处所外应储备足够数量的燃油，能使该泵在全负荷下再运行 15 h。

应急消防泵正常工作时能维持两股所需的水柱，泵的排量应不低于船舶所要求的消防泵总排量的 40%，而且在任何情况下不低于下列排量：

小于 1000 总吨的客船和 2000 总吨及以上的货船 25 m³/h；

小于 2000 总吨的货船 15 m³/h。

图 21-2-7 船用应急消防泵

为了保证应急消防泵的可靠性，使相关人员能熟练掌握其启动程序，应每月检查试验应急消防泵。

①柴油机驱动的应急消防泵

驱动应急消防泵的柴油机应能在温度降至 0 ℃时的冷态下用人工手摇曲柄随时启动。如不能做到或可能遇到更低温时,则应设置经主管机关认可的加热装置,以确保能随时启动。如果人工启动不可行,主管机关可允许采用其他启动装置。这些启动装置应能在30 min内至少使柴油机启动6次,并保证在前10 min内至少启动2次。

②电驱动的应急消防泵

电驱动的应急消防泵可在甲板上的消防控制站和机舱内的应急消防泵间启动。固定式水灭火系统的配备要求如表21-2-1所示。

表 21-2-1　固定式水灭火系统的配备要求

| 船舶种类、总吨 | | 客船 | | 货船 | | |
水灭火设备		4000 总吨以上	4000 总吨以下	6000 总吨以上	1000~6000 总吨	1000 总吨以下
消防泵	数量	3	2	2		2(其中 1 台应为独立驱动的消防泵)
	总排量/(m³/h)	舱底泵总排量的 2/3		一台舱底泵的 4/3 以上(不大于 180)		
	每台泵的排量/(m³/h)	总排量/台数×80%以上		总排量/台数×80%以上		
	消火栓处的水/MPa	0.4	0.3	0.27	0.25	0.25
	动力源的布置	分舱布置		分舱布置或设置固定应急消防泵		
消火栓数量和位置		至少 2 股水柱(1 股仅 1 根水带)		至少 2 股水柱(1 股仅 1 根水带)		
消防水带		每个消火栓配 1 根		每 30 m 船长配 1 根,备 1 根,总数不少于 5 根(不包括机舱)		每 30 m 船长配 1 根,备 1 根,总数不少于 3 根
消防水枪(水雾/水柱两用)		每个消防水带配 1 支		每个消防水带配 1 支		每个消防水带配 1 支
国际通岸接头		1 支(船舶任何一舷)		1 支(船舶任何一舷)		

21.2.2　维护保养

为了保证水灭火系统的可靠性,应定期检查,并经常进行维护保养。

(1)整个系统每半年检查一次。修船时船检部门要对其进行试验。每次修船时检查出水情况、出水时间及喷射距离等,并记录在航海日志上。

(2)消火栓附近装甲板货时,不得压盖水带或阻碍水带的连接和使用;消火栓应保持活络。

(3)消防水带每三个月检查一次,并摊开重卷,使折痕处得以变换,用后或受潮后应吊高晾干,不可曝晒烘烤以延长使用寿命,且不得挪作他用,以保证随时可用。

(4)寒冷冬季,消防管及消火栓应防冻包扎,使用后应放尽管内的残水。

21.3　其他固定式灭火系统

21.3.1　细水雾灭火系统

细水雾灭火系统是目前国际上应用非常广泛的一种绿色环保、高效节水的灭火系统,是符合《蒙特利尔协议书》的消防换代产品,它具有气体灭火和水灭火的双重优点,同时又最大化地降低了它们的缺点,具有建造和安装成本低、对火灾反应速度快、灭火耗水量少、水渍损失低、对人体安全、不污染环境、灭火效能高、适用范围广等优点。

细水雾灭火系统在船舶上主要应用在船舶主机有失火危险的部位、发电机组有失火危险的部位、锅炉和焚烧炉的燃烧器、加热燃油的分油设备和其他易失火的燃油设备。

细水雾是直径小于 400 μm 的水雾粒。目前船舶大多数采用 8 MPa 左右的高压水泵,通过高压水管特殊的喷嘴作用,由液体与空气的速度差而被撕碎成为的细水雾。细水雾灭火系统对保护对象可实施灭火、抑制火、控制火、控温和降尘等多方式的保护。

(1)细水雾灭火系统的作用

①冷却

粒径越小,相对面积越大,受热后越易于汽化。在汽化的过程中,水从燃烧物表面或火灾区域吸收大量的热量,从而使燃烧物表面温度迅速降低,当温度降至燃烧临界值以下时,热分解中断,燃烧随即中断。

②窒息

细水雾喷入火场后,迅速蒸发形成蒸汽,体积急剧膨胀,最大限度地排除火场空气,使燃烧物周围的氧含量迅速降低。当燃烧物周围的氧气浓度降低到一定程度时,燃烧即会因缺氧而受到抑制或中断。

③阻隔热辐射

细水雾喷入火场后,蒸发形成的蒸汽迅速将燃烧物、火焰和烟雾笼罩,对火焰的辐射热具有极佳的阻隔能力,能够有效抑制辐射热引燃周围其他物品,达到防止火焰蔓延的效果。

④浸润作用

颗粒大、冲量大的雾滴会冲击到燃烧物表面,使燃烧物浸湿,抑制可燃气体的产生,达到灭火和防止火灾蔓延的目的。在灭火的过程中,往往会有几种作用同时发生,从而有效灭火。

(2)基本要求

SOLAS 1974 2000 年修正案《用于 A 类机器处所的固定式水基局部使用灭火系统认可指南》MSC/Circ.913 的基本要求如下:

500 总吨以上的客船和 2000 总吨以上的货船,A 类机器处所容积超过 5000 m³ 的,还应由一个经认可的固定式水基或等效的局部灭火系统来保护。

对于周期性无人值班机器处所,该灭火系统应能自动和手动启动。对于连续有人值班的机器处所,仅要求该灭火系统能手动启动。

固定式局部使用灭火系统用来保护下列区域,而无须关闭发动机、撤离人员或封闭这些处所:

①船舶主推进和发电所用的内燃机上有失火危险的部分。

②锅炉前部。

③焚烧炉有失火危险的部分。

④加热燃油的净化器。

任何固定式局部使用灭火系统启动时,应在被保护的处所和连续有人值班的处所发出视觉报警和清晰的听觉报警。该报警应指明所启动的具体系统。本规定所述的系统报警要求是对其他部分要求的探火和失火报警系统的补充,而不是替代。

(3)系统组成

为了达到较好的灭火效果,采用高压水喷射系统,利用喷嘴节流形成水雾覆盖层。高压水喷射系统分别由高压供水单元、喷嘴组单元、电磁阀组单元、检测单元、控制及报警单元和相关管路组成,如图 21-3-1 所示。

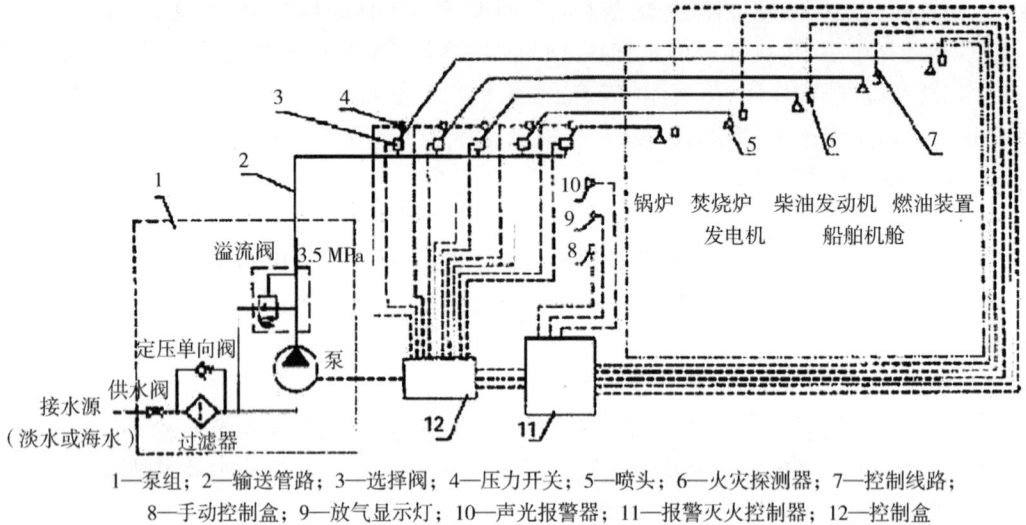

1—泵组；2—输送管路；3—选择阀；4—压力开关；5—喷头；6—火灾探测器；7—控制线路；
8—手动控制盒；9—放气显示灯；10—声光报警器；11—报警灭火控制器；12—控制盒

图 21-3-1 细水雾灭火系统

①高压供水单元

该单元主要由水泵、供水缓冲箱、压力调节阀等设备组成，其功能是提供适当的水压。

②喷嘴组单元

按规定，主机缸头部位、发电柴油机顶部、锅炉燃烧器部位、焚烧炉燃烧部位、加热燃油净化器需要安装喷嘴。可以根据不同的部位分成若干分区，每个分区根据面积安装不同数量的喷嘴。

③电磁阀组单元

实际灭火过程中是针对某个区域喷射水雾的，因此，需要由电磁阀分别控制。

④检测单元

该单元主要由探火探测器组成。为了保证系统能够正常工作，并且没有误动作，需要两种不同传感器(一般为感温和感烟)同时发出火灾信号。

⑤控制及报警单元

该单元是本系统控制中心，包括接收火灾信号、发出报警信号、提供水泵工作和区域供水电磁阀动作信号等。

系统应具备手动和自动工作方式。手动工作方式能启动或停止水泵，手动打开或关闭电磁阀。当系统接收到火灾信号后，等不及系统采取自动方案来进行灭火时，可以手动控制系统工作。在自动情况下，仍然保留手动方式，而且手动方式优先于自动方式。

21.3.2 固定二氧化碳灭火系统

(1)固定二氧化碳灭火系统简介

二氧化碳是大气的一种成分。固定二氧化碳灭火系统可用于任何类型的船舶机舱及其他密闭空间，如图 21-3-2 所示。二氧化碳具有窒息作用，而且具备一定的冷却效果，同时其还具有渗透效果，即二氧化碳灭火剂能渗透到舱室深处的火灾中，对舱室深处灭火起到控制作用。二氧化碳出色的灭火效果得到了广泛认可。

固定二氧化碳灭火系统的缺点在于该系统须在保护区内人员撤空后才能释放，这段延误时间可能会对设备造成更多损害,而且二氧化碳灭火存在复燃风险。固定二氧化碳灭火系统需要独立的空间来存放气瓶。

使用大型固定二氧化碳系统扑救船舶火灾,应根据燃烧物的不同,释放不同数量的二氧化碳灭火剂。扑救普通货物火灾时,释放二氧化碳的数量应保证其浓度达到失火舱室容积的30%以上;扑救油类火灾时,其释放数量需达到舱室容积的40%以上。如果释放二氧化碳时,舱室内有人员未撤离,未撤离人员会在二氧化碳浓度达到10%时,在几秒钟内死亡。因此在释放二氧化碳气体时,必须完全确认该处所没有人员存在。为此,对任何经常有人员在内工作或出入的处所,应设有释放二氧化碳灭火剂的自动声响报警装置,该报警装置在二氧化碳灭火剂释放之前至少报警20 s。

二氧化碳气体对人体有害,因此起居处所严禁使用二氧化碳灭火剂。二氧化碳在船上是以液态形式贮存于钢瓶中的,钢瓶集中存放在二氧化碳气瓶站室内。

(2)固定二氧化碳系统的类型

现代船舶上的固定二氧化碳灭火系统有两种类型:高压二氧化碳灭火系统和低压二氧化碳灭火系统。

①高压二氧化碳灭火系统

现代船舶上的主流固定二氧化碳灭火系统是高压二氧化碳灭火系统。船用高压二氧化碳灭火系统由二氧化碳钢瓶、气动/手动瓶头阀、遥控释放箱、时间延迟器、主释放阀、管路、附属仪表和喷头等组成。

目前,国际上通用的是68 L/45 kg二氧化碳钢瓶,钢瓶上装有气动/手动瓶头阀。顾名思义,气动/手动瓶头阀既可以实现压缩气体对二氧化碳钢瓶的远程开启,又可以实现在气瓶旁边手动开启。遥控释放箱是实现远程控制的单元设备,遥控释放箱包括两只驱动气瓶、控制阀和微动开关等。驱动气瓶内的压缩气体是开启二氧化碳气动瓶头阀和机舱二氧化碳主释放阀的气源。微动开关主要完成预报警、风油切断及其他的辅助功能。时间延时器的作用是保证主释放阀在二氧化碳钢瓶释放二氧化碳前打开。目前,设备生产厂商一般建议延时时间为(30±5)s。主释放阀是机舱和货舱管路上的释放阀,可控制二氧化碳的流向是流向机舱还是流向货舱。管路用于输送二氧化碳气体。附属仪表安装在二氧化碳管路上,显示二氧化碳释放时的压力。喷头是二氧化碳的喷射装置,其可以规范二氧化碳的散布路径和面积,提高灭火效率。

②低压二氧化碳灭火系统

随着大型船舶的出现,被保护舱容的增加,用于扑救上述舱室火灾的二氧化碳重量也成倍增加。为了减轻二氧化碳灭火设备的重量及简化设备与管线的操作,低压二氧化碳灭火系统随之应运而生。通常船舶在二氧化碳需要量达到10 t以上时,才采用低压二氧化碳灭火系统。二氧化碳需要量越大,低压二氧化碳灭火系统的优越性也越显著。

③二氧化碳的释放程序

配备固定二氧化碳灭火系统的船舶,货舱和机舱区域均处于固定二氧化碳灭火系统的保护之下。但是,对于机舱和货舱,二氧化碳的释放操作过程是不一样的。

①利用固定二氧化碳灭火系统扑救机舱大型火灾

机舱失火,按照SOLAS公约的规定,2 min内将所需二氧化碳的85%一次性注入。满足这个要求的操作方式只能是遥控释放。遥控释放由操作人员在遥控释放箱处完成。

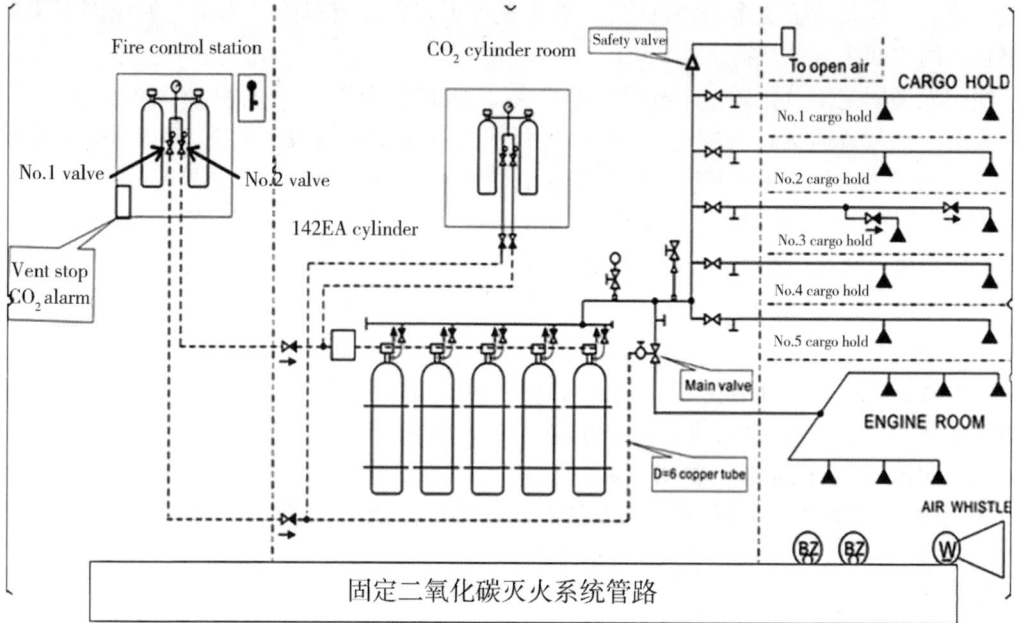

固定二氧化碳灭火系统管路

图 21-3-2　固定二氧化碳灭火系统

当机舱火灾发生时,操作人员首先打开遥控释放箱门,激活微动开关,对外发出二氧化碳释放报警信号,用于提醒在机舱内的人员,二氧化碳将要释放,应立即撤离机舱。在报警的同时,微动开关同时还向其他控制器发出信号,实现风机和油泵的停转,进而控制主、副机减速,甚至停车。此时,二氧化碳不会释放。

当固定操作人员确认机舱内人员已全部撤离机舱,并将机舱封闭后,打开驱动钢瓶,钢瓶内的气体会自动分为两路,分别打开保护机舱的所有二氧化碳钢瓶的气动释放阀和机舱二氧化碳管路上的主释放阀。在气体释放过程中,为了保证气动释放阀和主释放阀的协调,在二氧化碳气瓶阀的控制管路上安装了延时器。

主释放阀开启,二氧化碳随即到达。二氧化碳通过主释放阀进入机舱,对机舱火灾进行扑救。

上述释放方式被称为全淹没方式。

当固定二氧化碳灭火系统的遥控释放功能不能正常使用时,也可手动释放。手动释放时,可以先将机舱二氧化碳管路上的主释放阀用手轮打开。主释放阀打开后,机舱报警灯柱上的二氧化碳灯会亮,并且警报会响起。之后,将二氧化碳钢瓶上的释放阀逐一打开,二氧化碳进入机舱。

②利用固定二氧化碳灭火系统扑救货舱火灾

一般情况下,在确认某货舱发生火灾,并确定用二氧化碳扑救后,打开二氧化碳货舱控制箱上的门,门上的微动开关被激活,向全船报警。打开控制箱里的阀门,然后,再将失火舱室相应的选择阀手柄转动90°,将二氧化碳管路接通至货舱的抽风管路。最后,在确认货舱内无人并封闭的情况下,将所需二氧化碳手动放入。

对于货舱保护区域,由于释放操作时间比较充裕,并且舱容会随着航次变化,所以货舱区域的二氧化碳通常手动控制释放。

21.3.3　泡沫灭火系统

　　船舶泡沫灭火系统,如图21-3-3所示。泡沫有化学泡沫和空气泡沫两种,由于化学泡沫不适于管道长距离输送,船上的固定泡沫灭火系统均采用空气泡沫。低倍泡沫多用于油船的甲板泡沫灭火系统,而高倍泡沫则用于A类机器处所、货油(泵)舱、滚装船的特种装货处所等。泡沫灭火系统由泡沫液贮存罐、管路、泡沫液泵、截止阀和泡沫枪(炮)等组成。

　　(1)低倍泡沫灭火系统

　　低倍泡沫灭火系统多用于油船甲板,尤其是20000 t以上的油船,必须装设这种灭火系统。

　　该系统应能够在5 min内经固定喷射口喷射出足量的泡沫,足以覆盖燃油所能散布的最大单个面积,厚度达150 mm。泡沫是由若干泡沫炮和泡沫管枪来喷放的,泡沫炮的喷射方向由两个手轮进行调节,射程取决于水压,但是,从泡沫炮到其前方所保护区域的最远距离不应大于该炮在平静空气中射程的75%。泡沫炮所保护的区域外应由泡沫管枪来进行灭火,还需要一定数量的水枪来冷却上层建筑,以防火势蔓延。

图 21-3-3　船舶泡沫灭火系统

　　船舶甲板泡沫(低倍泡沫)灭火系统的泡沫液储备量应满足相关要求,如表21-3-1所示。

表 21-3-1　船舶甲板泡沫灭火系统的泡沫液储备量

油船	化学品船
泡沫供给量不得小于下列要求	
按货舱甲板面积每平方米每分钟产生泡沫0.6 L计算	按货舱甲板面积每平方米每分钟产生泡沫2 L计算
最大水平截面积的货油舱每平方米每分钟产生泡沫6 L	最大水平面积的货油舱每平方米每分钟产生泡沫20 L
不小于1250 L/min	不小于1250 L/min
至少能产生泡沫20 min	

　　(2)高倍泡沫灭火系统

　　高倍泡沫灭火系统的工作原理如图21-3-4所示,一个发生器将0.4~0.79 MPa的水源接入后,经比例混合器,由缩口造成的真空吸入泡沫溶剂,混合后经喷嘴将泡沫液喷至泡沫形成网,同时另一电动风机将空气经整流叶片均匀地吹向泡沫形成网,吹动喷在网上的泡沫液,从而产生大量泡沫。泡沫直径大于10 mm,壁厚0.1 mm,膨胀率不超过1000倍。

　　高倍泡沫灭火系统的泡沫液应由主管机关依据IMO制定的规则予以认可。该系统通常置在机舱和货油舱、滚装船的特种装货处所等。机器处所要求的固定式高倍泡沫灭火系统应能通过固定喷射口迅速喷出泡沫,其数量足以每分钟向被保护处所中的最大者至少注入 1 m 厚度的泡沫。储备泡沫液应足够产生 5 倍于被保护的最大处所容积的泡沫。使用该系统时还应对释放舱室示警,以便人员撤离。

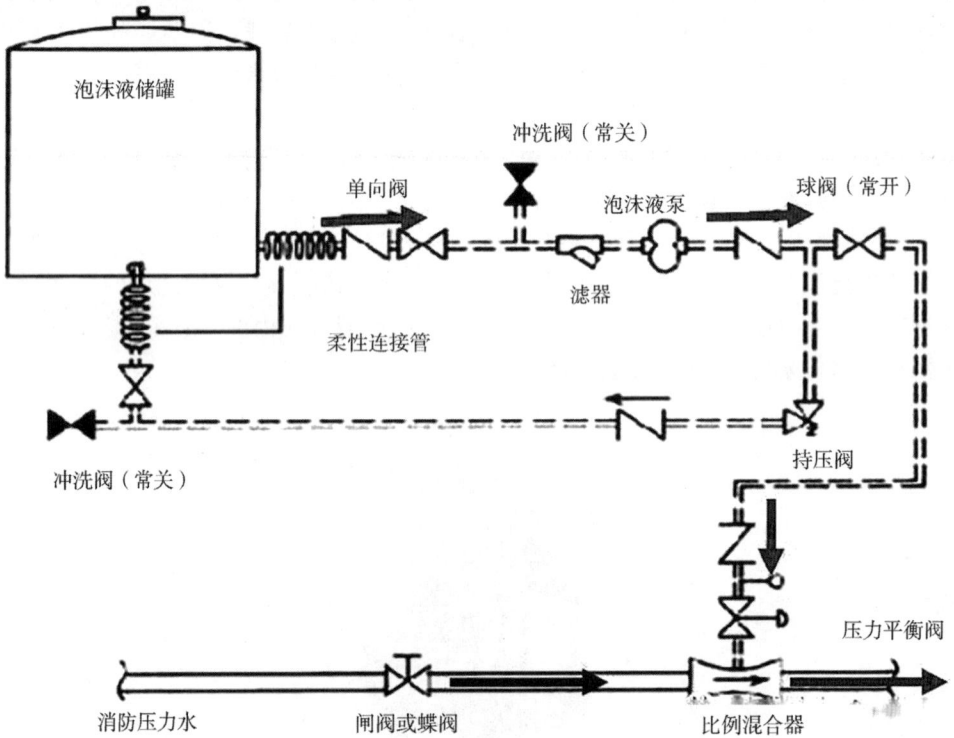

图 21-3-4 船舶泡沫系统原理图

21.3.4 干粉灭火系统

干粉灭火系统主要用于扑救气体、液体和电气设备火灾。油槽、可燃气体压缩机房、变电器室、配电室、发电机房等场所和部位,都可设置干粉灭火系统。该系统常用于液化气体船。

(1)特点

①灭火时间短、效率高,特别对石油及产品的灭火效果尤为显著。

②绝缘性能好,可扑救带电设备火灾。

③灭火后,对机器设备的污损较小。

④干粉灭火剂长期保存不变质。

⑤以有相应压力的二氧化碳和氮气作为喷射动力,不受电源限制。

⑥干粉能够长距离输送,设备可远离火区。

⑦寒冷地区使用不需防冻。

⑧不用水,特别适用于缺水地区。

(2)组成

干粉灭火系统主要由干粉贮罐、启动气瓶、控制箱、动力气罐、减压阀、导向阀、固定管路、喷粉枪或喷粉软管等组成,如图 21-3-5 所示。

一个独立的干粉灭火系统至少应配备两个手持喷粉软管或一个手持喷粉软管和一支喷

粉枪。

图 21-3-5　干粉灭火系统

(3)维护保养

干粉储存在气密的干粉贮罐内,干粉贮罐可容纳 1500 kg 左右的干粉,每一干粉贮罐另备 2～4 只驱动氮气瓶,该气瓶容量为 50 L,压力为 15 MPa。在船舶关键部位设置释放装置(即软管箱)。船舶必须严格遵守操作规程,对各部件勤加检查,确保各项设备完好。动力启动气瓶要定期检查,测定气体压力和重量是否在规定范围内。低于规定值时,要找出漏气的原因,立即更换或修复。要检查喷嘴的位置和方向是否正确,喷嘴上有无污物,密封是否完好。要经常检查阀门、压力表等是否都处于下沉状态。应每隔 2～3 年对干粉进行开罐取样检查,如不符合性能指标,应立即更换。

第 22 章

船舶消防组织与应变部署

22.1 消防组织

22.1.1 消防队

一般由三副或者水手长担任队长,直接负责火灾现场的灭火工作。下设水龙组、灭火器组、固定二氧化碳灭火系统组及应急消防泵组等。

22.1.2 消防组织

在船舶的消防应变中,船长为总指挥,大副或者轮机长(机舱失火)任现场总指挥,其他船员组成下列三个队:

(1)隔离队

一般由木匠或者三管轮担任队长,其任务是根据火情关闭门窗、舱口、风筒及孔洞,切断局部电路,移走火场附近的易燃易爆物品,以阻止火势蔓延。

(2)救护队

由医生或厨师负责。其任务一是负责维持现场秩序,任务二是准备好担架,救护伤员,准备急救箱等。如需要,由二副负责准备释放救生艇筏等工作。

(3)替代人员:船长——大副、大副——二副,二副——三副;轮机长——大管轮,大管轮——二管轮,二管轮——三管轮。

另外,驾驶台、机舱应安排固定值守人员。驾驶台为二副和水手,机舱为大管轮和机工。

22.1.3 应变部署表

应变部署表(如表22-1-1所示)是船舶应急计划的一部分,应变部署表上分别列明了在弃船求生和扑救火灾时船上所有船员的职责任务、技术动作以及应急信号等内容。船员上船工作后应尽快熟悉应变部署表的内容,明确自己在应变时的岗位、职责、任务等。

(1)应变部署表的配备要求

①应变部署表应张贴在船上人员经常集聚或活动的场所,如通道、走廊、餐厅、活动室、会议室、客舱室等。

表 22-1-1 应变部署表

表 A.1 货船应变部署表

货船应变部署表
MUSTER LIST FOR CARGO SHIP
船名： 船东/管理公司：
M/V: SHIPOWNER/MANAGEMENT COMPANY:

驾驶台/机舱 BRIDGE/ENGINE ROOM		
任务 DUTIES		执行人 EXECUTOR
驾驶台、管望、操纵车钟、管理驾驶台设备、设备及控制系统，包括火警探测系统等，对外联系、保持记录。 Assist Master lookout, operate engine telegraph, manage the bridge system and control system, including fire detection systems, etc. communicate and record.		
操舵、协助瞭望、显示信号 Helm, assist to lookout, display signals.		
轮机长值班、机舱操车、管理轮机各工况 Substituted C/E, on duty in E/R, Control the M/E		

编号 Crew No	1	2	3	4	5	6	7	8	9	10	11	12	13	14	15	16	17	18	19	20	21	22	23	24	25	26	27	28	29	30
职务 Rank																														
姓名 Name																														
筏号 Craft No.																														
艇号 Boat No																														

紧急报警信号：按船长命令，用哨笛或警报发出下家急报警信号，并继续用吹气，再用缆广播工作语言反复重复。当听到警报，船员须到指定位置就位，应立即到站就位。
Emergency alarm signal: The following alarms are activated on whistle or siren according to master's order, followed by cable broadcast with working language repeatedly. When the alarm is sounded, crew members shall be donned and mustered at stations immediately
消防 fire alarm: 短声不断 short blast continued for one minute
弃船 abandon ship alarm: 七短一长连续一分钟 seven short blasts with one prolonged blast repeat for one minute
人员落水 man overboard 三长声 three prolonged blasts

弃船救生动作 ACTIONS FOR ABANDONING SHIP

弃船时的任务 DUTIES	执行人 EXECUTOR	弃船时的任务 DUTIES	执行人 EXECUTOR
降国旗 Lower the national flag.		关闭有关机器、操纵（遥控）和开关及有关控制室阀门和开关 Shut off relevant engines, control remote control valves and switches	
携带有关海图、国籍、航海日志、无线电记录簿、车钟记录簿、VDR 和播存储器或相关自动记录 Carry relevant charts, flag, deck log book, radio log book and engine telegraph record, VDR data storage or relevant automatic recordings		携带、管理应急无线电设备（操作说明）Carry and manage EPIRB (With operating instruction)	
携带便函证书及重要文件 Carry ship's certificates and important papers		携带双向无线电话及应急备用电池（操作说明）Carry two-way radiotelephone and emergency backup battery (With operating instruction)	
管可能携带食品、淡水和毯子等尽量多准备一些 Close food, medicine and blankets as much as possible		管理抛绳枪抛器（操作说明）Administer line-throwing appliances (With operating instruction)	
关闭水密门、舷窗、天窗、舱口和其他类似口门 Close watertight doors, scuppers, side scuttles, skylights, portholes and other similar openings on board		携带雷达应答器（操作说明）carry SART (With operating instruction)	
		发送航运求救信号 Send the last distress signal	

放救生艇/救助艇/救生筏动作与任务 SURVIVALS CRAFT LAUNCHING

执行人 EXECUTOR	自由降落式救生艇 GRAVITY FREEFALL LIFEBOAT	吊放式救生筏 DAVIT TYPE LIFERAFT	执行人 EXECUTOR	抛放式救生筏 FLAT TYPE LIFERAFT	重力式救助艇/救生艇 GRAVITY LIFEBOAT/RESCUE BOAT	执行人 EXECUTOR

救生部署 BOAT STATIONS

驾驶台 BRIDGE		船长 MASTER		电台任务 RADIO STATION
值班驾驶员 Duty officer	协助瞭望、操纵、操纵车钟、对外联系 Assist Master lookout, operate telegraph, Contact with outside.			管理 GMDSS 设备、协助船长负责对外通信联系。根据船长指示通知牢船集合地点。 Administer GMDSS equipment. Assist master with communication, indicate muster station according to master's order.
值班水手 Duty seaman	操舵、协助瞭望、显示信号、抛救生衣/吊灯和救生浮标 Helm, assist to lookout, display signals. throwing lifebuoy with auto-light and life-line			GMDSS 操作手 GMDSS operator

消防部署 FIRE STATIONS

大副为指挥者，甲板着火时由甲板面大副在现场指挥，管理装备灭火器材和灭火栓，机舱着火由协助机长指挥。
C/O substituted master, command on spot if deck on fire, carry loading plan and Emi when DG on fire, assist C/E if E/R on fire
轮机长为现场指挥官，负责工作现场指挥，机舱着火机长现场指挥，C/E act as command on spot if E/R on fire, assist C/O if deck on fire

封闭处所进入与救助 ENCLOSED SPACE ENTRY & RESCUE

消防队 FIRE-FIGHTING SQUAD		隔离队 ISOLATION SQUAD		
任务 DUTIES	执行人 EXECUTOR	任务 DUTIES	执行人 EXECUTOR	任务 DUTIES / 执行人 EXECUTOR

救生部署 BOAT STATIONS

救护队 FIRST-AID SQUAD		技术队 TECHNICAL SQUAD		
任务 DUTIES	执行人 EXECUTOR	任务 DUTIES	执行人 EXECUTOR	

三副
负责航上消防和救生设备的日常检查和维护。
Third officer:
In charge of the inspection and maintenance of the fire-fighting and life-saving equipments and appliances onboard the vessel.

REMARKS: 船长 MASTER: _____ 日期 DATE: _____

②驾驶台、机舱及控制室应分别张贴。

③应变任务卡每个船员一张，放置在船员房间的明显位置，如床头或写字台上。三副应根据船舶应变部署表的布置和人员职责分配，编写应变任务卡（如表 22-1-2 所示），并及时张贴在每名船员的床头，供船员熟悉和执行应急时的职责。

（2）应变任务卡的主要内容：

①船名、姓名、职务、应急编号；

②救生艇艇号、救生筏筏号；

③各种应变信号；

④各种应变中的岗位、任务等。

表 22-1-2　应变任务卡

应变任务卡				
编号	姓名	职务	艇号	筏号
消防：……（连放短声 1 min），另后跟警报或汽笛一长声表示前部，两长声表示中部，三长声表示后部，四长声表示机舱，五长声表示上甲板				
职责：				
弃船：……—（七短一长重复连放 1 min）				
职责：				
人员落水：———（三长声）				
职责：				
溢油：·——·（一短两长一短声）				
职责：				
堵漏：——·（两长一短声）				
职责：				
解除警报：—（一长声）				

（3）应变部署表的填写要求

①应变部署表由三副按要求在开航前填写完毕，并交给船长审查。船长签字后，该部署表生效，同时告知全体船员。

②三副在编排应变岗位时，应充分考虑船舶的实际需要，每位船员的应变能力，船舶部门的局限性，统筹兼顾，合理地安排每位船员的应变岗位，以保证船舶在应急时，每位船员能发挥最大的作用。

③对于有人员变动或船舶某些安全设备的重大变动时，应根据变动情况对应变部署表进行相应的修订。必要时重新填写新表。应变任务卡应由三副按照应变部署表中的对应要求，在开航前填写并告知船员本人。应变任务卡必须填写船员姓名、编号、职务，遇有人员变动时，必须重新填写。

22.1.4　船员的消防应变职责与集合地点

应按照船员的工作性质、技术职务、能力等安排其消防应变职责和任务，每位船员的消防应变职责、任务必须具体明确。消防应变工作任务应与其日常工作相关。如甲板部船员负责使用消防水带、灭火器灭火；轮机部船员负责消防泵、排水等。全体船员的消防应变职责、岗位、任务、编号等必须在应变部署表中写明并公示。有关每个人的上述内容还应在船员应变任务卡中写明。

（1）船员的消防应变职责

包括指挥、船内外通信、控制火势、隔离火场、探火、搜救受困人员、灭火、急救伤员、航行值班等。

（2）消防集合地点

①根据 SOLAS 公约的规定，集合站主要供弃船使用。

集合地点的选择应：

a.设在容易从起居和工作场所到达的地方；

b.靠近救生艇筏登乘地点；

c.能容纳指定在该地点集合的所有人员,并人均至少占地 0.35 m²；

d.通往集合与登乘地点的通道、梯道和出口应至少有 3 h 的应急照明；

e.从脱险通道到集合地点,应用集合地点的符号引导和照明；

f.应能将担架病人抬进救生艇筏。

②其他紧急情况下的集合地点：

a.设在容易从起居处所和工作场所达到的地方；

b.便于采取应急行动处理紧急情况；

c.有较宽敞的场地和足够的照明；

d.有利于人员安全。

③应急集合地点

一般来讲,应急集合地点包括驾驶台、消防集合地点和机舱。

a.驾驶台

听到警报后,船长应立即上驾驶台,指挥全船的灭火行动,同时,驾驶台的固定值班驾驶员和值班水手也应迅速到达驾驶台,并分别与值班驾驶员和值班水手进行交接班。随即进入消防应急状态。

b.机舱

听到消防警报后,机舱的固定值班轮机员和值班机工应迅速到达机舱,并分别与值班轮机员和值班机工进行交接班,随即进入消防应急状态。

c.消防集合地点

听到消防警报后,其他船员应在 2 min 内奔赴消防集合地点,必须按照消防应变部署分配的任务,携带消防人员装备、灭火器材和其他急救设备等,确保能立即执行命令并能够顺利地完成各项任务。

22.1.5　消防应变信号及含义

使用通用应急警报系统鸣放汽笛、警铃等发出火灾警报信号。

(1)船舶失火:连续鸣放汽笛短声 1 min。

(2)船前部失火:火灾警报信号后鸣放汽笛一长声。

(3)船中部失火:火灾警报信号后鸣放汽笛二长声。

(4)船后部失火:火灾警报信号后鸣放汽笛三长声。

(5)船机舱失火:火灾警报信号后鸣放汽笛四长声。

(6)上甲板失火:火灾警报信号后鸣放汽笛五长声。

(7)解除警报:一长声。

22.1.6　通信联系

(1)对外通信

发生火灾后和在灭火过程中,船舶应及时利用船舶通信设备与有关各方保持通信联系,将船上的重大紧急情况告知有关各方。

①通信形式

应根据船舶配备 GMDSS 设备的具体情况使用 HF/MF/VHF DSC,卫通 C、M、F 站等与搜救中心和其他船舶通信。船长应适时与公司主管取得联系,船长向公司通报的内容要详细,供主管参考。

②通信内容

a.船舶火灾情况

船舶火灾情况包括起火原因、时间(UTC/LT)、火灾位置、船首尾的吃水,预计火灾可能导致的危险情况。

b.船舶动力系统情况

船舶动力系统情况包括"四机一炉"状况以及消防用水和其他管系情况。

c.船位和天气海况

船位和天气海况包括距浅滩的距离、流速与流向、预计船舶漂至浅滩的时间;天气和海况;未来天气预报情况。

d.船舶已经采取的措施和行动

船舶已经采取的措施和行动包括船上应急组织的集合情况;探火与搜救前消防队员的准备情况;船员对应急指令的执行情况;隔离火场;限制通风;切断燃油供应;移走火场附近的可燃物;改变航向控制火势的蔓延;冷却周围环境;灭火设备使用情况;应急设备需要情况;灭火设备有效情况。

e.对外通信情况

对外通信情况包括管理公司、船东、租船人、代理;P&I(保赔协会);RCC/AMVER;附近船舶等。

f.需要的援助

需要的援助包括船员救助、医疗救援、救助设备、拖带作业等。

③与当地海事局和搜救中心联系

按照 GMDSS 设备有关遇险通信的操作进行,船长和驾驶员应能熟练编辑遇险报文,并能够发送给 RCC,如果时间允许,可与海事局和搜救中心进行明语通信。同时,应接受搜救中心的指导。

④与当地消防队通信

a.向消防队报警

有些港口规定,当发生火灾时,先向当地海事部门报告,再由海事部门将报警内容转发给消防队,消防队立即出警,到达火灾现场进行灭火。有些港口通过码头装卸部门向消防队报警,消防队立即出警到达船上进行灭火。对于外籍船舶,应先通知代理,再由代理报警。在少数国家,船舶靠泊后,在船上安装与当地电话网络连接的电话,当船上发生紧急情况时使用它直接报警。

b.在船上与消防队通信

消防队到达船舶后,首先会了解船上有关情况,船长应保持与当地消防队现场指挥的通信联络,有问必答,互通信息。通信时,语言简练,关键语句重复。在国外,应使用 IMO 标准航海应急用语确保通信内容准确,避免发生误解。

(2)船内通信

在火灾应急中,指挥人员之间和指挥人员与各应急队之间的通信,主要使用船上电话和无线对讲机。船内通信时,双方应使用船上工作语言。

①讲话

a.及时联系、言简意赅、清楚流利、准确无误。

b.关键语句应当重复。

c.当对方有疑问时,应耐心地解释清楚,直至对方完全明白为止。

②受话

a.应精力集中,认真收听。

b.关键语句应当复诵。

c.对没听清楚或不明白的语句,应及时向对方询问,直至对方听清为止。

22.1.7 应急培训与训练

(1)船舶应根据航区特点、船舶自身实际要求,组织进行培训与训练,提高应急反应熟练程度。

(2)船员上船后,应在不迟于2个星期内进行有关使用船上救生设备和消防设备的培训。

(3)全船的消防、救生设备的使用操练,在任何2个月内应重复进行一遍,全体船员都应参加。内容包括了解本船各处所潜在的火灾危险和防火措施,以及灭火时应采取的扑救措施;熟练地使用消防器材、设备;救生艇、筏的操作和使用;低温保护,体温过低的急救护理;在恶劣气候和海况下船上救生设备的使用。

(4)应急培训与训练时可将《训练手册》及船上救生、消防设备的使用说明,作为培训资料或教材。

(5)船舶保安的训练,船舶保安员每月组织一次,组织船员通过授课讲解和模拟训练的形式进行。内容包括(一次训练可以选择部分内容进行):

①对船舶或港口设施的损坏或破坏,包括恶意行为的防范;

②对劫持或扣留船舶或船上人员的应急反应(对策);

③损坏货物、船舶基础设备或系统或船舶物料的防范;

④防范、搜寻和看管藏于船上的偷渡人员的技巧;

⑤对武器走私的鉴别;

⑥防范企图利用船舶制造保安事件的人员及其设备上船;

⑦如何避免船舶被作为损坏或破坏的武器;

⑧如何防范船舶在港或锚泊时从海上发动的攻击;

⑨如何防范船舶在海上时受到的攻击。

(6)各类设备的熟练掌握要求:

所有大型应急消防设备和救生设备、防油污设备,有关人员应熟练掌握其操作。

①大型灭火系统(如 CO_2、泡沫):驾驶员、轮机员均应会熟练操作;

②应急舵操作:驾驶员、轮机员应会熟练操作;

③应急发电机:轮机员应会熟练操作;

④消防人员装备:所有船员都应会正确穿着消防人员服、使用其辅助设备;

⑤油水分离器、排污监控装置:轮机人员均会操作;

⑥救生艇、筏:所有船员均应会操作;

⑦应急消防泵:所有船员都应会正确操作。

22.1.8 消防演习

（1）消防演习的基本要求

根据 SOLAS 公约有关规定，每位船员每月至少参加一次消防演习，所有货船应每月至少进行一次消防演习，但船员一次更换超过 25% 时应在离港后 24 h 内举行一次消防演习。客船一般每周一次，对国际航行(非短程)的客船，应在离开最后出发港后做一次这样的演习。

这种演习既可以是单项的，也可以是综合的，例如，由消防转入救生，或由消防转入堵漏再转入救生等。

①演习一定要从实际出发，不但白天要进行演习，而且还要在夜间进行演习；不但要在停泊中进行演习，还要在航行中进行演习。定期演习是船员进行消防训练的有效方法，许多大的火灾事故都是由发现火警时采取的行动错误或措施不当造成的。

②参与演习的人员应着装规范。每次演习都应假设火灾场所、火灾种类和火灾蔓延趋势。根据船舶种类，相应成立消防队、隔离队和救护队等，客船还应组成乘客疏散队。这些小组应具备在任何时候都能完成其职责的能力。

③船舶处于营运期间的消防演习应由船长任总指挥。机器处所的现场指挥由轮机长担任，其他处所的现场指挥则由大副担任。拖船船队的总指挥应由拖船船长担任，现场指挥则由拖船大副或被拖船舶负责人担任。

④船舶火警发出后，船员应按应变部署表携带规定的器材，2 min 内到达指定地点集合，听从现场指挥的命令，实施各自的行动。

⑤演习结束后应进行评估，并将演习的详细内容记录在航海日志中。

（2）船舶消防演习的内容

每次消防演习应至少包括以下内容：

①向集合站报告并准备执行应变部署表制定的职责。

②启动消防泵，至少使用 2 个消防水龙，以示该系统处于正常工作状态。

③检查消防人员装备和其他个人救助设备。

④检查演习区域内的防火门、水密门、挡火闸和通风系统的主要进出口的可操作性。

⑤检查有关通信设备。

⑥检查为随后的弃船而做的必要准备。

⑦在演习中发现的任何错误和不足均应尽快予以纠正。

（3）船舶消防演习的程序

①火灾发现者大声呼喊报警，某部位着火了，并立即报告驾驶台，同时取用就近的灭火器灭火。

②当班驾驶员接警后立即用汽笛或警铃发出相应火警警报，启动消防泵，做好相关记录。船长立即上驾驶台指挥全船的消防行动。警报发出后，用无线电通信设备及时向船公司、就近海事部门报告火灾情况，请求指导和必要的援助。

③听到警报后，除驾驶台和机舱固定人员外，其他所有船员应根据着火部位的不同按照消防应变部署表指派的任务，穿戴好个人防护用品，携带灭火器材在 2 min 内奔赴指定集合地点，同时大声呼喊某部位着火了。

④集合后，立即清点人数，现场指挥向船长报告人员集合情况，船长命令现场指挥根据火情迅速组织灭火。

⑤现场指挥接到命令后,立即查明火情,组织救人和灭火行动:命令消防队用灭火器灭火,水龙组连接消防水带、水枪,消防泵组启动应急消防泵,探火人员穿着消防人员装备准备救人和探火;命令隔离队采取防止火灾扩散的措施,如切断通风、电源,关闭有关防火门窗和开口等;命令救护队做好救治伤员准备。

⑥模拟初始火灾扑救失败,现场指挥立即向船长报告,船长命令立即派探火员深入火场救人和探明火情,并做好启动固定二氧化碳灭火系统灭火的准备。探火员在水枪掩护下进入火场救人和探火。

⑦探火员救出受困人员后交由救护队处理,并向现场指挥报告火场情况,现场指挥向船长报告火情,请求启动固定二氧化碳灭火系统进行灭火。

⑧船长根据火情,命令现场指挥启动固定二氧化碳灭火系统进行灭火。现场指挥命令隔离队封闭失火处所,然后命令启动固定二氧化碳灭火系统灭火,同时命令水龙组对失火场所周围进行防护,命令隔离队检查失火舱室密封、舱壁温度变化情况等。

⑨通过外部观察和一定的时间后,判断火已被扑灭,现场指挥报告船长后,命令探火员再次进入失火场所探火。

⑩探火员回来报告,火已被完全扑灭并无复燃可能,现场指挥将情况报告给船长,船长命令打开所有通风系统,清除失火场所烟气。通风一段时间后,探火员再次进入失火场所测氧测爆,测得现场含氧正常,现场指挥迅速组织人员查明火灾原因,并报告船长。

⑪船长释放警报解除信号,宣布演习结束,清理现场,器材归位。

⑫演习结束后,驾驶员应在航海日志中详细记录整个演习过程,船长应立即集合全体船员进行讲评,总结演习中存在的问题,并提出整改意见。这些问题和意见也均应记入航海日志中,并保证在下次消防演习中得到解决。

(4)消防演习的重要性

消防演习是船舶的一项非常重要的工作,它关系到船员生命安危、船舶的生存。船舶消防演习的好坏也是检验船长及船员对消防安全的态度,应坚决杜绝在演习中不负责任或作假行为。本着实事求是的态度,把消防训练和演习做好,使每一个船员都能弄懂消防知识,清楚个人在消与防中的职责,确保每一个高级船员都能正确使用固定二氧化碳灭火系统,每一个船员都能正确使用消防器材。

正确对待消防演习和消防设备、器材的训练的操作,是每一个船员的职责。预防船舶火灾主要靠船员正确掌握消防知识和做好各项火灾预防工作。消除船舶火灾隐患,一是靠保持各类灭火设备处于随时可用状态;二是要靠船长组织指挥能力;三是靠船员的勇敢作风;四是靠船员对灭火设备器材正确使用的技能。任何火灾造成船毁人亡的事件,基本上是没具有以上四点。广大船员要充分认识到不重视消防演习的危害。消防演习要坚持在不同的部位进行轮回演习,使船员们能及时有效地扑灭船舶各个部位的火灾。

22.2 防火控制图

22.2.1 防火控制图的内容

防火控制图(Fire Control Plan,FCP)是一张供永久展示全船各种消防设备及设施(以标识或符号表示)的总布置图,供高级船员参考。它集中反映了船舶消防、救生设备的安全技术性能,是保障船舶营运安全的重要性图纸。

防火控制图的主要内容有每层甲板的控制站、A、B级防火分隔围蔽的各防火区域探火和失火报警系统、喷水装置、消防器材、各舱室和甲板出入通道等设施的细目,以及各通风系统的位置,其中包括风机、挡火闸、遥控关闭装置、应急通道,还有船舶所配备的各种救生设备和位置等细节;或经主管机关同意,上述细节可编入一个小册子,高级船员人手一本,另有一本放于船上易于到达的地方,以便随时取用。

22.2.2 防火控制图的作用

(1)船舶消防应急时,防火控制图能够向船长、现场指挥等提供其所需要的船舶相关信息。这些信息有助于船长等确定消防人员进出火场的路线,确定火场所在位置、可供消防人员使用的消防设备、火场内外通风设备的控制等。

(2)船舶消防应急队利用防火控制图进行图上推演。应急队可以事先设定船舶失火位置,然后根据图上信息讨论应急方案。这样的演习可以大大提高船舶实际应急时的应急效率。

(3)防火控制图提供的信息对船舶三副进行全船安全设备检查、维护有指导作用;防火控制图上标示了船上所配备的全部消防、求生设备。按照防火控制图检查,可以避免遗漏。

(4)防火控制图对船舶进厂修理更换安全设备,有指导作用。按防火控制图对船舶的安全设备进行修理,可以保证船舶的入级标准,避免施工不当降低船舶的技术标准。

(5)根据防火控制图,全体船员特别是新船员能够在短时间内迅速全面地熟悉船上有关消防、救生等方面的资源和信息,对于船上消防培训、演习和应用都有重要作用。

22.2.3 防火控制图的布置要求

除了在技术档案中保存并在公共场所张贴外,还必须将防火控制图或含有该图的小册子的一套复制品永久置于舷梯附近的甲板室外面有明显标志的风雨密的盒子中,用于帮助岸上的消防人员,如图22-1-1所示。防火控制图和小册子应不断更新,任何改动都应尽可能随时记录。防火控制图和小册子的说明文字应用主管机关所要求的语言书写,如果该语言既不是英文,也不是法文,则应包括其中一种语言的译文。

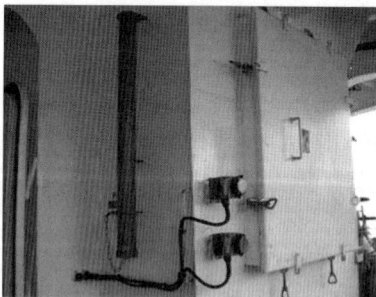

图 22-2-1　防火控制图

22.2.4 防火控制图的组成、识读

(1)防火控制图的组成

防火控制图主要由船舶数据栏、图例栏和视图组成。有的防火控制图上还有通风设备说明栏。

船舶数据栏中列明了包括主尺度、排水量、载货量、主机功率、转数、航速等说明船舶技术状态的相关数据。

图例栏列有表示船舶消防、求生、通风等各设备的识别符号,以及该设备所在的位置、数量等。图例栏中的符号为IMO统一标识符号,记住这些符号对正确识别防火控制图非常有用。图例栏中的相关标识后边说明了该设备的数量和在船上的位置。有关人员根据消防控制图能够很快了解船上相应的消防设备的数量和位置,对于设备的检查和维护具有指导作用。

视图包括船舶右舷侧视图、俯视图、各层甲板平台图。侧视图是船舶的主视图、通常绘制在防火控制图的上方。通过侧视图可以了解到船舶舱室及消防设备沿船长(从船尾至船首)方向的布置和沿船高(从船舶的最底层甲板到船舶最高层的各层甲板)方向的布置情况。俯视图也是船舶的主视图,是各层甲板向水平投影面投影所得到的俯视图,可以体现船舶舱室(办公室、会议室、空调室、工作间、控制室、卫生间、油漆间、免税仓库等)和消防设备(包括灭火器、消防水带、探测器、警铃、消火栓)的布置。通风设备说明栏中列明了船上所有通风设备的形式及技术性能等数据。某船防火控制图中驾驶甲板俯视图如图22-2-2所示。

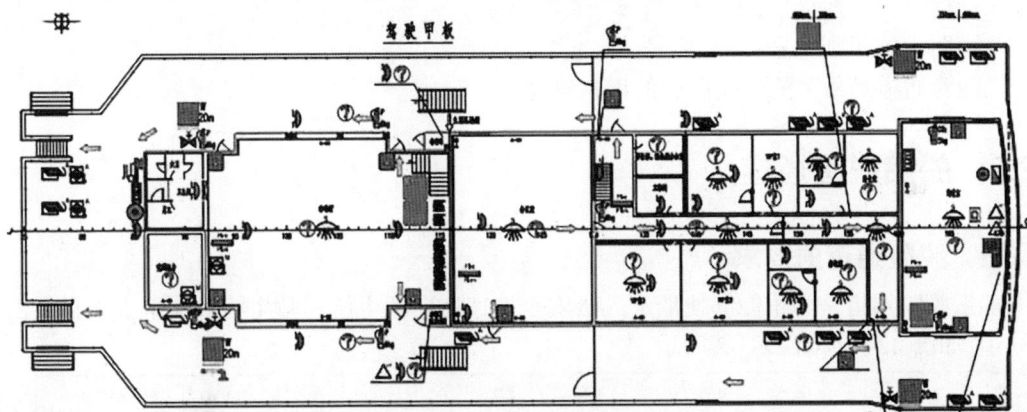

图 22-2-2　驾驶甲板俯视图

(2)防火控制图的识读

防火控制图符号识别方法如下:

①灭火剂

以颜色区分灭火剂:

a.灰色代表二氧化碳;

b.黄色代表泡沫;

c.棕色代表二氧化碳以外的气体;

d.白色代表干粉;

e.绿色代表水。

以字母区分灭火剂:

a.CO_2代表二氧化碳气体;

b.H代表除二氧化碳以外的气体;

c.N代表氮气;

d.F代表泡沫;

e.P代表干粉;

f.W代表水。

②通风

以颜色区分通风处所：

a.蓝色代表起居处所；

b.绿色代表机器处所；

c.黄色代表货舱处所。

③灭火器容量

a.气体和干粉的容量用 KG 表示；

b.水和泡沫的容量用 L 表示。

④遥控类设备

遥控类设备用三角形表示。

⑤防火控制图符号的分类

a.结构防火识别符号；

b.消防设施识别符号；

c.脱险通道和相关的脱险设施的识别符号。

22.3 船舶脱险通道

22.3.1 脱险通道的要求

船舶脱险通道是为了能够使船上人员安全迅速撤向救生艇和救生筏登乘甲板而提供的安全通道，如图 22-3-1、图 22-3-2 所示。

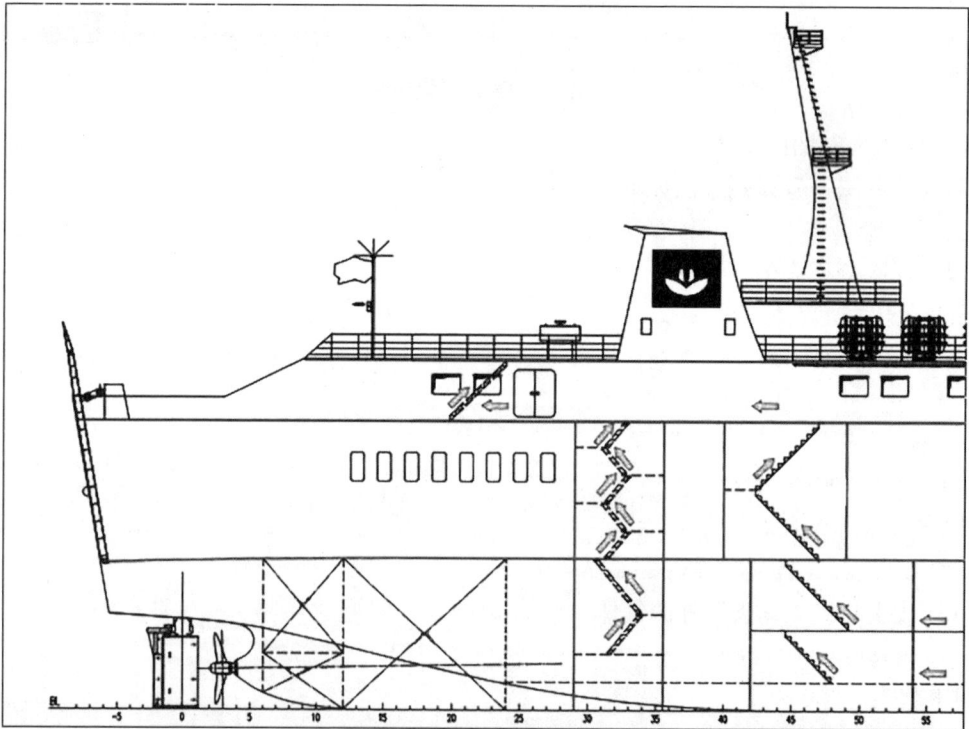

图 22-3-1 脱险通道示意图

（1）SOLAS 公约对脱险通道的规定

①船上起居处所及船员经常使用的处所（包括货舱），应布置有梯道和梯子，以提供能到达开敞甲板并继而到达救生艇筏的脱险通道。

②机舱里应设两条脱险通道。

③电梯不应作为脱险通道。

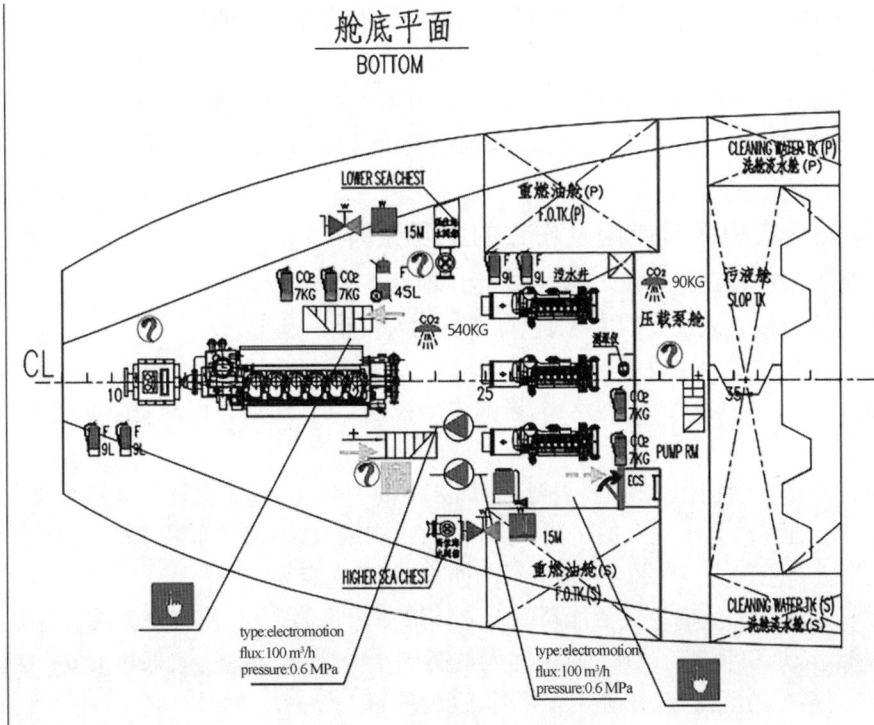

图 22-3-2 机舱脱险通道示意图

（2）脱险通道还应具备的条件

①有应急灯。

②有荧光条形显示标志或不发光安全逃生标志，这些标志应设在梯道甲板不超过 300 mm 的高度，遍布脱险通道各点拐弯处和岔道口。

③机舱逃生孔、门上有明显逃生标志，脱险通道的门应向逃生的方向开启，逃生孔的灯保持长亮，并在通道里没有障碍物。

④脱险通道内不得堆放碍物品

（3）货船脱险通道的要求

①最低开敞甲板以下处所的脱险通道应为梯道，次要的脱险通道可为围井或者梯道。

②最低开敞甲板以上处所的脱险通道应为梯道或者通往开敞甲板的门，也可为两者的组合。

③只有一个脱险通道的走廊或走廊的一部分，一端不通的通道的长度一般不得超过 7 m。一端不通的走廊是指从这一端无法通向脱险通道。若在走廊的末端有一扇可随时打开的门，通过该门可以通向该处所的脱险通道，这样的走廊就不应作为一端不通的走廊。若通过该门须经过与撤向登乘甲板相反的梯道才能进入脱险通道，则这样的通道就应视作一端不通的

走廊。

（4）货船 A 类机器处所脱险通道的要求

货船 A 类机器处所脱险通道应符合下述规定之一：

①两部彼此尽可能远离的钢梯,通往该处所上部同样远离的门,从该门至开敞甲板应设有通道。其中一部钢梯应位于一个受到保护的环围内,从处所的下部到处所以外的安全位置对其所服务的处所进行保护,在环围内应设有具有相同耐火完整性的自闭式防火门,并应设有应急照明。

②一部钢梯通往该处所上部的门,从该门至开敞甲板应设有通道。此外,在该处所下部和远离上述钢梯的位置,设有一扇能从两面操纵的钢门,以提供从该处所下部通往开敞甲板的安全脱险通道。

22.3.2　船舶火灾中人员受困及伤亡的主要原因

（1）火势发展蔓延迅速,减少了人员逃生的时间。

（2）逃生通道被大火烧毁或人为原因封堵,使人员难以逃生。

（3）热烟气侵害严重阻碍了被困人员的逃生。烟气对人的眼睛有很强的刺激作用,使眼睛充血流泪,严重的还会造成剧烈疼痛,影响人的视线。另外,烟气积聚使能见度下降,影响人员疏散速度。

（4）有毒热烟气会损伤人的中枢神经。烟雾中的一氧化碳、氰化物及某些酮类物质,经呼吸吸入肺而进入血液,会干扰氧的传递,导致体内组织缺氧,引起肺水肿,呼吸困难,全身乏力,思维迟钝,失去自主能力,严重的会丧失行动能力,甚至窒息死亡。

（5）燃烧或爆炸产生的热气流能瞬间对人体造成严重的灼伤,使人丧失活动能力。

（6）高温、浓烟和刺鼻的气味,使受困人员感到十分紧张、慌乱、惊恐和不安,为躲避烟熏火燎往往退到某个角落内,或在逃生无路时,丧失理智。

22.3.3　逃生基本要领

（1）保持沉着冷静,避免惊慌失措,才有可能增加获救的机会。不要悲观绝望,应保持乐观的心态,积极自救。

（2）正确选择火场中的脱险逃生路线,船员和旅客在上船后应迅速熟悉船舶的基本情况,尤其记住所在处所逃生通道的具体位置及方向。按照逃生通道的路线和方向撤离才能在最短的时间内到达安全地点。

（3）因火焰、烟雾和热气流均向上升,四周的冷气流向舱底补充,因而应保持低姿行走。舱室的底层不仅温度较低、烟雾较少、能见度较好,而且空气含氧量相对较高有利于呼吸。

（4）沿舱壁行走可以避免身体被火焰四面包围。有条件的情况下,可用浸湿的毯子或棉被披在头部和身上,以减少身体的暴露,有利于冲出火场。

（5）用湿毛巾护住口鼻过滤烟尘有利于呼吸。

（6）在本人房间或值班场所时,应携带救生衣。

（7）正确使用紧急逃生呼吸装置（EEBD）逃生。

（8）在高处时绝不能直接跳窗逃生。

第 23 章

船舶火灾的成因和预防

23.1　船舶火灾的成因

23.1.1　船舶火灾的主要原因

船舶火灾发生的主要原因有：

(1)人为因素

船舶长期漂浮在水上,船舶生活与陆上生活存在很大差异,如船员活动范围狭窄、时区和季节变更快影响生物节律、长期远离家庭、船上生活单调乏味等,导致船员心理极其复杂,加上部分船员责任心不强,规章制度落实不到位,在日常生活和工作中,可能会出现诱发火灾的不安全因素。人为因素引起的火灾主要表现在：

①乱扔未熄灭的烟头;

②醉酒后吸烟;

③躺在床上吸烟;

④在禁止吸烟的场所吸烟;

⑤违反防火安全规章制度。

2017 年 11 月 29 日,印度尼西亚籍油船"勇士"轮在珠江口 35SJ 锚地清舱作业过程中,清舱作业工人往 SLOP 右舱人孔送电动风扇的通风筒时,通风筒与人孔边缘摩擦产生静电引燃油气,并蔓延到甲板,引燃积聚的油气,造成左、右污油水舱附近主甲板发生火灾事故。

1998 年 4 月 14 日"德大"轮带钻井平台从孟加拉国吉大港驶往阿联酋沙加港,航行在印度洋上时,值班轮机员发现主机 9 号缸高压油管闷头有漏油现象,紧固螺栓无效后,决定更换垫床。作业时既没有停车也没有采取相应的安全措施,致使带有一定温度和压力的燃油喷溅到主机高温排烟管上引起燃烧。

(2)机器设备的因素

船舶机器设备众多,如主机、副机(发电机)、锅炉、舵设备、锚泊和系缆设备、起货设备、通信设备及保障和方便船员日常生活的设备等,这些设备主要以燃油或电力来驱动,引发火灾的原因主要有轴承过热、厨房设备使用不当等。

①轴承过热

由于滑油系统故障,柴油机轴承断油,使曲柄箱内滑油点燃引爆。对此的预防措施主要是加强机器的维护保养,在营运中注意滑油仪表及报警装置,巡回检查时注意察看滑油透气管口出来的油气情况。

②船舶维护保养上的缺陷

操纵设备磨损严重,故障增多;设备未及时更新,致使燃油滴跑漏;预防性保养和维修不及时等;电缆及电气设备的老化,特别是老龄船舶,其电缆基本都在船舶覆板内,线路复杂平时又看不见,且老龄船舶线路改动较大又不易直观检查。电气设备老化,绝缘性能降低。

2023 年 3 月 30 日"鹭岛油 3"轮载运热拌用沥青再生剂 4440.5 t 从大连开往潮州。

途中,由于未对燃油热油锅炉管路进行有效的维护保养,1 号热油循环泵进口管滤器和阀门间的密封垫圈老化破损,锅炉运行过程中导热油从垫圈破损处泄漏喷射到锅炉排烟管防护层上,渗入防护层后接触到高温的排烟管引起燃烧,导致锅炉间发生火灾,造成船上生活区、驾驶台等场所着火,相关设备损坏,无人员伤亡和水域污染,构成一般等级水上交通事故。

2020 年 8 月 6 日,干货船"鑫华祥",空载在广西北海铁山港锚地锚泊时,由于对机舱内电气线路缺乏维护保养,3#发电机电瓶接线柱腐蚀严重、电阻增加引发短路,点燃附近可燃物,引发机舱火灾。事故导致"鑫华祥"轮机舱烧毁严重,驾驶台以下生活区不同程度烧毁,未造成人员伤亡及水域污染,直接经济损失约 607 万元,构成一般等级水上交通事故。

③厨房设备使用不当

厨房电气设备和炉灶使用不当;炉灶上方的集油罩及通风道未定期清除油污,油炸食品时的高温引起火灾等。

(3)环境因素

①自燃起火

自燃是船舶发生火灾的重要原因之一,而自燃有许多是由于化学反应引起的,特别是自热自燃。如船上沾上油或油漆的布料(如清洁布、清洁毛巾)、棉纱头、木屑等,如通风不良,在一定条件下会发生自燃。木材、纺织品等易燃物与高温管道接触后,在特定条件下也会发生自燃,为了防止此类火灾,应按规定及时处理相关物品,使易燃物品接触不到热源。

作为运输对象的许多货物都能发生自燃,如粮食、谷物,由于潮湿生热,热量聚集又不能散发,最后导致自燃。危险货物积载不当,值班驾驶员对装卸货物的操作没有进行严格监督,货物系固不符合要求,运输途中没有遵循有关规定等,都会造成货物自燃起火。运输危险物品应严格遵守国际公约和我国海上运输危险货物的有关规定,不能混装的货物应予以有效隔离。

②静电起火

固体的相互摩擦、液体或气体的喷射、油水的混合等都会产生静电火花,油船油舱洗舱时所产生的静电火花、装卸原油或成品油时所产生的静电火花都会引起火灾甚至爆炸。

(4)管理的因素

①热工作业

每种明火作业都是一项危险的工作,明火作业引起的火灾是船舶火灾的重要原因之一,主要是因为明火作业没有严格遵守相关规定:

a.焊接前未清理干净动火区以及周边的可燃物;

b.在未经测爆合格的油舱或油柜内动火;

c.动火时未准备好消防器材；

d.动火时未安排合格人员看火；

e.作业后没有彻底地清理现场等。

②电气设备

电缆及电气设备老化，绝缘性能降低，未及时进行更新；使用不完善的电气工具、电线、电插头及其插座等；电路过载、保护装置失灵；在船上易产生油气或可燃气体的危险区域不使用安全型手电筒等，都可能导致火灾的发生。

③机舱漏油

燃油、滑油溅落至排气管或过热蒸汽管上，是造成机舱失火的主要原因之一。燃油系统相关部件未及时更新，致使燃油滴漏；预防性保养和维护不及时；船舶在补充燃油和驳油过程中，由于管路破损或值班人员疏忽容易造成溢油或漏油，遇火源或高温物体引起火灾等。

23.1.2　重点区域火灾原因

（1）在机舱内进行热工作业时，防护不当或者违规操作

由于船舶机舱构造复杂，机械种类多，发生故障进行维修是正常的事，有的还动用电气焊进行维修，如果明火作业时防范措施不到位，极易引起火灾事故。

2003年4月8日，"福安"轮在进行维修作业时，电焊工在机舱上层的金属燃油箱（内有残油）顶部表面，即主甲板上方第一层走道地板处进行电焊作业时，电焊产生的高温造成燃油箱内可燃气体爆燃，致使油箱爆炸，引起机舱火灾。

（2）电气设备过载、电缆绝缘老化，导线短路

船舶机舱内电气设备繁多，线路布置密集。如果线路破损极易产生短路和放电现象，引燃机舱内易燃物品发生火灾。2017年7月14日，福州籍干货船"嘉远19"轮航行在珠江口13ZH锚地东北侧，由于"嘉远19"轮长时间缺乏保养，机舱油污过多，日用油柜道门及相关阀门漏油，分油机控制电路老化短路着火，点燃分油机与日用油柜底部的油污从而引发火灾。

（3）输油管破裂或渗漏

有的新建船舶，由于油路安装连接不牢容易发生漏油；有的船龄较大的船舶，油管路老化、锈蚀，也会发生漏油，而泄漏的油料一旦溅到高温部位，极易引起火灾，这类火灾在船舶机舱火灾事故中占有一定比例。

2017年1月3日，"丰永2号"轮机舱液压泵站的液压油管线爆裂，液压油泄漏呈雾状喷射，喷射到液压柴油机和主发电机的排气管裸露部分，高温引燃液压油，从而引起火灾。

2018年3月11日，"晟通油"轮导热油泄漏至正常运转的主机排烟管等高温处所后形成大量可燃爆油气。油气在机舱达到爆炸极限范围后由高温热源引爆，导致爆炸事故发生。

（4）操作燃油锅炉不当

由于船舶机械和船员生活需要，机舱内设有锅炉，锅炉大多是燃油型的，如果不严格按照操作规程，锅炉也会发生火灾事故。此类火灾主要原因为燃油锅炉油头漏油，锅炉熄灭后燃油慢慢漏入炉膛，炉膛内高温使燃油汽化，再次点火时扫气不彻底引发爆炸发生火灾。

2004年月14日，停泊在日照岚山港区锚地的圣文森特籍"阿里汗"轮机舱发生火灾，就是因为该轮三管轮在启动燃油锅炉时未进行扫气，由于油头漏油，在点火时油气发生爆炸，爆炸瞬间产生的高压致使油膛内的油火从燃烧器的火焰探测孔、火焰观察孔、进风孔等处喷射而出引发机舱火灾，事故造成一人受伤，一人死亡。

（5）机械设备故障或缺陷

船舶机舱内设备多且复杂，由于机舱内长期高温、潮湿，机器设备老化快，故障率高。如不及时发现和排除故障也会引发火灾。

2019年6月21日，中国香港籍散货船"BONNY ISLAND"轮在营口港鲅鱼圈港区62#泊位，由于2#发电机运行期间，取样阀与2#发电机的进油管之间的连接接头破断，油管内0.6 MPa的柴油喷出，与该机涡轮增压器等高温管线和设备表面接触后而燃烧，引发机舱火灾。

（6）船舶加油操作不当

船舶会经常受载货油或加载燃油，此类作业一定要严格按照操作规范进行，并派专人进行监护，一旦疏忽极易引起火灾或爆炸事故。

2002年2月24日，靠泊在长江江阴港的"昌运368"轮机舱发生爆炸，火灾原因就是加油过程中油船内的燃油蒸气经打开的检修孔挥发至机舱，与机舱内空气形成爆炸性混合气体，遇手持电瓶灯的电火花引起爆燃。

（7）机舱内管理不善

废弃棉纱头没有放在指定的有盖金属桶内，自燃起火；缺乏润滑油，柴油机在运转过程中转速过高产生高温，曲轴箱爆炸；燃油油压不足，油质不佳等造成的燃油雾化不良；柴油机过热；违章在机舱内吸烟；在柴油机排气管上烘烤衣物；船舶发生碰撞等都可引起机舱火灾。

2009年1月9日中国香港籍"安泰江"轮从蔚山港载沥青开往宁波镇海港途中，在长江口外主机右侧中部排气管防护罩正下方安装的油雾浓度探测器发生故障，产生高温，引燃主机排气管防护罩上的油垢，蔓延成灾。

在船舶营运和船舶管理过程中，船舶管理人员要针对船舶机舱常见火灾的起火原因，重点防护，及时排除火灾隐患。

（8）货舱火灾的主要原因

货舱火灾主要是由于货物引起的，因此正确认识装载货物的性质并进行适当的保管和装卸是防止这类火灾的重要措施。引起船舶货舱火灾的原因包括：

①容易发热和自燃的混装物，由于航行时间长、温度高、湿度大，通过生化或氧化发热，又因为通风不良不断蓄热而自燃，如煤炭、鱼粉、种子、硫黄等的自燃。

2017年10月27日，"携船"轮在舟山马峙1号锚地锚泊期间，2号货舱装载的2092 t干纸浆发生火灾。

2018年11月21日，平潭籍集装箱船"万兴达"轮由泉州港驶往京唐港期间，行至舟山水域附近，发生集装箱火灾事故。

②装卸货时，装卸工人在货舱内吸烟。

③易产生易燃气体的散装货物，遇火或火星发生燃烧，如散装煤炭。

2009年5月13日，"兴万信贷5075"轮舱内装载的粉煤灰堆中逸出可燃气体，在非封闭的隔舱内积聚，浓度达到爆炸极限，导致发生火灾爆炸事故。

④在甲板上进行热工作业，导致舱内货物受热自燃。

⑤装运危险品时在装卸和航行期间操作与管理不规范。

⑥修船期间的明火作业引起火灾，如果不能及时发现和扑救，就会迅速蔓延，以致殃及起居和服务处所。

(9)生活处所火灾的主要原因

起居处所的特点是人员集中,火源多且不容易控制,是船舶防火的重要区域。火灾原因主要有:

①可燃易燃物品较多,没有严格管理。

②违规使用电熨斗、热水器、电炉等电器。

③纺织品离热源太近,如灯、暖气等。

④电气线路短路或者电气设备老化。

⑤吸烟者没有将烟头熄灭,乱扔烟头,尤其是在床上吸烟。

(10)厨房火灾的主要原因

厨房是容易发生火灾的区域,尤其是由燃油(目前船舶已经很少使用燃油灶)、可燃气体和电器等使用和管理不当引起的火灾经常发生。引起厨房火灾的原因包括:

①用电设备或者电路故障。

②油锅内的油洒落在炉灶上。

③厨房排烟管路内积油太多。

④厨房用火期间有关人员离开的时间较长。

⑤加热食用油的温度过高。

⑥集油罩内的积油多而未被及时清理。

(11)油漆间火灾的主要原因

①电路故障。

②吸烟或者火花。

③油漆间存放大量的易燃品,如油漆和稀释剂。

23.2 船舶火灾的预防

23.2.1 船舶火灾的预防措施

船舶发生火灾的原因是多方面的,主要是对三要素(可燃物、助燃物和着火源)的管理和控制不严造成的。因此,预防火灾可以从三要素入手,对三要素进行有效的管理和控制。

(1)控制可燃物

船上可燃物较多,且易燃易爆。因此有效控制可燃物对船舶防火至关重要。控制可燃物,包括以下几方面:

①有效控制燃油、滑油;在船舶建造时必须遵守有关公约及建造规范的规定,对船舶的燃油系统采用合理的结构;选用高闪点的燃油、滑油。

②装货处所的防火控制要做到专人负责,对易燃易爆危险品的运输严格按国际公约和国内法规进行分类管理。

③船用材料尽可能选用阻燃性材料,并采用防火隔热层。

(2)控制通风

在船舶火灾中,空气可以起到助燃作用。发生火灾后,要想方设法迅速切断通向火灾现场的所有通风道和通风设备。通风设备要按国际公约和国内法规的要求,装有可靠的、能迅速关闭的关闭装置。

（3）热源（着火源）控制

船上的热源（火源）较多，且温度较高。机舱的热表面要进行包扎，形成绝热层；高温高压容器及装置应装有安全阀，以免发生爆炸而引起火灾。

23.2.2　常见火灾的预防措施

从引起火灾的起火源来看，火灾基本可以归纳为六种：明火或暗火引起的火灾、热表面引起的火灾、火星引起的火灾、电气设备引起的火灾、自燃引起的火灾和静电引起的火灾。对待不同成因的火灾要采取不同的预防措施。

（1）明火或暗火引起的火灾

明火是指有火焰的火，例如，火柴、气割及油灶的火等。暗火是指没有火焰的火，例如，烟头及火星等。不论明火还是暗火，稍有不慎或者管理不善，都很容易引起火灾，因而都需要特别警惕。火灾的预防主要有如下几个方面：

①对人员经常进行安全教育，严禁人员在货舱、机舱、锅炉舱、油漆间、物料间或者存放易燃物品的舱室、工作间以及装有危险货物的露天甲板等场所吸烟。在油船上，只能在指定的吸烟处所吸烟。

②不准随便乱扔烟头、火柴，必须把烟头、火柴放入非易燃的容器内，该容器应安放在船上每一处允许吸烟的地方。待烟头熄灭后，才能倒烟缸，烟灰必须倒在有盖、非易燃的注水容器内。

③设置带盖或盛水的烟缸。

④对于参观者、码头装卸工以及上船工作人员应向他们提醒吸烟的规定。

⑤对厨房用火要严格管理、谨慎操作。

⑥对于正在进行电焊或气割的场所，要派专人备好灭火器具在旁守候，以便能够随时施救。工作完毕后 24 h 内要不断检查、巡视。

⑦禁止私自使用敞开式电炉在舱室内烧煮食物。

⑧机舱、泵间易于积存油污，厨房排出油气的通风道易于积存油垢，要经常清理。

（2）热表面引起的火灾

①排气管、过热蒸汽管以及锅炉外壳等热表面，应用隔热材料妥为包扎，如因修理需将隔热材料拆下，在修理结束后应立即将之恢复装妥。

②向日用燃油柜或者机油柜注油时，要防止溢油溅落到热表面。

③装货时不要将易燃货物靠近货灯，装卸结束后应立即切断货灯电源。

④不要使电灯泡或者其他电热器靠近可燃物，如纸张、布料、棉纱头等。

⑤对正在运转中的机器，要经常检查机油的压力是否正常、转动部位是否得到有效润滑，以防摩擦生热而引起火灾。

（3）火星引起的火灾

火星具有较高的温度，可以引燃一些可燃物，还会引起石油气体或者其他可燃气的爆炸。火星包括烟囱里飞出的、金属撞击摩擦产生的、气割吹开的等等。

①要清除烟囱飞出的火星，必须掌握燃烧在气缸或炉灶中的正确燃烧时间，所有轮机人员要关心排烟的颜色及有无火星出现，厨房要保证炉灶正常使用并定期清扫烟囱。

②进行气割或烧焊作业时，对火花可能飞溅到的区域进行有效防护。

③防止工具从高处跌落。皮鞋后跟加铁钉也是油船所不允许的。

④在装卸棉花、硫黄等易燃货物时,要加强值班,注意有无火星溅落在上面。

（4）电气设备引起的火灾

电气设备引起的火灾主要是由短路、超负荷、设计不当、安装错误、绝缘失效,以及乱拉线、随意使用电炉和电熨斗等造成的。

预防电气设备火灾要注意以下几点：

①要经常检查电线的质量,绝缘是否良好,对不符合要求的应及时更换。

②严禁任意增加电路负荷,随便拉线、装灯及使用电炉等设备。

③严禁随意加大保险丝规格,不得用钢铁丝或铜丝来替代保险丝。

④保险丝要接牢,防止松动。

（5）自燃引起的火灾

棉、麻、棕制品包括棉纱、缆绳、破布以及工作服,凡是沾有油脂的,暴露在空气里时间长了,就有可能氧化发热而自燃,因此,这些可能自燃的物品要存放在阴凉通风的地方,尽量远离热源。

①沾了油的棉纱头、破布等必须放在有盖的金属桶里,以防自燃而发生火灾。

②对化学危险品物件必须弄清其物理性质、化学性质及装载中的注意事项,凡不能混装的化工产品,在配载时应按隔离要求将之隔离。

（6）静电引起的火灾

在油船上要严格遵守有关操作规程,防止静电火花的产生。

23.2.3 修船防火

船舶修理一般需要在船厂或者航修站进行。在整个修船期间,修船人员多,明火作业多,作业地点分散,作业时间较长,因此极易发生火灾。

（1）进厂前的准备工作

①油船应进行有效洗舱。全船的货油舱、泵舱及隔离空舱均应清洗干净,除去油垢。

②保持通风。进厂前应取得船舶检验局颁发的"船舶可燃气体清除证书",只有经船舶检验部门检验发证确认安全后才能进厂。油船的各种货油管系以及其他含油管系均应清理干净。

③机舱内的易燃物,如木材、油棉纱、破布及污油等,应清除干净并集中保存。

④需要修理油舱、油柜时,要把油脚洗擦干净。

⑤需要动火修理的输油管、驳油管、油舱加热管以及泵舱内管系,应用热水冲洗,并拆去一节,确保管内无油和空气畅通后再动火。

⑥测爆工作需先经船舶检验部门检验发证,确认安全后,再由厂方复查合格,方可进厂。

（2）进厂后的防火工作

①作业前,船方应当清除作业现场及其周围(包括上下左右管系、相邻舱室)的易燃、可燃物;厂方应将与下层舱室连通的孔洞封堵。

②应在作业场所周围划定安全警戒区,设置禁火标志。警戒区内严禁使用明火以及非防爆插座、开关和电气设备,同时,距离所清理的油舱 5 m 范围内不准动火。

③在机舱内(包括油舱柜、油管线附近)进行明火作业时,可燃气体的浓度须保持在爆炸下限值的1%以下,否则应当停止作业。

④敷设氧气软管、乙炔气软管以及电焊线时,要采取防挤、压、摩擦等措施。当班作业完毕

后,须切断电源和气源。

⑤修船过程中应当对船舶电气设备和施工用电进行严格管理。凡临时拉接的线路都要采用绝缘物架空。严禁拖、拽、挤、压。

⑥在高空动火作业时,必须注意火星可能飞溅到的范围内有无易燃物品,并应派人看守。看火人员不得擅离职守。

⑦修船期间,船方应当严格实行护船值班制度,确保有三分之一以上的船员留船。

⑧船上配置的消防器材和消防设施,应保证随时可用,任何人不得随意动用或者挪作他用。

⑨在修理驾驶台及船员住舱等地方时,进行焊割工作前应拆除动火部位可燃衬板、隔热材料等,并移走其他易燃物品。

⑩氧气瓶和乙炔瓶必须分开存放,不能混装在一起,氧气瓶不能接触到油污,更不能接触高温和明火。

⑪当班作业完毕后,施工和看火人员应再次认真检查、清理现场,确认无火灾隐患后方可离开。

23.3　船舶防火结构

从预防火灾发生的角度出发,船舶应建立一套完善的防火措施,主要包括:控制可燃物、控制热源(着火源)及控制通风等。但是船舶火灾有时防不胜防,为保证船舶一旦发生火灾事故后能有效地控制火势蔓延,SOLAS公约要求利用防火结构防止火灾蔓延。船舶防火结构指的是在船舶建造阶段在船体结构中使用不燃材料进行区域性的防火隔断。防火隔断将船舶结构分隔为可以彼此阻挡火焰穿透和热量传递的独立空间,某处一旦发生火灾,在初起阶段能够有效地阻止火势蔓延至相邻处所,为扑灭初始火灾争取时间。即使船上自救力量不够,一时难以扑灭火灾,也能将火有效封闭在有限的空间内,使灾害缩小至最低程度。防火分隔根据所在处所的失火危险性的程度高低又分成了不同的等级。

23.3.1　主竖区

主竖区系指船体、上层建筑和甲板室以"A级分隔"分成的区段,基本上主竖区在任何一层甲板上的平均长度和宽度一般不超过40 m。每个主竖区的面积大约为1600 m²。

对于载客超过36人的客船,主竖区舱壁需为"A-60"级防火结构,即一旦某主竖区内的消防设备失灵,火灾蔓延时,其可以保证不少于60 min的撤离时间;对于载客小于36人的客船,主竖区舱壁要求为A级。

23.3.2　防火分隔

根据木材的燃烧特点把耐火分隔分为A级、B级、C级三个等级:A级分为"A-60"级、"A-30"级、"A-15"级、"A-0"级四个级别;B级分为"B-15"级、"B-0"级两个级别;C级只有一个级别。

结构的耐热性是通过填充、敷设绝热材料和甲板敷料来实现的。绝热材料多以岩棉、陶瓷棉、玻璃棉以及矿棉制品为主。甲板敷料除了具备防火耐热功能外,同时可以兼作甲板表面涂料,有防滑、防腐蚀、美观等作用。

（1）A级防火分隔

A级防火分隔是钢或等效材料和绝热材料的复合体。

A级耐火分隔总体要求为：

①需用钢或等效材料制成,有适当的防挠(变形)加强。

②其构造在经过1 h的标准耐火试验结束时,能防止烟和火焰的通过。

③由认可的不燃材料制造,应能够保证在规定时间内,其背火一面的平均温升不超过140 ℃,背面任何一点的温升不超过180 ℃。

④A级防火分隔根据时间参数的不同可分为:"A-60"级、"A-30"级、"A-15"级、"A-0"级。

（2）B级防火分隔

B级防火分隔是由符合下列要求的舱壁、甲板、天花板或衬板所组成的分隔:

①其构造在经过最初半小时的标准耐火试验结束后,能防止火焰的通过。

②由认可的不燃材料(可燃装饰板片除外)制造的B级防火分隔,其隔热值要求在规定时间内,其背火一面的平均温升不超过140 ℃,背面任何一点的温升不超过225 ℃。

③B级防火分隔根据时间参数的不同可分为"B-15"级和"B-0"级。

（3）C级防火分隔

C级防火分隔结构要求:

①由认可的不燃材料制成的分隔。

②不必满足防止烟和火焰通过以及限制温升的要求,允许使用可燃表面装饰板片,只要它们满足《国际耐火试验程序应用规则》(International Code for Application of Fire Test Procedures,FTP)的要求。

因此,在要求上不难看出,A级、B级、C级的分隔要求是逐级递减的。在耐火分隔中,B级分隔没有防止烟通过的要求,C级分隔对烟和火焰的密性也没有要求。

23.3.3　货船耐火分隔上的门

（1）门的耐火性能应与其所在分隔的耐火性能相当,根据《国际耐火试验程序应用规则》确定。在A级分隔上的门及门框应为钢质结构。在B级分隔上的门应为不燃材料。装设在A类机器处所限界面舱壁上的门,应适度气密和能够自闭。

（2）要求自闭的门不得装设门背钩。但是,可以使用装有故障安全型遥控释放设备的门背钩装置。

（3）在走廊舱壁上,可允许在居住舱室和公共处所的门上及门以下开设通风开口。还允许在通往盥洗室、办公室、厨房、储物柜和储藏室的B级门上开设通风开口。除特殊允许外,开口应仅设在门的下半部。

（4）水密门不必隔热。

第 24 章

船舶灭火程序

24.1　船舶灭火基本原则与灭火程序

24.1.1　灭火的基本原则

为了保障船舶灭火有组织地进行,必须做好船舶灭火的应变部署工作,全体船员必须明确消防应急时的岗位、职责、任务。同时,每位船员还必须熟悉扑救火灾的基本原则及要求。

(1)先控制,后消灭。灭火时只有控制住火势,不使其扩大蔓延,才能为快速扑灭火灾创造条件。

(2)先探明火情,后采取行动。灭火行动实际上就是一场战斗,只有对"敌人"的情况做到心中有数,才能取得战斗的胜利。不探明火情,就盲目采取灭火行动,是不会取得理想效果的。

(3)彻底扑灭余火。火灾扑灭后,必须仔细检查,消灭余烬,以防死灰复燃,必要时派专人看守火场。

(4)灭火没有希望时,应采取抢滩或弃船的措施。

24.1.2　海上灭火程序

灭火程序是非常重要的消防工作内容之一,绝不能忽视灭火程序在灭火过程中的作用。船员发现火灾后必须按照灭火程序采取行动。

(1)发现火灾人员的行动

①发出警报。

②报告失火位置及火情。

③采取适当的预防措施。

(2)驾驶台的行动

①首先使用通用应急报警系统向全船发出火灾警报信号。

②关闭驾驶台所能遥控的通往火场处所的所有通风。

③通知机舱备车,操纵船舶使失火地点处于下风一侧,有助于控制火势蔓延。

④将船位输入 GMDSS 设备中的遇险或紧急通信报文中。

⑤适当的时候将发生火灾的时间、地点、种类等相关内容详细地记入航海日志。

（3）全体船员的行动

①船长听到警报后,应立即上驾驶台,指挥灭火行动。

②所有船员听到消防警报后,应在 2 min 内到达指定的集合地点。

③消防队根据指令进行探火、搜救、控火、灭火等行动。

24.1.3 港内灭火程序

交通运输部《运输船舶消防管理规定》第 29 条规定:"船在港口靠泊或锚泊时发生火灾,要及时向公安消防队或海事部门报警。在消防队未到达前应积极自救,船舶火灾由海事部门负责总体指挥,公安消防队负责灭火指挥。公安消防队到达火场后,船方应提供船舶及火场情况,并积极协助灭火。"

（1）发生火灾后,应立即向港口消防队报警

由于船上的灭火力量远不如陆上消防队的强大和专业,船舶在港口自力灭火时,应及时与港口消防队或海事部门联系,听从海事部门指导,请求足够多的消防力量将火扑灭。报警应用最快的方式,如泊位附近陆地的火警电话、高频呼叫或通过海事部门转发等。

（2）在灭火过程中船方还应进行的工作

①与海事部门、港口公安交通管理部门保持联系

港口公安交通管理、海事部门和治安管理人员负责维持秩序,疏散车辆、船舶及人员,必要时可实行交通管制。通知海事部门船舶的情况和船上发生火灾的情况,随时报告港方所需要的其他信息。

②船长仍对船舶灭火负有主要责任

在海事部门的认可下,船长应继续负责全面指挥消防工作,由港口消防队负责灭火的实施。船员应积极协助灭火,双方密切配合,共同努力将火扑灭。

③查清所有在船人数,及时转移外来人员下船

在港内失火时,船上可能有装卸工人、供应商等其他外来人员。他们在船上不但对灭火无助,有时还妨碍灭火的正常进行,甚至造成意外的伤害,应首先将他们转移下船。船舶靠港后,上岸的船员较多。灭火后,应尽快召回全体船员。

④做好随时离港的准备

当失火船舶严重威胁港口设备和附近船舶时,应使船舶离开码头到开阔水域。当失火船舶被要求离港时,船方要做好随时离港的准备。如果自力无法驶离码头,应申请拖船协助。

24.2 灭火行动

24.2.1 发现者的行动

发现火灾后,要保持镇静,立即发出火灾警报并报告失火位置,并采取适当的预防措施。

（1）发出火灾警报

发出火灾警报可以通过大声呼叫或击破附近的手动报警按钮的玻璃罩按动按钮来实现。发现火灾时,不论火势多么小,在发出警报前,发现者不应试图先去灭火(除非确有把握,使用单个灭火器可将火迅速扑灭),以免延误灭火最佳时机,最终导致火灾蔓延。如果有两个或两

个以上的人发现失火,只需一个人去发出警报,另一人则应留下并努力去控制、扑灭火灾。对于船员居室和其他能够关闭门窗的舱室,发现失火的船员离开现场去报警前,应关闭房门、舱门。

(2)报告失火位置

发出警报的船员必须确切指出火灾位置,包括具体舱位和甲板层次。这样可为船上消防队提供着火位置所在,为消防队提供有关即将处理的火灾类型的资料。确切的位置可以指明是否要切断某些通风系统,关闭哪些门和舱口,以隔绝火灾。

(3)采取适当的预防措施

发出报警后,若是着火点范围小,应立即取用附近合适的灭火器材,针对火的类别施救,力争能控制火势蔓延。若火势较大,个人没能力将火扑灭时,应尽可能坚守现场,监视火情发展,采取一切必要措施对火势进行有效控制,如关闭门窗及通风系统、切断电源、疏散易燃易爆物品、用水冷却火场周围舱壁和甲板等。

如果能够看到火焰,火灾的位置就明显了。如果只能看到烟,则火灾可能隐蔽在舱壁或舱门后面。此时,若想采取进一步行动,在可能存在火源的地方必须采取适当、有效的预防措施。例如在打开舱室或舱壁门检查火灾之前,应对门加以检查,发现油漆褪色起泡则表明火情就在门的后面。若发现有烟从门缝中冒出来或者从舱壁上一丝丝冒出来,应先用手摸摸舱壁或门,如果感到明显地比其他部位热,则其后面可能隐藏着火情。一旦找出隐藏火灾的位置,在消防队和救助人员未就绪之前,不要打开通往这个地区的门。保持火灾自始至终在一个封闭的空间内燃烧,消耗掉这个空间内的氧气,火即会自行熄灭。如打开门,将向房间内提供大量的氧气,其结果通常是使火势爆炸性地扩大,引起爆燃。火焰和炽热的气体会通过打开的门冲出来,向通道的各个方向蔓延,以致无法扑救。

24.2.2 驾驶台人员的行动

(1)驾驶台接到报警后,首先应用汽笛或警铃向全船发布消防警报,使全体船员明确火灾的位置。

(2)关闭驾驶台所能控制的通往火场的所有通风。特别是船员房间失火时,关闭空调系统是防止火灾进一步蔓延的首要做法。另外,通风的货舱失火,关闭货舱通风也是控制火势的有效手段。

(3)采取有利于控制火势蔓延的航行方法:通常减速、停车并操纵船舶使失火点处于下风,应有助于控制火势蔓延。

(4)船长应立即上驾驶台,指挥全船的消防行动。船长到达驾驶台后,当班驾驶员应传达船长的命令,并及时向公司、沿海国海事局报告火灾情况,请求指导和必要的支援,同时借助于一切可用的手段,向周围船舶表明本船的危险或请求援助。

(5)在适当的时候将火灾发生的时间和地点、火灾种类、发现者的姓名、当时船位等内容详细记入航海日志。

24.2.3 全体船员的行动

(1)听到警报后,船长应立即到驾驶台,指挥全船的灭火行动。所有船员(除航行值班人员之外)要按照消防应变部署表指派的任务,穿戴好个人防护用品,携带消防器材,在 2 min 内奔赴指定的集合地点,听候船长的统一指挥,在现场指挥(大副或者轮机长)的指挥下展开扑救工作。消防水龙应在警报发出 5 min 内出水。

（2）扑救船舶火灾应按照火灾的发生部位和火灾的性质，根据船舶消防应变部署的要求进行。消防应变中如发现有人员受伤或者被困，应立即向现场指挥报告，现场指挥则立即向总指挥报告，总指挥根据当时的具体情况下令调整原定部署，立即展开救助受困人员的行动。在任何情况下救助人命都是重中之重。

（3）在消防应变的过程中，全体船员必须团结一致、同舟共济、协同作战，要在思想上做好可能弃船的准备。当从救火转入弃船时，船员应立即到达弃船应变岗位。

（4）在消防应变的过程中，船舶火灾失控后，殃及机舱，焚毁救火动力、灭火管系，且火势蔓延至整个上层建筑时，船长应下达弃船命令。

（5）弃船命令发出后，应变部署表内指定的人员应携带所分管的各项物件，并负责保存，如：

①船舶航海日志、轮机日志以及车钟记录簿等。

②船具目录。

③船舶证书及机密文件。

④现款及账单。

⑤精密仪器等贵重物品。

机舱值班人员应在得到船长两次完车通知后方可离开岗位。如遇车钟损坏，则以口令宣布。船长、政委必须在全体旅客及船员离船后，最后离船。

24.2.4　火灾扑灭后的行动

（1）彻底检查所有火灾扩散的路径。

（2）通风已完成，所有烟和可燃气体已经排出。

（3）氧气浓度达到21%左右。

（4）所有已燃物品已经清查。

（5）组织监视，防止重新燃烧。

（6）清点人数。

（7）恢复或替换消防设备。

24.2.5　讲评

扑灭火灾后，船长应对火灾扑救行动进行讲评。对于发现的问题，找出原因和差距，总结经验，提出意见和建议。好的建议应作为应急计划的一部分反馈给公司，对应急计划进行补充。

24.2.6　探火与搜救行动

一般情况下，在火场内会产生大量的烟，并且温度高、热量大，能见度低，探火人员进入火场探火与搜救存在一定的危险。

应选派熟悉火场情况的船员作为探火与搜救队员。进入火场探火与搜救的队员必须能熟练使用空气呼吸器，穿戴消防人员装备，使用手持式照明灯和安全绳以及太平斧等设备，可携带无线对讲机通信设备。不能单独行动，必须 2 人一组。进入之前应对使用的所有设备仔细检查，并确认其性能正常。安排足够的协助人员，负责探火与搜救人员的安全保障工作。确定好搜索路线和联络方式等。

（1）探火行动

①必须使用耐火救生索,在充满烟雾的火场中,它能够引导探火队员安全撤离火场。

②在火场中曳步前行。

曳步前行就是将身体重心放在后脚,前脚掌沿地面(不要离开地面)试探向前,确认安全后再将后脚移到前脚位置(不要超过前脚),总是前脚前移。这样行动可探查到脚下障碍物和危险物,如凸出地面的钉子、台阶、倒塌的物件等。

探火队员的空手应保持在他的面部前 30~40 cm,手背朝前,微微弯向自身,上下慢速移动确保头部和面部不能碰到障碍物。手背朝前的好处是当你碰到尖锐物体、炽热或带电物体时,不是抓住而是立即闪开。

在烟雾中,靠近地面的空气温度低,尽量低姿前行,手脚动作同前。由于底部烟雾少,能见度高,可以在远处发现被困人员或火源。

下台阶时,应后退前行,防止面部受热烘烤,手更牢固地抓住固定物。

③通过舱门后,门不能突然关闭,使退路断绝。

④保持与同行者在一起,与外界保持联络。

如果在搜索中受困,千万不可惊慌喊叫,应马上告诉同伴或外面的协助人员,寻找安全地点,坐下或躺下休息,以节省气瓶内的空气,等候救助人员。当救助人员抵达时,可拍手或敲击舱壁,指示方位。

（2）搜救火场内受困人员

①询问知情人——了解被困人员的基本情况、地点等,确定抢救被困人员的途径和方法。

②主动呼喊——灭火人员可向可能有被困人员的燃烧区喊话,唤起被困人员的反应,以便迅速抢救。

③查看——借助所带照明工具查看被困人员所能藏身的部位。

④细听——注意倾听被困人员的呼救声,以及喘息、呻吟和响动声等,辨别他们所处的位置。

⑤触摸——在喊话、查看、细听的同时,可手持探棒在可能有被困人员的地点、部位触摸搜寻。

⑥按顺序搜索每个舱室:

a.先门后。

b.再顺时针或逆时针搜索舱壁四周(先隐蔽地点,后一般地点)。如遇家具或障碍物,应搜索其顶部和背后。

c.最后,舱室中央区域。将舱室的中间区域分几次或者按 Z 字形搜索,间距的大小视烟雾的浓度和能见距离而定。

24.2.7 防复燃值守

复燃指在火灾现场缺氧时,因大量的新鲜空气涌入,而导致的爆发式的剧烈燃烧的现象。在火势基本扑灭后,虽然看上去是见烟不见火,但那往往只是一种表面现象,复燃的危险仍然存在,这时如果麻痹大意,认为大火已被扑灭,灭火人员放松警惕,后果十分严重。一旦出现瞬间复燃,仓促应战,势必会措手不及,极易导致火灾失控或蔓延,导致灭火行动功亏一篑。因此应该做好防复燃值守,同时需要做到以下几点:

（1）停止一切不必要的作业,断电、关闭油阀和气阀。

（2）搬走易燃、易爆物品,高压气瓶应通过管系将气体放出舷外。如需人员提前进入,应戴呼吸器或防烟面具,以防中毒,并系保险索。

（3）关闭通风机及一切开口,封闭舱室。

（4）要注意检查邻舱的舱壁甲板的温度,必要时进行冷却,防止火灾蔓延。

（5）火灾扑灭后不能立即开舱。如果舱内还有阴燃物,贸然开舱或向舱内大量通风,会引起复燃。

24.2.8 火场排烟

在火场中,浓烟使舱内能见度降低,且舱内温度高并含有有毒气体。此时,应根据当时的具体情况进行通风,将烟雾和高温气体排出,以便人员安全地进入火场进行探火、救人与扑救。

（1）排烟的方法

①垂直通风

垂直通风是指让火灾产生的浓烟和灼热气体,通过火灾位置垂直上方的开口排出。开口应尽量选择在火源的正上方,应控制空气的流量,减少新鲜空气进入量,避免火灾快速蔓延。垂直通风的好处是为快速进入火场提供保障,避免烟雾对人的影响。对于机舱上部或甲板以下处所的火灾,可采取此方式。

②横向通风

打开上风和下风的门,使舱室内的烟雾顺着空气流动方向排出,即可获得横向通风。使用此法应先打开下风门,后打开上风门。横向通风一般使用在主甲板以上处所。

③复合通风

若火灾发生在甲板下面,将烟雾和热气从船舶上部直接排走可能是比较困难的,需要进行垂直和横向复合通风。烟雾和热气通过横向和垂直通道安全排出,由于通道比较长,路径曲折,使用此法通风时,通道内必须远离危险物和易燃品,同时紧闭其他舱室和通道。

④机械通风

机械通风是指通过船舶机械通风设备,将烟雾通过通风管排出。火场中控制通风排烟的措施难度大、要求高,且有潜藏的火势蔓延的危险性,应注意排烟温度,温度过高（如陆地要求温度超过 280 ℃）时应停止通风排烟,以免火势蔓延到其他场所。

（2）排烟过程的注意事项

①确定方式,明确任务。现场指挥与总指挥进行研究,确定通风方式、方法和时间,明确相关人员行动任务。

②人员要进行相关的准备。在开启通风口进行排烟时,应以开花水流掩护,准备防止爆炸的发生;为防止高温烟气排出时造成火势蔓延,对易燃部位应预先做好射水准备;加强人员的自身防护,除了穿戴消防装备外,其余协助人员应尽量穿着防护服装,不要使皮肤外露,必要时将衣服打湿;做好通信联络工作。

24.2.9 重点区域灭火程序

火场的情况是多变的,火灾能否被有效地扑灭,在很大程度上取决于灭火措施及行动是否及时正确。应不断探查火场的情况,及时调整灭火的部署和行动,才能确保扑救措施及行动及时有效。

24.2.10　机舱灭火程序与行动

（1）机舱灭火程序

①发现失火

有烟雾、气味、火光。

②报警

当船员看见光亮或烟雾,应立即报警并予以确认。

③火情探查

如果火情不明,应组织探火员探火,待消防组一切准备就绪后方可进入。探火员应将了解到的火情迅速报给现场指挥。

④限制火势

应尽快关闭通风。如果火势不能控制,现场指挥报告总指挥,鸣响人员撤离警报,准备释放 CO_2 灭火。

⑤扑救火灾

如果火势较小,使用便携式灭火器灭火;如果火势较大,使用固定 CO_2 灭火系统封舱灭火。封舱灭火之前务必清点人数,人员全部到齐后才能释放 CO_2 灭火。释放后注意观察火情变化,确认火灾被熄灭后,再次派探火员探火。

⑥清理火场,防止复燃

（2）机舱灭火行动

由于燃油、机油和沾油棉纱头都是易燃物质,而机舱又是船舶动力装置的所在地和高温处所,所以对机舱灭火必须高度重视,首先应关闭油料的进出阀门和通风,切断燃料和空气的来源,使可燃物、助燃物来源中断,同时利用水枪对可能蔓延到的设备、油柜、舱壁等进行冷却,以防灾情扩大。若空气瓶受到火的威胁,还要采取降压排气措施,以防爆炸。若具备封闭条件,则应发出信号,通知所有人员撤离机舱,停止主机、发电机运转,锅炉停止燃烧,关闭通风及开口,启动固定 CO_2 灭火系统释放 CO_2,达到灭火的目的。机舱灭火时,切不可犹豫不决,贻误灭火最佳时机。起火时间久了将会造成火势扩大、机舱温度迅速升高,增加扑救难度。这是因为温度迅速升高后,灌入的 CO_2 易受到热气流的阻碍而无法下沉,达不到窒息的效果。释放 CO_2 时,应在 2 min 内将机舱灭火所需 CO_2 的85%一次性释放到机舱,只有快速才能有效控制和扑灭火灾。

（3）机舱灭火进攻路线

消防人员应根据机舱起火部位所在的层次,选择最近、最有利、最安全的进攻路线。可选择的路线主要有:

①船内各层甲板通往机舱的左右舷出入口。

②艇甲板上的机舱舱门。

③烟囱上部的出入口。

④尾部的轴隧逃生孔。

（4）扑救火灾注意事项

①应操纵设置在机舱内外的关闭装置,迅速关闭燃油舱柜和油管路上的截止阀,停止燃油泵的运转,断绝油料来源。

②油舱、柜和油管路有破漏处时,要立即进行封堵,若一时不能封堵,也要设法阻止漏油向

四处流淌,防止火势扩大。

③用泡沫管枪和喷雾水枪对油舱柜、油管路进行覆盖或冷却,以防受热爆炸。

④压缩空气瓶受到高温威胁时,最好放空钢瓶内的压缩空气,以防受热膨胀爆炸。

24.2.11 货舱火灾扑救程序与行动

(1)货舱火灾扑救程序

①发现失火

舱盖、通风筒或舱门处有烟雾和火光。

②报警

当船员看见光亮或烟雾时,应立即报警并予以确认。

③限制火势

应尽快关闭通风设备、舱盖和舱门等设备。

④火情探查

根据舱壁、舱门热度和烟雾、火光强度判定火势;根据所装货物性质确定火灾类型;人员不得贸然进入探火,待消防组一切准备就绪后方可进入。凡下舱侦察火情人员必须戴上呼吸器,穿上防火衣,系好安全带和防火绳,使用防爆照明灯,舱外应有专人对下舱人员守护。人员在舱中以低姿探索前进。

⑤扑救火灾

如果火势较大,使用大型 CO_2 或水灭火系统灭火,要特别注意舱内存水形成自由液面对船舶稳性的不利影响。

⑥防护周围

应检查火灾相邻区域有无火灾蔓延,必要时进行水冷却防止火灾蔓延。

⑦清理火场,防止复燃

航行中发现货舱起火,应立即关闭机械通风及该舱所有开口,然后用固定 CO_2 灭火系统灭火。灭火剂释放后,不可过早开舱,以防复燃。港内装卸货时起火,这时货舱盖正打开,如根据货物性质可用水施救,则应用水扑救,救火时应考虑到船的稳性。若不能用水扑救,则应迅速封舱,关闭通道及开口,注入灭火剂,使火窒息。

(2)货舱灭火行动

封舱灭火常用于航行途中的船舶发生的火灾,开舱灭火常用于停泊在港口装卸货物或检修的船舶发生的火灾。

①开舱灭火

a.做好开舱灭火前的各项准备工作,灭火人员、设备器材和灭火剂,必须预先准备稳妥,充分做好随时灭火的准备。其基本要求是:

(a)持水枪灭火的人员应穿防护服,做好自身防护,并占据起火货舱四周和周围的有利地形,防止货舱盖开启的瞬间,空气进入货舱,导致火焰突然窜出货舱口,灼伤人员身体。

(b)启动消防水泵,检验船上消火栓出水能力。

(c)调整水枪喷射状态,以便在开舱时迅速压制火焰。

(d)通知有关人员做好起火货舱的排水准备。

b.开舱灭火的实施。

(a)利用船上机械设备开启燃烧货舱舱盖。

（b）当货舱内的燃烧面积和强度较小时，灭火人员可先在货舱口向燃烧区喷水。待火势减弱后可利用货舱内的直梯、船舶或码头上的装卸货物的起重设备等，从货舱口进入舱内接近火源喷水灭火。与此同时，通知有关人员利用舱底泵向舷外排水。

（c）进入货舱内灭火的人员，必须一边喷水灭火，一边掀开被火烧过的货物，然后用起货机将货物吊出货舱，疏散到码头安全区域。并对货舱进行彻底清理，以防余火复燃。

（d）当货舱内的燃烧面积和强度较大时，可采取向货舱内灌注高、中倍泡沫的灭火方法，待火势减弱后，再派人进入货舱内彻底灭火。

②封舱灭火

a.关闭燃烧货舱的舱盖和通风孔，隔绝空气来源，并向货舱内释放灭火剂，使之严重缺氧，达到窒息灭火的目的。这种灭火方法对舱内货物损害很小，但因货舱容积大，含氧量高，货物密实（如成捆的棉花包、麻包、纸卷、布匹等），火势完全熄灭的时间相当长，一般需要几个小时。

b.启动船上的固定 CO_2 灭火系统进行封舱灭火最为有效。

c.货舱内的空气含氧量必须降低至11%以下时，一般可燃物质的火焰才能逐渐熄灭。

③扑救干货舱火灾的注意事项

a.释放 CO_2 封舱灭火时，必须关闭货舱的通风机，封堵货舱的通风口，使货舱处于全封闭状态。

b.由于释放 CO_2 封舱灭火需要较长时间才能奏效，因此，封舱后不能过早地打开舱盖检查火情，以防空气再度进入货舱后引起复燃。

c.要注意监视和保护与起火货舱相毗邻的舱室，将未起火的舱室与起火舱室紧挨着的可燃货物或物质迅速疏散，并设置水枪予以保护。

d.封舱后，应用气体检测仪测试舱内 CO_2 的浓度和含氧量，在不具备气体检测仪的情况下，可以试用手触摸失火舱壁或船壳、舱盖板的温度探测火情。

24.2.12 起居室灭火程序与行动

要迅速关闭门窗，切断通风，以防止风助火势向下风蔓延，要冷却四周的舱壁和甲板，将火控制在一定的范围之内。舱室内如有塑料制成的装饰材料，燃烧时易产生有毒气体，救火人员应予以注意。

（1）起居室灭火程序

①发现失火

燃烧物在舱室燃烧，有烟雾或火光现象。

②报警

当船员看见光亮或烟雾，应立即报警并予以确认。

③限制火势

发现火灾的船员不得随意把失火房间的门打开，以免空气进入增强火势。应尽快关闭通风。

④火情探查

根据舱壁、房门热度和烟雾、火光强度判定火势，人员不得贸然进入探火，待消防组一切准备就绪后方可进入。

⑤防护周围

应检查火灾相邻区域有无火灾蔓延,必要时进行水冷却防止火灾蔓延。

⑥扑救火灾

扑救和探火应同时进行。如果火势较小,使用便携式灭火器灭火;如果火势较大,使用水灭火系统直喷燃烧部位。

⑦清理火场

扑救结束后,应组织清理火场,防止复燃。

(2)起居室灭火行动

①要迅速关闭门窗,切断通风,以防止风助火势向下风蔓延,要冷却周围的舱壁和甲板,将火势控制在一定的范围之内,舱室内如有塑料制成的装饰材料,燃烧时易产生有毒气体,救火人员应予以注意。

②初期的小火可用灭火器灭火。

③较大的火势应采用水灭火系统灭火。

④如果有人困在火场,应先派人进入舱室救人。

第 25 章

船舶消防实践技能训练

25.1　正确使用各种类型的手提式灭火器

指导老师在消防模拟舱外现场讲解手提式灭火器的分类、使用注意事项,并示范各种灭火器的正确使用方法。然后,指导老师将标准规范的燃烧容器内的油点燃产生油类火,待燃烧到一定程度的火势时,让学员独立使用不同种类的手提式灭火器(二氧化碳、干粉、泡沫灭火器)进行灭火,并观察灭火过程及效果。训练时,还要以提问的方式考查学员对各种灭火剂的灭火性能、灭火特点和注意事项的掌握情况。

25.1.1　手提式干粉灭火器的使用

(1)使用前准备工作

①检查灭火器外观;

②检查压力;

③检查有效期。

(2)使用方法

①听到指导老师"开始"指令后,提起灭火器奔向火场,尽可能站在上风口。

②拆下铅封,拔出安全销,一手托起提把,一手握紧喷嘴后部使喷嘴朝前下方向,握紧提把与压把。

③喷嘴对准火焰根部,喷口距火焰 1.5~2 m。

④将压把压下,干粉就会经虹吸管和喷射连接管,从喷嘴喷出,操纵灭火器喷嘴对准火焰根部左右来回扫射,快速向前推进(如图 25-1-1 所示),直至将火扑灭,松开压把,阀门自行关闭,停止喷射。

⑤火被扑灭后,应双眼注视火场,缓步后退返回,防止复燃。

⑥在灭火过程中,如灭火器内灭火剂用完(灭火器发出尖叫声且无白雾状二氧化碳喷出)而火仍未扑灭,则灭火人员应快速返回,由下一位灭火人员前往灭火。

(3)注意事项

①站上风口,离火场 1~2 m,对准火焰根部来回扫射,手始终压下压把,防止中断喷射。

②使用干粉灭火器扑救可燃固体火灾时,应从火焰侧面对准火焰根部,水平左右扫射,由近而远快速向前推进,直至把火焰全部扑灭为止(扑救固体火灾效果不好,灭火后应注意防止复燃)。

③扑救可燃液体火灾时,也应从火焰侧面对准火焰根部水平左右扫射,且快速向前推进,直到将火全部扑灭。

④扑救容器内火灾时,应注意不要把喷嘴直接对准液面喷射,以免干粉气流的冲击力使油液飞溅,引起火势扩大,对灭火造成困难。

⑤不适用于扑救轻金属火灾。

图 25-1-1　手提式干粉灭火器的使用

25.1.2　手提式泡沫灭火器的使用

(1)使用前准备工作

①检查灭火器外观;

②检查压力;

③检查有效期。

(2)使用方法

①听到指导老师"开始"指令后,提起灭火器奔向火场,尽可能站在上风口。

②拆下铅封,拔出安全销,一手托起提把,一手握紧喷嘴后部使喷嘴朝前下方向,握紧提把与压把。

③喷嘴对准火焰根部,喷口距火焰 1.5~2 m。

④将压把压下,泡沫就会自动喷出,操纵灭火器喷嘴对准火场中舱壁或其他物体的垂直面进行定点喷射(注意不要晃动喷嘴以免破坏泡沫层),直至泡沫均匀向周围扩散至覆盖整个火场将火扑灭,松开压把,阀门自行关闭,停止喷射。

⑤火被扑灭后,应双眼注视火场,缓步后退返回,防止复燃。

⑥在灭火过程中,如灭火器内灭火剂用完(灭火器发出尖叫声且无白雾状二氧化碳喷出)而火仍未扑灭,则灭火人员应快速返回,由下一位灭火人员前往灭火。

（3）注意事项

奔赴现场灭火时，筒身不宜过度倾斜，以免酸碱两种药液自行混合（手提式化学泡沫灭火器）；喷射泡沫时，筒盖和筒底不可对着人体，以防喷嘴堵塞而发生爆裂伤人事故。

25.1.3 手提式二氧化碳灭火器的使用

（1）使用前准备工作

①检查灭火器外观；

②检查重量；

③检查有效期；

④戴好隔热手套。

（2）使用方法

①听到指导老师"开始"指令后，提起灭火器奔向火场，尽可能站在上风口。

②拆下铅封，拔出安全销，一手托起提把，略提高灭火器，一手持喷筒把手（注意握住绝缘隔热部位），使喷筒口从上朝前下方向对准火焰上方。

③将压把压下，二氧化碳就会自动喷出，操纵灭火器喷筒口对准火焰上方喷射，向前推进，直至将火扑灭，松开压把，阀门自行关闭，停止喷射。

④火被扑灭后，应双眼注视火场，缓步后退返回，以防止复燃。

⑤在灭火过程中，如灭火器内灭火剂用完（灭火器发出尖叫声且无白雾状二氧化碳喷出）而火仍未扑灭，则灭火人员应快速返回，由下一位灭火人员前往灭火。

（3）注意事项

①灭火器喷射过程中应保持直立，切勿平放或颠倒使用。

②在室外使用时，应选择站在上风口。

③当没戴防护手套时，不可用手直接握喷筒或金属管，以免冻伤。

④在狭小的室内空间使用时，灭火后应迅速撤离，以防窒息。

⑤不可用于扑救轻金属火灾，防止爆炸。

⑥喷筒应在离火焰 1.5~2 m 的同时，从火焰的上方往下喷。

25.2 正确使用移动灭火装置

指导老师将标准规范的燃烧容器内的油点燃产生油类火，待燃烧到一定程度的火势时，让学员分别使用不同种类的推车式灭火器（泡沫、干粉、二氧化碳灭火器）及便携式泡沫灭火装置进行灭火，并观察灭火过程及效果。训练时，还要以提问的方式考查学员对各种灭火剂的灭火性能、灭火特点和注意事项的掌握情况。

25.2.1 正确使用便携式泡沫灭火器

（1）使用前准备工作

①检查灭火器外观；

②检查有效期；

③两人一组进行训练。

（2）使用方法

将连接可携式容器和泡沫枪的软管连接好,将水龙带一端接在消火栓上,另一端接在泡沫枪上,逆时针打开消火栓,灭火人员手持泡沫枪,站在上风口位置,调整适合的灭火距离,使泡沫平稳地覆盖在着火油面或物体上。

（3）注意事项

①按照要求配备足够的泡沫液。

②对油类火灾,应朝向火焰后面的垂直舱壁喷射,使其流淌覆盖液面;切勿直接喷向液面,防止火灾蔓延。当泡沫液用完时,应立即断水。

③喷射时如有风,应使泡沫向顺风方向喷射,避免侧风喷射。

25.2.2 正确使用推车式灭火器

推车式灭火器一般两人一组进行训练。下面以推车式干粉灭火器为例进行讲解:

（1）使用前准备工作

①检查灭火器外观;

②检查压力;

③检查有效期;

④两人一组进行训练。

（2）使用方法

使用时将灭火器迅速推或拉到火场,在离起火点约10 m处停下;一人将灭火器放稳,然后拔出开启机构上的保险销,迅速打开驱动气瓶;另一人则取下喷枪,展开喷射软管,然后一手握住喷枪,另一只手打开阀门,将喷枪对准火焰根部,喷粉灭火,如图25-2-1所示。

火被扑灭后,应双眼注视火场,缓步后退返回,以防止复燃。

（3）注意事项

①站上风口,离火场1~2 m,对准火焰根部来回扫射,手始终压下压把,防止中断喷射。

②使用干粉灭火器扑救可燃固体火灾时,应从火焰侧面对准火焰根部,水平左右扫射,由近而远快速向前推进,直至把火焰全部扑灭为止(扑救固体火灾效果不好,灭火后应注意防止复燃)。

③扑救可燃液体火灾时,也应从火焰侧面对准火焰根部,水平左右扫射,且快速向前推进,直到将火全部扑灭。

④扑救容器内火灾时,应注意不要把喷嘴直接对准液面喷射,以免干粉气流的冲击力使油液飞溅,引起火势扩大,对灭火造成困难。

图25-2-1 推车式灭火器的使用

291

25.3　正确使用消防人员装备

因消防人员装备较其他衣服稍重,穿时可以两人协作,也可以单人完成。

25.3.1　使用前的检查

（1）整体外观检查。

（2）气瓶的压力检查。确认供给阀开关关闭,打开瓶头阀,观察压力表,压力表的读数不低于 28 MPa,表明气瓶压力正常。

（3）管路的气密性检查。关闭瓶头阀,再连续观察一段时间（观察时间依据品牌不同而不同）,如果压力表读数基本不变,则说明管路的气密性符合要求。

（4）余压报警装置的性能检查。检查完管路的气密性后,可以轻轻地打开供给阀或者旁通阀慢慢放气,这时压力会慢慢下降,当压力下降到 4~6 MPa 时,可以听到余压报警装置的报警声音,表明余压报警装置工作正常。

（5）面罩的气密性检查。

（6）整体的气密性检查。保持瓶头阀在关闭状态,将管路与呼吸面罩接好,戴好呼吸面罩,吸气时会有面部的压迫感且吸不动,则说明整体的气密性符合要求。

（7）供给阀和旁通阀的检查。保持管路与呼吸面罩在连接状态,打开瓶头阀,吸气时供给阀供气,呼气时供给阀不供气,表明供给阀工作正常;打开旁通阀,持续供气,证明旁通阀工作正常。

完成上述七项检查后,就可以使用消防人员装备了。

25.3.2　消防人员装备的穿戴和使用（如图 25-3-1 所示）

（1）先穿消防人员个人装备中的裤子。

（2）穿好裤子后调整肩带,然后穿上隔热靴,并拉上裤子拉链。裤管套在鞋筒上,扎紧裤口。之后,穿上消防人员个人装备中的上衣,并拉上拉链。

（3）背戴气瓶。背戴气瓶通常有两种方式:过肩式和交叉穿衣式。过肩式使用较普遍:将呼吸器的瓶头阀向上放置于平地上,调整好肩带,两手肘部撑开肩带,两手握住背托,将气瓶举过头顶,并从后背滑下。之后通过肩带调节气瓶的上下位置和松紧,直到感觉舒适为止。将腰带公扣插入母扣内,然后将左右两侧的伸缩带向后拉紧,确保扣牢。最后,将供给阀上的接口对准面罩插口,用力往上推,当听到咔嚓声时,安装完毕。

（4）逆时针转动瓶头阀,将阀打开至少两圈以上。

（5）将面罩的上调整带放松,拉开面罩头网;把面罩置于脸上,然后将头网从头部的上前方向后下方拉下,由上向下将面罩戴在头上。调整面罩位置,收紧下端的两根颈带,然后收紧上端的两根头带。

（6）戴好头盔之后戴上手套并扎紧袖口。

（7）深呼吸,打开供气阀,感受呼吸是否顺畅。

（8）系好防火安全绳。

（9）带好安全灯和消防斧。

（10）使用结束,卸下装备。

脱去手套,转动供气阀上旋钮,关闭供气阀。之后,右手扣住面罩下端的扣环;左手托住面罩向前一推,松开颈带,然后再松开头带,将面罩从脸部由下向上脱下。

解开腰带,放松肩带,将呼吸器从背上卸下,关闭气瓶阀。脱去上衣,脱去隔热靴,最后脱去裤子。

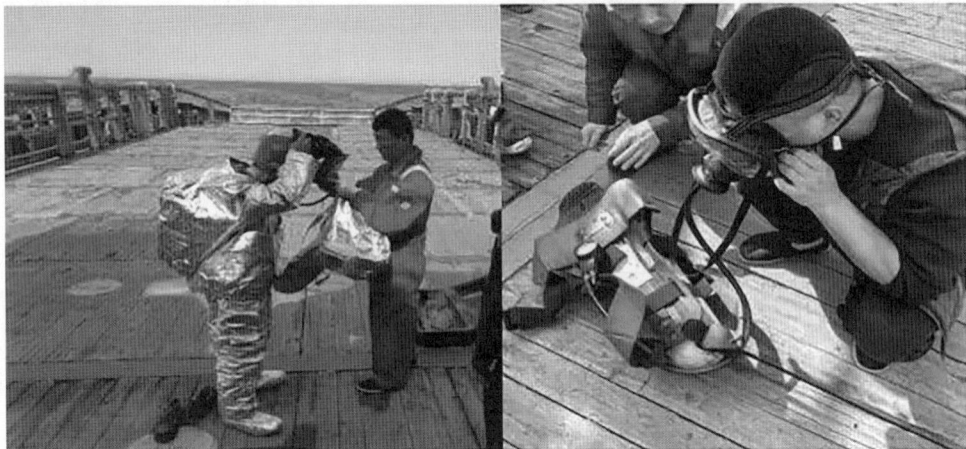

图 25-3-1　消防人员装备的穿戴和使用

25.3.3　注意

只有身体健康并经过训练的人员才允许使用呼吸器,使用前准备时应有监护人员在场。

25.3.4　防爆安全灯和防火安全绳的使用注意事项

(1)防爆安全灯应斜挎在肩上。

(2)使用防火安全绳时应该确定好联系信号。比如探火员与协助者的联系信号为:拉动绳子一下为放绳前进;拉动绳子两下为探火员到位;拉动绳子三下为拉紧绳索并撤离现场;拉动绳子四下以上为需要援助。

25.4　EEBD 的使用

EEBD 的使用如图 25-4-1 所示。

(1)使用前的检查

①检查外观

检查挎袋、钢瓶等部件外观是否完好无损;检查头罩与输气管、输气管与减压器的连接是否牢固完好,减压器与气瓶阀的连接是否牢固完好;检查头罩颈扣松紧带的松紧程度是否适当。

②检查气瓶内的气压

打开气瓶阀,观察压力表,其读数应是 (21 ± 1) MPa。关闭气瓶阀,并泄净余压,使压力表恢复到 0。

(2)使用程序

紧急脱险呼吸装置(EEBD)操作十分简便,以便使用者在极短的时间内安全地摆脱有害气体。

①将挎包套挂在脖子上或斜挎在肩上,适度调整背带。

②打开背包的盖口,取出头罩。逆时针方向旋开气瓶阀直至完全打开,此时应有气流声。

③将透明视窗向前把头罩套在头上,颈口处自动紧缩在脖子上。开始自主呼吸,整理好头罩位置,使双眼视野最佳。

④尽快选择合适的路线逃离到安全地带,除非是唯一途径,否则应尽量避免通过危险区域。

⑤使用后,双手抓住头罩下端的松紧带并向外撑开,向上脱出头、颈部,顺时针方向关闭气瓶阀。

图 25-4-1　EEBD 的使用

25.5　防毒面具的使用

为了防止面部皮肤过敏,高级防毒面具的材质已由普通橡胶改为采用优质硅胶制作的全面罩主体,抗老化、防过敏、耐用、易清洗。各种防毒面具的材质和结构不同,如图 25-5-1 所示,但使用方法都基本一致,以下为硅胶大视野防毒面具的使用方法:

(1)使用前的检查

应检查面具是否有裂痕、破口,确保面具与脸部贴合密封;呼气阀片有无变形、破裂及裂缝;头带是否有弹性;滤毒盒座密封圈是否完好;滤毒盒是否在使用期内。

(2)防毒面具的佩戴

将面具盖住口鼻,然后将头带框套拉至头顶;用双手将下面的头带拉向颈后,然后扣住;面具戴上后要仔细检查连接部位及呼气阀、吸气阀的密合性,方法是将手掌盖住呼气阀并缓缓呼气,如面部感到有一定压力,但没感到有空气从面部和面罩之间泄漏,表示佩戴密合性良好;若面部与面罩之间有空气泄漏,则需重新调节头带与面罩,排除漏气现象,确认密合性良好后方可投入使用。使用时如闻到毒气微弱气味,应立即离开有毒区域。

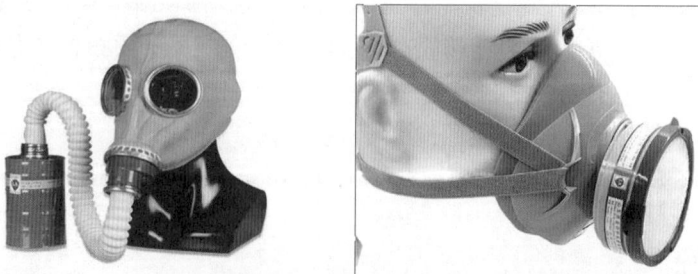

图 25-5-1　防毒面具

（3）注意事项

①过滤式防毒面具只能在空气中有毒气体浓度小于2%、氧气浓度大于19.5%的情况下使用。

②面具不用时,滤毒罐的罐盖和底塞要盖严,面罩使用后,要用水清洗,置于通风、阴凉、干燥处。

③防毒面具只能起净化空气的作用,在缺氧及浓烟场所不能代替呼吸器。

25.6　正确使用水灭火系统

训练学员熟练掌握水灭火系统的使用方法,包括水龙带的抛设和收卷方法,水龙带与水龙带、水龙带与水枪、水龙带与消火栓的连接方法,水枪的正确使用方法等。学员应在1 min内完成水龙带的抛设、连接及出水,并观察不同类型喷嘴的灭火效果。

（1）单手抛设水龙带的方法和要求

①右手捏住卷好的水龙带,大拇指及食指捏住最外两圈(接头朝前)水龙带,其余三个手指钩住第三、四圈水龙带。

②左脚在前,右脚在后,弯腰,将水龙带前后摆动(摆幅不宜过大),接着向前甩出水龙带,甩出水龙带时大拇指及食指始终捏住最外两圈水龙带,其余三指伸直,水龙带就会顺势滚向前方。

③水龙带抛出后应成直线完全展开,偏离正前方左右范围不大于1 m。水龙带抛出时,金属连接头不得脱手落地。

（2）两人收卷水龙带的方法和要求

①水龙带使用完毕后,要先倒出水龙带中的余水。

②协助卷带学员将水龙带对折成双层,下层水龙带要比上层水龙带长出约30 cm,用脚踩住水龙带靠近接头的部位。卷带学员在另一端将两层水龙带抖动拉直、平铺、叠好后开始弯腰卷带。协助卷带学员前往卷带学员前方约2 m处,双脚立于水龙带左右跨于水龙带上方,俯身弯腰双手托起上层水龙带,使两层水龙带叠放整齐,便于卷带学员卷带。随着卷带学员向前卷带,协助卷带学员慢慢向后退,直至卷带完毕。

③盘卷好的水龙带两金属接头差距应小于10 cm。

（3）水龙带与水龙带、水龙带与水枪、水龙带与消火栓的连接方法

将水龙带的一端金属接头的两个锁舌对准另一水龙带或水枪或消火栓的接头的对应的凹槽并推进,然后转动锁定即可。

（4）水枪手、辅助水枪手规范站姿

①水枪手站姿:左脚在前,右脚在后,向左侧身,左手握水枪中部,右手握水枪连接口处并将水龙带夹紧于腋下,站稳。

②辅助水枪手站姿:右脚在前,左脚在后,向右侧身,站在水枪手相对应一侧稍后的位置,双手托住水龙带。

（5）水枪射水的基本姿势

水枪射水的基本姿势有立射、跪射、卧射和肩射四种。

（6）水枪射水的形状

两用水枪射水的形状有直流和雾状两种。应根据火场的实际情况及需要，随时进行转换。

（7）组合训练

训练时，可将学员每2~4人分成一组，下面以4人一组为例介绍训练方法：

训练器材：

水龙带2根，两用水枪1支。

人员分工：

队员4名，依次为：

1号：队长、水枪手。拿水枪，负责使用水枪灭火；收队时协助2号队员卷带。

2号：辅助水枪手。拿2号水龙带，负责水龙带的展开、回收和协助水枪手灭火。

3号：负责两根水龙带的连接、移动、传令；收队时协助4号队员卷带。

4号：拿1号水龙带，负责水龙带的展开，连接消火栓，开关水；收队时负责卷带。

①听到指导教师"开始"命令后，4号队员向火场方向抛出1号水龙带，随即将上层连接头交3号队员，下层连接头接消火栓，做好送水准备工作。

②3号队员接到连接头后，与1号、2号队员同时向火场方向跑动，至水龙带接近拉伸时停下。

③2号队员抛出2号水龙带，将上层连接头交1号队员（1号队员左手拿水枪，右手拿连接头，边跑边对接），将下层连接头交3号队员（3号队员即将两带连接），然后随1号队员继续奔赴火场。

④1号队员在抵达火场前已将水枪与水龙带连接好，按规范动作持水枪，站稳；2号队员作为辅助水枪手站在其对应稍后一侧，双手托住水龙带。

⑤1号、2号队员抵达火场就位后，下令"开水"，3号队员传令给4号队员，4号队员重复"开水"口令并开启消火栓。

⑥1号队员操纵水枪出水向火场喷射，并根据火情移动位置（模拟）。

⑦当火扑灭后，1号队员向后发令"收队"，3号队员重复给4号队员，4号队员重复口令，同时关闭消火栓卸下连接头后向1号水龙带另一端跑去，3号队员卸下两根水龙带连接头，并拉直水龙带放尽残水，然后和4号队员收卷1号水龙带。

⑧水压停止后，1号队员卸掉水枪，右手拿连接头，跑至2号水龙带另一端，将水龙带叠放于下层水龙带上，搁下水枪，返回协助2号队员收卷2号水龙带。

⑨水龙带卷好后，1号队员拿水枪，2号、4号队员各拿水龙带，跑步归队，并向指导教师报告"演练完毕"。

25.7　正确使用救生索，但不戴呼吸装置进入或通过已喷注了高膨胀泡沫的舱室

（1）训练前准备工作

①分工明确，两人配合操作；

②穿消防服、戴手套、头盔，穿靴、系安全带、安全绳，不戴呼吸器；

③向模拟舱室喷注大量高膨胀泡沫，打开舱室顶部透气孔，稍开舱室门窗，确保舱室内空

气能自由流通。

（2）进入舱室训练

①按两人商量好的联络信号传递信号（一进，二到位，三撤退，四紧急情况请求支援），一人进入舱室，一人在舱室外手拉安全绳配合。

②低姿，脚探路，手扶舱壁进入已喷注高膨胀泡沫的舱室，如图 25-7-1 所示。

（3）注意事项

①由于训练时使用的是空气泡沫，含有大量水分，训练过程中要注意防止脚打滑。

②使用安全绳（信号绳）时，要保持一定的松紧度。若绳子放得太长太松，会掉在地上，容易绊倒学员；防止用力过大拉倒学员。

图 25-7-1　通过已喷注了高膨胀泡沫的舱室

第四篇

基本急救

第 26 章
基本急救概述及评估方法

26.1 基本急救的目的、原则

26.1.1 基本急救的目的

(1)挽救或延长伤员的生命;

(2)改善病情,减少痛苦,防止恶化;

(3)预防并发症和后遗症。

26.1.2 基本急救的原则

(1)迅速判断现场环境,首先要确保自己及伤者的安全,寻找现场可供支配的人力、物力来协助。疑有脊柱损伤者,不得随意搬动。

(2)对于患者原因不明的疼痛,不得盲目使用镇痛药物,以免掩盖病情;意识不清者,不能给予食物救助。

(3)先处理危重病人,再处理病情较轻的病人;先救治生命,再处理局部。

(4)有心跳停止者,立即实施心肺复苏;有较大血管出血者,立即止血;有开放性骨折者,先止血,后清创、固定;不喝饮料,避免发生窒息;中毒或强酸强碱、电击伤,应立即阻止危害因素,并迅速进行对应的抢救。

(5)航行时船舶离海岸较远,医疗条件不足,当伤员病情较重,经船上人员初步处理,仍不能脱离危险时,应立即通过无线电设备与陆上专业医疗人员联系,以得到进一步的处理指导或申请直升机救援。

26.2 评估伤员的方法和对自身安全的威胁

26.2.1 评估现场,确保伤员和自身的安全

(1)观察现场及周围环境,不能使自己成为新的受害者;

(2)面对毒气泄漏、生物伤害、有害辐射等,应先穿防护服,站于上风口,缩短停留时间;

（3）在火灾现场，与负责人员确认有无爆炸风险，捂好口鼻，低姿以减少吸入有害气体。

26.2.2　评估伤员病情

评估伤员病情是急救中的重要一步，仅仅依靠外观来判断病情容易延误抢救时机，正确方法应通过测量生命体征，初步判断伤员病情的轻重缓急，得以思考出正确的下一步急救措施。生命体征包括：体温、脉搏、呼吸、血压、意识和瞳孔。

（1）体温

最常采用的是水银体温计于腋下部位进行测量，发热分为：低热 37.3~38 ℃，中热 38.1~39 ℃，高热 39.1~41 ℃，超高热 41 ℃以上。在高热持续期，患者出现皮肤潮红、呼吸加快、大量出汗等现象，如果出汗量较多，可导致体内水分过多丧失，而引起水、电解质失衡。如果不及时处理，可对肾脏造成损伤，导致肾衰竭，引起少尿、无尿、水钠潴留现象，也可能引起高热惊厥，出现意识丧失、双眼上翻、呼吸急促、口唇发紫、四肢强直阵挛等症状；更为严重的是还会影响大脑发育，甚至危及生命。

（2）脉搏

触摸脉搏，可用于判断患者是否发生心搏骤停，或有无脉搏次数、节律的异常。

具体方法：两个手指放于病人颈部正中，左或右平移约 2 cm，至胸锁乳突肌内侧，用 5~10 s 来感受有无颈动脉的跳动。脉搏每分钟小于 60 次，叫作心动过缓；脉搏每分钟大于 100 次，叫作心动过速。脉搏出现间歇停止，为早搏（期前收缩）。脉搏节律不齐，且强弱不等，可能发生心房颤动。

（3）呼吸

呼吸每分钟 30 多次，或者变浅，忽快忽慢，或者呼吸每分钟在 10 次以下，表现为叹息样、点头状呼吸，均表明病情危重，应严密观察病情变化。

（4）血压

血压正常值为收缩压 90~140 mmHg，舒张压 60~90 mmHg。当血压超过 200/130 mmHg 时，容易发生脑血管意外，引起脑出血，严重的会危及生命。当血压低于 80/60 mmHg 时，患者可能已发生休克。

（5）意识

意识障碍分为嗜睡、昏睡、昏迷。

识别昏迷：病人倒在地上或床上，睡眠中叫不醒，大声呼喊病人名字，并摇晃身体，也毫无反应，此时病人已发生昏迷。

（6）瞳孔

正常人两侧瞳孔于自然光线下等大等圆，位置居中，直径 3~4 mm。

患者两侧瞳孔一大一小，最容易在脑卒中、严重颅脑外伤时观察到，表明发生了脑水肿、脑疝，病情危重，需要立即抢救。

两侧瞳孔均为针尖大小，最容易在急性中毒（有机磷农药中毒、吗啡中毒、海洛因中毒）以及脑干出血时观察到，表明病情危重。

两侧瞳孔扩大，可到黑眼球边缘，直径 4~5 mm，对光反应消失，最容易在脑卒中、脑外伤以及其他原因引起的昏迷时观察到，表明病人濒临死亡或已死亡。

26.2.3　外来援助

当船舶远离海岸，船员或乘客出现较严重的病情，无法自行妥善处理，或现场环境不适合进行救援,都应立即用现代通信技术向岸上或邻近船只的医生求助,以获得医疗援助。

无线电医嘱是通过无线电报、无线电话,直接由各港口的医生或邻近船上的医生发出的。这项医疗指导业务已在许多国家建立,并且是24 h免费服务。

当无线电中心接到船舶要求医疗援助的信息后,立即与医疗机构联系,对船舶上病人所需救援的内容做出迅速的回答,由医生判断病情的危重程度。医生会马上提供一些处理方法,并建议救助机构提供最佳救援措施,与船舶保持联系并做适当的安排,必要时派遣直升机救援。如果伤员病情轻微,则尽量不要请求直升机救援。因为除了费用昂贵,全体机组人员更是在冒着生命危险进行救援。直升机不会马上到达,而且直升机飞行距离有限,机组人员会要求在靠近陆地的地方进行救援。用船舶接送医生和病人时,船舶驾驶人员需要具备非常高的航海技术才能保证安全和有效。大型油船和其他一些船舶备车需要0.5~1 h,所以应尽早发出信号。满载的大型油船减速冲程可达几海里,且很难靠近一艘小船。空载的船只和任何型号的客船在停下靠近时,都会因为风力发生偏航,所以一些船只在工作中仍然保持螺旋桨低速旋转。一般由大船提供照明、登船设备,接送医生或病人结束后,小船应立即离开大船。

为了迅速交换信息,最好采用双方均熟悉的语言,书面语言更佳。病人的详尽资料必须全部传给医生,必须把医生的建议及指令清楚无误地全部记录下来,建议用录音机记录。为保护病人隐私,在得到医疗建议时,注意不要透露病人的姓名,除非医生的报告中涉及。

(1)无线电医嘱准备工作

①关于船舶的常规细节

a.船名;

b.呼叫号;

c.日期及时间(国际标准时间);

d.目前航线、速度、方位;

e.距离目的地港口的里程;

f.距离最近港口的里程;

g.距离其他可能到达的港口的里程;

h.当地的天气情况。

②关于病人的常规细节

a.伤、病、亡员的姓名;

b.职位;

c.船上工种(职务);

d.年龄、性别。

③关于疾病的细节

a.病人的主诉,即病人感受最主要的痛苦或最明显的症状或体征及其持续时间;

b.第一次发病的时间;

c.发病的过程(急性或慢性);

d.病人所有的叙述及症状;

e.描述现病史,即从开始到现在疾病的发生发展过程;

f.提供既往史,即过去重要的疾病、受伤、手术的病史;

g.提供已知疾病的家族史;

h.描述可能重要的社会关系和职业、爱好；

i.详细罗列发病前服用过药物的剂量、用法；

j.病人是否吸烟？具体数量：一天/一周平均多少支；

k.病人是否饮酒？具体饮酒量：一天/一周平均饮多少毫升。

④对于外伤病人,应包括：

a.准确说明如何受伤,受伤过程,外伤发生的时间；

b.病人的主诉是什么；

c.病人是否有出血,出血量估计多少；

d.病人是否记得发生的每一件事,或者是否有短暂的意识丧失；

e.如有意识不清,请描述发生时间、持续时长、意识障碍程度；

f.提供既往病史,即过去重要的疾病、受伤、手术的病史；

g.提供已知疾病的家族史；

h.描述可能重要的社会关系和职业、爱好；

i.详细罗列发病前服用过药物的剂量、用法；

j.病人是否吸烟？具体数量：一天/一周平均多少支；

k.病人是否饮酒？具体饮酒量：一天/一周平均饮多少毫升。

⑤病人的体检结果

a.体格检查：体温、脉搏、呼吸、血压、意识、瞳孔；

b.描述病人的一般情况；

c.描述病变部位的情况,按轻重列出伤势；

d.检查病变部位时发现的病症(如肿胀、触痛、活动受限、出血等)；

e.已经做过的检查和结果(如尿液检查、其他检查)。

⑥诊断

a.你的诊断；

b.你是否有考虑的其他疾病(不同的诊断)。

⑦治疗

a.详细罗列病人发病后服用过的药物的剂量、服药时间和用法。

b.病人对治疗的反应如何,是否好转？

c.外伤后首先采取的急救措施。

⑧困难

a.目前你最担心的困难是什么？

b.你最需要得到哪方面帮助？是协助诊断,指导治疗,还是决定转诊接送？

(2)直升机救援准备工作

当与海岸无线电中心取得联系后,由医生判断病情的危重程度,必要时派遣直升机救援,此时,船上人员需要做好以下准备：

①提供船舶的位置、与海岸或灯塔的距离、船舶的型号、船体的颜色、当地的天气情况。

②提供病人的具体情况、活动能力,以确定是否需要担架。

③通知驾驶台和机舱,派专人与直升机保持联系。

④许多国家的直升机装备有 VHF 和 UHF 无线电通信。如果在 2182 kHz 和 VHF 波段都

不能和救援直升机联系,可以通过海岸电台或海岸联系。

⑤提供船舶的航线,去集合点的航速。

⑥利用船上的旗帜、厨房烟囱的烟雾确定风向。

⑦甲板或舱口盖上清理足够大的地方,绘上大写的"H"。其附近的天线、缆绳必须清除。

⑧附近区域内的一切设备重新固定,清除油布、输水管、绳索等物品,以保证飞机安全。

⑨帮助飞行员辨认目标,需设置求救信号,如橘红色烟雾、日光反射信号、闪光灯等。

⑩绞车电缆接地工作由机组人员完成。

⑪绞车开始工作后,船舶不要尝试寻找背风处。

⑫病人在担架上用皮带固定,用绞车拉上飞机。

⑬任何时候听从机组人员的安排。

⑭如果事故发生在夜晚,需要保持足够的明亮,用灯光为飞行员照明,但需注意避免强光直接照射在直升机上。

⑮把病人的病史、护照放在一个塑料信封中,随病人携带,附上已采集的病史和检查结果、已采取的治疗措施等,如使用过吗啡等特殊管理药品,需有明显的标签。给病人穿上救生衣。

⑯病人应该面朝上被固定在担架上。

(3)船舶接送医生、病人准备工作

船舶接送医生、病人需要非常高的航海技术才能达到安全和有效。

为了接送安全采取如下措施:

①较小船舶为了安全,应确保较大船舶的船员能看到,并将行动传达给船长。

②在船长的指令下迅速采取行动。

③大型油船和其他一些船舶需要30 min~1 h才能使发动机准备就绪;满载的大型油船需要几海里才会将船速降下来,减速期间它很难靠近一艘小船,所以应提前发出信号,使用日光信号装置或无线电设备。

④空载的船只和任何型号的客船在停下靠近时都会因风力发生偏航,所以一些船只在工作中总应保持螺旋桨低速旋转。

⑤小心接近任何类型的轻的(空载)船舶和高速双体船,因为他们即将停止时会做出相当大的回旋。

⑥与较大的船舶的悬吊或船尾保持距离,特别是当其正在海上航行时。

⑦保持船头船尾悬挂物的清晰,一般由大船提供照明、登船设备,并指明最佳位置。

⑧完成操作后不要在大船旁边过久逗留,应开足马力尽快离开,避免危险的抽吸作用。

(4)与撤离病人一同转诊的信息

由病人携带的任何资料、信件、表格必须清晰易懂,因为病人和医生可能说不同的语言,所以书面资料更能清楚表达。信件中应包括病人姓名、性别、国籍、出生日期、船舶名字、港口、公司、船舶代理,还应包括病人的病史和检查结果、已采取的治疗措施等资料,以及在其他港口的病历复印件。

第 27 章

人体结构和功能

学习人体结构的目的,在于了解人体形态结构的基本知识,为应急处理打下基础。清代名医王清任曾说:"著书不明脏腑,岂不是痴人说梦;治病不明脏腑,何异于盲子夜行。"可见任何医学处理手段,都是基于人体结构。

人体结构的基本单位是细胞,细胞构成了组织,分为:上皮组织、结缔组织、肌肉组织、神经组织。组织结合构成了器官,器官联合构成了系统。人体有九大系统:运动系统、脉管系统、呼吸系统、消化系统、泌尿系统、生殖系统、内分泌系统、神经系统、免疫系统。每个系统协调统一,人体才得以实现复杂的生理活动。

27.1　运动系统

运动系统由骨、骨连接、骨骼肌三部分组成。骨与骨之间的连接,称为骨连接。附着于骨骼上的肌肉,称为骨骼肌。骨是杠杆,骨连接是支点,肌肉提供动力,骨骼肌收缩时产生骨的移动,形成动作。骨、骨连接、骨骼肌共同维持人体的基本外形、支持体重、形成体腔保护脏器。

人体总共有 206 块骨,按部位分为颅骨、躯干骨、四肢骨,如图 27-1-1 所示。骨的重量约占人体重量的 1/3。按骨的形态可分为长骨、短骨、扁骨、不规则骨。

长骨:长管状,分为一体和两端,如肱骨、股骨。

短骨:短而似方形,多位于连接牢固且灵活的位置,如腕骨、跗骨。

扁骨:板状,一般构成容纳重要器官的腔壁,如颅盖骨、胸骨。

不规则骨:形态不规则,如椎骨、筛骨。

每块骨都由骨膜、骨质、骨髓等构成。骨膜有丰富的神经和血管分布。骨质分为骨密质、骨松质,构成骨的主体部分。骨髓充满于骨髓腔内,分为红骨髓和黄骨髓,其中红骨髓有造血功能。

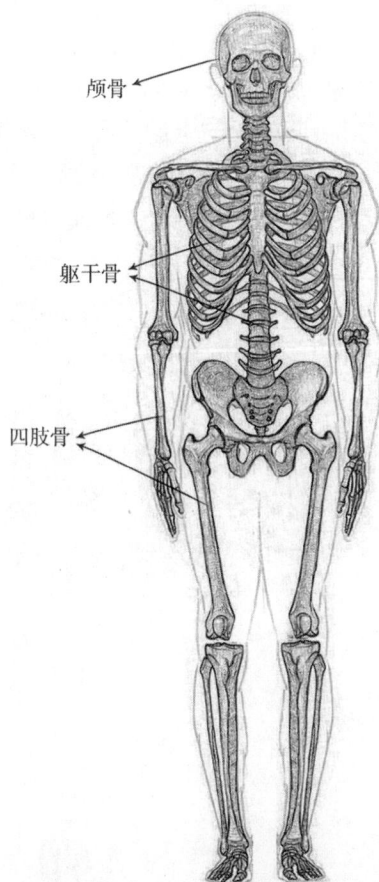

图 27-1-1　人体骨骼

（1）颅骨

成人颅骨共有 23 块（如图 2-1-2 所示），除下颌关节为可活动的关节外，其他骨彼此借缝连接，称为不活动的关节。新生儿颅骨未完全发育，骨与骨之间留有缝隙，最大的缝隙称为前囟，一般在一岁半左右闭合。

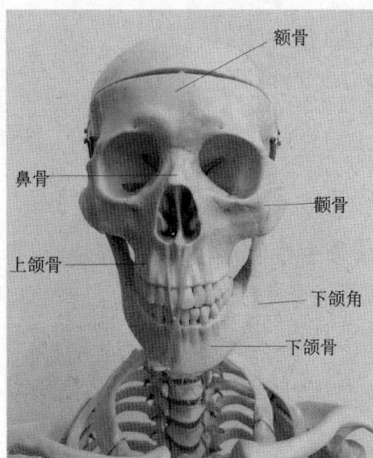

图 27-1-2　颅骨

（2）躯干骨

躯干骨由胸骨、肋骨和脊柱构成（如图 27-1-3 所示），形成胸廓，保护心、肺、肝等重要的脏器。胸骨位于胸前正中，分为胸骨柄、胸骨体、剑突三部分。成人有 12 对肋骨，其中 7 对与胸骨直接连接，称为真肋；第 8～10 对借肋软骨与上肋连接，称为假肋；第 11、12 对游离于肌层。脊柱由 24 块椎骨、1 块骶骨、1 块尾骨构成（如图 27-1-4 所示）。每块椎骨中央的孔，称为椎孔，全部椎孔连在一起形成椎管，容纳脊髓（如图 27-1-5 所示）。

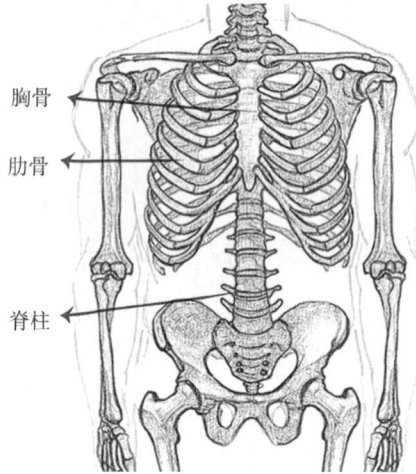

图 27-1-3　躯干骨

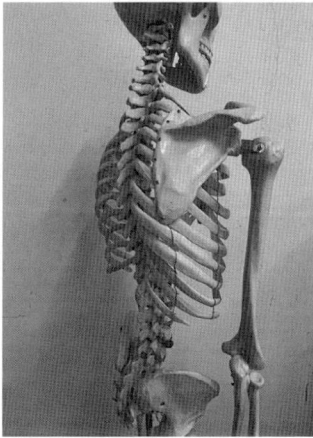

图 27-1-4　人体脊柱

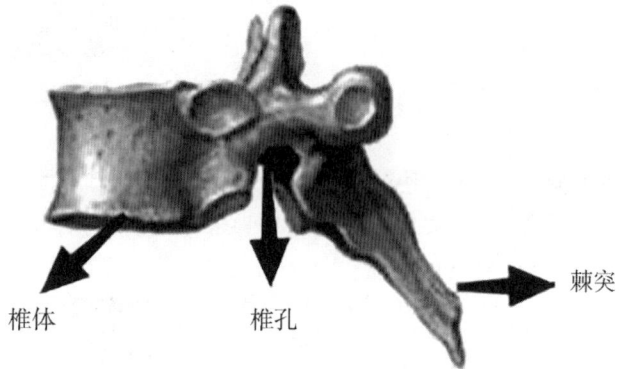

图 27-1-5　椎骨结构侧面观

（3）四肢骨

分为上肢骨和下肢骨。上肢骨主要包括锁骨、肩胛骨、肱骨、尺骨、桡骨、手骨，如图 27-1-6 所示。下肢骨主要包括髋骨、股骨、髌骨、腓骨、胫骨、足骨，如图 27-1-7 所示。其中股骨是人体最长的长骨，其长度约占身高的 1/4。

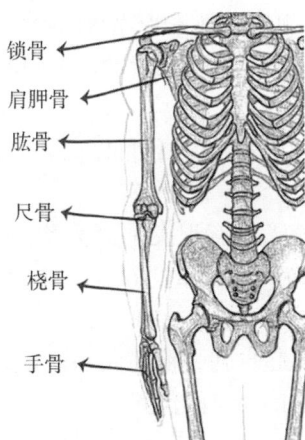

图 27-1-6 上肢骨

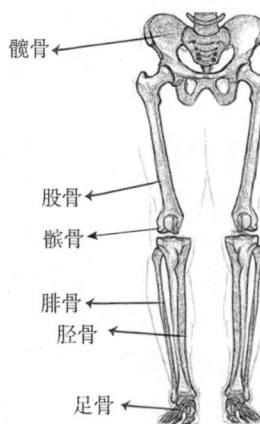

图 27-1-7 下肢骨

常用的骨性标志:

颧弓:位于面部两侧的中部,在外耳道前方向前延伸到面部前方,是人体面部的骨性结构,呈弓形而得名,是颌面部骨折的好发部位。

乳突:是从颞骨乳突部的底面突出的圆锥形突出,体表可以触及,位于外耳道的后面和茎突的外面。颞骨乳突部为颞骨的组成之一,位于颞骨的后部。

胸骨角:是胸骨柄和胸骨体的连接处,向前微突成角,由软骨连接形成柄胸联合,两侧分别与第 2 肋软骨形成胸肋关节,交接处稍微隆起。

剑突:胸骨下方呈剑尖的部分,此骨钙化较晚,末端游离,用手可触及。此尖部正为腹部正中线上,故此处为人体重要方位标志之一(如图 27-1-8 所示)。

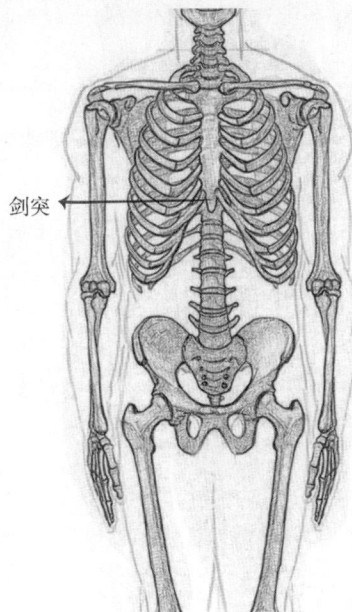

图 27-1-8 剑突

棘突:人体脊椎骨的椎弓后面正中伸向后方或后下方的突起,在后颈部及背部正中沿脊柱走行可触摸到其尖端,周围有肌肉和韧带附着,是用于计数椎骨序数的标志。

肩胛骨下角:呈锐角,位于肩胛骨内侧缘与外侧缘的会合处。相当于第 7 肋或肋间隙的高度,为大圆肌的附着部。

桡骨茎突:在桡骨远端,靠近手腕的位置,桡侧可触及的骨性凸起,在其内侧面可触及桡动脉跳动。

骨骼肌分布于头、颈、躯干、四肢,附着于骨,随人体意识支配而运动,所以又称为随意肌。人体骨骼肌总共 600 多块(如图 27-1-9 所示),约占人体体重的 60%。非随意肌是指内脏平滑肌、心肌,平滑肌大多构成脏器的壁。

常用的肌性标志:胸锁乳突肌,位于颈部两侧,起自胸骨柄前面和锁骨的胸骨端,两头会合斜向后上方,止于颞骨的乳突。常用于寻找颈动脉搏动点的位置。

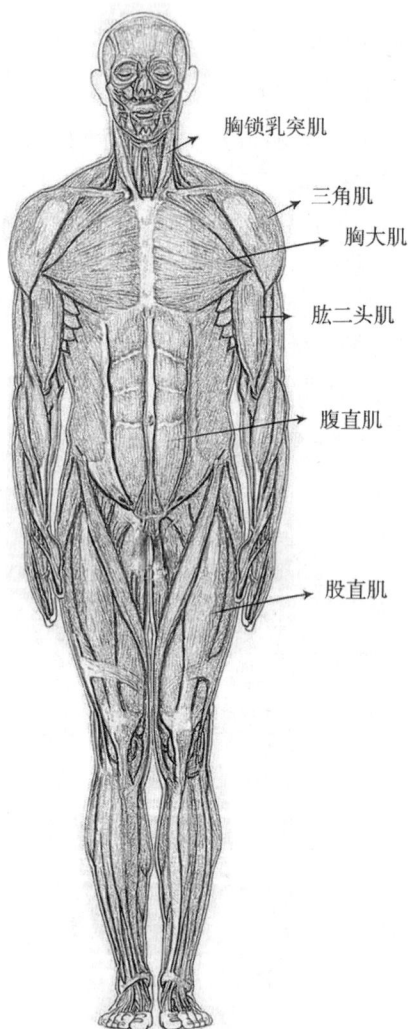

图 27-1-9 人体肌肉

27.2 脉管系统

脉管系统是人体内执行运输功能并相互连续而封闭的管道系统,包括心血管系统和淋巴系统。

27.2.1 心血管系统

心血管系统由心脏、血管、血液组成,血管内有血液周而复始地流动。心脏位于胸骨后,两肺之间,胸腔正中线偏左,约拳头大小,是血液循环的动力器官。心脏分为左、右两半,两半又分为上面的心房和下面的心室,一共四个腔。心脏每分钟搏动的次数称为心率,正常成人心率为每分钟 60~100 次。血管分为动脉血管、静脉血管、毛细血管,是输送血液的管道。动脉将血液从心脏输送到身体各个组织、器官中,静脉将血液从身体各部位送回心脏,毛细血管是连通最小的动脉和静脉的血管。血液占人体体重的 7%~8%,一般为 4000~5000 mL。血液在体内循环,将氧气、营养物质带到全身各个组织、器官中,同时将其产生的二氧化碳、代谢产物带走。根据循环途径不同,血液循环分为体循环(又称为大循环)和肺循环(又称为小循环)。

体循环:血液由左心室射出,经动脉、毛细血管、静脉,返回右心房,把氧气和营养物质运送到全身。特点是路程长,流经范围广,以动脉血滋养全身,富含营养物质。

肺循环:血液由右心室射出,进入肺动脉、肺泡毛细血管网、静脉,返回左心房,特点是路程短,只经过肺。在此循环中,血液与肺泡里的空气进行气体交换,血液中的二氧化碳进入肺泡,肺泡里的氧气进入血液,暗红色的静脉血变为鲜红色的动脉血。

27.2.2 淋巴系统

淋巴系统由淋巴管、淋巴液、淋巴结、扁桃体、脾脏、胸腺等组成。

淋巴系统是心血管系统的辅助系统,协助静脉引流组织液。淋巴结、扁桃体、脾能生成淋巴细胞,清除体内有害物质,生成抗体。淋巴结和脾是人体重要的免疫器官。

脾是略呈椭圆形的器官,具有造血、储血、免疫的功能。脾脏储血量约 200 mL,当机体遭遇大出血时,脾的被膜收缩,将储存的血液送入血液循环。

27.3 呼吸系统

呼吸系统是人体与外界空气进行气体交换的一系列器官的总称,包括鼻,咽,喉,气管,支气管及由大量的肺泡、血管、淋巴管、神经构成的肺,以及胸膜等组织。临床上常将鼻、咽、喉称为上呼吸道,气管以下的气体通道(包括肺内各级支气管)部分称为下呼吸道。

机体在生命活动中需要能量,能量来源于细胞内的氧化过程,该过程需不断地消耗氧气并产生二氧化碳。机体在外界环境中摄取氧气,并将二氧化碳排出体外的过程,称为呼吸。

鼻是呼吸道的起始,也是嗅觉器官。咽是一个肌性管道,其上部与鼻腔和口腔相通,下部与喉和气管相通,它是食物与气体的共同通道。喉既是气体的通道,又是发音器官。气管、支气管是连接喉与肺的通气管道。

肺是呼吸系统中最重要的器官。肺位于胸腔内,纵隔的两侧,左右各一,左肺有两叶,右肺有三叶。肺的下面凹陷称肺底,与膈相贴。膈肌是最重要的呼吸肌,它介于胸腔和腹腔之间,收缩时使胸腔的上下径加大,产生吸气,舒张时产生呼气。每侧肺有 3 亿~4 亿个肺泡,它是细支气管反复分支而成,壁薄,由单层上皮细胞构成,外面包绕着毛细血管网,它们是气体交换的场所。

27.4　消化系统

消化系统由消化管和消化腺组成。消化管包括口腔、咽、食管、胃、小肠(十二指肠、空肠、回肠)和大肠(盲肠、阑尾、结肠、直肠、肛管)等部分。临床上常把口腔到十二指肠的这一段称上消化道,空肠及以下的部分称下消化道。消化腺有小消化腺和大消化腺两种。小消化腺散在于消化管各部的管壁内,大消化腺有三对唾液腺(腮腺、下颌下腺、舌下腺)、肝脏和胰脏。

消化系统的基本生理功能是摄取、转运、消化食物,接着吸收营养、排泄废物。食物中的营养物质除维生素、水和无机盐可以被直接吸收利用外,蛋白质、脂肪和糖类等物质不能被直接吸收,需在消化管内被分解为结构简单的小分子物质,才能被吸收。未被吸收的残渣以粪便的形式排出体外。消化过程包括物理性(机械性)消化和化学性消化。

胃是一个中空的肌性器官,包括贲门、胃体、胃底、幽门。其上端与食道连接,末端与小肠开始的十二指肠连接。

肝脏是人体最大的消化腺,是碳水化合物、脂肪、蛋白质三大代谢的枢纽。肝脏分泌胆汁,并储存在胆囊中,对于脂肪的消化和吸收起到重要作用。

第28章

常用应急处理措施

28.1 安置伤员

28.1.1 评估伤员所处环境

进行急救前,首先对现场进行评估判断。到达现场后,立即通过实地感受(眼看、耳听、鼻闻)及询问相关负责人员,来判断现场有无危险。例如在船舱内有有毒气体逸散的现场,应该先跟相关人员了解舱内容物,做好呼吸面罩及防护服的准备。确定现场安全管理策略,认识现实危险、继发危险、潜在危险,确保救援人员、伤者、旁观者的安全。

28.1.2 生命体征测量

生命体征是用来判断病人的病情轻重和危急程度的指征,包括:体温、脉搏、呼吸、血压、意识、瞳孔。

(1)体温

人体体温可以受多种因素影响而发生生理性变化,但波动范围很小,一般不超过 0.5 ~ 1 ℃。一般2—6时最低,13—18时最高。由于基础代谢水平不同,随着年龄的增长,体温有所降低,儿童略高于成年人,成年人略高于老年人。新生儿尤其是早产儿,由于体温调节中枢发育不完善,调节功能差,其体温变化易受外界环境的影响而发生变化。女性平均体温比男性约高 0.3 ℃,可能与女性皮下脂肪较厚,散热较少有关。成年女性随月经周期呈规律性变化,在排卵至经前期和妊娠早期受体内孕激素水平影响,体温略升高 0.2 ~ 0.5 ℃。环境温度高低会影响体温,在环境温度较高的夏季,体温比冬季高。麻醉药物可抑制体温调节中枢并能扩张血管,增加散热。日常生活中进食、运动、情绪激动、精神紧张时,体温升高。

测量体温常用的测温工具有电子体温计、水银体温计(如图 28-1-1 所示)、红外线测温计等。

测量体温常用的部位有口腔、腋下、肛门。

口测法:先用75%的酒精消毒体温计,放于舌下,紧闭口唇,放置 5 min 后拿出来读数。口腔体温正常值为 36.3~37.2 ℃。此法禁用于神志不清的病人和婴幼儿。

腋测法:先用75%的酒精消毒体温计,擦干腋窝汗液,将体温计的水银端放于腋窝顶部,上臂夹紧,10 min后读数。腋下体温正常值为36~37 ℃。此法不易发生交叉感染,是测量体温最常用的方法。

肛测法:病人仰卧位,将肛温计头部用液状石蜡油等油类润滑后,慢慢插入肛门,深达肛温计的1/2,放置5 min后读数。肛门体温正常值为36.5~37.7 ℃。此法多用于昏迷病人或婴幼儿。

腋下体温发热程度:低热37.3~38.0 ℃,中热38.1~39.0 ℃,高热39.1~41.0 ℃,超高热41 ℃以上。

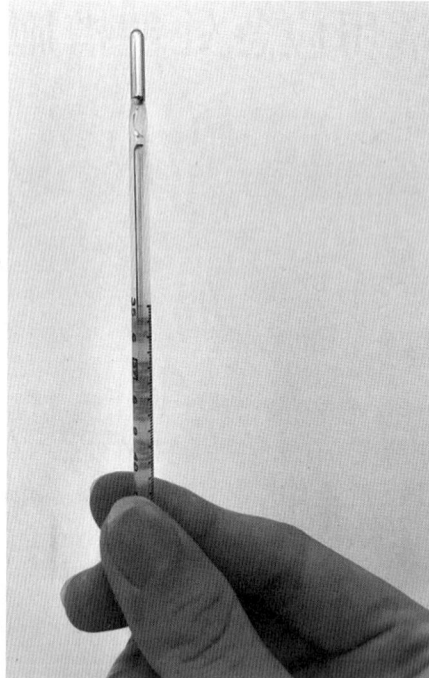

图 28-1-1　水银体温计

发热处理:病人卧床休息,补充液体,注意房间通风,针对病因进行治疗。物理降温常用的有31~34 ℃温水擦浴(推荐)、冷敷大动脉处、25%~35%的酒精擦浴(儿童慎用)。

(2)脉搏

心脏的跳动使全身各处的动脉产生有节律的搏动,称为脉搏。一般脉搏次数与心跳次数一致,正常为60~100次/分。发热时,体温每升高1 ℃,脉搏增加10~20次。常用的测量部位是手腕处的桡动脉(如图28-1-2所示),测量方法是:中指放置于手腕处的桡骨茎突,食指、无名指紧贴中指,用合适的压力感受触摸动脉跳动,数其每分钟搏动次数(如图28-1-3所示)。在桡动脉跳动微弱或触摸不到时,可以选择颈动脉(如图28-1-4所示)。

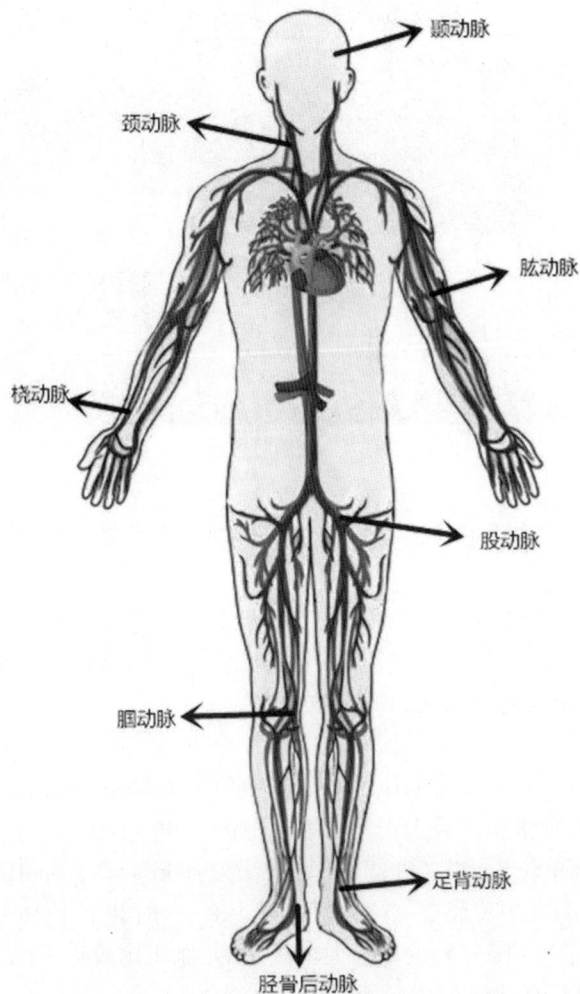

图 28-1-2 脉搏测量位置

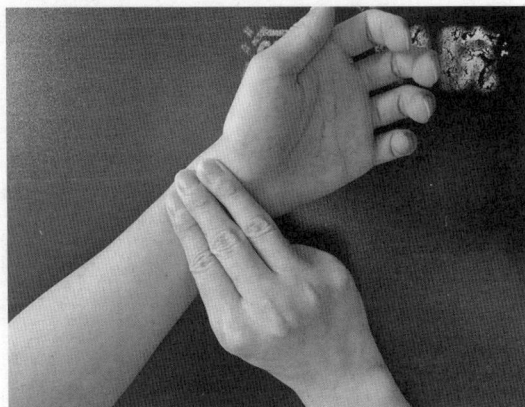

图 28-1-3 桡动脉脉搏测量方法

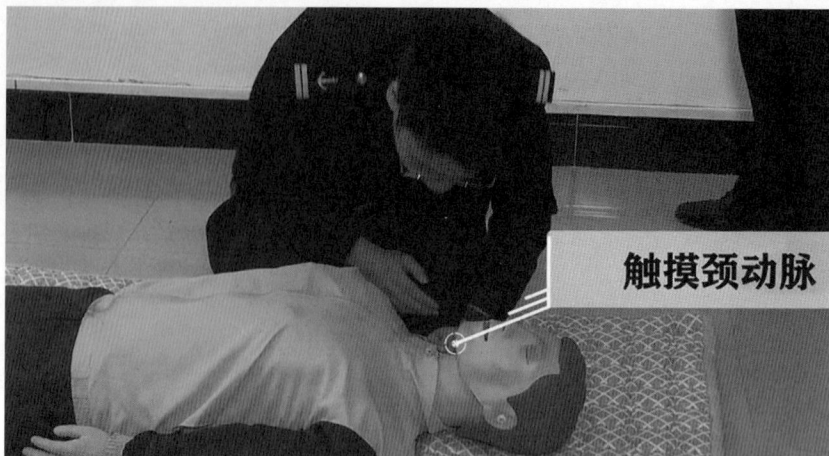

图 28-1-4　颈动脉位置

（3）呼吸

呼吸时人体的胸腹出现上下起伏运动。成年男子以腹式呼吸为主,成年女子以胸式呼吸为主。

成人呼吸频率为 16~20 次/分,与脉搏的比例一般为 1∶4。判断呼吸的方法是"一看二听三感觉",即看胸腹的起伏运动,听呼吸气流的声音,感觉气体的吹拂。危重病人的气息较弱,可将棉絮放置于鼻子前,观察棉絮被吹动的次数。

（4）血压

血压是流动的血液对血管壁产生的压强。心脏收缩,动脉血压到达高值,称为收缩压,心脏舒张时,血压降低,称为舒张压。成人正常收缩压范围为 90~140 mmHg,舒张压范围为 60~90 mmHg。血压的另一个单位为千帕(kPa),换算方法为:1 kPa＝7.5 mmHg。

血压是动态变化的,一天中凌晨 2—3 时最低,早上 8—9 时和下午 16—18 时最高;休息和睡眠不佳时,血压稍增高;血压随年龄的增长而增高,小儿血压比成年人低;同龄女性比男性偏低;寒冷环境中,血压增高,高热环境中,血压降低;右上肢血压高于左上肢,下肢血压高于上肢。在精神紧张、兴奋、运动时,血压增高。测量血压前一般需静坐 10 min。常用的测量血压的工具有水银血压计和电子血压计(如图 28-1-5 所示)。

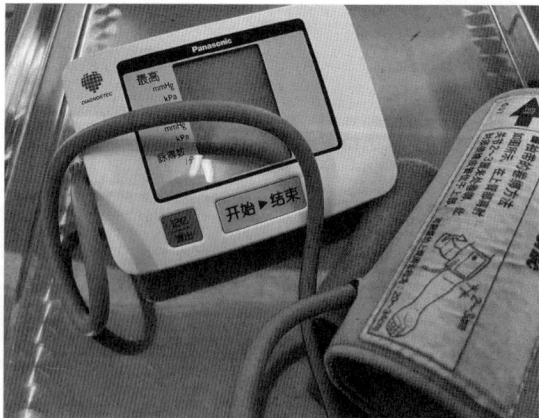

图 28-1-5　电子血压计

水银血压计使用方法：

①被测者坐位或平卧位,暴露被测的上臂,注意袖口不可过紧,若衣服过多过厚,往上臂折放时会压迫组织,如此所测血压会不准确,应脱去厚衣服。倾斜血压计,水银能流出确认血压计已开,向另一边倾斜血压计,水银回到0刻度以下开始测量血压。

②打开球囊开关,缓慢驱尽袖带内空气,橡胶管朝下顺着肱动脉方向,橡胶管无扭曲,缚袖带于上臂,袖带下缘距肘窝线2 cm,袖带的松紧以可塞入一根手指为宜。在袖带下缘找到肱动脉搏动点,将听诊器放在这点,左手轻搭在听诊器上略微加压固定(如图28-1-6所示)。注意使测量部位、水银开关、心脏处于同一水平面。

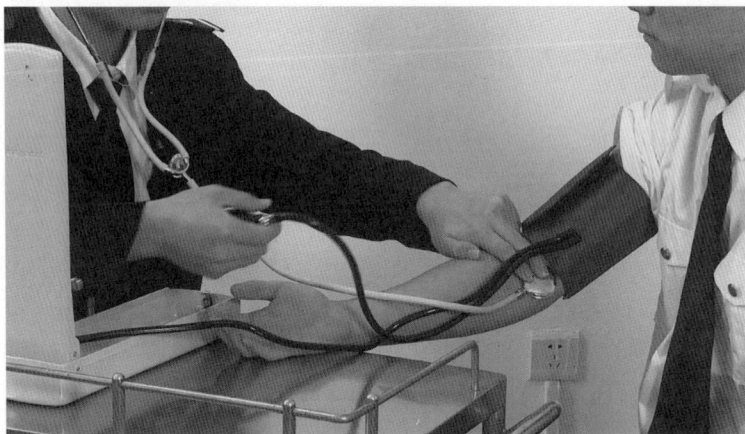

图 28-1-6　水银血压计测量方法

③右手轻拧紧气囊,挤压气囊缓慢打气,可听到动脉搏动声音,打气至动脉搏动声音消失再上升20 mmHg,轻开气囊缓慢放气,速度为2~4 mmHg/s,再次听到脉搏声时的水银柱读数是收缩压(如图28-1-7所示),声音再次消失时(或明显减弱)的水银柱读数是舒张压。脉压差为收缩压减去舒张压的值,一般为30~40 mmHg。

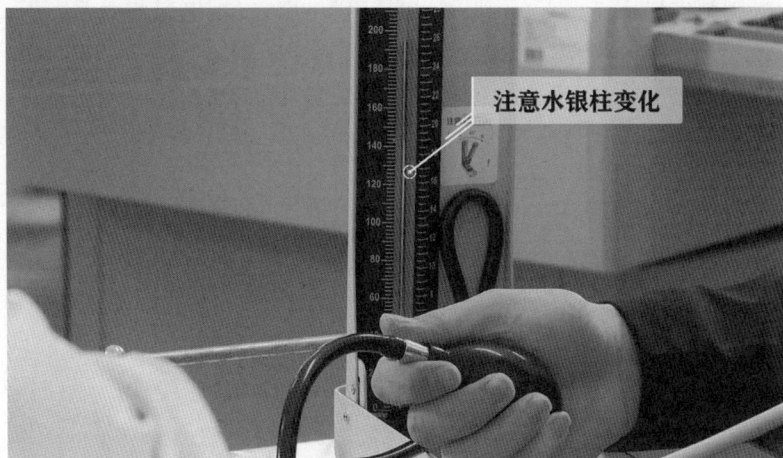

注意水银柱变化

图 28-1-7　水银刻度变化

④松开气囊阀门,水银柱降到0刻度,拆开袖带,轻轻挤压排出袖带内气体,整理袖带和球囊,关上水银开关,关好外盒。

注意事项:血压受环境、心情等影响,一次测量值高,并不能诊断为高血压,应非同日测量两次都高,才考虑为高血压。当血压超过 200/130 mmHg 时,容易发生脑血管意外,应立即就医。

(5)意识

意识是机体对周围环境和自身的识别能力及清晰程度,是大脑功能活动的综合表现。可以通过对答时间、地点、人物、事件、由来等判断是否有意识障碍,无法对答的患者可以检查其机体生理反射是否存在。

一般判断方法:轻拍患者双肩,并靠近双耳左右各大声呼喊其名字,如患者无反应,则证明其意识已丧失。

意识障碍可以分为三种程度:嗜睡、昏睡、昏迷。

①嗜睡

意识障碍早期,经常入睡,能被唤醒,醒来后对答基本正常,停止刺激后继续入睡。其生理反射(角膜反射、瞳孔对光反射、膝跳反射等)均存在,血压、脉搏、呼吸、体温均正常。

②昏睡

比嗜睡较深睡眠,一般外界刺激不能被唤醒,不能对答,较强烈刺激可有短时意识清醒,醒后可简短回答提问,但答话含糊或答非所问,刺激减弱后很快进入睡眠状态。其生理反射(角膜反射、瞳孔对光反射、膝跳反射等)均存在,血压、脉搏、呼吸、体温均正常。

③昏迷

严重的意识障碍,受外界刺激也无法清醒。按其昏迷程度分为浅昏迷、中昏迷、深昏迷。

a.浅昏迷

随意活动消失,对亮光、声音等刺激已无反应,对疼痛刺激尚有反应,出现防御动作或痛苦表情,各种生理反射(角膜反射、瞳孔对光反射、膝跳反射等)存在,血压、脉搏、呼吸多无明显改变。

b.中昏迷

对外界一般刺激无反应,强烈疼痛刺激可见防御反射,生理反射减弱或消失。血压、脉搏、呼吸出现变化。

c.深昏迷

随意活动完全消失,对各种刺激皆无反应,各种生理反射消失,大小便失禁、全身肌肉松弛。

d.瞳孔

瞳孔是眼睛虹膜中央的孔洞,直径 3~4 mm,在自然光线下等大、等圆,位置居中。遇强光或受惊吓时瞳孔缩小。瞳孔的变化对于病人的诊断意义重大:患者两侧瞳孔一大一小最容易在脑卒中、严重颅脑外伤时观察到,表明发生了脑水肿、脑疝,病情危重,需要立即抢救;两侧瞳孔均为针尖大小最容易在急性中毒(有机磷农药中毒、吗啡中毒、海洛因中毒)及脑干出血时观察到,表明病情危重;两侧瞳孔扩大可到黑眼球边缘,直径 4~5 mm,对光反应消失,最容易在脑中风(脑卒中)、脑外伤以及其他原因引起昏迷时观察到,表明病人濒临死亡或已死亡。

28.2 心肺复苏术

心肺复苏术,英文简称CPR,是对于心搏骤停的病人所采取的关键抢救措施,即胸外按压形成暂时的人工循环促使心脏恢复自主搏动,采用人工呼吸代替自主呼吸。当人出现心搏骤停时,8 s后出现脑缺氧症状,30 s后昏迷,60 s脑细胞开始死亡,6 min后脑细胞全部死亡,10 min后不可逆转地死亡。所以医学上定义4~5 min为抢救的"黄金时间"。正确实施心肺复苏术,能提高病人存活的概率,争取送医时间,充分掌握这门抢救技术对于船员而言十分重要。2015年10月《国际心肺复苏指南与心血管急救指南2015》更新了心肺复苏的步骤,将其顺序调整为C—A—B,即C(Circulation,胸外心脏按压)—A(Airway,开放气道)—B(Breathing,人工呼吸)。

在实施心肺复苏前,首先应正确识别病人是否发生了心搏骤停。

28.2.1 诊断依据

(1)突发意识丧失,或有短阵抽搐

判断病人是否丧失意识,可以选择轻轻拍打病人双肩(禁止摇晃头部,以防损伤颈椎),同时靠近病人耳朵大声呼喊"喂喂喂,先生你怎么了"(如图28-2-1所示)。为排除病人可能患有耳疾,应左右耳各喊一次。若病人无回应,则判定为已丧失意识。

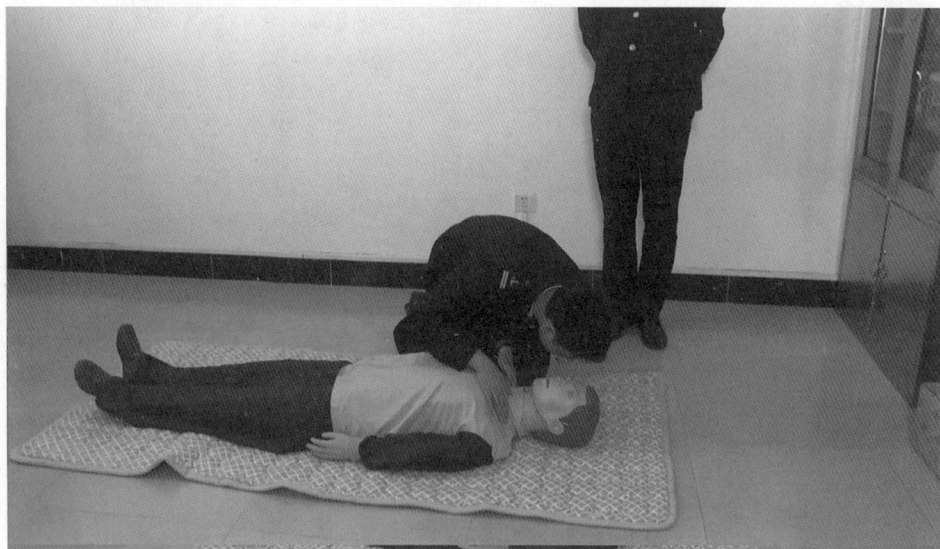

图 28-2-1 判断意识

(2)大动脉搏动消失

判断已经倒地的病人的动脉搏动,一般直接选择跳动更强的颈动脉,而不选择桡动脉。

具体方法:两个手指放于病人颈部正中,左或右平移约2 cm,至胸锁乳突肌内侧,用5~10 s来感受有无颈动脉搏跳动(如图28-2-2所示)。

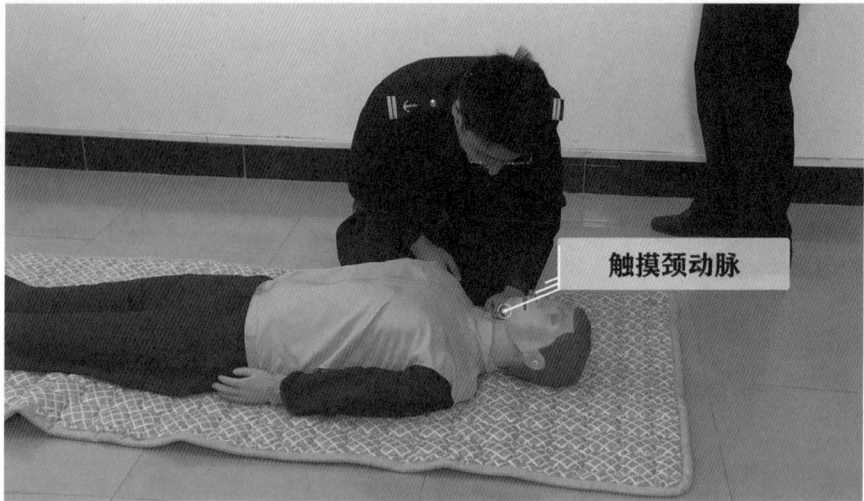

图 28-2-2　判断颈动脉搏动

（3）呼吸停止或叹息样呼吸，并很快停止

判断病人有无呼吸，可以把耳朵靠近病人的鼻子，感受有无气息吹拂，同时眼睛观察病人的胸腹部有无起伏（如图 28-2-3 所示）。

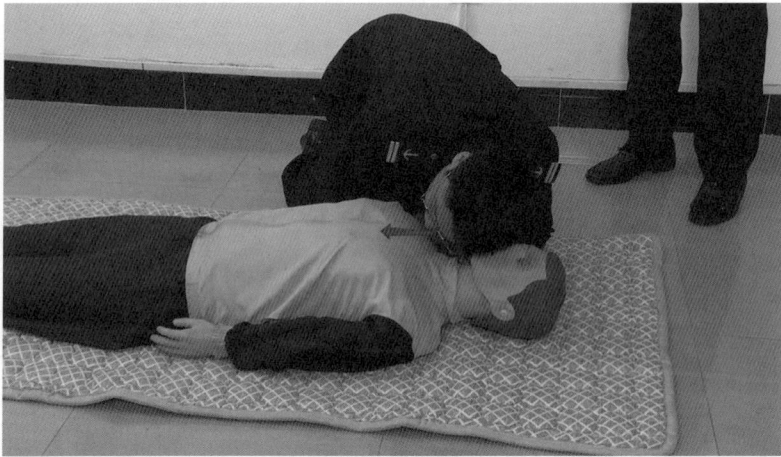

图 28-2-3　判断呼吸

（4）瞳孔散大，对光反射消失

轻轻拨开上眼睑检查瞳孔大小。有手电筒者可以做瞳孔对光反射检查。

（5）皮肤苍白，口唇发绀

以上 5 点只需出现（1）、（2）、（3）点即可诊断病人已发生心搏骤停，需立即实施心肺复苏术。

28.2.2　心肺复苏步骤及知识

（1）胸外心脏按压

常用的按压点有三个选位方法：

①两乳连线中点，适用于大部分男性；

②剑突上两横指:沿着肋骨下缘向上滑,找到剑突,向上两横指处(如图28-2-4所示);

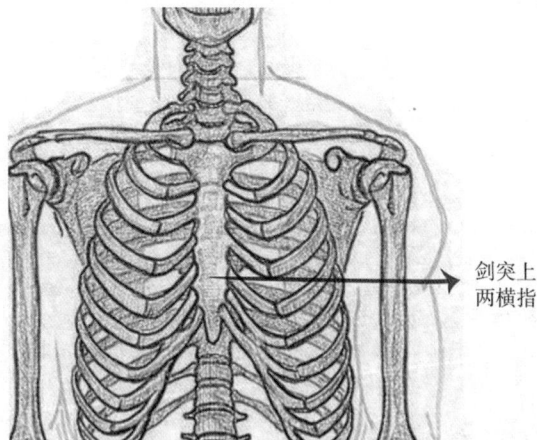

图 28-2-4　剑突上两横指

③胸骨均分为三段,中下 1/3 交界点(如图 28-2-5 所示)。

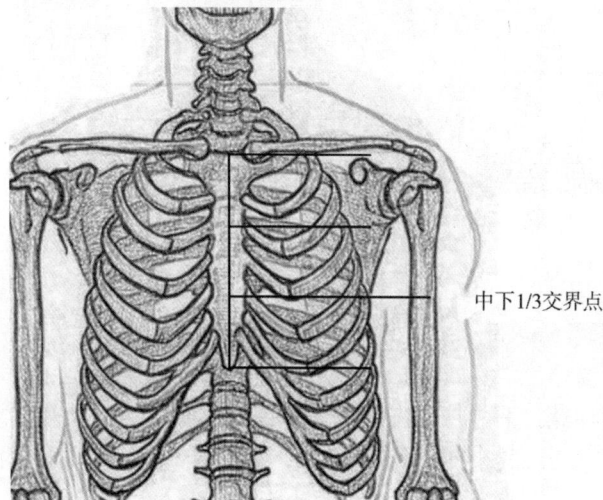

图 28-2-5　胸骨中下 1/3 交界点

　　胸外心脏按压应点对点,即按压操作者的掌跟中点,对以上的按压点。按压前应将病人放置于平卧位,躺于坚实平面上,不能在软床上进行胸外心脏按压操作。病人双手放于躯干两侧,解开衣领、腰带等。急救者双膝跪于病人右侧,左膝平患者肩膀,右膝平患者肚脐,一手掌跟置于按压点,另一手交叉叠加,双手紧扣进行按压。按压时应使身体前倾,使腕、肘、肩垂直于地面,用上半身力量下压。一般情况下按压深度会随操作者的按压频率的增加而降低,最有效的按压深度和频率并没有定论,且急救现场也很难实施精准的按压深度和频率。一般按压的幅度为 5~6 cm,婴幼儿按压的深度为胸廓前后径的 1/3。按压频率是 100~120 次/分钟,以30 次为一组,按压与人工呼吸交替进行,以 30∶2 为一个循环,一般需按压 5 个循环后再判定患者是否恢复脉搏、心跳。

　　(2)开放气道

　　心搏骤停的患者平躺时,舌根后坠,易引起气道堵塞、关闭,心肺复苏的全程都应该保持气道开放。开放气道的方法有三种：

①压额提颏法

抢救者一手小鱼际(小指侧的手掌)置于患者额头,下压使其头部后仰,另一手的食指、中指抬高下颌,使下颌与耳垂的连线垂直于地面(如图 28-2-6 所示)。若患者无明显的头颈部外伤,一般采用这种开放气道的方法。应注意抬高下颌时勿按压到颏下软组织,否则舌根将更贴近咽后壁,造成气道梗阻。

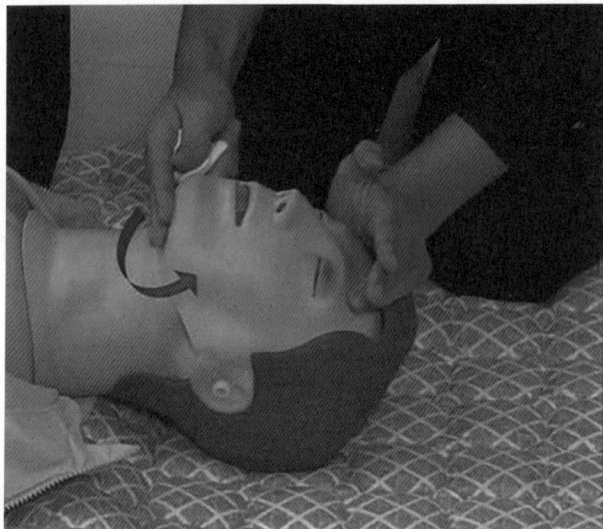

图 28-2-6　压额提颏法

②仰头抬颈法

抢救者一手抬起患者后颈部下方,另一手小鱼际置于患者额头,下压使头部后仰。

③双手抬颌法

若患者疑似有颈椎损伤,不能将患者头部后仰或左右移动。抢救者可位于患者头顶一侧,双手大拇指位于患者口角旁,其余四指托住患者左右下颌,使下颌骨前移并托起。

(3)人工呼吸

当患者自主呼吸停止时,通过徒手或机械装置使空气有节律地进入肺内,然后利用胸廓和肺组织的弹性回缩力使进入肺内的气体呼出,如此周而复始以代替自主呼吸。

①口对口人工呼吸法

这是最简单、有效的人工呼吸法。抢救者在保持患者气道开放的前提下,一手食指、拇指捏住患者鼻翼,深吸一口气,用嘴包住患者嘴,缓慢吹入患者口中,时间 1~2 s,以胸廓微微起伏为有效。吹完后立即松开鼻翼,可见胸廓回落。空气中氧气含量为 21% 左右,抢救者吹出的氧气含量仍有 16%~18%,可以保证身体重要器官的氧供应。胸外按压与人工呼吸的次数比为 30∶2,即按压完 30 次,立即人工呼吸 2 次,以此为一个循环。

②口对鼻人工呼吸法

若患者口唇外伤或牙关紧闭,可用嘴包住患者鼻子,将气体吹入鼻内。

③举臂压胸人工呼吸法

若患者服毒或其他原因不能采用上述两种方法,可用这种方法。使患者气道开放,将其上臂高举过头部,此时患者胸部被动扩张,然后再将患者两臂压回前胸,使胸部被动缩小,如此反复。

(4)心肺复苏步骤

①发现有人倒地,操作者平伸手臂,上下左右环视现场,评估现场是否适合抢救,有无威胁病人或急救者安全的因素,如有,应想办法脱离危险。若无异常则报告"现场环境安全",就地进行急救,避免搬运移动而耽误抢救时机。看手表记下事发时间便于后续与120急救人员交接。

②双膝跪患者右边,左膝平患者肩,右膝平患者肚脐,轻轻拍打患者双肩,同时靠近患者左、右耳朵各大声呼唤一次"喂喂喂,先生你怎么了",若患者无回应,则大声对周围呼救"有人晕倒了,快来帮忙,拨打120"。指定旁边一人拨打可更好地避免120电话占线,电话寻求帮助时,应向120调度员说明事发的地址、事情经过、发病人数、发病人员目前病情、目前所采取的治疗措施等。

③摆正患者体位仰躺在坚硬平地上,左手食中指触摸患者颈部正中,约男性喉结位置,往患者右侧滑行2~3 cm,在胸锁乳突肌内侧触摸颈动脉,同时操作者左耳靠近患者鼻端感受有无气息吹拂,眼睛观察胸腹部有无上下起伏。为避免因操作者紧张导致判断时间误差较大,可以用4个数字连读代替1 s。"1001、1002、1003、1004、1005、1006、1007、1008、1009、1010,患者无呼吸无脉搏,现在进行CPR,请会CPR的人员来帮忙,请其他人去周围寻找AED(自动体外除颤器)。"

④解开患者衣领,松解腰带,手指定位两乳连线中点,操作者的左掌根中点与两乳连线中点重叠,手指翘起,右手交叉左手,按压时应使身体前倾,使腕、肘、肩垂直于地面,用上半身力量下压5~6 cm,"01、02、03……30",频率100~120次/分。注意掌跟一直不离开胸壁。

⑤操作助手在听到"现在进行CPR"后开始加入抢救,双膝跪患者头部右侧,检查患者口腔有无异物若无则汇报"口腔无异物",若有异物比如假牙、呕吐物等,应将患者头部倾斜45°,把异物清除。接着开放气道,左手小鱼际压患者额头,右手食中指抬起下巴,使下颌与耳垂的连线垂直地面。心肺复苏过程全程保持开放气道的姿势,在听到按压操作者数到25左右时开始放一次性人工呼吸膜,数到30后立即人工呼吸2次。人工呼吸时需捏紧患者鼻翼,缓慢吹气(如图28-2-7所示),一次1~2 s,吹气量500~600 mL,频率为10~12次/分,一般5~6 s给予一次人工呼吸。不可过强过急,以胸腹部微微隆起为有效。吹完一次后松开鼻翼,吸气,再捏紧鼻翼进行第2次吹气。

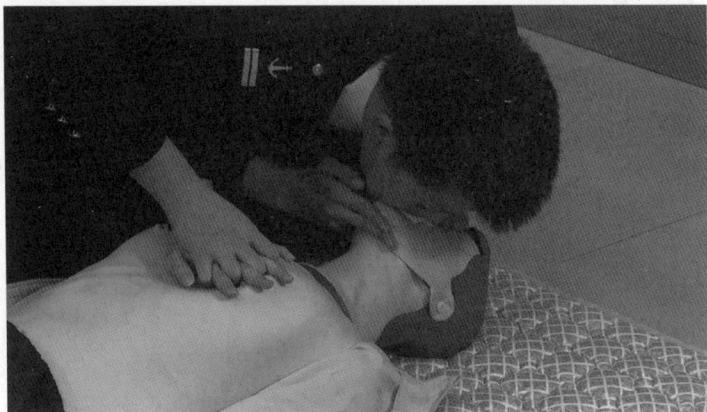

图28-2-7 人工呼吸

⑥以上按压和人工呼吸按 30∶2 重复 5 个循环,接着判断患者是否恢复脉搏呼吸,同第 3 步:左手食中指触摸患者颈部正中,约男性喉结位置,往患者右侧滑行 2~3 cm,在胸锁乳突肌内侧触摸颈动脉,同时操作者左耳靠近患者鼻端感受有无气息吹拂,眼睛观察胸腹部有无上下起伏。若患者颈动脉搏动恢复,口唇红润,皮肤由苍白、紫绀变红润,则心肺复苏成功,助手将患者头倾斜 45° 或放置于侧卧位,避免患者呕吐引起窒息。若无脉搏呼吸,则继续重复 5 组循环后再判断。

a.心肺复苏术有效的指征

(a)大动脉搏动恢复;

(b)收缩压需达到 60 mmHg 以上;

(c)末梢循环改善,表现为口唇及颜面皮肤处颜色由发绀变成红润;

(d)散大瞳孔缩小,并恢复瞳孔对光反射;

(e)自主呼吸恢复;

(f)病人由昏迷转为清醒,出现无意识动作、呻吟等;

(g)心电图证实恢复窦性心律。

b.心肺复苏术终止的指征

(a)患者恢复自主呼吸和心跳,或有其他专业人员接替抢救;

(b)开始进行 CPR 前,能确定心跳停止达 15 min 以上者;

(c)心肺复苏持续 30 min 以上,仍无脉搏恢复,现场无进一步救治和送医的条件;

(d)救护者因疲惫或周围的环境危险,持续复苏可造成其他人员危险而不得不终止。

c.心肺复苏注意事项

(a)若患者发生心搏骤停的时间不超过 1 min(此时尚无明显缺氧),可先尝试心前区拳击:从 20~25 cm 高度向胸骨的中下 1/3 交界处拳击 1~2 次,若无效,应立即开始胸外按压。

(b)胸外按压的频率为 100~120 次/分,约 1 s 按 2 下,需注意每次按压后胸部回弹到原位再进行下一次按压。

(c)胸外按压的位置必须准确,位于胸骨正中线上,以掌跟按压,手指翘起,以减少肋骨骨折的概率。

(d)胸外按压前应松解衣服扣子,解开腰带,避免引起损伤。

d.溺水人员的心肺复苏

当溺水人员被救上岸时,应立即判断其意识、脉搏、呼吸,若已无脉搏,应立即进行心肺复苏术。抢救溺水患者的心肺复苏术与普通心搏骤停患者的心肺复苏术有所不同,溺水患者更注重于人工通气,其抢救步骤为 A—B—C,即先开放气道,接着人工呼吸,最后再胸外按压。不要进行任何形式的控水,控水是以往的一种错误认知,耽误了心肺复苏的时机。

28.3　止血术

出血是指血管的破裂或断裂后血液外流。遇到出血时能及时选择正确的止血方法,可争取抢救的时机,达到自救或他救的目的。

出血可分为内出血和外出血,外出血是指肉眼能看到的出血,内出血因不能直接观察到,无法预估出血量,易耽误救治,一般表现为吐血、咯血、便血、尿血等。人体的血液量为 4000~

5000 mL,占人体体重的7%~8%。失血量达到10%~15%,人体通过自身调节代偿;失血量超过20%,生命活动有困难,如行走、说话、呼吸困难,头晕、血压下降、出冷汗等;失血量超过30%,引起休克,易危及生命。

28.3.1 出血的分类情况

（1）动脉出血

血液为鲜红色,出血速度快,可见血液随心跳节律而搏动性喷射,若不及时处理可危及生命。

（2）静脉出血

血液为暗红色,多数是涌出或者缓缓流出,若出血时间长亦会危及生命。

（3）毛细血管出血

血液为鲜红色,由伤口中慢慢渗出,量较小,常可自行凝结,危险性小。

28.3.2 常用的止血方法

（1）指压止血法

指压止血法是用手指按压住伤口近心端的动脉,封闭血管、阻断血流,从而达到止血的目的。本法是现场急救中最快速的方法,适用于紧急情况下动脉出血的临时按压止血,但因需保持同一动作持续按压,一般还要考虑别的止血方法。采用指压止血法的时候,需掌握人体的主要血管分布。

①颞浅动脉指压止血法

此法用于同侧的头顶部出血的止血。其按压位置为:伤侧耳前上方,颧弓根部,颞浅动脉搏动处（如图28-3-1所示）。

②面动脉指压止血法

此法用于同侧面部的止血。其按压位置为:伤侧咬肌（当紧咬牙齿时,面颊可触及隆起绷紧的肌肉）前缘,下颌骨的下缘,面动脉搏动处,如图28-3-1所示。

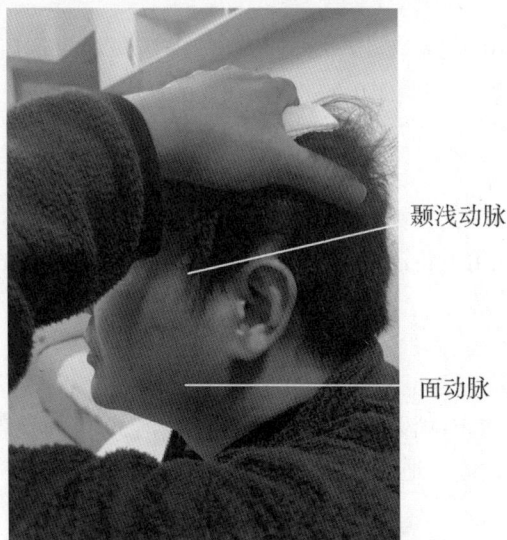

图 28-3-1 颞浅动脉、面动脉位置

③颈总动脉指压止血法

此法用于该侧的头、面部的较大出血的止血。其按压位置为：颈根部伤侧气管与胸锁乳突肌之间，颈总动脉搏动处。切勿同时按压双侧颈总动脉，容易引起病人昏厥。

④锁骨下动脉指压止血法

此法用于肩部、腋窝部、上肢的动脉出血的止血。其按压位置为：伤侧锁骨上窝中部，触摸到锁骨下动脉搏动点（往内下方压向第一肋骨以止血）。

⑤肱动脉指压止血法

此法用于手、前臂的临时止血。其按压位置为：抬高患肢，在上臂肱二头肌内侧找到肱动脉搏动点（将其压向肱骨以止血）。

⑥尺、桡动脉指压止血法

此法用于手部小动脉出血的临时止血。其按压位置为：抬高伤侧上肢，手腕弯曲时，可见肌腱，在其左右两侧尺、桡动脉搏动处。

⑦股动脉指压止血法

此法用于下肢动脉出血的临时止血。其按压位置为：伤侧大腿根部的腹股沟中间稍下方，股动脉搏动处（用双手拇指重叠用力将其压向耻骨上）。

⑧足背动脉、胫后动脉指压止血法

此法用于足部动脉出血的临时止血。其按压位置为：伤侧足背中部动脉搏动处，以及伤侧内踝后的动脉搏动处。

⑨腘动脉指压止血法

此法用于小腿动脉出血的止血。其按压位置为：伤侧腘窝正中，腘动脉搏动处。

⑩指间动脉指压止血法

此法用于手指出血的止血。其按压位置为：伤侧手指左右两侧的指动脉。

（2）伤口加压包扎止血法

常用的有敷料加压包扎止血法和屈肢加压止血法。

①敷料加压包扎止血法

在伤口处干净敷料覆盖后，再用绷带缠绕进行加压包扎。加压力量以伤口停止出血而肢体远端仍有血液循环为度。一般用于较小的血管、静脉的出血。当伤口内有异物，或开放性骨折时，此方法不适用。

②屈肢加压止血法

当肢体的关节下端出血时，在关节屈曲处加毛巾、衣物等，关节尽力屈曲，借毛巾、衣物等压住动脉，然后用绷带或三角巾将肢体固定于屈曲位，达到压迫止血的目的。此法对于伤员而言会有较大不适，不作为首选。

（3）止血带止血法

止血带止血法是利用有弹性的橡皮管，或三角巾等折成长条布带，在出血部位的近心端进行绑扎，以达到关闭血管，使末端没有血液供应，从而止血的目的。现场可用毛巾、手帕等代替，不能使用硬质绳索、电线等。适用于四肢较大动脉的出血，不能用于颈部、躯干。

①橡皮管止血带止血法

橡皮管止血带是一种中空的弹性橡皮管（如图28-3-2所示），一般用于四肢较大动脉的出血。

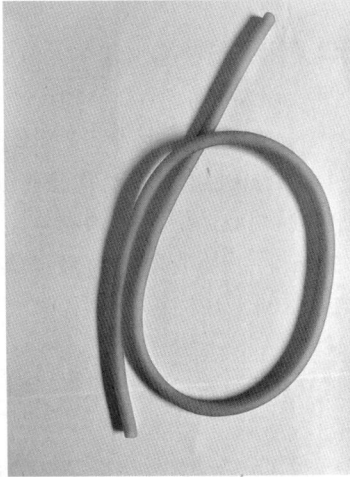

图 28-3-2　橡皮管止血带

a.操作方法

在出血肢体近心端垫上软垫或毛巾,左手拇指、食指、中指夹住止血带头端(如图 28-3-3 所示),右手拉住止血带在伤肢毛巾上绕一圈压住头端,再绕一圈压住头端后,左手的食指压住止血带末端,从两圈下勾出。记录止血带捆扎的时间,如图 28-3-4 所示。

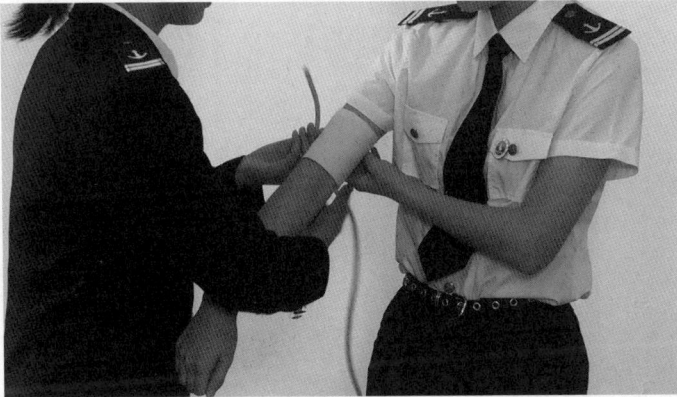

图 28-3-3　橡皮管止血带操作步骤

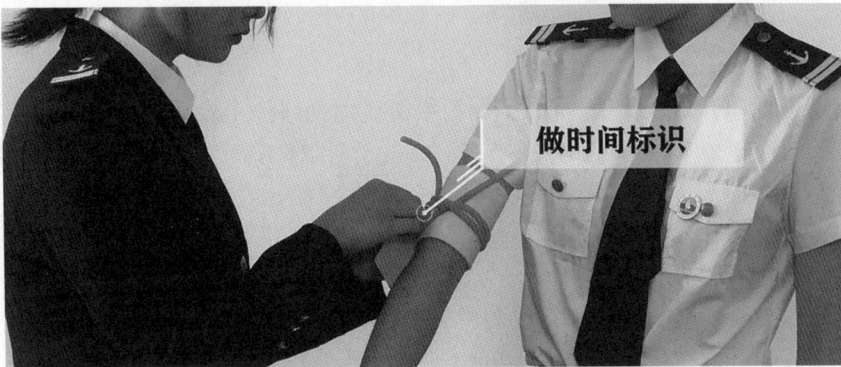

做时间标识

图 28-3-4　止血带时间标识

b.注意事项

橡皮管止血带止血法短时间内使用并不会增加相关并发症,但也不是最佳止血法,使用不当会引起肢体坏死。此法仅用于四肢较大出血、动脉出血,不适用于头颈、躯干。

结扎部位:上肢出血选择在上臂上 1/3 处或下 1/3 处,不得扎中 1/3 处,因此处桡神经较表浅。下肢出血可选大腿的中上 1/3 处。上止血带前抬高患肢,让静脉回流后上,松紧度以远端血管无搏动为度,压力过大会加重远端肢体缺血坏死或神经损伤,压力过小会无法关闭动脉血管;每小时放松一次,一次 1~3 min,待肢体有新鲜血液渗出方可重上。总使用时间不超过4 h。上止血带需垫软布、绷带,做好时间卡片标识。

②绞紧止血法

绞紧止血法是用三角巾折叠成布带,在伤口近心端绕两圈后打一活结,将绞棒插入活结环内,绞紧后打结固定绞棒,如图 28-3-5 所示。

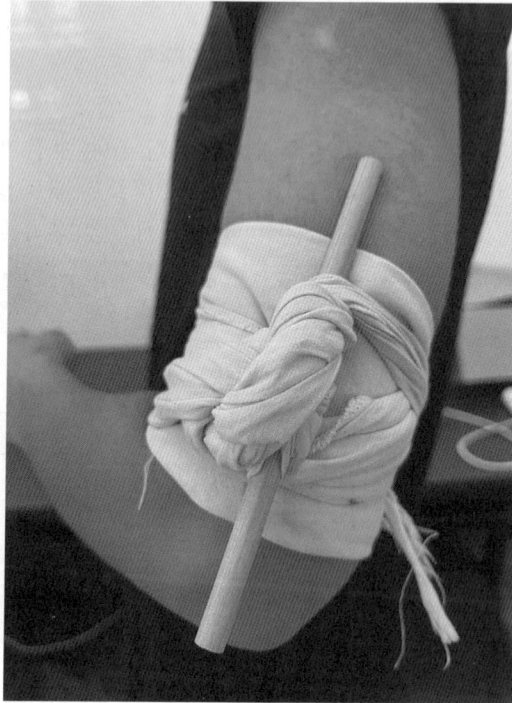

图 28-3-5　绞紧止血法

注意事项:

此法仅用于大动脉出血其他方法无效时,松紧度以伤口停止出血或摸不到远端脉搏为宜。需注明止血的时间,每小时放松一次,一次 1~3 min,待肢体有新鲜血液渗出方可重新绞紧。

28.4　休克的处理

休克是机体遭受强烈的致病因素侵袭后,由于有效循环血量锐减,组织血流灌注广泛、持续、显著减少,致全身微循环功能不良,生命重要器官严重障碍的综合征。

28.4.1 分类

（1）低血容量性休克：由大血管破裂，或内脏破裂等引起失血，或肠梗阻、急性胃肠炎引起严重呕吐、腹泻，及大面积烧伤等引起的全身血容量不足导致的休克。

（2）心源性休克：由心脏排血功能下降导致的休克，多见于急性心肌梗死、心律失常、肺栓塞等。

（3）感染性休克：由病原体、毒素等导致的休克，又称为中毒性休克。

（4）过敏性休克：由某些药物或致敏原等引起的全身过敏反应，常见的如青霉素过敏、破伤风抗毒素过敏、毒虫叮咬过敏等导致的休克。

（5）神经性休克：由外伤、剧痛、脑脊髓损伤或麻醉意外等引起，剧烈的神经刺激使外周血管扩张，有效循环血量减少而导致的休克。

28.4.2 临床表现

（1）休克早期，实际是机体的代偿期。患者表现为精神紧张、烦躁不安、过度兴奋，口渴，面色苍白，手足湿冷，脉搏快而有力，此时意识是清晰的。

（2）休克后期，患者表现为表情淡漠，反应迟钝，神志不清甚至昏迷。皮肤苍白、湿冷、发绀。脉搏细速，多为 100 次/分以上。血压下降，一般低于 80/60 mmHg。尿量<30 mL/h。

28.4.3 休克诊断标准

（1）有诱发休克的原因。

（2）有意识障碍。

（3）脉搏细速，超过 100 次/分钟或不能触知。

（4）四肢湿冷，胸骨部位皮肤指压阳性（压迫后再充盈时间超过 2 s），皮肤有花纹，黏膜苍白或发绀，尿量少于 30 mL/h 或尿闭。

（5）收缩压低于 10.7 kPa（80 mmHg）。

（6）脉压差小于 2.7 kPa（20 mmHg）。

（7）原有高血压者，收缩压较原水平下降30%以上。

（8）凡符合上述第（1）项以及第（2）（3）（4）项中的两项和第（5）（6）（7）项中的一项者，可诊断为休克。

28.4.4 处理

休克的处理原则是先稳定生命体征，再针对病因进行针对性治疗。

（1）发现休克患者后应立即就地抢救，尽量保持患者安静，避免过多的搬运，平卧位抬高患者下肢30°，以利于呼吸和下肢静脉回流，同时保证脑灌注压力。心衰或肺水肿患者半卧位或坐位。保持呼吸道通畅，并可用鼻导管法或面罩法吸氧，维持比较正常的体温，低体温时注意保温，高温时尽量降温。

（2）除心源性休克外，其余分类的休克都应立即建立静脉通路，予以生理盐水等补充液体。

（3）针对病因进行治疗。

①因开放性外伤出血引起休克，应立即止血、包扎，如使用止血带，口服云南白药，肌注止血敏等。

②心源性休克给予抗心律失常、强心的药物。

③感染性休克,给予抗生素抗感染。

④过敏性休克,因药物引起者应立即停药,给予肾上腺素皮下注射。

⑤因剧痛等引起的神经性休克,可给予吗啡、杜冷丁等止痛。

(4)有条件者迅速送医进行下一步治疗。

28.5　烧烫伤的处理

烧烫伤是指由于各种热、电、化学物质,放射性物质等引起的人体组织损伤。轻微的烧烫伤一般预后良好,严重的烧烫伤会损伤肌肉、骨骼,并能引起休克、多脏器功能衰竭等。

28.5.1　烧烫伤面积估算

烧烫伤面积估算常用的有两种方法:

(1)手掌法

不论伤员的年龄、性别,伤员的五指并拢,整个手掌面积约占体表面积的1%。小面积、不规则烧烫伤一般采用手掌法来估算面积。

(2)新九分法

将人体体表面积按9%来划分。其中两上肢分别为9%,下肢(不含臀部、会阴)前后各为9%,前胸、后背、腹部、臀部各为9%,头、面、颈部共9%,即11个9%,再加上会阴1%,合计100%。

28.5.2　烧烫伤深度

烧烫伤的深度根据损伤的组织按照三度四分法划分,如表28-5-1所示。

表28-5-1　烧烫伤深度

三度四分法	Ⅰ度	浅Ⅱ度	深Ⅱ度	Ⅲ度
深度	表皮角质层	真皮浅层	真皮深层	皮肤全层,甚至皮下、肌肉、骨骼
创面	红,肿	水疱,创面潮湿	水疱可有可无,创面红白相间	创面蜡白、焦黄、碳化
感觉	烧灼疼痛	剧痛	痛觉迟钝	痛觉消失
愈合	3~7天痊愈不留瘢痕	1~2周愈合,可有色素沉着	3~4周愈合,瘢痕	3~4周焦痂脱落形成肉芽,可影响功能

28.5.3　烧烫伤常见错误处理

(1)错误一:烧烫伤后立刻冰敷

高温会伤害皮肤,低温也会造成伤害。烧烫伤后,受损的皮肤已经失去表皮的保护,直接冰敷会引起冻伤。

(2)错误二:烧烫伤后立刻涂抹药膏

烧烫伤的药膏一般是油性的,会让热能包覆在皮肤上,继续伤害皮肤。

(3)错误三:水疱不能弄破

水疱如果直径小于2 cm,无须弄破;若水疱直径大于2 cm或其位置在关节等活动频繁处及易摩擦处,则应抽吸水疱液。

28.5.4 烧烫伤处理

（1）迅速脱离热源：避免进一步损伤

如火焰烧伤,应立即脱去表面着火衣物。可用就地翻滚的办法扑灭火焰,或用不易燃的毛毯浸湿后覆盖。切忌奔跑呼喊,以免火借风势加剧,更易引起呼吸道烧伤,也应避免用双手扑打火焰,使手精细功能损伤。

（2）保护受伤部位：避免污染和再损伤

烧烫伤后最紧迫的处理,就是立即用洁净的流动水进行降温,水温 5 ~ 15 ℃,冲洗 15 ~ 30 min。若不对烧烫伤的部位进行降温处理,损伤会从表皮蔓延至真皮甚至更深,且降温能使毛细血管收缩,起到减轻水肿、止痛的作用。但不能直接用水龙头对准伤口,容易损伤伤口造成二次伤害,可在伤口上侧冲洗,让水流动。冲洗完用无菌或洁净的毛巾覆盖,保护伤口,减少感染。

①Ⅰ度烧伤

红斑性炎症反应,用流动水进行降温处理。

②小面积浅Ⅱ度烧伤

水疱完整——水疱较小者无须处理。水疱较大,用无菌注射器抽去疱内液体,消毒、包扎;不能直接剪破水疱。

水疱皮撕脱——清创后以油性敷料包扎,无感染者不必经常换药,以免损伤新生上皮。

创面感染者——勤换敷料,清除分泌物。

③深度烧伤

外用抗菌药物——1%磺胺嘧啶银、碘伏、矾冰液等;

早期切痂或削痂后植皮——减少全身感染,提高治愈率。

（3）维护呼吸道通畅

吸氧,严重者行气管切开术。若患者疼痛剧烈,可使用镇静剂如安定、杜冷丁等。烧烫伤严重的患者易出现休克,轻者补充糖盐水 1000 mL,重者需立即建立静脉通路,予以补液抗休克治疗。

28.6 电击伤的处理

电流或电能量（静电）通过人体引起的损伤、功能障碍甚至死亡,称为电击伤,俗称触电。雷击也是一种电击伤。

28.6.1 电击伤的临床表现

（1）局部表现

患者于接触电源及电流穿出部位可见"入电口"与"出电口"。入电口处的皮肤被电火花烧伤呈焦黄色或灰褐色,甚者炭化,且损伤部位较深,有时可达肌肉、骨骼。损伤范围外小内大。如电击伤同时伴有高温电弧闪光或电火花烧伤,周围皮肤可伴较广泛的热烧伤。损伤部焦痂经 2~3 周开始脱落,可继发出血和感染。

低压电烧伤：创口小,有焦黄,灰白色创面,致残率低。

高压电烧伤：面积可不大,但深达肉、骨骼、血管、神经,一处进口,多处出口,肢体广泛坏死,截肢率高,致残率高达 35%~60%。

（2）全身表现

轻者恶心、头晕、面色苍白、呆滞,对周围失去反应,短暂性昏迷,严重者可出现昏迷,心室纤颤,瞳孔扩大,呼吸、心跳停止而死亡。昏倒多由于极度惊恐所致。

28.6.2 电击伤的处理方法

（1）立即切断电源,用绝缘物将患者与电源隔离,确保环境安全。触电后并不像通常想象那样会把人吸住,只是因为交流电可引起肌肉持续的痉挛缩,所以手部触电后就会出现一把抓住电源,而且越抓越紧的现象。若患者意识清醒,触电者自救时可用另一只空出的手迅速抓住电线的绝缘处,将电线从手中拉出,解脱触电状态。如果触电时电器是固定在墙上的,则可用脚猛力蹬墙同时身体向后倒,借助身体的重量和外力摆脱电源。能够自我解脱的触电者一般不会出现诸如耳聋、视力障碍、月经紊乱、轻度性格改变等后遗症。

（2）若患者已倒地,检查患者意识、呼吸、心跳,无心跳者,应立即实施心肺复苏术。电击伤患者如果无心肺基础疾病,立即对其实施心肺复苏操作,存活机会比较大,应坚持抢救以挽救生命。

（3）尽早建立静脉通路,补充液体。

（4）创面要消毒、包扎,保护伤口防止进一步污染,并尽早送医院治疗。可用碘伏消毒,再用油纱覆盖,再加无菌敷料包扎。必要时需使用破伤风抗毒素。

28.7 骨折的处理

骨折是指骨受到直接外力或间接外力的影响,导致完整性破坏。

28.7.1 分类

（1）根据骨折是否与外界相通:闭合性骨折、开放性骨折。
（2）根据骨折的程度:完全性骨折、不完全性骨折。
（3）根据骨折原因:外伤性骨折、病理性骨折。
（4）根据骨折时间:骨折后 1~2 周以内,称为新鲜骨折,可用手法复位;如伤后超过 2~3 周,称为陈旧性骨折,用手法较难复位。

28.7.2 骨折的临床表现

（1）全身性表现
①休克
失血是休克的主要原因,尤其骨盆骨折,多伴有内脏损伤。骨折疼痛也能引起休克。
②发热
骨折受伤后血肿吸收期,患者可出现低热;若发生感染,则可能高热。
（2）局部性表现
①一般表现为局部疼痛、肿胀、瘀斑、肢体功能障碍。
②特征表现为骨折处畸形、活动异常,并出现骨擦音。骨折后断端移位,使患肢外形发生改变,如成角、缩短等。正常情况下肢体不能活动的部位,因骨折而产生不正常的活动。骨折断端相互摩擦时产生的声音称为骨擦音。

28.7.3 骨折处理

（1）处理原则

先止血,后包扎、固定,然后正确地搬运和及时转送;若骨折端开放且已污染,勿复位回纳;骨折固定要包括上下两个关节,露出指(趾)端以观察血运。

（2）现场急救

骨折现场急救的目的在于用简单的包扎固定方法,减轻患者痛苦,防止进一步移位,防止休克,抢救生命。

首先检查伤者生命体征,保持呼吸道通畅,让伤者仰卧,头部后仰,解开衣领、腰带,清除呼吸道异物。对于怀疑有骨折的伤者,现场应将骨折部位固定,避免不必要的搬动。如果合并出血,应先止血,防止出现失血性休克。如果是四肢大动脉出血,可用止血带进行包扎,再用无菌敷料覆盖包扎伤口,最后再用夹板固定骨折部位,或将上肢同健肢一并绑起来。如果现场无止血带和骨折夹板,可用布带和树枝、木棍等进行绞紧止血,再用硬质纸板等代替夹板。骨折固定需包扎骨折处的上下两个关节,并露出指(趾)端以观察血运,若按压伤者指甲盖检查无红白交替的指征,同时观察指(趾)端出现了苍白或青紫、麻木等,应松解重新固定,使松紧适当。如伤者疼痛剧烈,为避免出现疼痛性休克,应予以止痛药物。使用夹板外固定的优势在于取材容易,质量较轻,透气性好,X射线透过性好,且末端易于观察,更易于关节的早期功能锻炼。

（3）骨折固定方法

①锁骨骨折固定

在两腋下放置棉垫,用绷带从患肢肩上,经患肢腋下,绕到背部到健肢肩上,再至健肢腋下,回绕到患肢肩上,呈"8"字形固定,重复8~12层。一般固定4~6周。

②前臂骨折固定

固定夹板捆扎:选一块夹板,长度超过腕、肘两关节,宽度与前臂相称。用软垫保护骨突处,有移位的骨折,可在骨折端移位或成角的位置放置固定垫,形成杠杆力。如有两块夹板,可在掌、背两侧各放一块固定。用绷带或宽1~2 cm的布带捆扎夹板两端,扎带的松紧度要适宜,过松则固定力不够,过紧则引起肢体肿胀,压伤皮肤,重者发生肢体缺血坏死。打结在夹板上,以打结后能提起扎带在夹板上移动1 cm为宜(如图28-7-1所示)。

固定三角巾悬吊:铺三角巾在健侧肩膀,顶角在伤侧肘部,两底角在颈部侧方伤侧打结,将肘关节维持于80°~90°角(患肢近心侧绝不可高于患处)。整理三角巾顶角,将肘关节和夹板包绕起来(如图28-7-2所示)。注意观察露出手指血运,嘱咐伤者进行早期功能锻炼。早期功能锻炼利于消除水肿,促进静脉回流,增加局部血液,促进骨折愈合。鼓励、督促伤者练习握拳活动,尽量用力屈伸手指,按腕关节的解剖活动轴运动范围进行,不能过度训练。伤后伤者患肢肿胀较为明显,应及时调整松紧度避免发生骨折再移位,致使治疗失败。教会伤者自我观察和调节扎带松紧度的方法。如发现伤者手部肿胀严重,肤色苍白,皮纹降低并伴有疼痛、麻木时,应警惕骨筋膜室综合征的发生。如发现皮肤有张力性水疱出现,应以75%的酒精局部消毒,排出渗出液并盖上雷佛奴尔纱布。注意保持夹板的清洁以降低感染概率。

图 28-7-1　前臂骨折固定夹板捆扎

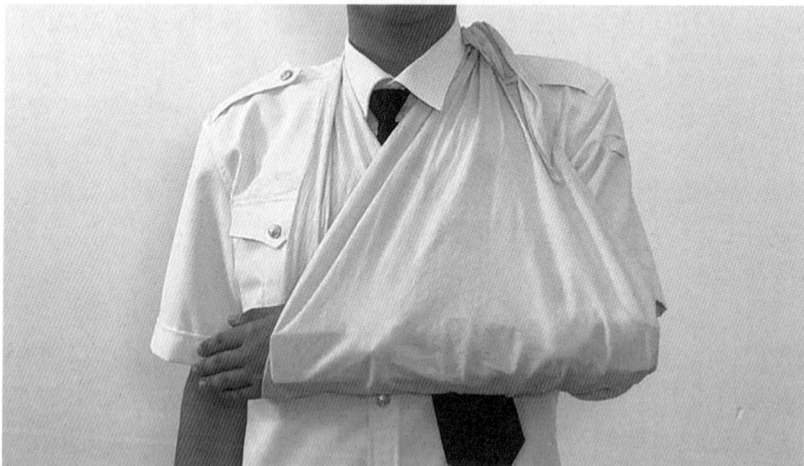

图 28-7-2　前臂骨折固定三角巾悬吊

③上臂骨折固定

先稍松绷带,螺旋缠绕上臂,两块夹板放置于上臂的内、外两侧。若只有一块夹板,则放在外侧,长度应超过肘、肩两关节;用两块衬垫放于骨折处上下,两条绑带将夹板固定,松紧度以结能在板上挪动 1 cm 为度。将三角巾折成 10～15 cm 宽度布带,屈肘 80°～90°,将伤肢用布带环绕于颈部,将腕部悬吊在胸前,打结在颈部侧方伤侧;用第二条布带将伤肢与躯干固定,压住第一条布带,打结于对侧腋前线或腋后线,露出手指观察血运。

④指骨骨折固定

在患指骨折成角一侧放置固定垫,再用夹板固定患肢。再嘱伤者手握一小圆柱状固定物,保持手指屈曲,用胶布加以固定。

⑤大腿骨折固定

选取夹板,其长度为腋下至足底,放置于患肢大腿外侧,另一块夹板长度为大腿根部至膝盖下方,放置于患者大腿内侧,扎带固定。

⑥小腿骨折固定

两块夹板,分别放置于患侧小腿的内外两侧,长度为大腿至足底。用扎带固定,保持足与小腿成直角。

⑦肋骨骨折固定

伤者坐位,嘱伤者呼气使胸围缩至最小,然后屏气。用宽 7~10 cm 的胶布,从背部健侧肩胛中线,绕过伤侧到前胸的健侧锁骨中线,第二条胶布盖住第一条胶布的 1/2,由后向前,由上至下。

⑧骨盆骨折固定

用三角巾环绕骨盆,于耻骨联合上打结,双膝半屈位,膝下垫枕。

28.8 运送伤员的措施

伤员经止血、包扎、固定等处理后,若船上无法进一步处理,应尽快搬运转送到医院进行治疗。搬运是创伤救护中的重要环节,使伤员能得以及时安全地离开创伤现场,避免伤情拖延加重。不当的急救和搬运,可能会使伤员由脊柱损伤上升或由不完全损伤变为完全性脊柱损伤。搬运的方式多种多样,如对昏迷或气胸的伤员,采用平卧式搬运法。搬运时两人或数人蹲在伤员同一侧,分别用双手托住伤员的头部、背部、腰部、臀部和腿部,动作协调一致地将伤员托起置于担架上。对疑有脊柱骨折的伤员,在搬动时尽可能不变动原来的位置和减少不必要的活动,以免引起或加重脊柱损伤,禁止一人拖肩一人抬腿搬动病人或一人背送病人的错误做法。运送昏迷伤员时,应使伤员半卧位或俯卧位,保持其呼吸道通畅,避免分泌物和舌根后坠导致呼吸道堵塞。如伤员有假牙要取出,以免脱落堵塞气道。骨折伤员未经临时固定禁止运送。在无硬质担架的情况下可用门板、长凳等代替。

搬运可分为徒手搬运和器械搬运。

28.8.1 徒手搬运

(1)单人搬运法

常用的有扶行法、抱持法、背负法,适用于伤情稍轻、意识清醒的伤员。胸部损伤不适用于背负法。

(2)双人搬运法

常用的有三手席位法、四手席位法、双人拉车等。

(3)多人搬运法

适用于脊柱损伤的伤员,搬运时一人专门承托头部,沿纵轴略加牵引,其余几人托住伤员的躯干、肢体,保持身体成一直线,平稳地将其抬至担架上。

28.8.2 器械搬运

器械搬运是指用各种工具,如脊柱板担架、罗伯逊担架、帆布软担架、铲式担架等,或就地取材用靠椅、被褥等进行搬运,适用于伤员不方便行走或病情较重等情况。

(1)帆布软担架

帆布软担架适用于一般伤员的搬运,疑似脊柱损伤的伤员不可使用。

(2)罗伯逊担架

罗伯逊担架适用于海上、空中、野外等救援。在船上,通道舱口一般较为狭窄,罗伯逊担架构造灵活,能将伤员牢固地包裹并安全、灵活地搬运,且其有悬钩能与飞机上的钩挂连接。

（3）铲式担架

铲式担架由左右两片铝合金板组成。有别于一般的担架,它可以分别将两块板插到病人身体下面,扣合后抬起,最大限度地减少在搬运过程中对病人造成的二次伤害。

（4）脊柱板担架

硬质担架,适用于疑似脊柱损伤的伤员,如图 28-8-1 所示。

脊柱损伤伤员的搬运注意事项:

①搬运前告知伤员搬运的目的,取得伤员配合,消除伤员焦虑紧张的情绪,搬运时动作要缓慢、平稳。

②取出伤员口袋内硬物,以防搬运时长时间压迫而发生褥疮。

③颈椎损伤的伤员搬运时,要有专人扶住伤员的头部,沿身体纵轴略用力牵引,防止摆动和扭转。保持伤员脊柱伸直位,严禁脊柱弯曲,避免出现或加重脊柱损伤。

④对伤员进行检查,明确伤情。按从上往下的顺序:

检查头部:包括头部有无外伤、出血、肿胀、鼻腔、耳道是否有血液、脑脊液等。

检查颈部:伤员平卧,检查者对伤员颈部正中的脊柱骨及软组织进行按压并询问是否疼痛。

检查胸部:观察伤员呼吸以及是否有与呼吸运动有关的疼痛表情。检查者双手拇指沿着胸廓两侧,从上到下进行按压,若有明显压痛或不对称呼吸运动,应考虑为肋骨骨折。

检查骨盆:两手挤压伤员的骨盆两侧,如有明显疼痛,应考虑为骨盆骨折。

⑤搬运的过程中要严密观察伤员的生命体征。

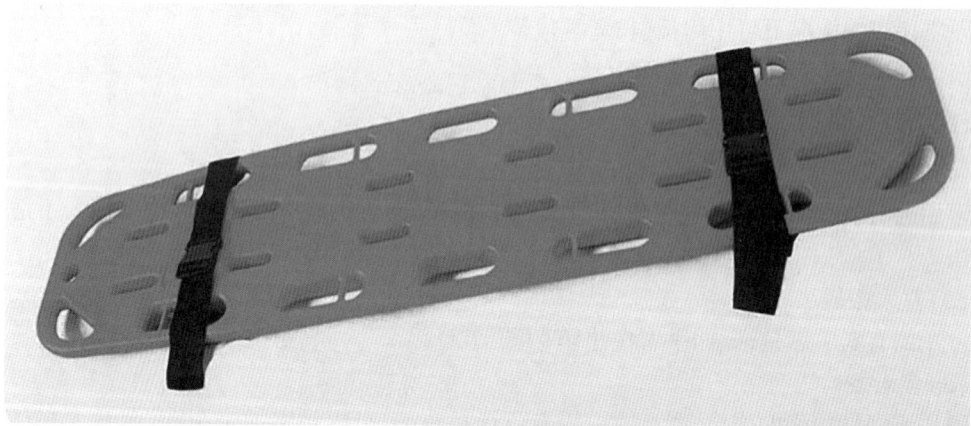

28-8-1　脊柱损伤搬运

28.9　简易包扎方法

包扎是为了保护伤口,减少伤口的污染,同时固定药品或者敷料,达到压迫止血、减轻疼痛的目的。常用的材料有绷带、三角巾等,若无这些材料,也可以就地取材,如衣服、毛巾等。

包扎前,有条件时应先清理伤口,可用无菌盐水进行冲洗,再用无菌敷料覆盖伤口。包扎时要注意松紧适度,以免影响血液循环,同时应尽量暴露末端,如手指、脚趾,观察其血液循环情况。若出现末端血液循环差、皮肤苍白、青紫等,应松开重新固定。

28.9.1 绷带包扎

绷带包扎是一种用途最广、最方便的包扎方法。可用于固定伤口处的敷料、药物,同时压迫止血,减轻肿胀。绷带包扎一般从细往粗包,每周绷带覆盖上一圈的 1/2~2/3。若出现肢体末端青紫、麻木、发凉,应拆开重新包扎,注意松紧适度。

(1)环形包扎法

环形包扎法主要用于手腕、颈部、胸腹部等粗细相等的部位,也用于各种包扎的开始和结束。

操作方法:第一圈稍做斜形,第二圈覆盖第一圈后,留出第一圈斜形的小三角,翻折于第二圈上(如图 28-9-1 所示)。接着重复数圈环形,最后用胶布固定。

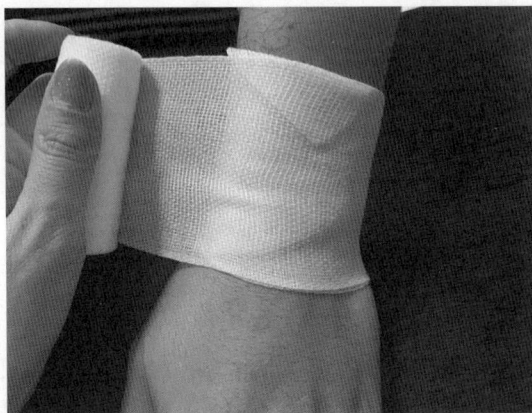

图 28-9-1 环形包扎法

(2)螺旋形包扎法

螺旋形包扎法主要用于肢体、躯干等粗细相等的部位,如上臂、大腿、躯干、手指等。

操作方法:从较细一段开始,先环形包扎,再螺旋向上,每圈覆盖上一圈的 1/2~2/3,最后用胶布固定(如图 28-9-2 所示)。

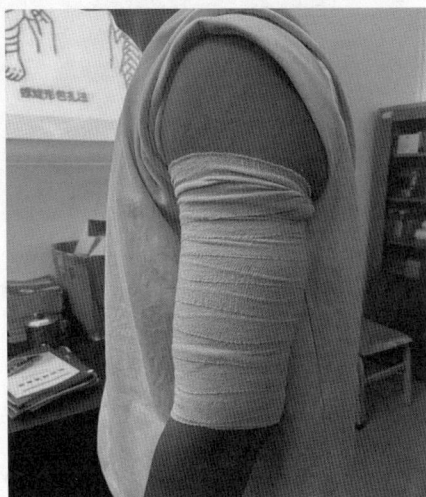

图 28-9-2 螺旋形包扎法

（3）螺旋形反折包扎法

螺旋形反折包扎法主要用于直径相差较大的部位，如前臂、小腿等。

操作方法：从较细一段开始，先环形包扎，再螺旋向上，在非伤口或骨隆突处回折约90°，环绕一圈回到同一回折线再次反折，让回折线成一直线（如图28-9-3所示）。

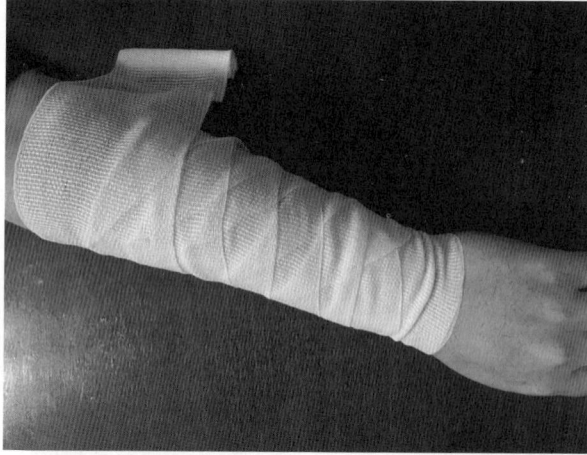

图28-9-3　螺旋形反折包扎法

（4）蛇形包扎法

蛇形包扎法用于绷带不够时，或临时简单包扎。

操作方法：绷带从一处迅速伸至另一处（如图28-9-4所示），最后用胶布固定。

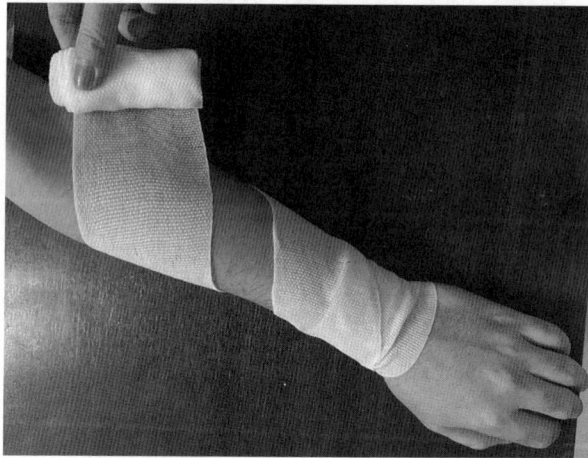

图28-9-4　蛇形包扎法

（5）"8"字形包扎法

"8"字形包扎法用于各种关节，如肩、肘、膝、踝等处。

操作方法：把关节保持在功能位，先环形包扎，以关节为中心，一圈成"8"字形向上，接着再"8"字形向下，逐渐向关节中心覆盖（如图28-9-5所示）。

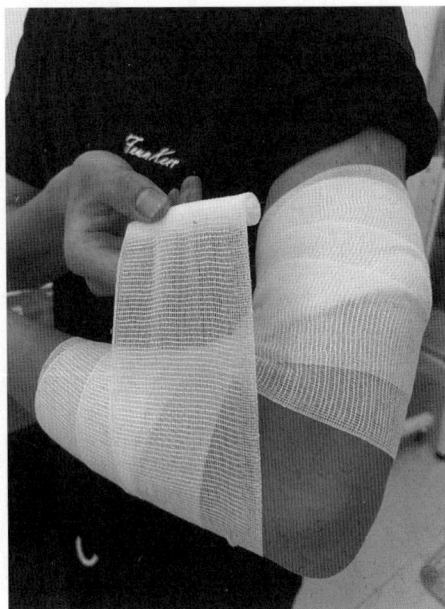

图 28-9-5 "8"字形包扎法

28.9.2 三角巾包扎

三角巾为直角三角形白布,底边长约 1 m,可分为系带三角巾和无系带三角巾。系带三角巾一般系于顶角和一个底角。三角巾用途广泛,可用于包扎多种大面积伤口、承托伤肢、固定夹板、绞紧止血等。

(1)头部包扎法

头部包扎法适用于头部外伤,需进行包扎以减轻污染、压迫止血等情形。

操作方法:在受伤处覆盖敷料,将三角巾底边内折 3~4 cm,双手持中间的 20 cm,放置于患者额部眉毛上方(如图 28-9-6 所示),顶角于头枕部下方,双手向后将两底角经耳朵上方拉向枕骨下交叉压住顶角(如图 28-9-7 所示),再围绕内折的底边回到额部正中打结。接着将顶角拉齐,确保整个包扎紧致,将顶角收拢后塞入交叉的底角内(如图 28-9-8 所示)。

图 28-9-6 头部包扎法

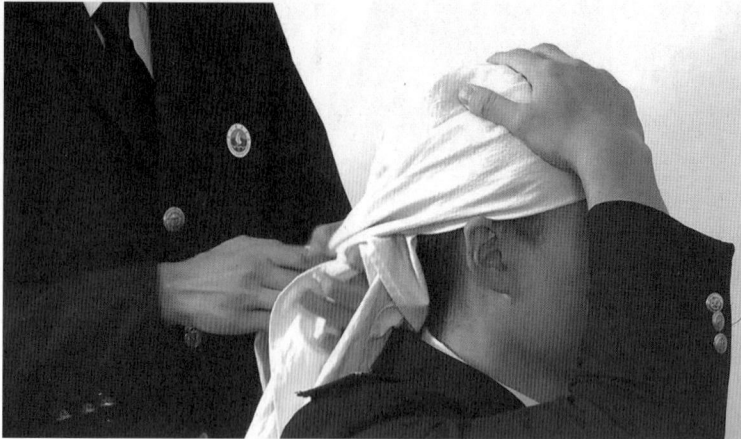

图 28-9-7　头部包扎法

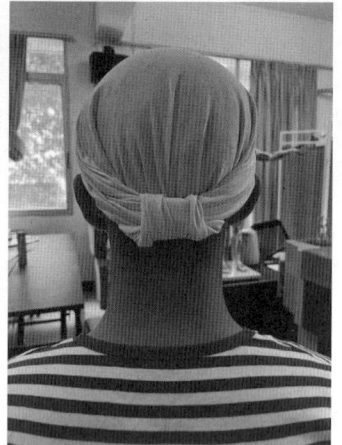

图 28-9-8　头部包扎法

（2）手部包扎法

手部包扎法适用于手部外伤,如出血、伤烫伤等,需进行包扎以减轻污染等情形。

操作方法:在受伤处覆盖敷料,将三角巾一折二,手指并拢,指尖对准顶角,将顶角上翻盖住手背(如图 28-9-9 所示),接着两条斜边往内折到手掌的边缘(如图 28-9-10 所示),再将两侧三角巾在手背交叉(如图 28-9-11 所示),围绕腕关节后在手背腕关节处打结(如图 28-9-12 所示)。

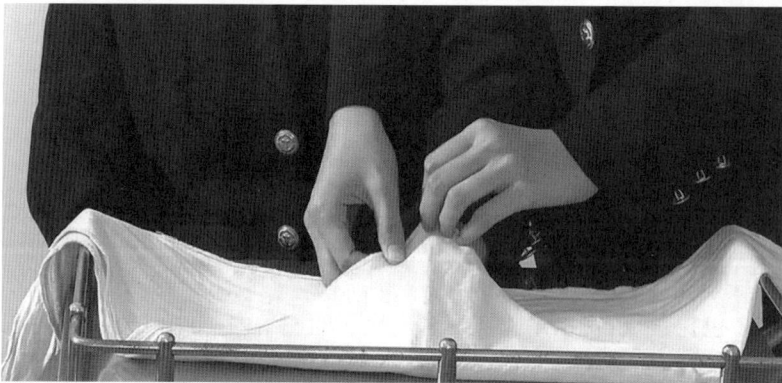

图 28-9-9　手部包扎法

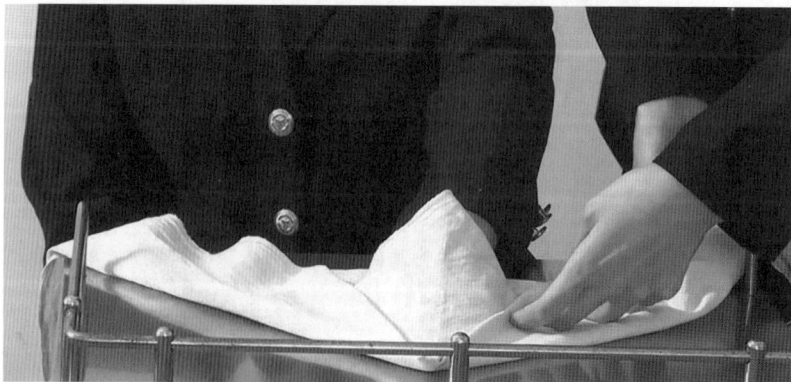

图 28-9-10　手部包扎法

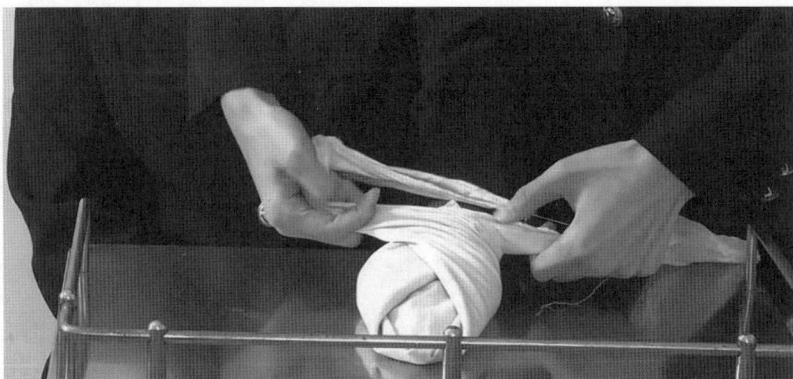

图 28-9-11　手部包扎法

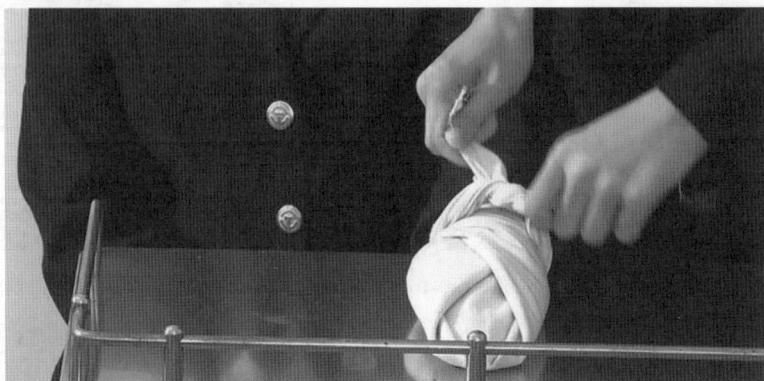

图 28-9-12　手部包扎法

（3）面颌包扎法

面颌包扎法适用于面颌部的外伤。

操作方法：将三角巾顶角向下折到底边中点，再将三角巾折叠成 10 cm 宽的布带，顶角藏于布带里面（如图 28-9-13 所示），将布带中点纵向放置于一侧耳前，围绕到另一侧耳前后交叉成十字，再围绕额部在耳前布带上打结（如图 28-9-14 所示）。

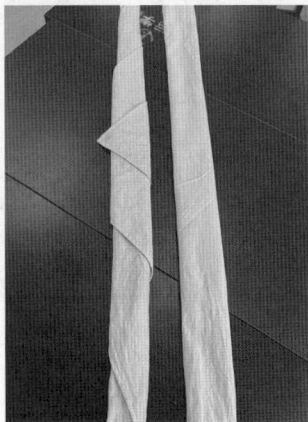

图 28-9-13　面颌包扎法

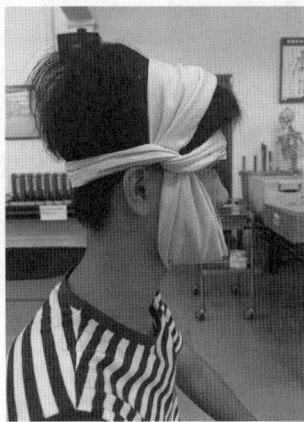

图 28-9-14　面颌包扎法

(4)双胸包扎法

双胸包扎法适用于胸部的大面积外伤包扎。

操作方法:在受伤处覆盖敷料,用有系带的三角巾,折成对称的燕尾,将燕尾的底边在胸腹交界处围绕背部一圈打结(如图28-9-15所示),结置于腋前线或腋后线。将两片燕尾上翻铺于双肩(如图28-9-16所示),系带穿过后背的水平系带后再与另一个底角打结(如图28-9-17所示)。

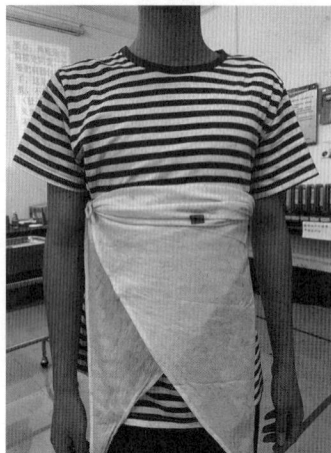

图28-9-15 双胸包扎法　　　图28-9-16 双胸包扎法　　　图28-9-17 双胸包扎法

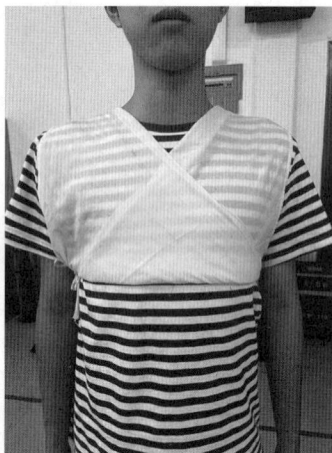

(5)单肩包扎法

单肩包扎法适用于肩部外伤,需进行包扎以减轻污染、压迫止血等情形。

操作方法:在受伤处覆盖敷料,用有系带的三角巾,折成大小不等的燕尾,大片压住小片,大片铺于后背部,小片铺于前胸。两底角在对侧的腋前线或腋后线打结(如图28-9-18所示),拉齐三角巾,在伤侧环绕上臂打结固定(如图28-9-19所示)。

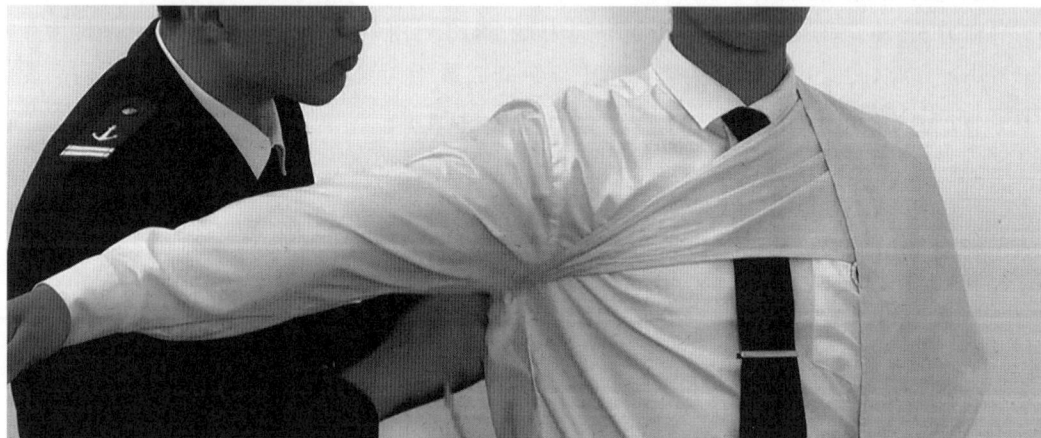

图28-9-18 单肩包扎法

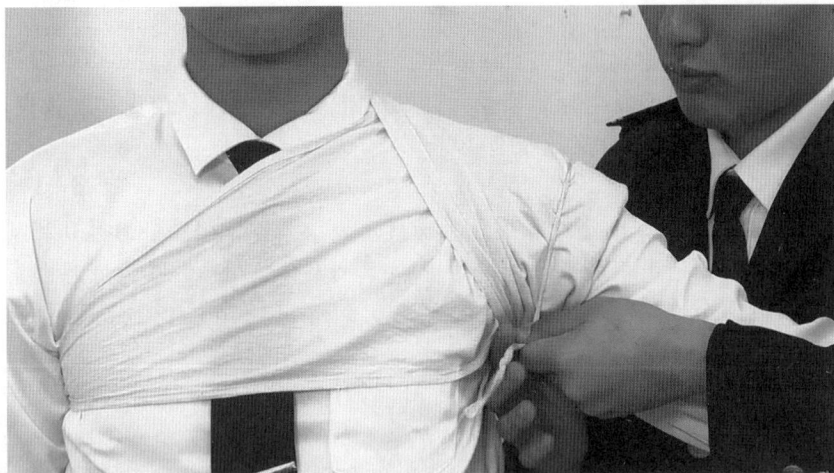

图 28-9-19 单肩包扎法

（6）腹部包扎法

操作方法：三角巾底边横置于腹部，顶角朝下，将两底角绕到背后于腰部打结系紧，将底角绕过会阴部到背后臀部，与两底角打结。

（7）臀部包扎法

操作方法：将三角巾顶角置于后臀部，顶角系带从后臀部绕过会阴部于大腿根部缠绕。将一底角置于对侧髂骨前，另一底角反折向上，从后臀部绕到对侧髂骨处与另一底角打结。

28.10 急救箱内药品的使用

急救箱分为外科型和内科型，所配备的器械和药品并无统一的规定，一般和船舶大小、船员与乘客数量、航线、航区等有关。

急救箱应放置于固定的位置，便于急救时能快速取用。急救箱应有专人登记管理，一般的药品记录本保存1年，特殊的药品记录本保存3年。每次航行前应检查药品、器械是否在有效期内，有无损坏、变质等，及时进行补充更新。急救箱内的药品应排列整齐，位置固定，放置于阴凉、通风处，避免阳光直晒、水浸。

常用的急救器械、耗材有：听诊器、血压计、体温计、压舌板、手电筒、开口器、止血钳、手术刀、弯盘、持针器、缝针和缝线、剪刀、砂轮、复苏气囊、颈托、氧气瓶、夹板、三角巾、绷带、无菌棉球、一次性手套、注射器等。

常用的急救用药如下。

28.10.1 抗感染药物

（1）抗生素

①β内酰胺类抗生素——头孢菌素类

常用的有头孢拉定（一代头孢菌素）、头孢呋辛钠（二代头孢菌素）、头孢曲松钠（三代头孢菌素）。

以头孢呋辛钠为例。

a.临床应用

用于成人急性咽炎或扁桃体炎、急性中耳炎、上颌窦炎、慢性支气管炎急性发作、急性支气管炎、单纯性尿路感染、皮肤软组织感染及无并发症淋病奈瑟菌性尿道炎和宫颈炎。也可用于儿童咽炎或扁桃体炎、急性中耳炎及脓疱病等。

b.用法用量

口服:成人一般 1 日 0.5 g;下呼吸道感染每日 1 g;单纯性尿路感染每日 0.25 g。均分2 次服用。单纯性淋球菌尿道炎单剂疗法剂量为 1 g。5~12 岁小儿急性咽炎或急性扁桃体炎,按体重每日 20 mg/kg,分 2 次服用,每日不超过 0.5 g;急性中耳炎、脓疱病,按体重每日 30 mg/kg,分 2 次服用,每日不超过 1 g。

肌内注射:0.25 g 注射用头孢呋辛钠加 1 mL 注射用水或 0.75 g 注射用头孢呋辛钠加 3 mL 注射用水,轻轻摇匀使其成为不透明的混悬液。

静脉推注:0.25 g 注射用头孢呋辛钠最少加 2 mL 注射用水或 0.75 g 注射用头孢呋辛钠最少加 6 mL 注射用水,使其溶解成黄色的澄清溶液。

静脉滴注:可将 1.5 g 注射用头孢呋辛钠溶于 50 mL 注射用水或与大多数常用的静脉注射液配伍(氨基糖苷类除外)。

c.注意事项

对本品及头孢菌素类抗生素过敏者禁用。

不良反应有皮肤瘙痒、胃肠道反应、肾功能改变等。

能引起伪膜性肠炎,应警惕。

②氨基糖苷类抗生素

常用的有庆大霉素、链霉素。

以庆大霉素为例。

a.临床应用

用于金黄色葡萄球菌、绿脓杆菌、大肠杆菌、痢疾杆菌、克雷白杆菌、变形杆菌和其他敏感菌所引起的败血症、呼吸道感染、胆道感染、化脓性腹膜炎、颅内感染、尿路感染及菌痢等疾患。

b.用法用量

口服:成人,每日 0.24~0.64 g;儿童,每日 10~15 mg/kg。分 3~4 次服用。

肌内注射:成人,每日 0.12~0.24 g;儿童,每日 3~5 mg/kg,分 3 次给药。

静脉滴注:成人,每日 0.16~0.24 g;儿童,每日 4~8 mg/kg,以葡萄糖注射液或生理盐水稀释后静脉滴注,该品不宜静脉注射给药。

c.注意事项

交叉过敏,对氨基糖苷类抗生素过敏者禁用。

对前庭神经影响较大,可能出现听力减退、耳鸣、头晕等不良反应。

脑神经损害、重症肌无力或帕金森病及肾功能不全者慎用。

本品不宜静脉注射。

③大环内酯类抗生素

常用的大环内酯类抗生素有琥乙红霉素、阿奇霉素等。

以阿奇霉素为例。

a.临床应用

阿奇霉素适用于敏感细菌引起的感染,支气管炎、肺炎等下呼吸道感染;皮肤和软组织感染;急性中耳炎、鼻窦炎、咽炎、扁桃体炎等上呼吸道感染。阿奇霉素可用于性传播疾病中由沙眼衣原体所致的单纯性生殖器感染。阿奇霉素亦可用于由非多重耐药淋球菌所致的单纯性生殖器感染及由杜克嗜血杆菌引起的软下疳(需排除梅毒螺旋体的合并感染)。

b.用法用量

每日口服给药1次,整片吞服,可与食物同时服用。

以阿奇霉素片剂治疗各种感染性疾病,其疗程及使用方法如下:对沙眼衣原体、杜克嗜血杆菌或敏感淋球菌所致的性传播疾病,仅需单次口服本品1000 mg。

对其他感染的治疗:总剂量1500 mg,每日1次服用本品500 mg,共3天;或总剂量相同,首日服用500 mg,第2至第5日每日1次口服本品250 mg。

c.注意事项

有胃肠道反应、皮肤过敏反应、神经系统反应,少数出现白细胞减少。

肝肾功能不全者慎用。

④喹诺酮类

常用的喹诺酮类有环丙沙星(光敏反应)、左氧氟沙星。

以左氧氟沙星为例。

a.临床应用

左氧氟沙星适用于敏感菌引起的泌尿生殖系统感染,包括单纯性、复杂性尿路感染,细菌性前列腺炎,淋病奈瑟菌尿道炎或宫颈炎(包括产酶株所致者);呼吸道感染,包括敏感革兰阴性杆菌所致支气管感染急性发作及肺部感染;胃肠道感染,由志贺菌属、沙门菌属、产肠毒素大肠杆菌、亲水气单胞菌、副溶血弧菌等所致;伤寒;骨和关节感染;皮肤软组织感染;败血症等全身感染。

b.用法用量

口服。

成人常用量:支气管感染、肺部感染:每次0.2 g,每日2次,或每次0.1 g,每日3次,疗程7~14日。

急性单纯性尿路感染:每次0.1 g,每日2次,疗程5~7日。

复杂性尿路感染:每次0.2 g,每日2次,或每次0.1 g,每日3次,疗程10~14日。

细菌性前列腺炎:每次0.2 g,每日2次,疗程6周。

成人常用量为每日0.3~0.4 g,分2~3次服用,如感染较重或感染病原体敏感性较差者,如铜绿假单胞菌等假单胞菌属细菌感染的治疗剂量也可增至每日0.6 g,分3次服用。

c.注意事项

应用本品时应避免过度暴露于阳光,如发生光敏反应或其他过敏症状需停药。本品大剂量应用或尿pH值在7以上时可发生结晶尿。为避免结晶尿的发生,宜多饮水,保持24 h排尿量在1200 mL以上。

对喹诺酮药物过敏者、癫痫患者、孕妇及18岁以下青少年禁用。肝功能减退时,如属重度(肝硬化腹水)可减少药物清除,血药浓度增高,肝、肾功能均减退者尤为明显,均需权衡利弊后应用,并调整剂量。

本品注射液不宜与其他药品混合滴注。

⑤硝咪唑类

以甲硝唑(灭滴灵)为例。

a.临床应用

甲硝唑(灭滴灵)主要用于治疗或预防厌氧菌引起的系统或局部感染,如腹腔、消化道、女性生殖系统、下呼吸道、皮肤及软组织、骨和关节等部位的厌氧菌感染,对败血症、心内膜炎、脑膜感染以及使用抗生素引起的结肠炎也有效。治疗破伤风常与破伤风抗毒素(TAT)联用。还可用于口腔厌氧菌感染。

b.用法用量

肠道阿米巴病:每次 0.4~0.6 g,每日 3 次,疗程 7 日。

肠道外阿米巴病:每次 0.6~0.8 g,每日 3 次,疗程 20 日。

贾第虫病:每次 0.4 g,每日 3 次,疗程 5~10 日。

麦地那龙线虫病:每次 0.2 g,疗程 7 日。

滴虫病:每次 0.2 g,每日 4 次,疗程 7 日;可同时用栓剂,每晚 0.5 g 置入阴道内,连用 7~10 日。

厌氧菌感染:口服每日 0.6~1.2 g,分 3 次服用,疗程 7~10 日。

c.注意事项

经肝代谢,肝功能不足者药物可蓄积,应酌情减量;

应用期间应减少钠盐摄入量,禁酒;

可诱发白色念珠菌病,必要时可并用抗念珠菌药;

可引起周围神经炎和惊厥,遇此情况应考虑停药(或减量);

可致血象改变,白细胞减少等,应予注意;孕妇禁用。

(2)抗病毒药

①利巴韦林(病毒唑)

a.临床应用

利巴韦林(病毒唑)适用于呼吸道合胞病毒引起的病毒性肺炎与支气管炎,皮肤疱疹病毒感染。

b.用法用量

病毒性呼吸道感染:成人每次 0.15 g,每日 3 次,疗程 7 日。

皮肤疱疹病毒感染:成人每次 0.3 g,每日 3 次,疗程 7 日。

静脉滴注:用氯化钠注射液或5%的葡萄糖注射液稀释成每 1 mL 含 1 mg 的溶液后静脉缓慢滴注。成人每次 0.5g,每日 2 次。

c.注意事项

有严重贫血、肝功能异常者慎用。长期或大剂量服用对肝功能、血象有不良反应。

对诊断的干扰:口服本品后引起血胆红素增高者可高达 25%。大剂量可引起血红蛋白下降。

尽早用药。呼吸道合胞病毒性肺炎病初 3 日内给药一般有效。本品不宜用于未经实验室确诊为呼吸道合胞病毒感染的患者。

②阿昔洛韦

a.临床应用

单纯疱疹病毒感染:口服用于生殖疱疹病毒感染初发和复发病例;对反复发作病例,可口服该品用作预防。注射剂用于免疫缺陷者。用于初发和复发性黏膜皮肤感染的治疗以及反复发作病例的预防;也用于单纯疱疹性脑炎的治疗。

带状疱疹:口服用于免疫功能正常者带疱疹和免疫缺陷者轻症病例的治疗。注射剂用于免疫缺陷者严重带疱疹病人的治疗。

b.用法用量

口服:每次 200 mg,每 4 h 给药 1 次,或每日 1 g,分次给药。

静脉滴注:每次用量 5 mg/kg,取本品 0.5 g 加入 10 mL 注射用水中,使其浓度为 50 g/L,再用氯化钠注射液或 5%葡萄糖注射液稀释至 100 mL,使最后药物浓度不超过 7 g/L。

c.注意事项

常见的副作用有胃肠功能紊乱、头痛、斑疹。

对肾功能有损伤的患者应调整剂量。

28.10.2 镇痛药

(1)吗啡

①临床应用

镇痛,用于癌痛和慢性重度疼痛,可缓解心肌梗死和左心室衰竭以及心源性肺水肿症状;适用于急性痛,尤其是中、重度疼痛,如严重创伤、烧伤等。

②用法用量

口服:每次 5~15 mg,每日 15~60 mg;

皮下注射:每次 5~15 mg,每日 15~40 mg;

静脉注射:5~10 mg。

③注意事项

强效镇痛药使用一周以上可致成瘾性,仅限于急性剧烈疼痛的短期使用或晚期癌性疼痛,按《国家麻醉药品管理办法》执行。

不得与碱性液体(氨茶碱、巴比妥类钠盐等)、碳酸氢钠,氯丙嗪,溴或碘化物,铁、铝、锌化物等接触或混合。

胆绞痛、肾绞痛需与阿托品合用。

应用过量,可致急性中毒,解救可用纳洛酮 0.4~0.8 mg 静脉注射或肌内注射,或将纳洛酮 2 mg 溶于生理盐水或 5%的葡萄糖注射液 500 mL 内静脉滴注。

(2)曲马多

①临床应用

曲马多适用于各种中、重度急慢性疼痛,如癌症疼痛、骨折或各种术后疼痛、牙痛、关节痛、神经痛及分娩痛。其作用强度为吗啡的 1/10~1/8。

②规格

片剂,每片 100 mg;注射剂,每支 50 mg,100 mg。

③用法用量

口服:每次量不超过 100 mg,24 h 不超过 400 mg。

静脉、皮下、肌内注射,每次 50~100 mg,每日不超过 400 mg。

④注意事项

肝肾功能不全者,心脏疾患酌情减量或慎用。

用于脑损伤、代谢性疾病、酒精或药物戒断,中枢神经系统感染患者应考虑可能增加癫痫发作的危险性。

长期使用不能排除产生耐药性或药物依赖性的可能。

28.10.3　抗变态反应药物

(1)盐酸异丙嗪(非那根)

①临床应用

用于各种过敏症(如哮喘、荨麻疹等)、孕期呕吐、乘船等引起的眩晕。可与氨茶碱等合用治疗哮喘。与哌替啶等配成冬眠注射液,用于人工冬眠。

②用法用量

口服:成人每次 12.5~25 mg,每日 2~3 次。

肌内注射:每次 25~50 mg。

抗过敏:每次 25 mg,必要时 2 h 后重复。

止吐:每次 12.5~25 mg,必要时可每 4~6 h 重复一次。

③注意事项

忌与碱性药物及生物碱类药物配伍。

幽门梗阻、前列腺肥大、膀胱颈阻塞、闭角型青光眼、甲亢及高血压病人慎用。

肾功能减退、有癫痫史者慎用。

用药期间应避免驾驶车辆、操纵机器或从事高空作业。

(2)苯海拉明

①临床应用

苯海拉明能消除各种过敏症状。其中枢抑制作用显著,但不及盐酸异丙嗪;有镇静、防晕动及止吐作用,也有抗胆碱作用,可缓解支气管平滑肌痉挛。用于各种过敏性皮肤疾病,如荨麻疹、虫咬症;亦用于晕动症、恶心、呕吐。

②用法用量

口服:每次 25~50 mg,每日 2~3 次,饭后服用。

肌内注射:每次 20 mg,每日 1~2 次。

③注意事项

抗组胺药虽属抗变态反应药物,但此类药物本身亦可引起过敏。苯海拉明有引起药物过敏性皮疹的病例,故在用药期间如病人出现皮疹即应停药或改用其他抗组胺药物。

有头晕、嗜睡等副作用,驾驶员、精密仪器操作者不宜使用。

苯海拉明如与催眠、镇静、安定类药物合用,或同时饮酒可加重中枢抑制作用,应予避免。长期使用本药可能引起溶血或造血功能障碍,尤其不宜长期注射用药。

低血压、高血压、其他心血管病、甲状腺功能亢进、青光眼患者慎用。

(3)氯雷他定(开瑞坦)

①临床应用

第二代的抗组织胺药物,常用于治疗过敏症状。用于过敏性鼻炎、急性或慢性荨麻疹、过敏性结膜炎、花粉症及其他过敏性皮肤病。

②用法用量

口服:每次 10 mg,每日 1 次,空腹服用,日夜均有发作者,可每次 5 mg,每日早晚各服 1 次。

③注意事项

有显著肝功能障碍的患者应尽量避免服用本品。对本品过敏者禁用。2 岁以下儿童不推荐使用。孕期及哺乳期妇女慎用。

连续服用氯雷他定 1 个月以上者,应更换药物,以防产生耐药性。

28.10.4 心血管系统急救用药

(1)美托洛尔(倍他乐克)

①临床应用

该药主要用于治疗高血压、心绞痛、心肌梗死、肥厚型心肌病、主动脉夹层、心律失常、甲状腺功能亢进、心脏神经症等,可缓解心悸、心动过速等症状。

②用法用量

口服:每次 25~50 mg,每天 2~3 次,剂量可根据病情和需要从小剂量开始,此后逐渐加量。

③注意事项

该药治疗过程中可能会发生眩晕和疲劳,因此在需要集中注意力时,如驾驶和操作机械时应慎用。

支气管痉挛患者需慎用,一般仅用少量,并及时加用 β2 受体激动药。

Ⅰ 型糖尿病患者慎用。

心率低于每分钟 45 次、Ⅱ~Ⅲ度房室传导阻滞、PR 间期大于或等于 0.24 s、收缩压低于 13.33 kPa、中到重度心力衰竭禁用。

(2)利多卡因

①临床应用

该品为局麻药及抗心律失常药。主要用于浸润麻醉、硬膜外麻醉、表面麻醉(包括在胸腔镜检查或腹腔手术时作黏膜麻醉用)及神经传导阻滞。该品可用于急性心肌梗死后室性早搏和室性心动过速,亦可用于洋地黄类中毒、心脏外科手术及心导管引起的室性心律失常。该品对室上性心律失常通常无效。

②用法用量

治疗心律失常:按体重 1~1.5 mg/kg(一般用 50~100 mg)作首次负荷量静脉注射 2~3 min,必要时每 5 min 后重复静脉注射 1~2 次,但 1 h 之内的总量不得超过 300 mg。

静脉滴注:一般以 5% 的葡萄糖注射液配成 1~4 mg/mL 的药液滴注或用输液泵给药。在用负荷量后可继续以每分钟 1~4 mg 的速度静脉滴注维持,或按体重以每分钟 0.015~0.03 mg/kg 的速度静脉滴注。

表面麻醉:2%~4% 的溶液一次不超过 100 mg。

③注意事项

防止误入血管,注意局麻药中毒症状的诊治。

对其他局麻药过敏者,可能对本品也过敏,但利多卡因与普鲁卡因胺、奎尼汀间尚无交叉过敏反应的报道。

肝肾功能障碍、肝血流量减低、充血性心力衰竭、严重心肌受损、低血容量及休克等患者慎用。

（3）硝酸甘油

①临床应用

该药具有直接松弛平滑肌作用，尤其对血管平滑肌作用更明显。主要用于缓解心绞痛，也可用于防止心绞痛发作。

②用法用量

该药成人每次 0.25~0.5 mg（半片~1 片），舌下含服。每 5 min 可重复给药 1 片，直至疼痛缓解。如果 15 min 内总量达 3 片疼痛仍然存在，应立即就医。在活动或大便之前 5~10 min 预防性使用，可避免诱发心绞痛。

③注意事项

禁用于心肌梗死早期（有严重低血压及心动过速时）、严重贫血、青光眼、颅内压增高和已知对硝酸甘油过敏的患者。

片剂舌下含服，不可吞服。

（4）硝苯地平（心痛定）

①临床应用

该药用于预防和治疗冠心病心绞痛，特别是用于变异型心绞痛和冠状动脉痉挛所致心绞痛。对呼吸功能没有不良影响，故适用于患有呼吸道阻塞性疾病的心绞痛患者，其疗效优于 β 受体拮抗剂。还适用于各种类型的高血压，对顽固性、重度高血压也有较好疗效。能降低后负荷，对顽固性充血性心力衰竭亦有良好疗效，宜于长期服用。

②用法用量

口服或舌下含服每次 5~10 mg，每日 3 次。

③注意事项

常见服药后出现外周水肿、面部潮红、心悸，个别有舌麻、发汗、头痛、恶心等。

用量宜从小剂量开始，以防血压急剧下降，偶见直立性低血压。

（5）氨氯地平（络活喜）

①临床应用

该药用于治疗高血压，可单独使用或与其他抗高血压药联合使用，也可用于治疗慢性稳定性心绞痛或血管痉挛性心绞痛。

②用法用量

口服，每次 5~10 mg，每日 1 次。

③注意事项

肝功能损害时药物代谢下降，半衰期延长，需慎用。

（6）厄贝沙坦

①临床应用

该药用于治疗原发性高血压、合并高血压的 2 型糖尿病肾病。

②用法用量

通常建议的初始剂量和维持剂量为口服每日 150 mg。

③注意事项

对本品过敏者禁用。怀孕的第 4 至第 9 个月、哺乳期禁用。

(7)盐酸肾上腺素

①临床应用

松弛支气管平滑肌,以缓解支气管痉挛,控制哮喘发作;兴奋心脏,增加心肌收缩力及收缩速度,用于心脏复苏;用于严重过敏反应,如过敏性休克、解除支气管痉挛、荨麻疹、神经血管性水肿、皮肤瘙痒等。

②用法用量

用于抗过敏:首次皮下或肌内注射 0.2~0.5 mg,必要时可每隔 10~15 min 重复给药 1 次。

用于心搏骤停:稀释后心内注射或静脉注射,每次 0.1~1 mg,必要时可每隔 5 min 重复一次。

治疗支气管痉挛:初始剂量 0.2~0.5 mg,皮下注射。

③注意事项

器质性脑病、心血管病、青光眼、帕金森病、吩噻嗪类引起的循环虚脱及低血压、精神神经疾病慎用。

用量过大或皮下注射时误入血管后,可引起血压突然上升而导致脑出血。

抗过敏休克时,须补充血容量。

(8)间羟胺(阿拉明)

①临床应用

该药用于手术时的低血压,也用于出血、过敏等导致的低血压,心源性休克或败血症导致的低血压。

②用法用量

肌内或皮下注射每次 2~10 mg。

静脉注射:0.5~5 mg。

静脉滴注:将间羟胺 15~100 mg 加入 5%的葡萄糖液或氯化钠注射液 500 mL 中滴注。

③注意事项

升压反应过快过猛可致急性肺水肿、心律失常、心脏停顿。

静脉滴注时药液外溢,可引起局部血管严重收缩,导致组织坏死糜烂或红肿硬结形成脓肿。

(9)地高辛

①临床应用

该药是目前临床上应用最为广泛的强心药,用于各种急性和慢性心功能不全以及室上性心动过速、心房颤动和扑动等。通常口服,对严重心力衰竭患者则采用静脉注射。

②用法用量

快速负荷法:每 6~8 h 服用 0.25 mg,总量 0.75~1.25 mg。

缓慢用药法:0.125~0.5 mg,每日 1 次,7 天可达稳态血药浓度。

③注意事项

强心苷中毒,一般有恶心、呕吐、厌食、头痛、眩晕等,首先应鉴别是由于心功能不全加重,还是强心苷过量所致,因前者需加量,后者则应停药。如中毒,一旦确诊,必须立即停药。

强心苷治疗量和中毒量之间相差很小,每个患者对其耐受性和消除速度又有很大差异,而所列各种剂量大都是平均剂量,故需根据病情、制剂、疗效及其他因素来摸索不同患者的最佳剂量。

(10)西地兰

①临床应用

该药用于急性和慢性心力衰竭、心房颤动和阵发性室上性心动过速。

②用法用量

口服:饱和量,1~1.6 mg,分次服用;维持量每日 0.25~0.5 mg。小儿饱和量,按体重 2 岁以下 0.03~0.04 mg/kg,2 岁以上 0.02~0.03 mg/kg。

静脉注射或肌内注射:快速饱和量,第一次 0.4~0.8 mg,以后每 2~4 h 再给 0.2~0.4 mg,总量 1~1.6 mg。儿童每日按体重 0.02~0.04 mg/kg,分 1~2 次给药。然后改用口服毛花甙丙维持治疗。

③注意事项

过量时,可有恶心、食欲不振、头痛、心动过缓、黄视等不良反应。

禁与钙注射剂合用。

28.10.5　呼吸系统用药

(1)氨溴索(沐舒坦)

①临床应用

该药为黏液溶解剂,可用于伴有黏性痰的急性和慢性支气管或肺疾病的祛痰治疗。

②用法用量

成人及 12 岁以上儿童:

通常在治疗的最初 2~3 天,每次口服 30 mg,每日 3 次(相当于每天口服盐酸氨溴索 90 mg),然后每次口服 30 mg,每日 2 次(相当于每天口服盐酸氨溴索 60 mg)。饭后服用。

③注意事项

孕妇、哺乳期妇女慎用。应避免与中枢性镇咳药(如右美沙芬等)同时使用,以免稀化的痰液堵塞气道。

(2)磷酸可待因

①临床应用

镇咳:用于较剧的频繁干咳,如痰液量较多宜并用祛痰药。

镇痛:用于中度以上的疼痛。

镇静:用于局麻或全麻时。

②用法用量

口服:每次 15~30 mg,每日 30~90 mg。

极量:口服,每次 100 mg,每日 250 mg。

③注意事项

颅脑外伤或颅内病变,该药可引起瞳孔变小,模糊临床体征。

痰多黏稠不易咳出者,不宜使用。

用药期间不宜驾车及高空作业等。

长期服用引起依赖性。常用量引起依赖性的倾向较其他吗啡类药弱。

(3) 氢溴酸右美沙芬

①临床应用

该药镇咳作用与可待因相等或稍强。一般治疗剂量不抑制呼吸,长期服用无成瘾性和耐受性,用于各种原因引起的干咳。

②用法用量

口服:每次 15~30 mg,每日 3~4 次。

③注意事项

孕妇及痰多病人慎用,不宜与乙醇及其他中枢神经系统抑制药物并用,因其可增强对中枢神经的抑制作用。

(4) 丙卡特罗

①临床应用

该药用于防治支气管哮喘、喘息性支气管炎和慢性阻塞性肺部疾病所致的喘息症状。

②用法用量

口服:每次 50 μg,每日 1 次,睡前口服;或每次 25 μg,每日 2 次,早晨及睡前各 1 次。儿童剂量酌减。

③注意事项

该药对皮肤反应有抑制作用,进行皮试时应提前 12 h 停药。甲亢、高血压、心脏病及糖尿病患者慎用。

(5) 氨茶碱

①临床应用

该药用于治疗支气管哮喘和哮喘样支气管炎,与 β 受体激动剂合用可提高疗效;在哮喘持续状态,与肾上腺皮质激素配伍进行治疗;治疗急性心功能不全和心力衰竭的哮喘(心源性哮喘);治疗病态窦房结综合征和窦房传导阻滞。

②用法用量

口服:每次 0.1~0.2 g,每日 3 次。

静脉注射:每次 0.25~0.5 g,每日 0.5~1 g,每 25~100 mg 用 5% 的葡萄糖注射液稀释至 20~40 mL,注射时间不得短于 10 min。

静脉滴注:每次 0.25~0.5 g,每日 0.5~1 g,以 5%~10% 的葡萄糖注射液稀释后缓慢滴注。

肌内注射:每次 0.5 g,每日 1 g。

③注意事项

西咪替丁、红霉素、克林霉素、林可霉素、四环素可降低氨茶碱在肝脏的清除率,使其 T1/2 延长,因此血药浓度可高于正常水平,易致中毒。

静脉滴注时,应避免与维生素 C、促皮质素、去甲肾上腺素、四环素盐酸盐配伍。

急性心肌梗死,伴有血压显著降低,忌用。

28.10.6 消化系统用药

(1) 铝碳酸镁

①临床应用

该药用于治疗慢性胃炎及与胃酸有关的胃部不适症状,如胃痛、胃灼热感(烧心)、酸性嗳气、饱胀等。

②用法用量

口服:咀嚼后服用,每次 1~2 片,每日 3 次。餐后 1~2 h、睡前或胃部不适时服用。

③注意事项

肾功能不全者(肌酐清除率 30~80 mL/min)、高镁血症、高钙血症及严重心功能不全者慎用。

服药后 1~2 h 内应避免服用其他药物,因氢氧化铝可与其他药物结合而降低吸收,影响疗效。铝剂可吸附胆盐,从而减少脂溶性维生素的吸收,特别是维生素 A。

(2)法莫替丁

①临床应用

该药用于胃及十二指肠溃疡、吻合口溃疡、反流性食管炎、上消化道出血(消化性溃疡、急性应激性溃疡、出血性胃炎所致)、卓-艾综合征。

②用法用量

活动性胃及十二指肠溃疡:每次 20 mg,早、晚各 1 次,或睡前一次服用 40 mg,疗程 4~6 周。

十二指肠溃疡的维持治疗或预防复发:每天 20 mg,睡前顿服。

反流性食管炎:每天 20~40 mg,分 2 次,于早、晚饭后服用,疗程 4~8 周。

卓-艾综合征:开始剂量为每次 20 mg,每 6 h 1 次,以后可根据病情相应调整剂量。

③注意事项

肾功能衰竭或肝病者、有药物过敏史病人慎用。

肝、肾功能不全者及婴幼儿慎用,注意应排除胃癌后才能使用本品。

可降低茶碱的代谢和清除,增加茶碱的毒性(如恶心、呕吐、心悸、癫痫发作等)。与抗酸药(如氢氧化镁、氢氧化铝等)合用,可减少法莫替丁的吸收。

(3)奥美拉唑

①临床应用

该药用于治疗胃、十二指肠溃疡。与抗生素联合使用的二联和三联用药方案,可用于治疗幽门螺杆菌相关的消化性溃疡。用于反流性食管炎、胃泌素瘤(卓-艾综合征)。奥美拉唑静脉注射可用于消化性溃疡急性出血的治疗,如急性胃黏膜病变出血。

②用法用量

胃及十二指肠溃疡:每次 20 mg,清晨一次服。十二指肠溃疡疗程通常为 2~4 周,胃溃疡的疗程为 4~8 周。对难治性胃溃疡可每次 20 mg,每天 2 次,或每次 40 mg,每天 1 次。

反流性食管炎:每天 20~60 mg,每天 1 次。

卓-艾综合征:初始剂量为每次 60 mg,每天 1 次,以后酌情调整的剂量为每天 20~120 mg 即可控制症状。如剂量大于每天 80 mg,则应分 2 次给药。

静脉注射:用于治疗消化性溃疡出血时,可予静脉注射,每次 40 mg,每 12 h 1 次,连用 3 天。首次剂量可加倍。

静脉滴注:出血量大者亦可用首次剂量 80 mg 静脉滴注,之后改为每小时 8 mg 维持,至出血停止。

③注意事项

可有头痛、腹泻、便秘等不良反应。

严重肾功能不全者禁用。

严重肝功能不全者慎用,必要时剂量减半。

(4)枸橼酸铋钾

①临床应用

该药用于胃及十二指肠溃疡,也用于复合性溃疡、多发性溃疡、吻合口溃疡、糜烂性胃炎、慢性浅表性胃炎以及伴有幽门螺杆菌感染的消化性溃疡。

②用法用量

口服:每日 4 次,每次 1 包,前 3 次于三餐前半小时,第 4 次于晚餐后 2 h 服用;或每日 2 次,早晚各服 2 包。疗程为 28 天。

③注意事项

服药期间舌苔及大便呈灰黑色,停药后即自行消失。

服药时不得同时食用高蛋白饮食(如牛奶等),如需合用,应至少间隔半小时以上。

治疗期间不应饮用酒精饮料或含碳酸的饮料,少饮咖啡、茶等。

(5)阿托品

①临床应用

该药适用于缓解内脏绞痛,包括胃肠痉挛引起的疼痛、肾绞痛、胆绞痛、胃及十二指肠溃疡,也可用于窦性心动过缓、房室传导阻滞,还可用于有机磷农药中毒。

②用法用量

口服:每次 0.3~0.5 mg,每日 3 次。

肌内注射、静脉注射或皮下注射:每次 0.5 mg。

③注意事项

不宜用于支气管哮喘患者。

青光眼及前列腺肥大患者、高热者禁用。

(6)山莨菪碱

①临床应用

该药用于治疗胃肠道、胆管、胰管、输尿管痉挛引起的绞痛,如暴发型脑膜炎、球菌性脑膜炎、中毒性痢疾等(需与抗菌药物合用);各种神经痛,如三叉神经痛、坐骨神经痛等。

②用法用量

口服:每日 3 次,每次 5~10 mg。

肌内注射或静脉注射:成人每次 5~10 mg,每日 1~2 次。

③注意事项

用量过大时可出现阿托品样中毒症状,可用新斯的明或氢溴酸加兰他敏解除症状。

不宜与地西泮在同一注射器中应用,为配伍禁忌。

青光眼、前列腺肥大者患者禁用。

(7)多潘立酮(吗丁啉)

①临床应用

该药用于缓解由胃排空延缓、反流性胃炎、慢性胃炎、反流性食管炎引起的消化不良症状(如上腹部胀闷感、腹胀、上腹疼痛、嗳气、肠胃胀气、恶心、呕吐、口中带有或不带有反流胃内容物的胃灼烧感等),其他消化系统疾病(胃炎、肝炎、胰腺炎等)引起的呕吐。

②用法用量

每次 10 mg,每日 3 次,饭前 15~30 min 服用。

③注意事项

1 岁以下婴幼儿由于其代谢和血脑屏障功能发育尚不完全,使用本品有发生中枢神经系统不良反应的可能,故应慎用。本品可少量进入乳汁,哺乳期妇女应慎用。

不宜与唑类抗真菌药(如酮康唑、伊曲康唑)、大环内酯类抗生素如红霉素,HIV 蛋白酶抑制剂类抗艾滋病药物及萘法唑酮等合用。

抗胆碱能药品如溴丙胺太林、山莨菪碱、颠茄片等会减弱本品的作用,不宜与本品同服。

(8)甲氧氯普胺(胃复安)

①临床应用

该药可通过阻滞多巴胺受体而作用于延脑催吐化学感应区,具有强大的中枢镇吐作用,可用于海空作业引起的呕吐及晕船,可用于因肺部肿瘤手术、肿瘤放疗及化疗、脑外伤后遗症、急性颅脑损伤以及药物引起的呕吐,对于胃胀气性消化不良、食欲不振、嗳气、恶心、呕吐也有较好的疗效。

②用法用量

口服:每次 5~10 mg,每日 10~30 mg,饭前半小时服用。

肌内注射:每次 10~20 mg。每日剂量一般不宜超过 0.5 mg/kg,否则易引起锥体外系反应。

③注意事项

本品大剂量或长期使用可能因阻断多巴胺受体,使胆碱能受体相对亢进而导致锥体外系反应(特别是年轻人)。主要表现为帕金森综合征,可出现肌震颤、头向后倾、斜颈、阵发性双眼向上注视、发音困难、共济失调等,可用苯海索等治疗。

注射给药可能引起直立位低血压。

禁用于嗜铬细胞瘤、癫痫、进行放射治疗或化疗的乳腺癌患者,也禁用于胃肠道活动增强可导致危险的病例,如机械性肠梗阻、胃肠出血等。

遇光变成黄色或黄棕色后,毒性增高。

(9)酚酞(果导)

①临床应用

该药用于治疗习惯性顽固性便秘。在结肠、直肠内镜检查或 X 光检查时用作清洁肠道。

②用法用量

每次 50~200 mg,睡前顿服。卧床不起者每次 200 mg。极量为每次 500 mg,每天 1 g。根据患者情况而增减。

③注意事项

过敏反应:可出现皮疹、皮炎、肠炎、心悸、呼吸困难甚至休克。

一般毒性反应:常见有眼睑水肿、结膜瘀斑、鼻部疱疹、舌部溃疡、口腔炎、胃炎、指甲萎缩等,或大小便红色、尿道炎、血尿、蛋白尿。

酚酞与碳酸氢钠、氧化镁等碱性药物合用,可引起尿液变色。

（10）开塞露

①临床应用

该药能润滑并刺激肠壁，软化大便，使其易于排出，用于便秘。

②用法用量

将容器顶端刺破或剪开，涂以油脂少许，缓慢插入肛门，然后将药液挤入直肠内，成人每次1支，儿童每次半支。

③注意事项

刺破或剪开后的注药导管的开口应光滑，以免擦伤肛门或直肠。

（11）蒙脱石散（思密达）

①临床应用

该药适用于急、慢性腹泻，反流性食道炎，胃及十二指肠溃疡，结肠疾病疼痛的对症治疗，以及肠易激综合征的症状治疗。

②用法用量

将本品倒入50 mL温水中，摇匀后服用。成人每次3 g，每日3次。急性腹泻服用本品治疗时，首次剂量加倍。

③注意事项

治疗急性腹泻，应注意纠正脱水。

如需服用其他药物，建议与本品间隔一段时间。

过量服用易致导致便秘。

（12）茴三硫

①临床应用

该药能促进胆汁、胆酸、胆色素的分泌，活化肝细胞，增加肝脏的解毒功能。可用于胆囊炎，胆石症，急、慢性肝炎等，有增强胆囊和胆道造影的结果，并可与其他药物配合治疗黄疸型肝炎，也可治疗唾液缺乏。

②用法用量

口服：片剂每次12.5~50 mg，每天3次。

③注意事项

本药可引起尿液变色。

长期服用可致甲状腺功能亢进。

28.10.7 泌尿系统用药

（1）氢氯噻嗪

①临床应用

该药用于治疗水肿性疾病，能够排泄体内过多的钠和水，减少细胞外液容量，消除水肿。常用于充血性心力衰竭，肝硬化腹水，肾病综合征，急、慢性肾炎水肿，慢性肾功能衰竭早期，肾上腺皮质激素和雌激素治疗所致的钠、水潴留的治疗。可单独或与其他降压药联合应用，主要用于治疗原发性高血压。

②用法用量

治疗水肿性疾病：每次25~50 mg，每日1~2次，或隔日治疗，或每周连服3~5日。

治疗高血压：每日25~100 mg，分1~2次服用，并按降压效果调整剂量。

③注意事项

水、电解质紊乱较常见,表现为口干、恶心、呕吐和极度疲乏无力、肌肉痉挛、肌痛、腱反射消失等。

引起高尿酸血症。该药能干扰肾小管排泄尿酸,少数可诱发痛风发作。

引起高血糖症。该药可使糖耐量降低,血糖、尿糖升高。

无尿或严重肾功能减退者,因本类药效果差,应用大剂量时可致药物蓄积,毒性增加。

(2)呋塞米(速尿)

①临床应用

水肿性疾病包括充血性心力衰竭、肝硬化、肾脏疾病(肾炎、肾病及各种原因所致的急、慢性肾功能衰竭),尤其是应用其他利尿药效果不佳时,应用本类药物仍可能有效。与其他药物合用治疗急性肺水肿和急性脑水肿等。

②用法用量

口服:水肿性疾病,起始剂量为每次 20~40 mg,每日 1 次,必要时 6~8 h 后追加 20~40 mg,直至出现满意利尿效果。每日最大剂量可达 600 mg,但一般应控制在 100 mg 以内,分 2~3 次服用。部分患者可减少至每次 20~40 mg,隔日 1 次(或每日 20~40 mg,每周连续服药 2~4 日)。

静脉注射:开始剂量为 20~40 mg,必要时每 2 h 追加剂量,直至出现满意疗效。维持用药阶段可分次给药。

③注意事项

严重肾功能损害者因需加大剂量,故用药间隔时间应延长,以免出现耳毒性副作用。

急性心肌梗死,过度利尿可促发休克。

胰腺炎或有此病史者慎用。

(3)甘露醇

①临床应用

组织脱水药:用于治疗各种原因引起的脑水肿,降低颅内压,防止脑疝。

降低眼内压:可有效降低眼内压,应用于其他降眼内压药无效时或眼内手术前准备。

渗透性利尿药:用于鉴别肾前性因素或急性肾功能衰竭引起的少尿。

亦可应用于预防各种原因引起的急性肾小管坏死。

②用法用量

利尿:常用量为按体重 1~2 g/kg,一般用 20% 溶液 250 mL 静脉滴注,并调整剂量使尿量维持在 30~50 mL/h。

③注意事项

快速大量静脉注射甘露醇可引起体内甘露醇积聚,血容量迅速大量增多(尤其是急、慢性肾功能衰竭时),导致心力衰竭(尤其有心功能损害时)、稀释性低钠血症,偶可致高钾血症。

甘露醇外渗可致组织水肿、皮肤坏死。

28.10.8　解热镇痛药

(1)阿司匹林

①临床应用

该药对血小板的聚集有抑制作用,可降低急性心肌梗死疑似患者的发病风险;还用于发热、疼痛及类风湿关节炎等。

②用法用量

解热、镇痛:每次 0.3~0.6 g,每日 3 次,必要时每 4 h 1 次。

抗风湿:每日 3~5 g(急性风湿热可用到 7~8 g),分 4 次口服。

抑制血小板聚集:尚无明确用量,多数主张应用小剂量,如 50~150 mg,每 24 h 1 次。

③注意事项

应与食物同服或用水冲服,以减少对胃肠的刺激。溃疡病患者应慎用或不用,长期使用易致胃黏膜损伤,引起胃溃疡及胃出血。

阿司匹林和酒不能同时吃。

(2)布洛芬

①临床应用

该药用于缓解轻至中度疼痛,如头痛、关节痛、偏头痛、牙痛、肌肉痛、神经痛、痛经,也用于普通感冒或流行性感冒引起的发热。

②用法用量

抗风湿:口服每次 0.4~0.6 g,每日 3~4 次。

急性轻、中度疼痛和发热:每次 0.2~0.4 g,每 4~6 h 1 次,最大剂量为每日 2.4 g。

缓释胶囊:成人及 12 岁以上儿童每次 0.3~0.6 g,每日 2 次。

③注意事项

消化道反应为最常见的不良反应,大剂量时有骨髓抑制和肝功损害。严重肝肾功能不全者或严重心力衰竭者禁用。

活动性消化性溃疡或有既往病史、胃肠道出血或穿孔的患者禁用。

(3)对乙酰氨基酚

①临床应用

该药用于感冒发热、关节痛、神经痛及偏头痛、癌性痛及手术后痛。还可用于对阿司匹林过敏、不耐受或不适于应用阿司匹林的患者(水痘、血友病以及其他出血性疾病患者)的治疗。

②用法用量

每次 0.3~0.6 g,每日 0.6~0.8 g,每日量不宜超过 2 g,一疗程不宜超过 10 日;儿童 12 岁以下按每日 1.5 g 分次服用。

③注意事项

短期使用一般不引起胃肠出血。用于解热连续使用不超过 3 天,用于止痛不超过 5 天。剂量过大可引起肝脏损害,严重者可致昏迷甚至死亡。

服用期间不得饮酒或含有酒精的饮料。

28.10.9　止血药

(1)安络血

①临床应用

该药主要用于毛细血管通透性增加所致的出血,如特发性紫癜、视网膜出血、慢性肺出血、胃肠出血、鼻衄、咯血、血尿、痔出血、子宫出血、脑出血等。

②用法用量

口服:成人每次 2.5~5 mg,每日 3 次,严重者每次 5~10 mg,2~4 h 1 次。5 岁以下儿童,每次 1.25~2.5 mg,每日 3 次。

肌内注射:每次 5~10 mg,每日 2~3 次,重者每次 10~20 mg,2~4 h 1 次。

③注意事项

该药如变为棕红色,则不能再用。

该药中含水杨酸,长期反复服用可产生水杨酸反应,如头晕、头痛、耳鸣、视力减退等反应。

有癫痫史及精神病史者应慎用。

(2)云南白药

①临床应用

该药用于跌打损伤、瘀血肿痛、吐血、咳血、便血、痔出血、崩漏下血、疮疡肿毒、软组织挫伤、闭合性骨折、支气管扩张及肺结核咳血、溃疡病出血以及皮肤感染性疾病的治疗。

②用法用量

刀、枪、跌打诸伤,无论轻重,出血者用温开水送服;瘀血肿痛与未流血者用酒送服。

妇科各症,用酒送服,但月经过多、红崩,用温水送服。

毒疮初起,服 0.25 g,另取药粉,用酒调匀,敷患处;如已化脓,只需内服。

其他内出血各症均可内服。

口服:每次 0.25~0.5 g,每日 4 次(2~5 岁儿童按 1/4 剂量服用;5~12 岁儿童按 1/2 剂量服用)。较重的跌打损伤可先服保险子 1 粒,轻伤及其他病症不必服。

③注意事项

孕妇忌用。

第 29 章

实操训练

29.1 能进行心肺复苏术

29.1.1 训练目的

当人出现心搏骤停时,8 s 后出现脑缺氧症状,30 s 后昏迷,60 s 脑细胞开始死亡,6 min 脑细胞全部死亡,10 min 不可逆转的死亡。所以医学上定义 4~5 min 为抢救的"黄金时间"。正确实施心肺复苏术,能提高病人存活概率,争取送医时间,充分掌握这门抢救技术对于船员而言十分重要。

(1)掌握心搏骤停的判断方法,胸外按压的频率、次数、按压位置,口对口人工呼吸的方法。

(2)熟悉人工呼吸的各种方法。

29.1.2 训练器材

心肺复苏模型、一次性使用人工呼吸膜。

29.1.3 训练步骤

(1)发现有人倒地,操作者平伸手臂,上下左右环视现场,评估现场是否适合抢救,有无威胁病人或急救者安全的因素,如有,应想办法脱离危险。若无异常则报告"现场环境安全",就地进行急救,避免搬运移动而耽误抢救时机。看手表记下事发时间便于后续与 120 急救人员交接。

(2)双膝跪患者右边,左膝平患者肩,右膝平患者肚脐,轻轻拍打患者双肩,同时靠近患者左、右耳朵各大声呼唤一次"喂喂喂,先生你怎么了"(禁止摇晃头部,以防损伤颈椎,为排除病人可能患有耳疾,应左右耳各喊一次),如图 29-1-1 所示,若患者无回应,则大声对周围呼救"有人晕倒了,快来帮忙,拨打 120"。指定旁边一人拨打可更好地避免 120 电话占线,电话寻求帮助时,应向 120 调度员说明事发的地址、事情经过、发病人数、发病人员目前病情、目前所采取的治疗措施等。

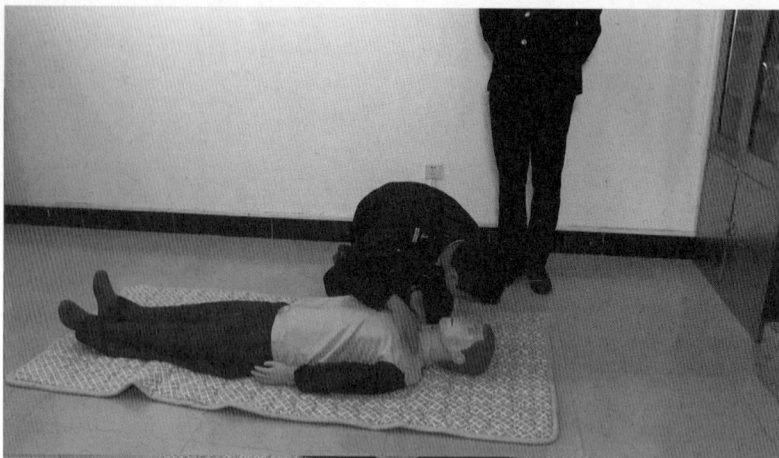

图 29-1-1　判断患者意识

（3）摆正患者体位仰躺在坚硬平地上，左手食中指触摸患者颈部正中，约男性喉结位置，往患者右侧滑行 2~3 cm，在胸锁乳突肌内侧触摸颈动脉，同时操作者左耳靠近患者鼻端感受有无气息吹拂，眼睛观察胸腹部有无上下起伏，如图 29-1-2 所示。为避免因操作者紧张导致判断时间误差较大，可以用 4 个数字连读代替 1 s。"1001、1002、1003、1004、1005、1006、1007、1008、1009、1010，患者无呼吸无脉搏，现在进行 CPR，请会 CPR 的人员来帮忙，请其他人去周围寻找 AED（自动体外除颤器）。"

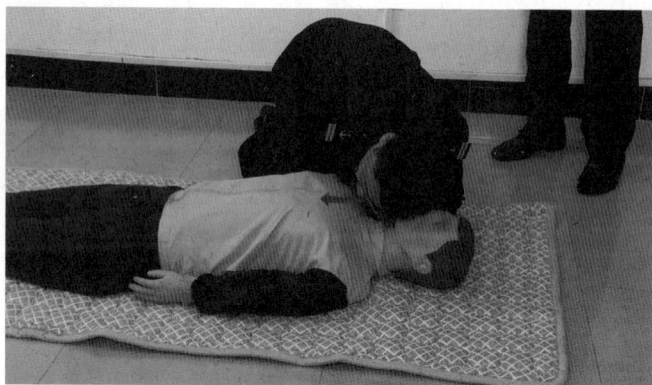

图 29-1-2　判断呼吸、脉搏

（4）解开患者衣领，松解腰带，寻找按压点。常用的按压点有三个选位方法：两乳连线中点，剑突上两横指，胸骨均分为三段、中下 1/3 交界点。操作者的左掌根中点与两乳连线中点重叠，手指翘起，右手交叉左手，按压时应使身体前倾，使腕、肘、肩垂直于地面，用上半身力量下压 5~6 cm，"01、02、03……30"，频率 100~120 次/分。注意掌跟一直不离开胸壁。

（5）操作助手在听到"现在进行 CPR"后开始加入抢救，双膝跪患者头部右侧，检查患者口腔有无异物，若无则汇报"口腔无异物"，若有异物比如假牙、呕吐物等，应将患者头部倾斜 45°，把异物清除。当心搏骤停的患者平躺时，舌根后坠，引起气道堵塞、关闭，为保持呼吸道的通畅，心肺复苏的全程都应该保持气道开放。常用压额提颏法：左手小鱼际压患者额头，右手食中指抬起下巴，使下颌与耳垂的连线垂直地面。在听到按压操作者数到 25 左右时开始放一次性人工呼吸膜,数到 30 后立即人工呼吸 2 次。常用的口对口人工呼吸法:捏紧患者鼻翼,缓慢吹气,如图 29-1-3 所示,一次 1~2 s,吹气量 500~600 mL,频率为 10~12 次/分,一般 5~6 s 给予一次人工呼吸。不可过强过急,以胸腹部微微隆起为有效。吹完一次后松开鼻翼,吸气,再捏紧鼻翼进行第 2 次吹气。

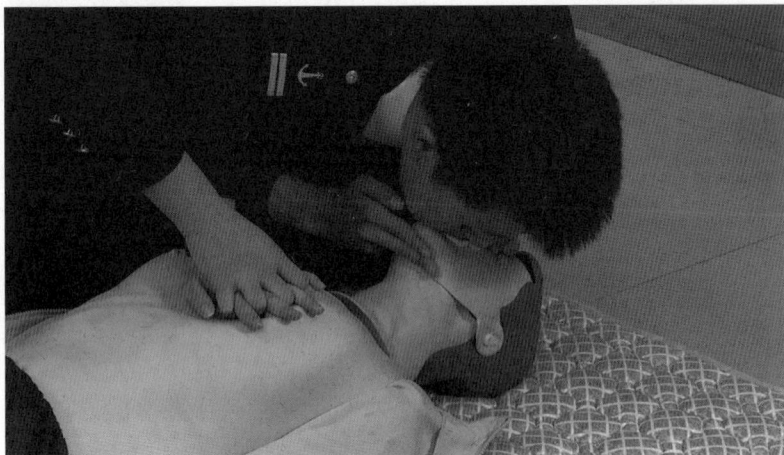

图 29-1-3 人工呼吸

(6)以上按压和人工呼吸按 30∶2 重复 5 个循环,接着判断患者是否恢复脉搏、呼吸,同第 3 步:左手食中指触摸患者颈部正中,约男性喉结位置,往患者右侧滑行 2~3 cm,在胸锁乳突肌内侧触摸颈动脉,同时操作者左耳靠近患者鼻端感受有无气息吹拂,眼睛观察胸腹部有无上下起伏。若患者颈动脉搏动恢复,口唇红润,皮肤由苍白、紫绀变红润,则心肺复苏成功,助手将患者头倾斜 45° 或放置于侧卧位,避免患者呕吐引起窒息。若无脉搏、呼吸,则继续重复 5 组循环后再判断。

29.1.4 注意事项

(1)若患者发生心搏骤停的时间不超过 1 min,此时尚无明显缺氧,可先尝试心前区拳击:从 20~25 cm 高度向胸骨的中下 1/3 交界处拳击 1~2 次,若无效果,应立即开始胸外按压。

(2)胸外按压的按压频率为 100~120 次/分,约 1 秒按 2 下,需注意每次按压后胸部回弹回原位再进行下一次按压。

(3)胸外按压的位置必须准确,位于胸骨正中线上,以掌跟按压,手指翘起,以减少肋骨骨折的概率。

(4)胸外按压前应松解衣服扣子,解开腰带,避免引起损伤。

29.2 能正确使用止血带止血

29.2.1 训练目的

人体的血液量为 4000~5000 mL,占人体体重的 7%~8%。失血量达到 10%~15%,人体通过自身调节代偿;失血量超过 20%,生命活动有困难,如行走、说话、呼吸困难,头晕、血压下降、出冷汗等;失血量超过 30%,引起休克,易危及生命。动脉出血速度快,可见血液随心跳节律而搏动性喷射,若不及时处理可危及生命。

（1）掌握橡皮管止血带止血的方法及注意事项。

（2）熟悉绞紧止血法。

29.2.2 训练器材

橡皮管止血带、垫布或毛巾、笔、纸、绞棒、三角巾。

29.2.3 训练步骤

（1）橡皮管止血带止血法

橡皮管止血带是一种中空的弹性橡皮管,如图 29-2-1 所示,一般用于四肢较大动脉的出血。

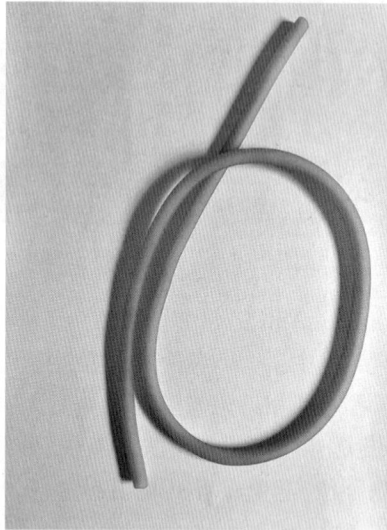

图 29-2-1 橡皮管止血带

操作方法:在出血肢体近心端垫上软垫或毛巾,左手拇指、食指、中指夹住止血带头端(如图 29-2-2 所示),右手拉住止血带在伤肢毛巾上绕一圈压住头端,再绕一圈压住头端后,左手的食指压住止血带末端,从两圈下勾出。记录止血带捆扎的时间(如图 29-2-3 所示)。

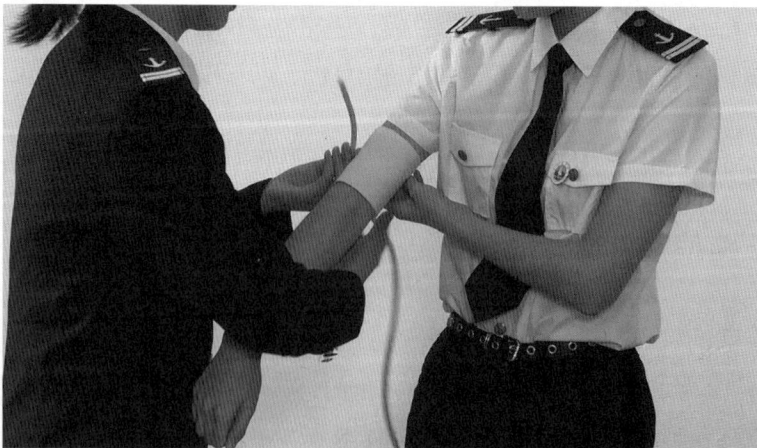

图 29-2-2 橡皮管止血带操作步骤

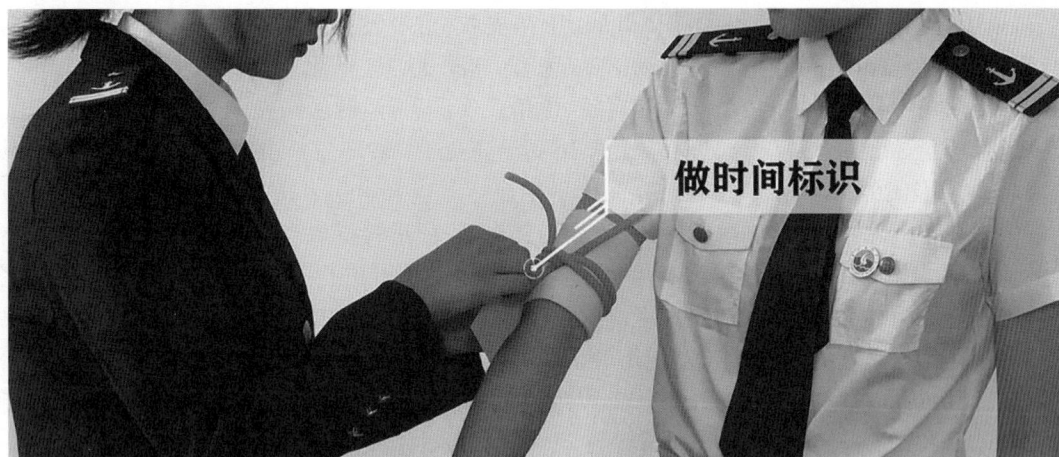

图 29-2-3　止血带时间标识

（2）绞紧止血法

绞紧止血法是用三角巾折叠成布带,在伤口近心端绕两圈后打一活结,将绞棒插入活结环内,绞紧后打结固定绞棒。

29.2.4　注意事项

橡皮管止血带止血法不是最佳止血法,使用不当会引起肢体坏死。其仅用于四肢处较大出血、动脉出血,不适用于头颈部、躯干出血。结扎部位:上肢出血选择在上臂上 1/3 处或下 1/3 处,不得扎中 1/3 处,因此处桡神经较表浅。下肢出血可选大腿的中上 1/3 处。上止血带前抬高患肢,让静脉回流后上,松紧度以远端血管无搏动为度,压力过大会加重远端肢体缺血坏死或神经损伤,压力过小,会无法关闭动脉血管;每小时放松一次,一次 1~3 min,待肢体有新鲜血液渗出方可重上。总使用时间不超过 4 h。上止血带需垫软布、绷带,做好时间卡片标识。

29.3　能进行前臂临时骨折固定

29.3.1　训练目的

骨折进行现场急救的目的在于用简单的包扎固定方法,减轻患者痛苦,防止骨端进一步移位,防止休克,抢救生命。

（1）掌握前臂骨折固定的方法。

（2）熟悉前臂骨折不同情形下的处理方法。

29.3.2　训练器材

骨折木质夹板、绑带、三角巾、固定垫等。

29.3.3　训练步骤

固定夹板捆扎:选一块夹板,长度超过腕、肘两关节,宽度与前臂相称。用软垫保护骨突处,有移位的骨折,可在骨折端移位或成角的位置放置固定垫,形成杠杆力。如有两块夹板,可在掌、背两侧各放一块固定。用绷带或宽 1~2 cm 的布带捆扎夹板两端,扎带的松紧度要适宜,过松固定力不够,过紧则引起肢体肿胀,压伤皮肤,重者发生肢体缺血坏死。打结在夹板上,以打结后能提起扎带在夹板上移动 1 cm 为宜,如图 29-3-1 所示。

固定三角巾悬吊:铺三角巾在健侧肩膀,顶角在伤侧肘部,两底角在颈部侧方伤侧打结,将肘关节维持于 80°～90°角(患肢近心侧绝不可高于患处)。整理三角巾顶角,将肘关节和夹板包绕起来,如图 29-3-2 所示。注意观察露出手指血运。应嘱咐伤者进行早期功能锻炼。早期功能锻炼利于消除水肿,促进静脉回流,增加局部血液,促进骨折愈合。鼓励、督促伤者练习握拳活动,尽量用力屈伸手指,按腕关节的解剖活动轴运动范围进行,不能过度训练。伤后伤者患肢肿胀较为明显,应及时调整松紧度避免发生骨折再移位,致使治疗失败。教会伤者自我观察和调节扎带松紧度的方法。如发现伤者手部肿胀严重、肤色苍白、皮纹降低并伴有疼痛、麻木时,应警惕骨筋膜室综合征的发生。如发现皮肤有张力性水疱出现,应以 75% 的酒精局部消毒,排出渗出液并盖上雷佛奴尔纱布。注意保持夹板的清洁以降低感染概率。

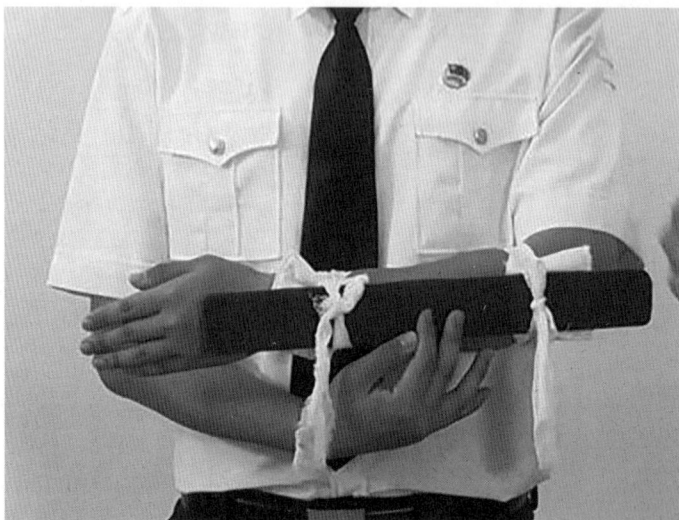

图 29-3-1　前臂骨折固定夹板捆扎

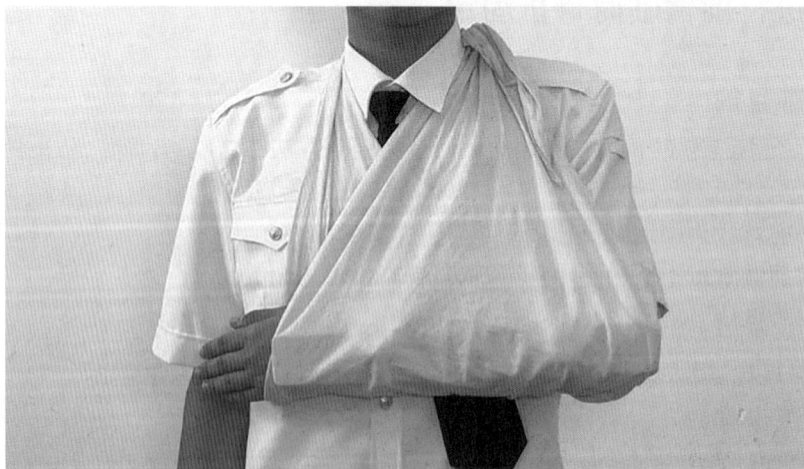

图 29-3-2　前臂骨折固定三角巾悬吊

29.3.4　注意事项

骨折现场首先检查伤者生命体征,保持呼吸道通畅,让伤员仰卧头部后仰,解开衣领、腰带,清除呼吸道异物。对于怀疑有骨折的病人,现场应将骨折部位固定,避免不必要的搬动。如合并出血,应先止血,防止出现失血性休克,如果是四肢大动脉出血,可用止血带进行包扎,再用无菌敷料覆盖包扎伤口,最后再用夹板固定骨折部位,或将上肢同健肢一并绑起来。如现场无止血带和骨折夹板,可用布带和树枝、木棍等进行绞紧止血,再用硬质纸板等代替夹板。骨折固定需包扎骨折处的上下两个关节,并要求露出指(趾)端以观察血运,若按压患者指甲盖检查无红白交替的指征,同时观察指(趾)端出现了苍白或青紫、麻木等,应松解重新固定,松紧适当。如患者疼痛剧烈,为避免出现疼痛性休克,应予以止痛药物。使用夹板外固定的优势在于取材容易,质量较轻,透气性好,X 射线透过性好,且末端易于观察,更易于关节的早期功能锻炼。

29.4　能使用简单三角巾包扎

29.4.1　训练目的

包扎是为了保护伤口,减少伤口的污染,同时固定药品或者敷料,达到压迫止血、减轻疼痛的目的。

(1)掌握三角巾包扎头部、手部、双胸、单肩等部位的方法。

(2)熟悉三角巾包扎身上其余部位的方法。

29.4.2　训练器材

三角巾、敷料。

29.4.3　训练步骤

(1)头部包扎法

头部包扎法适用于头部外伤,需进行包扎以减轻污染、压迫止血等情形。

操作方法:在受伤处覆盖敷料,将三角巾底边内折 3~4 cm,双手持中间的 20 cm,放置于患者额部眉毛上方(如图 29-4-1 所示),顶角于头枕部下方,双手向后将两底角经耳朵上方拉向枕骨下交叉压住顶角(如图 29-4-2 所示),再围绕内折的底边回到额部正中打结。接着将顶角拉齐,确保整个包扎紧致,将顶角收拢后塞入交叉的底角内(如图 29-4-3 所示)。

图 29-4-1　头部包扎法

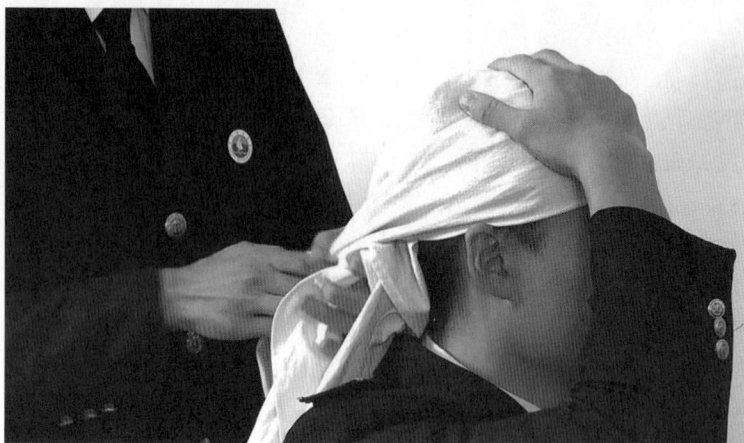

图 29-4-2　头部包扎法

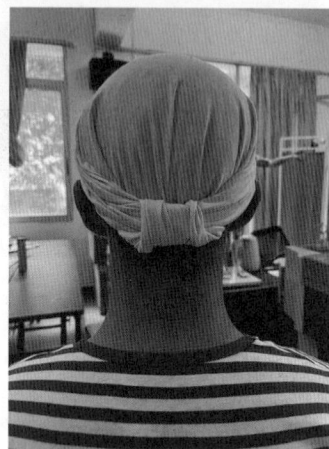

图 29-4-3　头部包扎法

（2）手部包扎法

手部包扎法适用于手部外伤，如出血、伤烫伤等，需进行包扎以减轻污染等情形。

操作方法：在受伤处覆盖敷料，将三角巾一折二，手指并拢，指尖对准顶角，将顶角上翻盖住手背（如图 29-4-4 所示），接着两条斜边往内折到手掌的边缘（如图 29-4-5 所示），再将两侧三角巾在手背交叉（如图 29-4-6 所示），围绕腕关节后在手背腕关节处打结（如图 29-4-7 所示）。

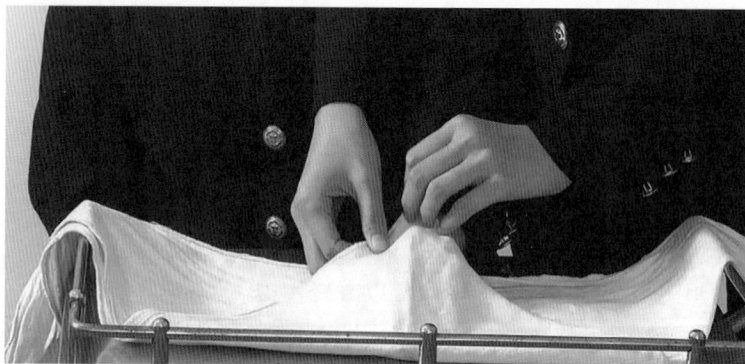

图 29-4-4　手部包扎法

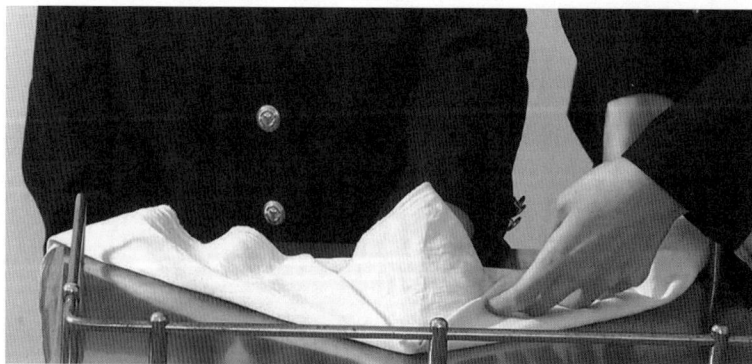

图 29-4-5　手部包扎法

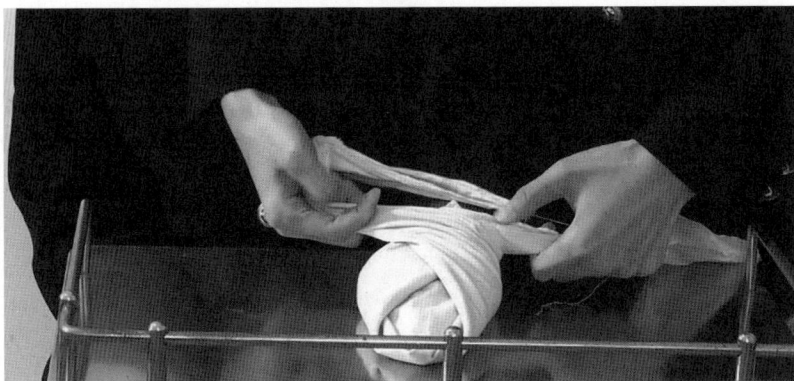

图 29-4-6 手部包扎法

图 29-4-7 手部包扎法

（3）面颌包扎法

面颌包扎法适用于面颌部的外伤。

操作方法:将三角巾顶角向下折到底边中点,再将三角巾折叠成 10 cm 宽的布带里面(如图 29-4-8 所示),将布带中点纵向放置于一侧耳前,围绕到另一侧耳前后交叉成十字,再围绕额部在耳前布带上打结(如图 29-4-9 所示)。

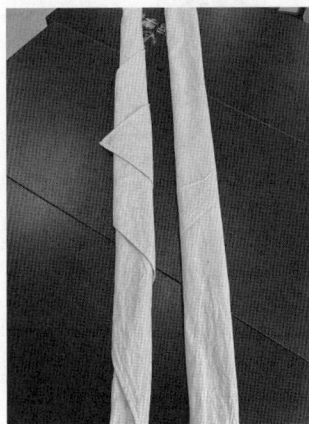

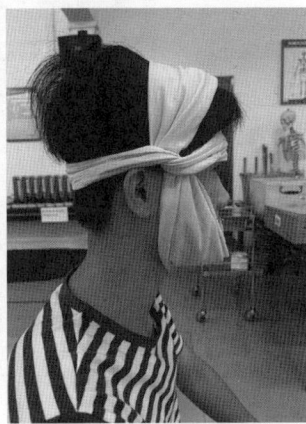

29-4-8　面颌包扎法　　　29-4-9　面颌包扎法

（4）双胸包扎法

双胸包扎法适用于胸部的大面积外伤包扎。

操作方法：在受伤处覆盖敷料，用有系带的三角巾，折成对称的燕尾，将燕尾的底边在胸腹交界处围绕背部一圈打结（如图 29-4-10 所示），结置于腋前线或腋后线。将两片燕尾上翻铺于双肩（如图 29-4-11 所示），系带穿过后背的水平系带后再与另一个底角打结（如图 29-4-12 所示）。

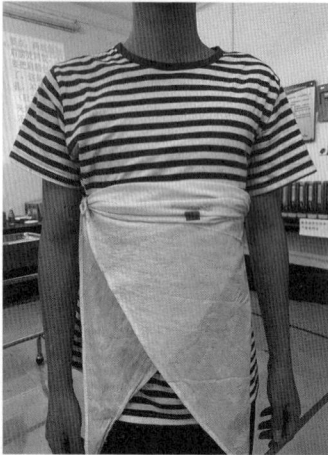

图 29-4-10　双胸包扎法　　　　图 29-4-11　双胸包扎法

图 29-4-12　双胸包扎法

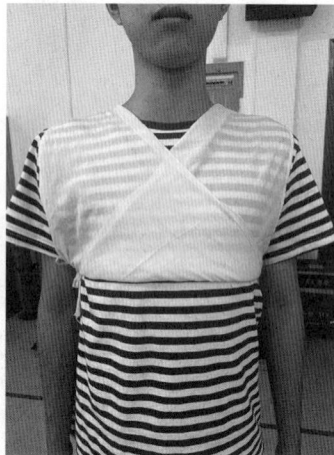

（5）单肩包扎法

单肩包扎法适用于肩部外伤，需进行包扎以减轻污染、压迫止血等情形。

操作方法：在受伤处覆盖敷料，用有系带的三角巾，折成大小不等的燕尾，大片压住小片，大片铺于后背部，小片铺于前胸。两底角在对侧的腋前线或腋后线打结（如图 29-4-13 所示），拉齐三角巾，在伤侧环绕上臂打结固定（如图 29-4-14 所示）。

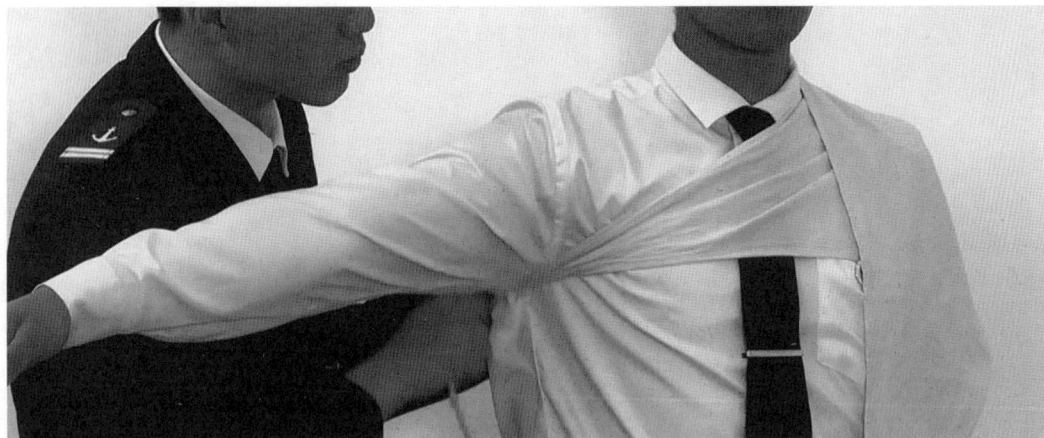

图 29-4-13　单肩包扎法

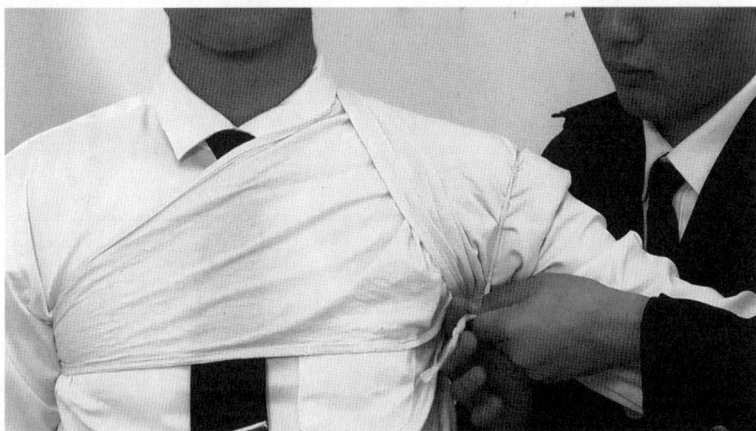

图 29-2-14　单肩包扎法

29.4.4　注意事项

　　包扎前,应先清理伤口,可用无菌盐水进行冲洗,再用无菌敷料覆盖伤口。包扎时要注意松紧适度,以免影响血液循环,同时应尽量暴露末端,如手指、脚趾,观察血运。

附　录

培训合格证理论考试篇(节选)

Z01 基本安全培训合格证

考试大纲	适用对象
	Z01
1 个人求生	
1.1 可能发生的紧急情况的类型,如碰撞、失火、沉没	√
1.2 救生设备的种类与配备标准(救生艇、救生筏、救生衣、求生信号、通信设备、救生浮具、抛绳设备及属具)	
1.2.1 救生艇的种类与配备标准	√
1.2.2 救生筏的种类与配备标准	√
1.2.3 救生衣的种类与配备标准	√
1.2.4 求生信号的种类与配备标准	√
1.2.5 通信设备的种类与配备标准	√
1.2.6 救生浮具的种类与配备标准	√
1.2.7 抛绳设备及属具的种类与配备标准	√
1.3 救生艇筏内的设备	√
1.4 个人救生设备的位置	
1.4.1 救生衣	√
1.4.2 救生服和防暴露服	√
1.4.3 救生圈	√

考试大纲	适用对象
	Z01
1.4.4 保温用具	√
1.5 有关求生的原则	
1.5.1 海上求生培训和演习的价值	√
1.5.2 船上个人防护服及器具的组成和使用方法	√
1.5.3 为任何紧急情况做好准备的必要性	√
1.5.4 被召至救生艇筏位置时应采取的行动	√
1.5.5 弃船时应采取的行动	√
1.5.6 在水中时应采取的行动	√
1.5.7 在救生艇筏上时应采取的行动	√
1.5.8 求生者的主要危险	√
2 防火与灭火	
2.1 船上灭火组织	
2.1.1 船舶消防组织	√
2.1.2 船舶消防演习	√
2.1.3 船舶防火控制图(灭火器具的位置和应急逃生路线)	√
2.1.4 燃烧的基本知识	√
2.1.5 船舶火灾的种类和原因	√
2.1.6 火的蔓延	√
2.1.7 火灾危险、船舶消防工作的重要性及日常防火的必要性	√
2.1.8 火灾自动探测及报警系统	√
2.1.9 火的种类及特点	√
2.1.10 灭火剂的种类及灭火原理和使用注意事项	√
2.1.11 灭火剂适用的对象及灭火注意事项	√
2.2 扑灭火灾	
2.2.1 固定灭火系统的作用与操作	√
2.2.2 消防人员装备的组成与性能	√
2.2.3 个人设备[包括紧急逃生呼吸器(EEBD)、防毒面具]性能与要求	√
2.2.4 各种手提式灭火器的结构、灭火级别、灭火作用和使用方法	√
2.2.5 各种移动式灭火装置的结构、灭火作用和使用方法	√
2.2.6 其他消防器材及其作用	√

考试大纲	适用对象
	Z01
2.2.7 灭火的基本方法	√
2.2.8 船舶灭火程序与基本原则	√
3 基本急救	
3.1 评估伤员的方法和对自身安全的威胁	
3.1.1 基本急救的原则	√
3.1.2 急救前的思考	√
3.2 人体构造和功能	
3.2.1 骨骼的主要构成和功能	√
3.2.2 主要肌肉名称和功能	√
3.2.3 血液循环系统的构成和生理功能	√
3.2.4 血液的主要成分和生理功能	√
3.2.5 呼吸系统的构成和功能	√
3.2.6 胸膜腔的概念	√
3.2.7 消化系统的构成和功能	√
3.2.8 消化管和消化腺的功能	√
3.2.9 中枢神经系统的构成和功能	√
3.2.10 周围神经系统的构成和功能	√
3.3 理解在紧急情况下应采取的应急措施	
3.3.1 安置伤员	√
3.3.2 心肺复苏术	√
3.3.3 止血术	√
3.3.4 治疗休克的基本措施	√
3.3.5 处置烧伤和烫伤,包括电击伤的应急措施	√
3.3.6 抢救运送伤员的措施	√
3.3.7 简易的包扎方法和急救箱内物品的使用	√
4 个人安全与社会责任	
4.1 船舶应急应变知识和程序	
4.1.1 常见的应急种类、程序和行动	
4.1.1.1 碰撞应急	√
4.1.1.2 火灾应急	√

考试大纲	适用对象
	Z01
4.1.1.3 进水与沉没应急	√
4.1.2 船舶各种应急计划的知识	√
4.1.3 船舶应变部署及正确使用个人安全设备	√
4.1.4 听到警报信号后的行动	√
4.1.5 逃生路线、船上内部应急通信与报警系统	√
4.1.6 船员日常安全教育、船上培训及演习	√
4.1.7 船舶的安全评估方法	√
4.1.8 国际和国内安全管理规则	√
4.1.9 船旗国与港口国监督检查	√
4.2 船上安全作业方法	
4.2.1 遵守安全作业方法的重要性	√
4.2.2 适用于船舶上防止潜在危害的安全和保护装置及安全注意事项	
4.2.2.1 个人劳动安全保护	√
4.2.2.2 高空作业	√
4.2.2.3 舷外作业	√
4.2.2.4 系离泊作业	√
4.2.2.5 热工作业	√
4.2.2.6 开关舱和扫舱作业	√
4.2.2.7 金工作业	√
4.2.2.8 进入封闭处所	√
4.2.3《中华人民共和国海船船员值班规则》中有关适用标准	√
4.2.4 职业健康及防止工伤事故的国际措施	√
4.2.5 船上常见工伤事故案例分析	√
4.3 防止海洋环境污染的措施	
4.3.1 航运对海洋环境的影响及操作性或事故性污染对海洋环境危害的基本知识	√
4.3.2 防止船舶造成污染的基本要求	√
4.3.3 海洋环境多样性、复杂性的基本知识	√
4.3.4 防污染应急基本程序	√
4.4 船上信息交流和语言技能	

续表

考试大纲	适用对象
	Z01
4.4.1 语言技能对信息交流的影响	√
4.4.2 船上个人和团队之间有效交流的原则和障碍	√
4.4.3 建立和保持有效交流的能力	√
4.5 船员人际关系	
4.5.1 船员人际关系特点	√
4.5.2 保持船上良好的人际关系和工作关系的重要性	√
4.5.3 船员群体及其心理特征	√
4.5.4 危害安全的不良心理素质	√
4.5.5 团队工作的原则和方法、冲突的解决	√
4.5.6 船员的社会责任、任职资格及雇用条件	√
4.5.7 船员的基本权利和义务	√
4.5.8 船员的职业道德和纪律	√
4.5.9 滥用药物和酗酒的危害及控制	√
4.6 防止和消除疲劳的措施	
4.6.1 必要休息的重要性	√
4.6.2 睡眠、作息时间与生理节律、身体紧张刺激因素、船舶内外环境的紧张刺激因素、作息时间的改变对海员疲劳的影响	√
4.6.3 消除疲劳的方法和措施	√
4.7 具备良好的综合素质和职业素养	
4.7.1 船员职业责任意识	
4.7.1.1 交通战备的含义及海员在我国交通战备中的作用	√
4.7.2 船员敬业精神和职业忠诚	√
4.7.3 船员自觉遵纪守法和船员法律制度	
4.7.3.1 组织纪律	√
4.7.3.2 劳动纪律	√
4.7.3.3 涉外纪律	√
4.7.3.4 船员相关法律制度	√
4.7.4 船员职业生涯规划	√
4.7.5 船员权益风险规避及维护	
4.7.5.1《2006 年海事劳工公约》	√

考试大纲	适用对象
	Z01
4.7.5.2《中华人民共和国船员条例》	√
4.7.6 社会心理与船员的人际关系	√
4.7.7 航海事故对船员心理的影响	√
4.7.8 船员的心理健康与心理训练	√

培训合格证实操评估篇(节选)

Z01 基本安全培训——个人求生

评估大纲
1 能正确认识救生设备的种类与配备标准(艇、筏、衣、浮具、求生信号、通信设备、抛绳设备及属具)
2 能正确穿着救生衣
3 能正确穿着和使用浸水保温服
4 能安全从高处跳入水中
5 能穿着救生衣扶正倾覆救生筏
6 能穿着救生衣游泳
7 能不穿着救生衣保持漂浮
8 能穿着救生衣从船上或水中登上救生艇筏
9 为了增加获救机会,在登上救生艇筏后能采取正确的初始行动
10 能正确抛放流锚或海锚
11 能正确操作救生艇筏上的设备
12 能正确操作定位仪器,包括无线电设备

基本安全培训——防火与灭火

评估大纲
1 能正确使用各种类型的手提式灭火器
2 能正确使用消防人员装备
3 能扑灭小火,如:电器火、油火、丙烷火
4 能正确使用喷水枪及散射喷枪扑灭较大火灾
5 能正确使用泡沫、干粉或其他合适的化学剂灭火

评估大纲
6 能正确使用救生索但不佩戴呼吸装置进入或通过已喷注了高膨胀泡沫的舱室
7 能正确佩戴自给式呼吸装置在充满烟雾的封闭处所灭火
8 能正确使用水雾或其他合适的灭火剂扑灭油火与浓烟的居住舱室或模拟机舱的火灾
9 能正确使用水雾喷头和散射喷枪、化学干粉或泡沫喷头扑救油火
10 能正确佩戴呼吸装置在充满烟雾的舱室实施营救

Z01 基本安全培训——基本急救

评估大纲
1 心肺复苏术(CPR)
2 简单三角巾包扎术
3 止血带止血术
4 前臂临时骨折固定

Z01 基本安全培训——个人安全与社会责任

评估大纲
1 应急程序
1.1 火灾应急
1.2 碰撞应急
1.3 进水与沉没应急
2 船上安全作业方法
2.1 能开展使用各种安全和防护设备的演示
2.2 能开展进入封闭舱室的安全训练的演示
3 防止海洋污染环境的措施
3.1 了解各种防污染器材
3.2 能对船上垃圾进行分类与处理
4 有助于船上有效的人际关系
4.1 能开展防止船上冲突及冲突解决办法的训练

参考文献

[1] 陈秋妹. 基本保安知识纳入"个人安全和社会责任"课程研究[J]. 航海教育研究, 2008 (2):39-42.

[2] 窦春华. 谈海员个人安全与社会责任的培训[J]. 天津航海, 1999(2):46-47.

[3] 宫玉广, 戚发勇. 船员基本安全培训的中外比较[J]. 航海教育研究, 2014,31(2):20-23.

[4] 宫玉广. 航海类专业学生船上行为安全管理教育的问题与建议[J]. 航海教育研究, 2016, 33(2):62-63.

[5] 胡君辰. 组织行为学[M]. 北京:中国人民大学出版社, 2010.

[6] 李方圆, 刘升友. 航海类专业航海心理课程教学问题与对策[J]. 航海教育研究, 2022,39 (1):87-90,96.

[7] 刘明桂. 船舶与船上人员管理[M]. 北京:人民交通出版社, 1998.

[8] 刘业军. 推进示范课程教学 提高航海教育质量[J]. 中国水运(理论版), 2006(2): 230-231.

[9] 刘正江. 船舶安全管理[M]. 大连:大连海事大学出版社, 2011.

[10] 戚发勇, 倪成丽. 我国内河船舶船员基本安全培训大纲问题分析与建议[J]. 航海教育研究, 2021,38(2):11-17.

[11] 戚发勇. "个人安全与社会责任"培训大纲问题分析与建议[J]. 航海教育研究, 2018,35 (3):48-53.

[12] 中国船级社. 船上海洋污染应急计划编制指南(2007)[M]. 北京:人民交通出版社, 2007.

[13] 单明浩, 李琳, 刘彦东. 基本安全:个人求生[M]. 大连:大连海事大学出版社,2012.

[14] 尹桂强. 基本安全[M]. 大连:大连海事大学出版社,2015.

[15] 金奎光, 孙健, 宋哲. 基本安全:个人求生[M]. 大连:大连海事大学出版社,2020.

［16］中国海事服务中心. 基本安全:个人求生［M］. 大连:大连海事大学出版社,2023.

［17］徐周华. 熟悉与基本安全:海上个人求生［M］. 武汉:武汉理工大学出版社,2008.

［18］中华人民共和国海事局. 海船船员考试大纲(2022 版). 大连:大连海事大学出版社,2022.

［19］王新,曹铮. 基本安全:防火灭火［M］. 大连:大连海事大学出版社,2012.

［20］杜林海,戴树龙,邹熙康. 基本安全：防火灭火［M］. 大连:大连海事大学出版社,2020.

［21］葛均波,徐永健,王辰. 内科学［M］. 9 版. 北京:人民卫生出版社,2018.

［22］陈安民,田伟. 骨科学［M］. 2 版. 北京:人民卫生出版社,2014.

［23］万学红,陈红. 临床诊断学［M］. 3 版. 北京:人民卫生出版社,2015.

［24］陈兵. 基本安全:基本急救［M］. 3 版. 大连:大连海事大学出版社,2020.

［25］姜淑亮,程文阁,郑罗坤. 船舶精通急救［M］. 北京:学苑出版社,2019.